Tom Dauer

KURT ALBERT

TOM DAUER

KURT ALBERT

frei denken
frei klettern
frei sein

Tyrolia-Verlag · Innsbruck-Wien

Kindheit

Es wäre gut viel nachzudenken, um
von so Verlornem etwas auszusagen,
von jenen langen Kindheit-Nachmittagen,
die so nie wiederkamen – und warum?

Noch mahnt es uns –: vielleicht in einem Regnen,
aber wir wissen nicht mehr was das soll;
nie wieder war das Leben von Begegnen,
von Wiedersehn und Weitergehn so voll

wie damals, da uns nichts geschah als nur
was einem Ding geschieht und einem Tiere:
da lebten wir, wie Menschliches, das Ihre
und wurden bis zum Rande voll Figur.

Und wurden so vereinsamt wie ein Hirt
und so mit großen Fernen überladen
und wie von weit berufen und berührt
und langsam wie ein langer neuer Faden
in jene Bilder-Folgen eingeführt,
in welchen nun zu dauern uns verwirrt.

Rainer Maria Rilke

Inhalt

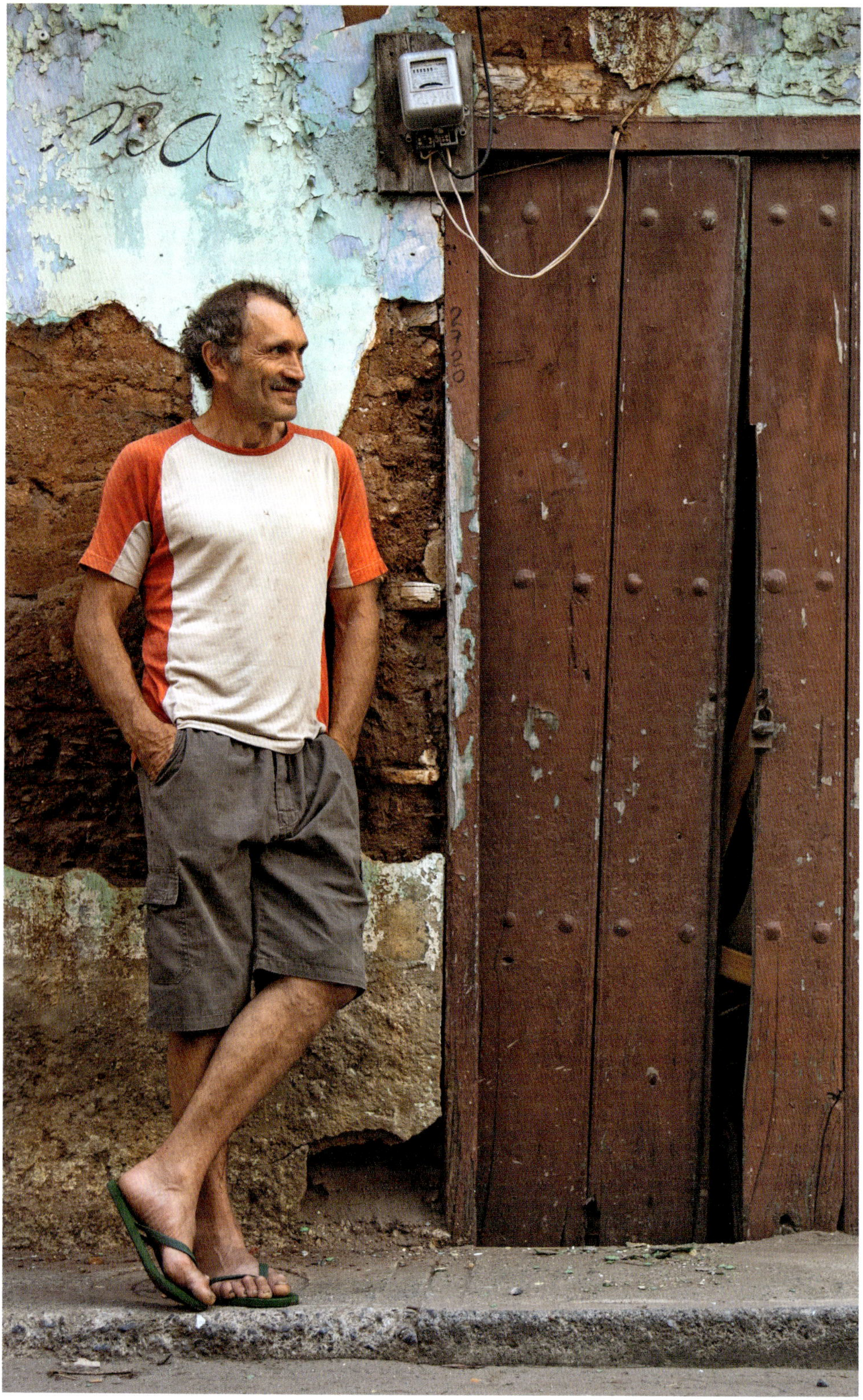

Vorwort

Kurt Albert plante, ein Buch zu schreiben. Vermutlich wäre sein zweites Werk – nach „Fight Gravity", in dem er und seine Mitautoren Geschichte und Gegenwart des „Kletterns im Frankenjura" darstellten – eine Autobiografie geworden. Zumindest legt dies die Gliederung nahe, die sich in seinem Nachlass findet. Unter den Stichpunkten „Kindheit", „Frankenjura", „Kletterreisen", „Expeditionen", „Männerfreundschaften und Wegbegleiter" sind jeweils einige Orte und Namen aufgelistet.

Über diese bruchstückhafte Stoffsammlung kam Kurt Albert nicht hinaus. Er lebte nicht lange genug, um seine Geschichte zu erzählen oder erzählen zu lassen. Mit seinem Tod am 28. September 2010 erlosch Kurt Alberts Blick auf Kurt Alberts Leben – und damit ein Blick auf das Leben insgesamt, den zu teilen ebenso bereichernd wie unterhaltsam war.

Das Großartige und einer der Gründe, weshalb es sich über Kurt Albert zu schreiben lohnt, ist eine Idee: dass der Mensch aus eigener Kraft kurze wie lange, leicht zugängliche wie abgelegene, gut gesicherte ebenso wie lebensgefährliche und vor allem auch extrem schwierige Felsrouten emporklettern könne. Kurt Albert war nicht der Erste und nicht der Einzige, der diese Idee hatte. Aber er hat sie auf den Punkt gebracht. Den Rotpunkt.

Das ist Kurt Alberts Vermächtnis und wer jetzt denkt, was soll's, der möge einen Streifzug unternehmen durch die Mittelgebirge, in denen sich an schönen Wochenenden tausende Kletterer in der Vertikalen versuchen. Der möge sich klarmachen, dass weltweit über 40 Millionen Menschen kletternd aktiv sind. Der möge die Zahl der Kletter- und Boulderhallen in den Innenstädten Deutschlands, Europas, der Welt betrachten – sie ist unfassbar groß und wächst ständig. Der möge verfolgen, wo überall auf der Welt, in den Alpen, im Himalaya, im Karakorum, in den Anden, in Alaska, auf den Äußeren Hebriden und auf Borneo, Kletterer ihre Linien in Felswände zeichnen und dabei nicht selten große Gefahren für Leib und Leben in Kauf nehmen.

Kurt Albert hat dazu beigetragen, dass das Klettern, und auch der Bergsport insgesamt, keine Außenseiternische mehr ist. Kletterer zu sein, bedeutet heute nicht mehr, heroisch um den Gipfelsieg zu kämpfen, koste es, was es wolle. Es bedeutet aber auch nicht mehr, wie in den Anfangsjahren der Freikletterbewegung vor 50 Jahren, sich mit einem alternativen Lebensentwurf gegen bürgerliche Konventionen zu stellen. Kletterer zu sein, bedeutet heute – und das ist weder gut noch schlecht – mit Paradoxien zu leben. Der einst mühsame und gefährliche Prozess, vom Anfänger zum Könner zu werden, wurde ersetzt durch ein breites Angebot einfach und meist risikolos begehbarer Installationen – von Boulderhallen bis zu alpinen Sportkletterrouten. Image fördernder „Individualismus" wird in Heerscharen gefeiert. Das mediale Aufmerksamkeitspotenzial des Lebens im Hier und Jetzt wird ständig mitgedacht. Auf der Suche nach Ruhe und Einsamkeit treffen sich alle an denselben Orten. Und wer achtsam und konzentriert auf dem Pfad der Erleuchtung zu sein vorgibt, beschreitet doch meist nur den Kreis ums eigene Ego.

Natürlich kann Kurt Albert nichts für diese Entwicklung. Aber er hat sie, auch wenn er das vermutlich nicht so wollte, beeinflusst. Dass das Klettern, das Bergsteigen, diese jahrhundertelang als spleenige Betätigung einiger Sonderlinge angesehene und belächelte Ausdrucksform physischer und psychischer Energie, mit Beginn des 21. Jahrhunderts gesellschaftsfähig wurde, daran war Kurt Albert mit Gedanken und Taten beteiligt. Er selbst war alles andere als ein Selbstdarsteller. Sein Tun zu vermarkten, danach stand ihm nicht der Sinn. Dass sein Einfluss auf seine und spätere Klettergenerationen dennoch enorm ist und anhält, liegt vor allem daran, dass er seine Art zu leben mit größtmöglicher Konsequenz verfolgte. Kurt Albert, das unterscheidet ihn von den meisten seiner Vorgänger, Zeitgenossen und Nachfolger, war nicht nur ein Freikletterer – er war ein freier Mensch.

Die spärlichen Zeugnisse, in denen er seinen Blick auf die Welt, seine Abenteuer, seine Reisen beschrieb, habe ich aus Büchern, Zeitschriften, Aufzeichnungen und Filmen zusammengesucht. Einige Passagen in diesem Buch geben Kurt Alberts Erlebnisse, Erfahrungen, Gedanken und Gefühle – gleichwohl er Letztere selten aufschrieb – in seinen Worten wieder. Der Leser, die Leserin wird dies bemerken. Bemerken wird man auch, dass ich diese Biografie nicht aus Sicht eines unabhängigen Chronisten schreiben konnte. Dazu fühle ich mich, selbst keines Herren Knecht, Kurt Albert zu sehr seelenverwandt. Die Nähe zu meinem Gegenstand, als Alpinist und Kletterer, sehe man mir nach.

Um die Lücken zu füllen, die in meinem Bild von Kurt Albert klafften, habe ich die Menschen aufgesucht, von denen ich glaube, dass sie ihm in einer Lebensphase, oder auch ein Leben lang, wichtig waren. Der größte Teil des Geschriebenen beruht auf ihren Erinnerungen und Erzählungen, auch wenn

Wahrnehmung und Gedächtnis den ein oder anderen Streich gespielt haben könnten. Nicht alles, was mir anvertraut wurde, floss in dieses Buch – Tote wie Lebende sollen ihre Privatsphäre gewahrt wissen. Das Leben eines Menschen zu erzählen, selbst oder gerade wenn man ihn gekannt hat, ist ein schwieriges Unterfangen. Der Schreibende beschreibt die Beschreibungen des Beschriebenen – Irrtümern, Fehldeutungen und Missverständnissen ist Tür und Tor geöffnet. Sollte sich einer meiner Gewährsleute falsch verstanden fühlen, bitte ich, dies zu verzeihen. Ich habe versucht, möglichst sorgfältig und zurückhaltend mit unsicherem Wissen umzugehen.

Unser Gedächtnis ist ein schlechter Zeuge – zumal, wenn Dinge Jahre und Jahrzehnte zurückliegen. Die Erinnerungsbruchstücke, die ich gesammelt habe, sind mal größer, mal kleiner. Mal haben sie scharfe Konturen, mal sind sie ausgefranst. Manche sind farbig und satt, manche schillernd, manche verblichen. Es gibt Bruchstücke ein und desselben Ereignisses, die nicht zueinander passen wollen. Es gibt Bruchstücke, die unisono demselben Ort und derselben Zeit zugeordnet werden. Und es gibt andere, von denen niemand weiß, wohin sie gehören – weil Kurt Alberts Leben sich in seiner Fülle, seiner Vielfalt und seinen Widersprüchen in keinen Rahmen fassen lässt.

Das Ergebnis meiner Reisen und Recherchen ist ein Mosaik, gewiss unvollständig, in Teilen mehrdeutig. Dennoch kann ich den Leser, die Leserin nur ermutigen, sich darin zu verlieren. Denn auch wenn manche Teile trüb geworden sind, das ein oder andere womöglich an falscher Stelle eingefügt wurde und nicht wenige Mosaiksteine bemerkenswert anarchisch durch die Chronologie eines Lebens purzeln, so lohnt es sich doch, dieses Mosaik in all seinen Facetten auf sich wirken zu lassen. Der Versuchung, aus vielen einzelnen Teilen ein gefälliges Ganzes zu formen, habe ich widerstanden. Dennoch, hoffe ich, könnte Kurt Alberts Biografie mehr sein als die Summe ihrer Teile.

Vom US-amerikanischen Physiker Leonard Mlodinow stammt ein Gedankenexperiment, das dem Physiker und Mathematiker Kurt Albert sicher gefallen hätte – nicht zuletzt deshalb, weil Mlodinow Koautor von Stephen Hawking war, dessen Werk „Eine kurze Geschichte der Zeit“ zu Kurt Alberts Lieblingsbüchern zählte. Mlodinow lädt uns dazu ein, uns ein Farbstoffmolekül vorzustellen, das in einem Glas Wasser schwebt. Weil dies naheliegt, denken wir uns das Molekül als einen Rotpunkt. Das Molekül verhält sich grundsätzlich chaotisch, es bewegt sich hin und her und nur so lange in eine

Richtung, bis es durch den Zusammenstoß mit einem anderen Molekül abgelenkt wird. Irgendwann hat es vielleicht einen Standpunkt erreicht, den wir bemerkenswert finden. Wir versuchen also, die Vergangenheit des Moleküls zu rekonstruieren, und stellen fest, welcher Zusammenstoß es in welche Richtung befördert hat.

„Mit anderen Worten: Im Nachhinein können wir genau erklären", schreibt Mlodinow, „warum sich die Vergangenheit des Farbstoffmoleküls so entwickelt hat, wie sie sich entwickelt hat". Der Lebenslauf des Rotpunkts – und das Leben Kurt Alberts – hätte aber auch eine schier unendlich große Anzahl anderer Möglichkeiten gehabt, sich zu entfalten. Schließlich enthält das Glas Wasser viele weitere Moleküle, mit denen unser Molekül hätte interagieren können. Seinen Weg vorauszusagen, wäre demnach unmöglich gewesen, während es hingegen einfach erscheint, ihn nachzuvollziehen. Tatsächlich aber besteht das Leben auch aus einer Reihe vieler Zufälle, die wir nicht vorhersagen oder berechnen können. Es ist ein bisschen so, als würde das Schicksal würfeln.

Das Schreiben von Kurt Alberts Biografie ist der Versuch, die entscheidenden Zufälle – Abenteuer, Erlebnisse, Begegnungen – in seinem Leben herauszufiltern. Natürlich ist diese, meine Auswahl wiederum den Gesetzen des Zufalls unterworfen. Meine Hoffnung ist, Kurt Albert hätte sich beim Blick auf sein Lebensmosaik wiedererkannt.

Tom Dauer, im Frühling 2020

Eins

Das Unvorstellbare

Wovon man nicht sprechen kann,
darüber muss man schweigen.

Ludwig Wittgenstein,
„Tractatus logico-philosophicus“

Wie sehr er die Menschen beeindruckte! Mit der schieren Präsenz seines trainierten Körpers, jeder Muskel definiert an Armen, Beinen, Brust und Bauch. Männer fühlten sich klein, wenn sie ihm gegenüberstanden, 183 Zentimeter pure Kraft und Hände wie Klodeckel. Zog er sein Shirt aus, hielten Frauen den Atem an. Nicht, dass er diese Aufmerksamkeit hervorrufen wollte oder nötig gehabt hätte. Ein Selbstdarsteller, darauf achtend, die richtige Pose einzunehmen, war er nicht. Im Gegenteil, hätte er bemerkt, wie man reagierte, es wäre ihm peinlich gewesen.

Vermutlich hätte er verlegen gelächelt oder schelmisch gegrinst. Die blassgrünblauen Augen aus tiefen Höhlen strahlend, die Stirn in Falten gelegt, die Mundwinkel gekräuselt unter einem dichten Schnauzbart, das scharfe Kinn zur Brust gezogen. Etwas geneigt den massiven Kopf, immer ungezügelt die geschneckelten Haare. Der ganze Mann irgendwie einsteinhaft, schrullig und liebenswert, sanft und voller Kraft, den Schalk im Nacken und ganz und gar freundlich – ein Mensch, zu dem man sich hingezogen fühlte.

Es war immer eine Freude, Kurt Albert zu sehen.

Ob man ihm freundschaftlich verbunden war, einen Teil seines Weges mit ihm ging oder ihm nur flüchtig begegnete, Kurt hinterließ Spuren im Leben anderer Menschen. Weil er so war, wie er war. Ein Mann, der ganz und gar gegenwärtig blieb, der Augenblicke und Momente lebte, der seine Biografie keinem Konzept unterwarf und es zugleich verstand, seine Lebensentscheidungen einem großen Ziel unterzuordnen: frei zu sein und frei zu bleiben. Kurts bergsportliche Leistungen, seine Abenteuer in aller Herren Länder reichten aus für zwei oder drei oder vier Leben, und dennoch brüstete er sich nie mit dem, was er erreicht hatte. Kurt blieb bescheiden, ebenso großzügig, und er nahm sich selbst nicht allzu ernst. Konsequent folgte er seinem Weg, ohne sich mit Zweifel über den Sinn und Zweck seines Tuns zu belasten.

An Kurt war nichts Missgünstiges, nichts Eiferndes, nichts Missionarisches. Er lebte sein Leben und ließ anderen ihres. Gewiss, eine große Portion Egoismus brauchte es, um allein den Bergen so viel Zeit und Energie zu widmen. Kurt nahm wenig Rücksicht, er schmeichelte niemandem, warb um niemandes Gunst. Er scherte sich wenig um die, denen das Verständnis für seine Lebensart fehlte. Und dennoch wurde er von allen, die ihn kannten, geliebt.

Man darf dies so sagen, denn so war es und so ist es bis heute. Kurt war ein Unterhalter, der Menschen Spaß bereiten und sie erheitern konnte, auch wenn seine Scherze manches Mal den Rand des Erträglichen streiften. Hinter der Maske des Clowns verbarg sich aber auch ein ernster, nachdenklicher, introvertierter Charakter, der sein Innerstes vor Preisgabe schützte.

Eine Begegnung mit Kurt vermochte die Menschen zurückzuversetzen in eine Zeit der Unschuld. Weil man sich an seiner Seite unbeschwert fühlte. Weil wie von selbst das Mögliche den Raum einnahm und die Zukunft zu einem Abenteuerspielplatz wurde. Und weil für alles andere, die eigene Geschichte, die geplatzten Träume und unerfüllten Hoffnungen, die Sorgen, Ängste, Zweifel, weil für alles Hinderliche und Überflüssige, für den ganzen Ballast des Lebens, kein Platz mehr blieb. Kurt war, im besten Sinne, Kind geblieben, mit Rainer Maria Rilke „bis zum Rande voll Figur" – weil er das Bild ausfüllte, das man sich von ihm machte.

Kurt war Kurt.

Aber jetzt liegt er da, Universitätsklinikum Erlangen, Intensivstation. Regungslos, blass, die Augen geschlossen, ohne Leben.

Zwei Tage zuvor, am 26. September 2010, fährt Kurt Albert von seiner Wohnung in Gasseldorf Richtung Hersbrucker Schweiz. „Bei Laki", dem Griechen gleich nebenan, trinkt er noch einen Kaffee. „Wir sehen uns später!", verabschiedet er sich. Kurt hat nur wenig geschlafen, wenn überhaupt. Die vorausgegangene Woche, Sonntag bis Freitag, hat er in Südfrankreich verbracht, für einen Kletterkurs – ein angenehmer Brotjob unter mediterraner Sonne. Von dort reist er am Samstag nach Hamburg, um in der Barmbeker Filiale des Sportartikelhändlers Globetrotter einen Vortrag zu halten. In der Nacht auf Sonntag fährt er nach Hause zurück, 580 Kilometer. Sein Freund Norbert Sandner hat sich beim Wasserskifahren verletzt und Kurt gebeten, eine Führungstour zu übernehmen. „Ich habe mir noch nicht zugetraut", erinnert sich Sandner, „bei Nässe mit zehn Leuten im Schlepptau einen Klettersteig zu begehen".

Sonntagmorgen ist Kurt vollkommen übermüdet, angeschlagen. Die morgendliche Herbstsonne steht tief und blendet, die Straßen sind noch feucht von der Nacht, Herbstlaub liegt in den Kurven. Gut eine Stunde fährt Kurt durch das Wiesenttal, durch das mittelalterliche Gößweinstein hindurch, kreuzt die A9 Nürnberg-Berlin und hält schließlich auf dem Wanderparkplatz zwischen Hegendorf und Neutras. Auf einem Wirtschaftsweg wandert er mit seinen Gästen entlang abgeernteter Getreidefelder und Kartoffeläcker, folgt einem Pfad im bunt gefärbten Mischwald zum Einstieg des Höhenglücksteigs. Drei Jahre dauerte der Bau dieses Klettersteigs, vorangetrieben zwischen 1932 und 1935 von der „Alpinen Gesellschaft Höhenglück". In zehn bis zwölf Meter Höhe windet er sich entlang des Schwarzen Brandes, eines Mittelgebirgshügels, an Felspassagen mit Drahtseilen und Steigbügeln gesichert, Gehgelände zwischendrin. Auf gut einem Kilometer überwinden Begeher rund 100 Höhenmeter: ein langer, langer Quergang. Der Steig gilt als einer der anspruchsvollsten in Deutschlands Mittelgebirgen. An schönen Tagen stehen hier Dutzende in Reih und Glied, geduldig wartend, bis der Vordermann weitersteigt.

Kurt Albert kennt den Höhenglücksteig seit seiner Jugend. Schon 14-jährig war er hier unterwegs, in Wollpullover und Bundhosen, die Kniestrümpfe straff über den Waden. Eine Hand am Drahtseil, den Blick auf die knöchelhohen Lederschuhe gerichtet, vorsichtig Tritte suchend und belastend, ohne Klettergurt, ohne Klettersteigset. Später hat er den Steig immer wieder begangen, auf Ausflügen, zum Training, dann auch, um als Kursleiter Geld zu verdienen. Kurt Albert – sein Name zog die Gäste an, und das wussten die Veranstalter natürlich.

17 Frauen und Männer haben Kurt und seine zwei Kollegen heute dabei. Einer der beiden ist Georg Rössler, Allgemeinarzt aus Nürnberg. „Dr. Schorsch", wie er in der Kletterszene genannt wird, kennt Kurt seit einem Vierteljahrhundert. Er ist ein guter Freund. Da die Gruppe sehr groß ist, teilen die Führer sie auf. Kurt und seine Schützlinge starten zuerst. Die ersten Meter des Höhenglücksteigs führen durch einen kurzen Kamin. Links und rechts finden sich große Griffe und Tritte – die Berührung tausender Finger und Handflächen und der Angstschweiß von Generationen haben den einstmals rauen Kalkstein in hellgelben, rutschigen Marmor verwandelt. Noch kommt Kurts Gruppe gut voran. Selbst ungeübte Klettersteiggeher lassen ihre Sicherungskarabiner am Stahlseil mitlaufen, ohne dieses mit ihrem Körpergewicht zu belasten. Wichtiger ist es, den eigenen Füßen zu trauen, Trittsicherheit zu gewinnen. Ein Aufwärmen für die schwierigeren Passagen, die im zweiten und dritten Teil des Steiges warten.

Gegen 12 Uhr bildet sich am „Scharfen Eck" ein Stau. Kurt und seine Gäste haben zur Gruppe vor ihnen aufgeschlossen und müssen eine Pause einlegen. Mittels Ankerstich hat Kurt eine Bandschlinge im Anseilring seines Hüftgurtes befestigt. An der Bandschlinge hängt ein Schraubkarabiner, mit dem Kurt sich ins Stahlseil einklinken kann. Natürlich entspricht dies nicht der allgemein akzeptierten und empfohlenen Sicherungsmethode an Klettersteigen. Natürlich weiß Kurt, dass das Verhältnis zwischen Sturzhöhe und energieaufnehmender Bandschlinge extrem ungünstig ist und dass diese im Zweifel reißen könnte. Natürlich weiß er, dass er im Grunde ein Klettersteigset tragen sollte, wie seine Kunden, das einen Sturz dynamisch bremst und damit die auf Mensch und Material einwirkenden Kräfte verringert. Und das außerdem eine redundante Sicherung bietet – versagt eines der beiden automatischen Verschlusssysteme, greift das andere ein.

Aber, hallo, dies ist ein Klettersteig im Frankenjura! Keine brüchige Dolomitenwand, kein 1000-Meter-Big-Wall in Patagonien, keine furchteinflößende Verdon-Kletterei mit hunderten Metern Luft unter den Sohlen. Und vermutlich ist auch Kurt nicht gefeit gegen die eitle Überheblichkeit, die oftmals jene befällt, die in haarsträubenden Situationen um ihr Leben kämpfen mussten – und jetzt mal eben schnell ein paar Leute über einen versicherten Wanderweg führen.

Kurt begrüßt die kurze Pause, die ihm gewährt wird. Sachte lehnt er sich zurück, seine Sicherungsschlinge belastend. Den Verschluss des Karabiners, der Bandschlinge mit Stahlseil verbindet, schraubt er nicht zu. Er nimmt den kleinen Rucksack vom Rücken, in dem er seinen Fotoapparat verstaut hat. Was dabei geschieht, hat niemand beobachtet, wird nie jemand wissen. Vermutlich muss Kurt sich ein wenig winden, um den Rucksack vor sich abzulegen. Vermutlich entlastet er dabei die Bandschlinge. Vermutlich verhängt sich diese am Verschluss des Schnappers. Als Kurt die Bandschlinge wieder belastet, drückt diese den Schnapper auf – und Kurt kippt nach hinten. Und fällt. Einfach so. Ohne zu schreien. Ein Zeuge sagt später aus, er habe noch „Scheiße!" gesagt. Vielleicht versucht er, etwas Festes zu greifen. Die Augen im Schrecken aufgerissen. Wissend, was passiert.

„Nach einer Fallhöhe von ca. neun bis zehn Metern war Kurt Albert zunächst auf einem abschüssigen, grasbewachsenen Felsvorsprung aufgekommen und anschließend ca. acht bis neun Meter in einer von Bewuchs durchsetzten, felsigen Steilrinne weiter gestürzt, bis er schließlich an einem unter den Felsen vorbeiführenden Wanderweg zum Liegen kam. Auf dem erwähnten Felsvorsprung war Alberts Mütze aufgefunden worden. Einen Kletterhelm hatte er nicht getragen. Nach dem Absturz Alberts war der Schraubkarabiner lose im Stahlseil des Klettersteiges hängend vorgefunden worden. Dieser Umstand deutet auf einen möglichen versehentlichen Handhabungsfehler durch den Verunglückten hin. Hinweise auf einen Materialfehler haben sich nicht ergeben." So lautet der Unfallbericht des Polizeipräsidiums Oberpfalz, der einige Tage nach Kurts Unfall veröffentlicht wird.

Dr. Schorsch, der den Schluss der Klettersteiggruppe bilden soll, steht noch am Einstieg des Höhenglücksteiges, als er hört, weiter vorne sei jemand abgestürzt. Über den Wanderweg eilt er am Wandfuß entlang zur Unfallstelle. Er sieht einen Körper, schwere Gesichtsverletzungen, alles ist voller Blut, das sich mit Erde vermischt. Der rechte Unterschenkel des Mannes ist seltsam verdreht. Dann erst erkennt Dr. Schorsch, dass Kurt vor ihm liegt. Er lagert ihn stabil, damit der Freund nicht erstickt. Kurts Kreislauf funktioniert noch, er atmet. Ein paar Augenblicke ist er noch ansprechbar, dann verliert er das Bewusstsein.

Als Norbert Sandner telefonisch von Kurts Unfall benachrichtigt wird, glaubt er zunächst an einen schlechten Scherz. Schnell wird ihm jedoch klar, dass am anderen Ende der Leitung blankes Entsetzen herrscht. Kurt gibt keine Lebenszeichen mehr von sich. Die Rettungskette funktioniert schnell, ein Hubschrauber transportiert ihn ins Universitätsklinikum Erlangen. Als Norbert, seine Frau Ute und Kurts älterer Bruder Horst dort eintreffen, blicken sie in betretene Gesichter. Sie sollten sich keine Hoffnungen machen, sagen die behandelnden Ärzte. Kurt sei hirntot.

Zwei Tage noch dauert es, bis Kurts Leben auch formal für beendet erklärt werden darf. Am 28. September 2010 um 20.45 Uhr schalten die Ärzte des Universitätsklinikums Erlangen alle lebenserhaltenden Geräte ab.

Kurt Albert ist nicht mehr.

Und die Welt ärmer um einen Menschen, der besonders war – weil er ein freies Leben lebte.

Zwei

Ein Gefühl von Freiheit

Oh, was ist das für ein Leben? Warum werden wir überhaupt geboren? Doch nur zu dem Zweck, dass unser armes, vergängliches Fleisch so unmöglichen Schrecknissen wie gewaltigen Bergen und Felsen und leerem Raum ausgesetzt werden kann, und mit Schrecken erinnerte ich mich des berühmten Zen-Spruches: „Wenn du auf den Gipfel eines Berges kommst, klettere weiter."

Jack Kerouac,
„Gammler, Zen und hohe Berge"

Nürnberg ist wieder aufgeräumt, größtenteils, aber die Kinder wissen, wo sie zu finden sind: Schutthalden und Häuserskelette, versteckt hinter behelfsmäßigen Holzverschalungen. Verbotene Orte sind das. Viel zu gefährlich, hat die Mama gesagt. Decken können einstürzen, Wände in sich zusammenfallen. Überall liegen scharfe Gegenstände, rostige Nägel und sicher auch noch Blindgänger. Den Erwachsenen sind diese Orte Ende der 1950er-Jahre, als die Stadt wieder schmuck ist, die Bürgersteige ohne Krater, die Straßen frisch asphaltiert, man geht spazieren in Anzug und Krawatte, die Damen im Sommerkleid – den Erwachsenen sind diese Orte Narben, die sie an die Bombennächte und Feuerstürme des Zweiten Weltkriegs erinnern. Für die Kinder, für Horst und Kurt und ihre Kameraden, sind die Ruinen ein Spielplatz. Wo man es am wenigsten erwartet, zwischen dem Kaputten und Provisorischen, finden sie Freiheit. Sie selbst nennen das Gefühl natürlich nicht so, weil sie es für selbstverständlich halten. Weil das, was sie gerade tun, in jedem Moment das einzig Mögliche ist. So wie das eben sein muss, wenn man noch Kind ist und die Welt in Ordnung.

1954 ist Familie Albert – Vater Alfred, Mutter Anna, der vierjährige Horst und Kurt, geboren am 28. Januar um 16.44 Uhr in der Städtischen Frauenklinik – in eine Drei-Zimmer-Wohnung in der Nürnberger Südstadt gezogen. Allersberger Straße 108, ein vierstöckiges Mehrfamilienhaus mitten im Arbeiterviertel, lautet die Adresse.

Alfred Albert, Jahrgang 1922, stammt aus Chodov in der Tschechoslowakei, ein Dorf nahe dem traditionsreichen Kurort Karlsbad. Als er elf Jahre alt ist, stirbt sein Vater, „mein größter Unterstützer". Noch im selben Jahr gibt Mutter Johanna ihren Sohn, um dessen schulische Ausbildung zu gewährleisten, in die Obhut „entfernter Verwandter, natürlich gegen Bezahlung und das nicht zu wenig. Meine Mutter, eine gutgläubige Frau, willigte in diesen ‚Kuhhandel' ein." So erinnert sich Alfred Albert Jahrzehnte später, als er seine Erinnerungen niederschreibt. Er nennt sie „Glaubensbekenntnis".

Die Jahre bei der „sadistischen, religiös-spinnenden" Pflegefamilie sind ein Martyrium. Alfred muss jeden Tag die Frühmesse besuchen, gegen seinen Willen, außerdem „jede Maiandacht, jede Herz-Jesu-Andacht und öfter kam auch die Rosenkranz-Litanei hinzu". Als er sich weigert, in der Karwoche die aufgemalten Wunden der hölzernen Christusfigur zu küssen, weil er dies für einen Götzendienst hält, bekommt er zuhause „die obligatorische Tracht Prügel". Körperliche Züchtigung ist an der Tagesordnung: „Mit blauen Fle-

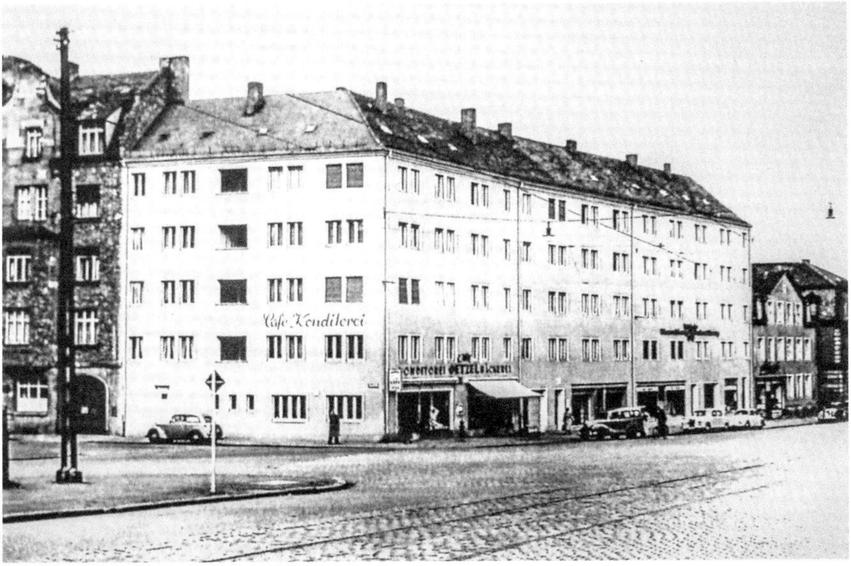

1954 zieht Familie Albert in die Allersberger Straße 108 in der Nürnberger Südstadt. Kurt ist noch ein Baby, sein Bruder Horst vier Jahre alt.

cken im Gesicht muss ich mich dann in der Schule noch hänseln lassen. Doch nicht nur Prügel waren es, die mir arg zusetzten, sondern auch längeres Knien auf einem Holzscheit war sehr schmerzhaft."

Ein eigenes Zimmer hat Alfred nicht. Er schläft auf einem Klappbett, das tagsüber als Küchenanrichte dient. Seine Mutter ahnt nicht, was ihrem Sohn angetan wird, „und wenn ich es ihr erzählt hätte, hatte sie es mir nic geglaubt". Fünf Jahre vergehen, „verlorene Jahre meiner Jugend", bis Verwandte und misstrauisch gewordene Lehrer Alfred aus den Fängen seiner Ersatzeltern befreien. Als er seine Ausbildung beendet, hat bereits der Zweite Weltkrieg begonnen. Alfred ist Unteroffizier, meldet sich freiwillig als Fallschirmjäger. Für den jungen, jahrelang gedemütigten Mann ist der Krieg eine Befreiung. „Erst als Soldat konnte ich wieder ganz ‚ICH' sein und lernte, meinen Mann zu stehen." Alfred kämpft an der Ost-, dann an der Italienfront, er wird verwundet, „drei Steckschüsse in der rechten Arschbacke", schließlich, 1945 in Norditalien von neuseeländischen Soldaten gefangen genommen und nach Ägypten verschifft. Nach vier Jahren in britischer Kriegsgefangenschaft kehrt er heim.

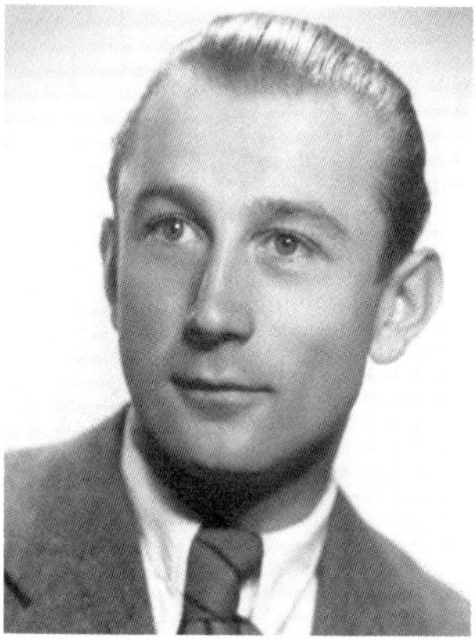

Alfred Albert

Da die deutschsprachige Bevölkerung inzwischen aus Chodov vertrieben worden ist, lässt sich Alfred westlich der deutsch-tschechoslowakischen Grenze im oberpfälzischen Mitterteich nieder. Er ist 26 Jahre alt, ein schlanker Mann mit einem schmalen, freundlichen Gesicht, die bereits lichter werdenden Haare über der hohen Stirn zurückgekämmt. Für die Schwarzweißfotos im Familienalbum blickt er sanft, fast melancholisch in die Kamera. Er wirkt zurückhaltend, abwartend, zugleich aber gefestigt und selbstbewusst. Die Erlebnisse seiner Jugend, die Jahre an der Front und in Gefangenschaft scheinen ihn nicht gebrochen zu haben. Eher haben sie ihn skeptisch gemacht gegen all die Oberen, die Geistlichen, die Bürokraten, die ihm das Leben schwer gemacht haben. Unabhängig zu sein, sein eigener Herr, das wird sein größter Wunsch.

In Mitterteich ist Alfred schon bald „auf Freiersfüßen" unterwegs. Er hat ein Mädchen kennengelernt: Anna, drei Jahre jünger als er. „Anny" nennt er sie. Sie stammt aus der Oberpfalz und wird den breiten Dialekt ihrer Heimat ein Leben lang beibehalten. Die beiden jungen Menschen sind bald ein Paar. Auf ihren Fahrrädern erkunden sie die Umgebung, das Fichtelgebirge im Norden, den Oberpfälzer Wald im Süden. Er in Lederhosen, sie in knielangem, kariertem Rock, so sind sie unterwegs. Anny ist eine schöne Frau. Gelockt fällt ihr blondes Haar auf die Schultern. Wenn sie lacht, und sie lacht oft, bilden sich in ihren Wangen tiefe Grübchen. Ihr zweiter Sohn Kurt wird ihr wie aus dem Gesicht geschnitten sein.

Anna und Alfred heiraten 1950. Sohn Horst ist bereits geboren. Annas Mutter ist mit dem Schwiegersohn in spe lange Zeit nicht einverstanden. Erst nachdem ihr Mann ihr gut zugeredet hat, stimmt sie der Hochzeit zu. Alfred wird später niederschreiben: „Nun kam die Heirat. Da habe ich erfahren, dass es üblich war, vorher eine Beichte abzulegen. Das war für mich ein Hammer. Die Worte des Pfarrers waren: ‚So, Sie wollen heiraten, hatten Sie schon mit Ihrer Braut vorehelichen Geschlechtsverkehr, haben sie Schutzmittel verwendet und welche?' Ich war geschockt. Mit dem Gedanken ‚Ihr seid doch überall dieselben!' verließ ich den Beichtstuhl. Seine mir

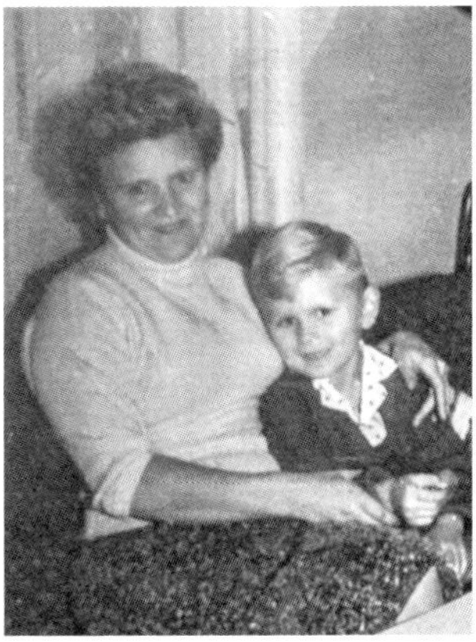 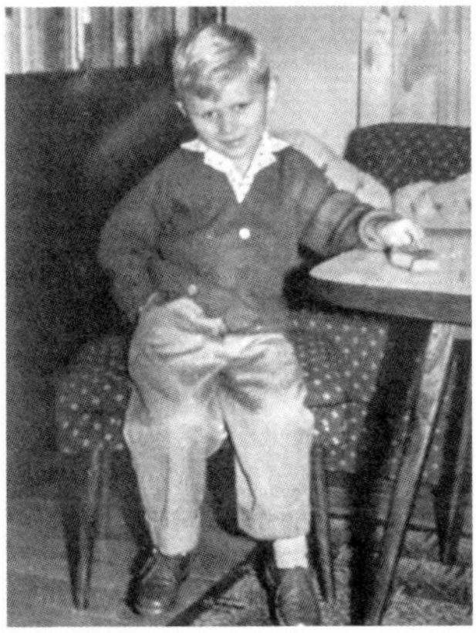 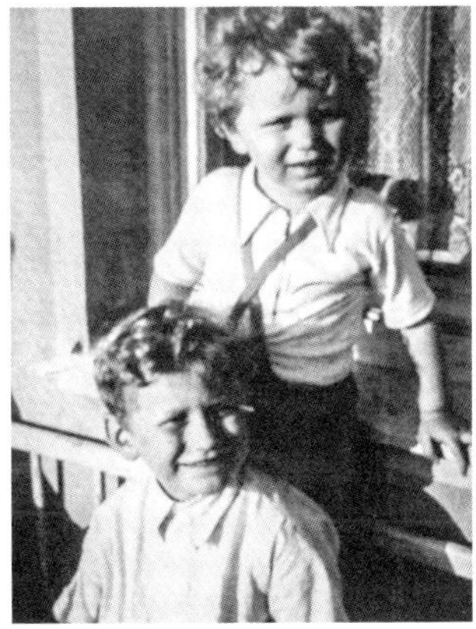

Anna Albert hält den vierjährigen Kurt im Arm. Die Hemden und Hosen ihrer beiden Söhne näht sie selbst.

nachgerufenen Worte, er müsse mir noch die Absolution erteilen, wehten an meinen Ohren vorbei."

Das „Glaubensbekenntnis", das Alfred nach seinem Tod den beiden Söhnen hinterlassen wird, beendet er mit den Sätzen: „Ich wurde schon öfter gefragt, ob ich ein Atheist sei. Meine Antwort auf diese Frage war stets: ‚Wenn es einen Gott geben sollte, dann ist er der größte Sadist.' Andere sind gläubig, das verstehe ich und toleriere es, soweit man mich damit in Ruhe lässt. Ich habe kein Verständnis für diesen Wahnsinn. Ich bin ungläubig. Ich halte mich an das, was Realität ist. Man muss sich alles hart erarbeiten, jeder hat sein Glück in der eigenen Hand, indem er macht, was er am besten kann. Tut er es nicht, kein Gott hilft ihm dann."

Nachdem die Familie 1954 in die Allersberger Straße gezogen ist, Horst ein Kleinkind, Kurt ein Baby, übernimmt Alfred die Leitung der Nürnberger Verkaufsstelle der Keramischen Werke Zehendner – dort hat er als kaufmännischer Angestellter seine Laufbahn begonnen. Die neue Arbeitsstelle bedeutet auch sozialen Aufstieg. Die Alberts sind nicht reich, aber können ein unbeschwertes Leben führen. Mutter Anna ist gelernte Schneiderin. Die Hosen und Hemden ihrer beiden Buben näht sie selbst. Im Wohnzimmer sind ihre Utensilien verstreut – Nähmaschine, Stoffe, Nähkissen, Fäden, Garne, Schnittmuster. Die drei Männer der Familie müssen aufpassen, nicht in Stecknadeln zu treten.

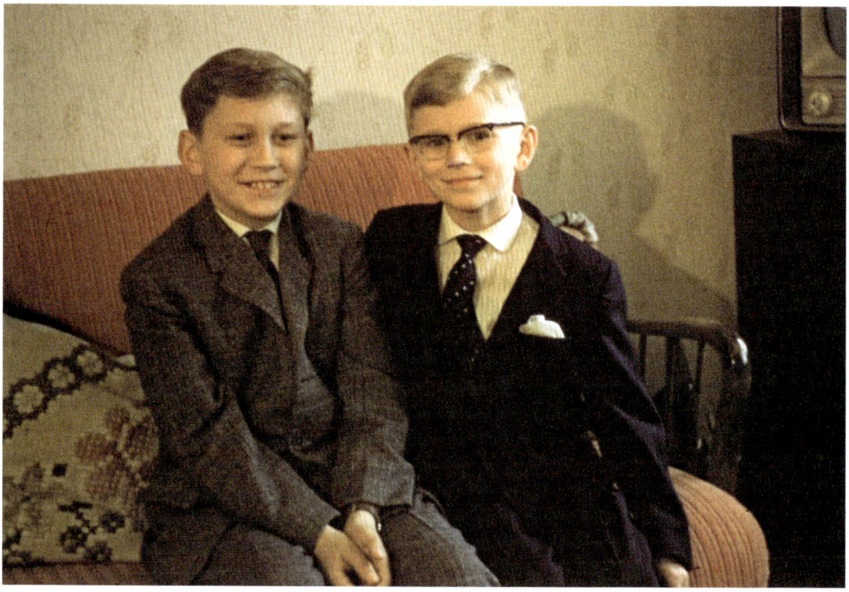

Im Sonntagsanzug: Mit ihrer Mutter Anna besuchen Horst und Kurt die Gottesdienste in der Gemeinde. Vater Alfred hält sich der Kirche fern.

Am Küchentisch: In der Volksschule gilt Kurt als aufgeweckter Schüler, sein Betragen wird für „gut" bis „lobenswert" befunden.

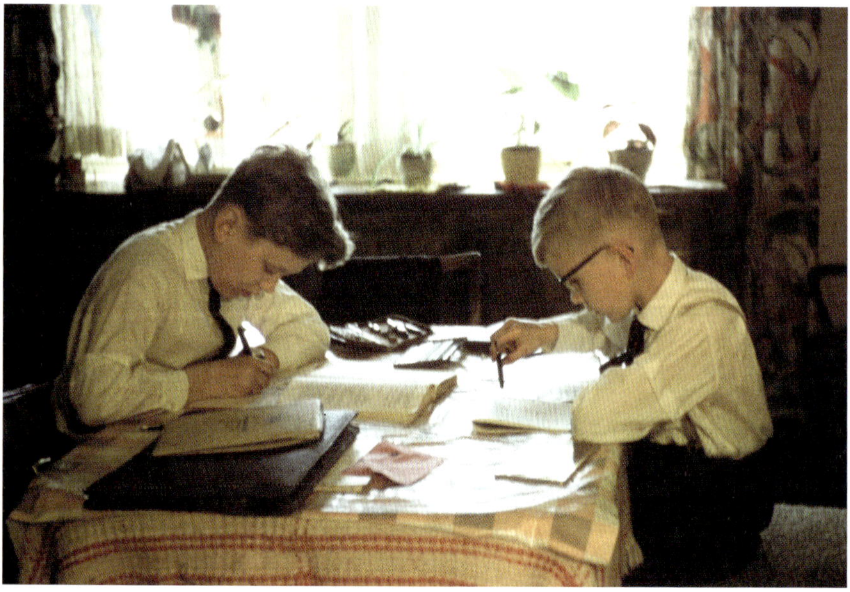

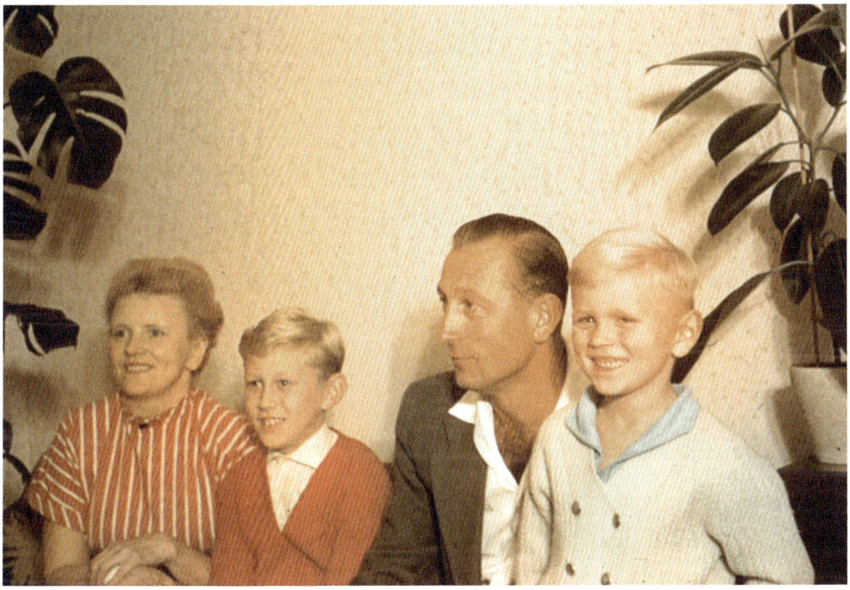

Familienbande: Anna ist eine fürsorgliche Mutter, Alfred ein strenger Vater. Ihren Söhnen ebnen sie den Weg in ein abenteuerliches Leben.

Sorgenkind: Kurt ist zeitweilig so klein und zerbrechlich, dass seine Eltern ihn in den Sommerferien zur Kur in den Schwarzwald schicken.

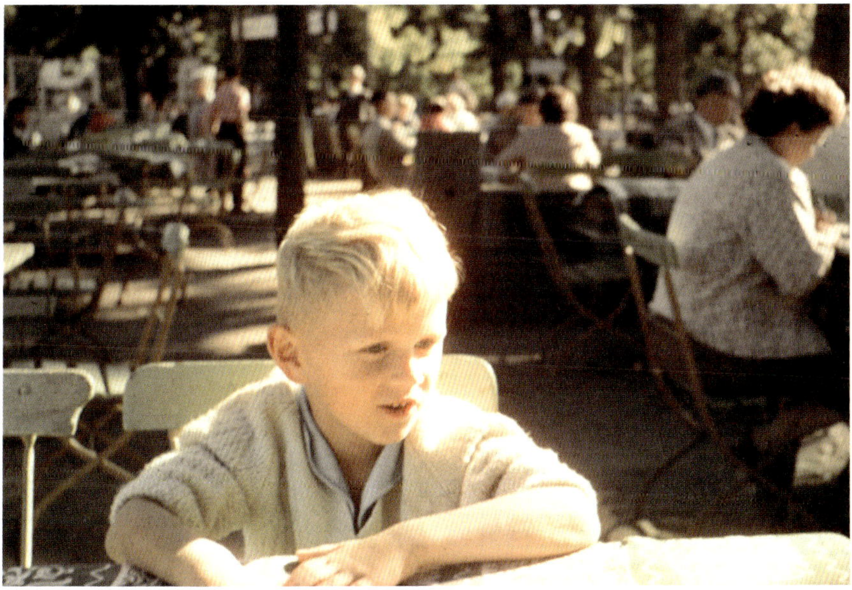

So gut es geht, kümmert sich Anna um ihre beiden Söhne. Sie ist eine liebevolle, behütende Mutter, die sich Sorgen macht, wenn Horst und Kurt in den Straßen herumstreunen. Die Buben hält das nicht davon ab, mit ihren Spielkameraden die Nürnberger Südstadt zu erkunden. In der Ruine einer Rossschlachterei findet die Bande eines Tages hunderte Hufeisen. Emsig sammeln die Kinder das Alteisen auf und verkaufen es an einen Schrotthändler, um ihr Taschengeld aufzubessern.

Dass Nürnberg im Zweiten Weltkrieg immer wieder zum Ziel alliierter Luftangriffe wurde, ist kein Zufall. Im Spätmittelalter ist die Stadt eine der bedeutendsten des Heiligen Römischen Reiches, das sich von Nord- und Ostsee bis zum Mittelmeer ausdehnt. Kaiser Karl IV. erlässt 1356 in Nürnberg mit der „Goldenen Bulle" das erste Grundgesetz des Reiches. Ab 1424 werden die Reichskleinodien, die Zeichen deutscher Königsmacht, in Nürnberg aufbewahrt. „Des Reiches Schatzkästlein" sagen die Romantiker des 19. Jahrhunderts, wenn sie Nürnberg meinen. Der Stadt wohnt also eine große Symbolkraft inne. Derer ist sich auch Adolf Hitler bewusst, der Nürnberg 1933 zur „Stadt der Reichsparteitage" macht. Bis 1938 besuchen jährlich rund eine Million Menschen die propagandistischen Inszenierungen, die Hitlers Nationalsozialistische Deutsche Arbeiterpartei (NSDAP) mit der kaiserlichen Blütezeit der Stadt und den mittelalterlichen Reichstagen in Verbindung bringen sollen.

Neben ihrer symbolischen hat Nürnberg auch strategische Bedeutung. Seit Dezember 1835 transportiert der „Adler" als erste dampfgetriebene Lokomotive im Auftrag der „Königlich privilegierten Ludwigs-Eisenbahn-Gesellschaft" Menschen und Güter zwischen Fürth und Nürnberg hin und her. Ab Mitte des 19. Jahrhunderts siedeln sich zwischen Hauptbahnhof und heutigem Rangierbahnhof im Süden der Stadt eine Reihe von Industrieunternehmen an. Nürnberg wird zum industriellen Herzen Bayerns und während der nationalsozialistischen Diktatur zum Zentrum der Rüstungsindustrie. Hercules, Triumph und Zündapp beliefern die Wehrmacht mit Motorrädern. In den Werken der Maschinenfabrik Augsburg-Nürnberg (MAN) laufen ab 1943 tausende Panzer Typ „Panther" vom Band. Der Rüstungskonzern Diehl, als kriegswichtig eingestuft, beutet Kriegsgefangene und Zwangsarbeiter aus. Die Süddeutsche Telefon-Apparate, Kabel- und Drahtwerke AG stellt den Volksempfänger her – ein Radioapparat für den Empfang von Mittel- und Langwelle, den Reichspropagandaminister Joseph Goebbels ab 1933 zu einem der wichtigsten Werkzeuge gesellschaftlicher Indoktrination und Gleichschaltung macht.

Der 2. Januar 1945 ist ein klarer, kalter Wintertag. Schnee liegt auf den Hausdächern, Weiher und Seen sind zugefroren. Als es dämmert, beginnen am Himmel die Sterne zu funkeln. Doch der Friede täuscht. Um 18.33 Uhr heulen die Sirenen. Die Menschen haben das Nötigste bereits gepackt und fliehen in die Luftschutzbunker. Um 19.20 Uhr beginnt der Angriff der britischen Royal Air Force. 521 Kampfflugzeuge werfen 6000 Sprengbomben und eine Million Brandbomben ab. Letztere entfachen einen Feuersturm. Überall brennt es. Die Stadt schmilzt regelrecht in der Glut. Um 20.13 Uhr, nach 53 Minuten, ist alles vorbei. Die Nürnberger Altstadt ist komplett zerstört. Zurück bleiben über 5000 Tote, 4500 zerstörte Wohnhäuser und hunderttausend Obdachlose.

Auch die Herz-Jesu-Kirche in der Humboldtstraße, bei Familie Albert gleich ums Eck, wird stark beschädigt. Die erste Bombenwelle zerfetzt den Chor, Bomben der zweiten Welle das Langhaus der Kirche. Nur die Schutzmantelmadonna am Marienaltar übersteht das Inferno. Unter einem Strahlenkranz breitet Maria einen blau-goldenen Mantel aus, vor ihr knien Menschen aller Schichten: Adelige, Handwerker, Bettler. So steht sie da, die Gottesmutter, als wolle sie inmitten der Trümmer an den „Mantelschutz" erinnern, einen mittelalterlichen Rechtsbrauch, nach dem Verfolgte unter dem Mantel eines Würdenträgers Schutz finden konnten. So ist es auch in Nürnberg gewesen, in besseren Zeiten.

Horst Albert ist inzwischen 70 Jahre alt. Er ist ein großer, stämmiger Mann, dessen Stimme tief und raumgreifend ist. Seine Haare sind ergraut, doch noch immer sanft gewellt, wie die seiner Mutter. Ein, zwei Mal muss man hinsehen, dann wird die Ähnlichkeit mit seinem vier Jahre jüngeren Bruder Kurt offensichtlich. Um sich selbst macht Horst nicht viele Worte. Er ist schweigsam und zurückhaltend, und es dauert eine Weile, bis er Vertrauen fasst im Verlauf einiger Treffen, und bis er auch von sich zu erzählen beginnt. An die Jahre der Kindheit und Jugend aber erinnert er sich gerne zurück.

1950, in Horsts Geburtsjahr, wird die wiederaufgebaute Herz-Jesu-Kirche vom Nürnberger Erzbischof geweiht. Ab 1959 wirbt die Gemeinde im Rahmen der Volksmission – einem Programm zur Glaubenserneuerung – um „müde und eingeschlummerte Glaubensbrüder und -schwestern". Zwar hat

Vater Alfred mit Religion nichts und mit dem römisch-katholischen Glauben gleich zwei Mal nichts am Hut, doch mit ihrer Mutter besuchen Horst und Kurt regelmäßig die Gottesdienste in der nahe gelegenen Herz-Jesu-Kirche. Die beiden Söhne scheinen jedoch eher nach ihrem Vater zu kommen – einmal stören sie die Liturgie so anhaltend, dass der Pfarrer sie bittet, das Gotteshaus zu verlassen. Dennoch spielt die Kirche eine wichtige Rolle im weiteren Leben der Brüder, denn die Jugendgruppen der Gemeinde organisieren regelmäßig Ausflüge, Ferienfahrten und Zeltlager. Für die abenteuerlustigen Buben genau das Richtige.

Zwischen 1960 und 1966 besucht Kurt die Katholische Volksschule am Lutherplatz 4. Er gilt als „aufgeweckter Schüler“. In seinen Jahreszeugnissen wird er als „fleißig und aufmerksam“ gelobt. Sein Betragen ist „gut“, in der fünften Klasse gar „lobenswert“. Sportlich tut er sich noch nicht hervor – im Fach „Leibeserziehung“ erhält er lediglich die Note 3. Kurt ist ein dünner, schmächtiger Junge. Strohblond, die Haare brav gescheitelt, eine Brille mit schwarzem Rand tragend, wirkt er eher zerbrechlich als zupackend, eher vergeistigt denn praktisch veranlagt. Der kecke Blick allerdings, mit dem er die Welt betrachtet, verrät noch etwas anderes: Hier wächst jemand heran, der schon als Kleiner seine eigene Sicht auf die Dinge hat. Und der mehr weiß, als er zu wissen vorgibt.

Mosaikstein #1

Horst Albert kann sich nicht mehr genau erinnern, wie alt sein jüngerer Bruder gewesen ist. Sechs, sieben Jahre vielleicht. „Da ist er immer wieder ausgebüxt.“ Besonders fasziniert ist Kurt vom Plärrer-Hochhaus, mit 56 Metern das damals höchste Gebäude Bayerns, in dessen 15 Stockwerken die Verwaltung der Stadtwerke residiert. Eines Tages schleichen sich Kurt und ein Freund am Wachmann vorbei, um mit dem Paternoster auf und ab zu fahren – „und ich musste die kleinen Fregger suchen“. „Fregger“ lautet auf Fränkisch der Ausdruck „Verrecker“, was so viel wie Lausbub bedeutet.

An den Wochenenden unternehmen die Alberts gemeinsam Familienausflüge – in den Biergarten, in den Tiergarten Nürnberg, aufs Land zum Spazierengehen. Im Fotoalbum dichtet Vater Alfred neben einem Bild von Kurt, auf dem dieser eine Jubelpose einnimmt: „Wenn das Wochenende naht / es

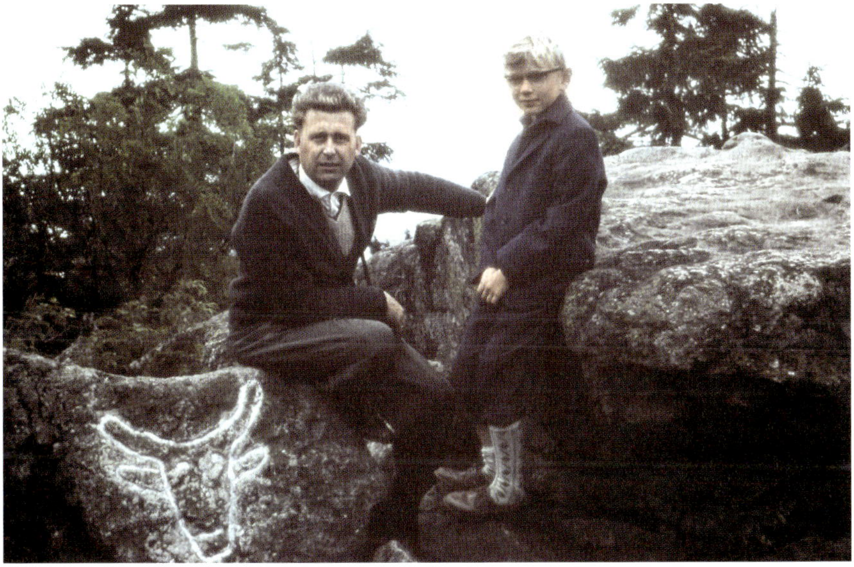

In seinen guten Lederschuhen besteigt der siebenjährige Kurt mit einem Cousin seines Vaters den Ochsenkopf im Fichtelgebirge.

immer Freudensprünge gab. / Dann ging's hinaus / in die freie Natur, / zu den Bergen / führte ihre Spur." Die Berge, das sind die Hügel der Fränkischen Schweiz, die sich zwischen Erlangen, Bamberg und Bayreuth ausbreitet und die Kurt in nicht allzu ferner Zukunft zur Heimat werden wird.

Die Sommerferien verbringen Horst und Kurt meist bei den Großeltern in der Oberpfalz. Vater Alfred und Mutter Anna nutzen unterdessen die freie Zeit und den Wohlstand, zu dem ihnen das deutsche Wirtschaftswunder verholfen hat. 1956 reihen sie sich erstmals ein in die wachsende Schar der Italienurlauber und genießen im Badeort Cattolica den weißen Sand der adriatischen Riviera. Zwei Jahre später fahren sie vor Laigueglia an der Ligurischen Küste Tretboot, besuchen San Remo, Monte Carlo und Monaco und halten auf der Rückfahrt in Mailand, wo sie auf dem Dach des Domes Tauben füttern. In Mitterteich, bei Oma Anna und Opa Michael, sind noch Ochsenkarren auf den Straßen unterwegs. Die Butter für das Frühstück stampfen die Enkel selbst, schöpfen den Rahm von der Buttermilch, schleudern ihn, bis sie die feste Masse in Eiswasser kneten können. Mit dem Opa gehen die Buben in die Pilze, mit der Oma Beeren pflücken. Zur Belohnung bekommt jeder ein Stück Pfefferminzschokolade.

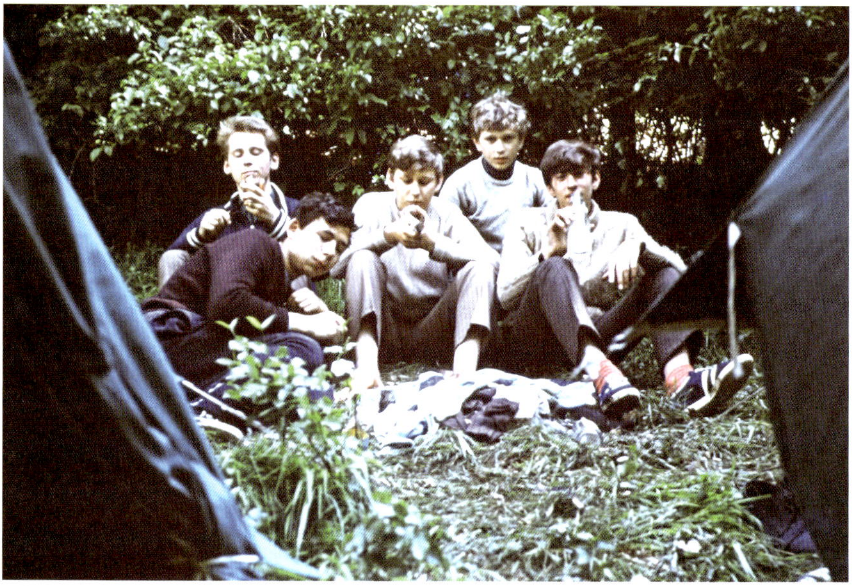

Mit einer Jugendgruppe der Pfarrei radeln Horst (3. v. r.) und Kurt (2. v. r.) 1967 durch das Pegnitztal. Ihr Ziel – der Höhenglücksteig.

Nachdem er die Volksschule beendet hat, wechselt Kurt 1966 auf die Veit-Stoß-Realschule, die später in Adam-Kraft-Realschule umbenannt wird – Nürnberg hält seine spätgotischen Bildhauer, Holzschnitzer und Baumeister in Ehren. Ab der siebten Klasse nimmt er „mit großem Erfolg am Instrumentalunterricht" teil – Kurt lernt Gitarre und wird das Instrument sein ganzes Leben lang spielen. Seine Leistungen in Musik werden mit „sehr gut" bewertet. Doch es sind weder schulische noch musische Herausforderungen, die den Heranwachsenden am stärksten faszinieren.

Über Freunde von Freunden haben Kurt und Horst erfahren, dass es im Caritas-Pirckheimer-Haus jemanden gibt, der mit Jugendlichen nicht nur langweilige Wanderungen, sondern richtige Kletterausflüge unternimmt. Gegründet wurde das Bildungszentrum erst ein paar Jahre zuvor, 1960, und benannt nach der Nürnberger Äbtissin Caritas Pirckheimer, die ihren Glauben im 16. Jahrhundert gegen die Reformation verteidigte. Schnell entwickelt sich die Einrichtung zu einem lebendigen Ort offener Jugendarbeit in der Nürnberger Altstadt – es gibt in den 1960er-Jahren noch nicht viele Freizeitangebote, in denen junge Menschen Zerstreuung finden. Und die Eltern, die hart arbeiten, sparen, etwas aufbauen für die Zukunft, haben anderes zu tun, als für ihre Kinder Taxi zu spielen. Das Angebot des Jesuitenpaters Ossi Schmitt fällt daher auf fruchtbaren Boden.

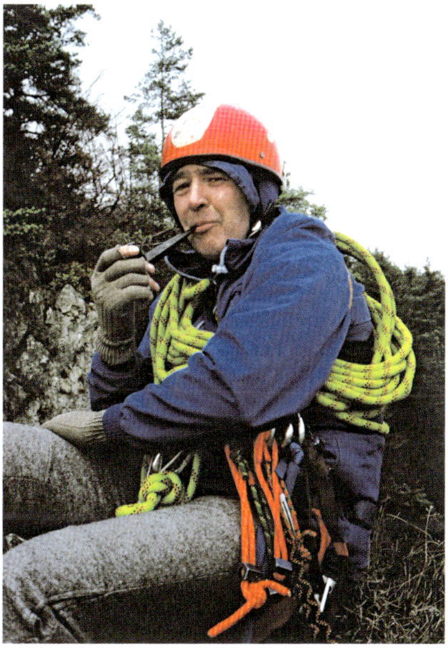

Ossi Schmitt

Etwa 15 Jungen zwischen 14 und 16 Jahren treffen sich an einem Frühlingsabend 1968 im Caritas-Pirckheimer-Haus. Für einige der Anwesenden wird diese Begegnung zu einem Schlüsselerlebnis, denn Ossi Schmitt weiß genau, wie er die Halbstarken ködern kann. Gut zehn Jahre später wird er ein Buch herausgeben mit dem Titel „Mut zu dir selbst – Tipps für junge Menschen". Auf dessen Titel ist die Silhouette des legendären französischen Bergsteigers Gaston Rebuffat zu sehen, der wagemutig auf dem Gendarme der l'Aiguille de Roc im Mont-Blanc-Massiv balanciert. Das Bild ist so spektakulär, dass die US-amerikanische Raumfahrtbehörde NASA es zusammen mit 114 anderen Bildern auf der „Golden Record" speichert und 1977 mit der Raumsonde Voyager ins All schießt – als Beleg dafür, was Menschen zu leisten imstande sind. Nachdem Schmitt sich vorgestellt und von eigenen Erlebnissen in den Bergen erzählt hat, fragt er in die Runde: „Wer hat schon mal eine Seilschaft geführt?" Der Pater blickt in ratlose Gesichter – keiner versteht, was mit der Frage gemeint ist.

Schmitts Reaktion ist kurzentschlossen und zupackend: „Wer Lust hat, klettern zu gehen, kommt am Sonntag nach der Frühmesse hierher." Am folgenden Feiertag ist der VW-Bus des Paters bis auf den letzten Platz gefüllt. Von nun an wird er Kurt und seine neu gewonnenen Freunde jeden Sonntag des Sommers 1968 in die Fränkische Schweiz fahren.

Noch wissen die Jungen nicht, dass sie in einem traditionsreichen und weltbekannten Klettergebiet unterwegs sind. Inmitten einer sanft rollenden Hügellandschaft, in die Bäche und Flüsse tiefe Täler gefräst haben, ragen hellgraue Kalksteintürme aus Mischwäldern hervor. Schicht für Schicht sind diese Schwammriffe im tropischen Jurameer gewachsen. Gut 150 Millionen

Jahre ist das her. Zwischen ihnen bildeten sich Lagunen, in denen sich Kalk ablagerte – dicke Gesteinsschichten, die wie Brotscheiben übereinanderliegen. Im Lauf der Zeit wurden Riffe und Massive ausgefranst und abgeschliffen vom Wind und vom Wetter, bis sie löchrig und rissig wurden und Strukturen bildeten, an denen Menschen emporklettern können. Schon in vorchristlicher Zeit dienten die Felsen den Menschen als Ausguck, vielleicht auch als Rückzugsort. Im Mittelalter wurden sie zu natürlichen Bollwerken, von deren Spitzen aus man Feinde erspähte und bekämpfte. Als Grenzmarken trennten sie Erzbistümer von Markgrafentümern und markierten den Einflussbereich der Reichsstadt Nürnberg. Ab dem 18. Jahrhundert zog die liebliche Gegend immer mehr Reisende an. Die Romantiker machten aus dem „Muggendorfer Gebirge" die „Fränkische Schweiz", weil jede Landschaft, deren Attribute bergig und felsig waren, irgendwie mit dem Ideal des Alpinen verwandt sein musste. Für das sportliche Klettern entdeckt wird das Frankenjura zu Beginn des 20. Jahrhunderts. Als Ossi Schmitt mit seinen Schutzbefohlenen an die Felsen fährt, sind Kletterer zu einem gewohnten Anblick geworden.

Kurt, Horst, Reiner Engerer, Werner Popien und der etwas ältere Werner Scharl sind begeistert, als sie bei ihrem ersten Ausflug zum Hartelstein im Oberen Trubachtal fahren. Der ist gut 25 Meter hoch, und Ossi Schmitt muss die Buben zurückpfeifen, weil sie in der klassischen „Südwand" gleich mal ungesichert 15 Meter hinaufklettern, immerhin im III. Schwierigkeitsgrad. Erst sollen sie die wichtigsten Ausrüstungsgegenstände und Sicherungstechniken kennenlernen: die schweren, dreifach genähten Lederschuhe, das Neun-Millimeter-Perlonseil, die Eisenkarabiner. Eingebunden wird direkt um den Brustkorb, gesichert mit Schultersicherung. Schon nach wenigen Wochen wagen sich die Burschen in erste Fünfer-Routen. Schmitt weiß, dass er seinen Schützlingen bald nichts mehr beibringen kann. Er rät ihnen, sich der Alpenvereinssektion Nürnberg anzuschließen.

Dort trifft Kurt auf weitere Gleichgesinnte, darunter sind Werner Zinsmeister und Wolfgang Fietz. „Flipper" lautet dessen Spitzname bald, weil in seinem Jugendzimmer ein gebrauchter Spielautomat steht. Dass Flipper den Klettersport geradezu visionär beeinflussen wird, ahnt niemand. Dass er ein besonderer Typ ist, wird dagegen bald deutlich. Werner Zinsmeister sitzt in der Volksschule eine Bank hinter ihm. Noch heute erinnert sich der 65-Jährige lebhaft: „Flipper war der Einzige, dessen Bleistifte immer ordentlich gespitzt waren. Die Farbstifte in seinem Federmäppchen waren von hell nach dunkel sortiert und immer in der richtigen Reihenfolge. Auch in seinem Zimmer, da waren wir 15, 16, war alles geordnet. Die Taschentücher auf dem Schreibtisch lagen im rechten Winkel zu seinem Lineal. Alles hat irgendwie passen müssen."

Flipper ist der mittlere von drei Brüdern – und die strenge äußere Form, nach der er Dinge sortiert, vielleicht ein Versuch, Ordnung in ein Leben zu bringen, das schon in der Kindheit aus den Fugen zu geraten droht. Flipper ist neun Jahre alt, als sein Vater von einem Lastwagen überrollt wird und an den Folgen des Unfalls stirbt. Seine Mutter ist asthmatisch und überfordert und weiß nicht so recht, was sie mit dem energiegeladenen Sohn anfangen soll. Da er gerne auf alles klettert, was irgendwie in seiner Reichweite liegt, schickt sie Flipper in den Alpenverein. Sein Freund Werner kommt mit.

Im April 1969 unternehmen Kurt, Horst, Werner, Flipper und Reiner Engerer den ersten von vielen gemeinsamen Ausflügen. Ihr Ziel ist die Egloffsteiner Hütte am Ortsrand von Egloffstein, etwa 40 Kilometer nördlich von Nürnberg, mitten in der Fränkischen Schweiz gelegen. Heute heißt sie „Ossi-Bühler-Hütte", benannt nach dem Nürnberger Kletterer Oskar Bühler (1911–2001), der später den Erwerb der Hütte durch die Sektion Nürnberg forciert.

An der Brüchigen Wand, einem Felsen unweit von Egloffstein, klettert Kurt mit der „Direkten Südwand" seine erste Route im VI. Grad. Ein verblichenes Foto in Kurts erstem Tourenbuch zeigt den 15-Jährigen in weißem Strickpullover und ausgeblichener Jeans, am Gesäß ein Loch. Inzwischen, beim Alpenverein wird das so gelehrt, trägt Kurt einen Brustgurt, der aus vier Reepschnursträngen zusammengenäht ist. Wie üblich hat er beim Einbinden ins Kletterseil einen knapp zwei Meter langen „Seilschwanz" übrig gelassen, den er über die Schulter geworfen hat. Diesen Seilrest kann der Kletterer durch eine Hakenöse oder einen Karabiner fädeln und sich so mittels Selbstzug emporarbeiten. In Kurts rechter hinterer Hosentasche steckt die aufgerollte Trittleiter mit Alusprossen. „Fiffi" nennt man diese bis heute im Fränkischen, weil sie vom Kletterer hinterher- und herangezogen wird wie ein Hund. Noch denkt niemand ans Freiklettern – es geht darum, irgendeine möglichst mit dem magischen Schwierigkeitsgrad VI bewertete Route irgendwie hinaufzukommen. Und sei es, dass man sich mit Seilschwanz und Fiffi von Haken zu Haken hangeln muss.

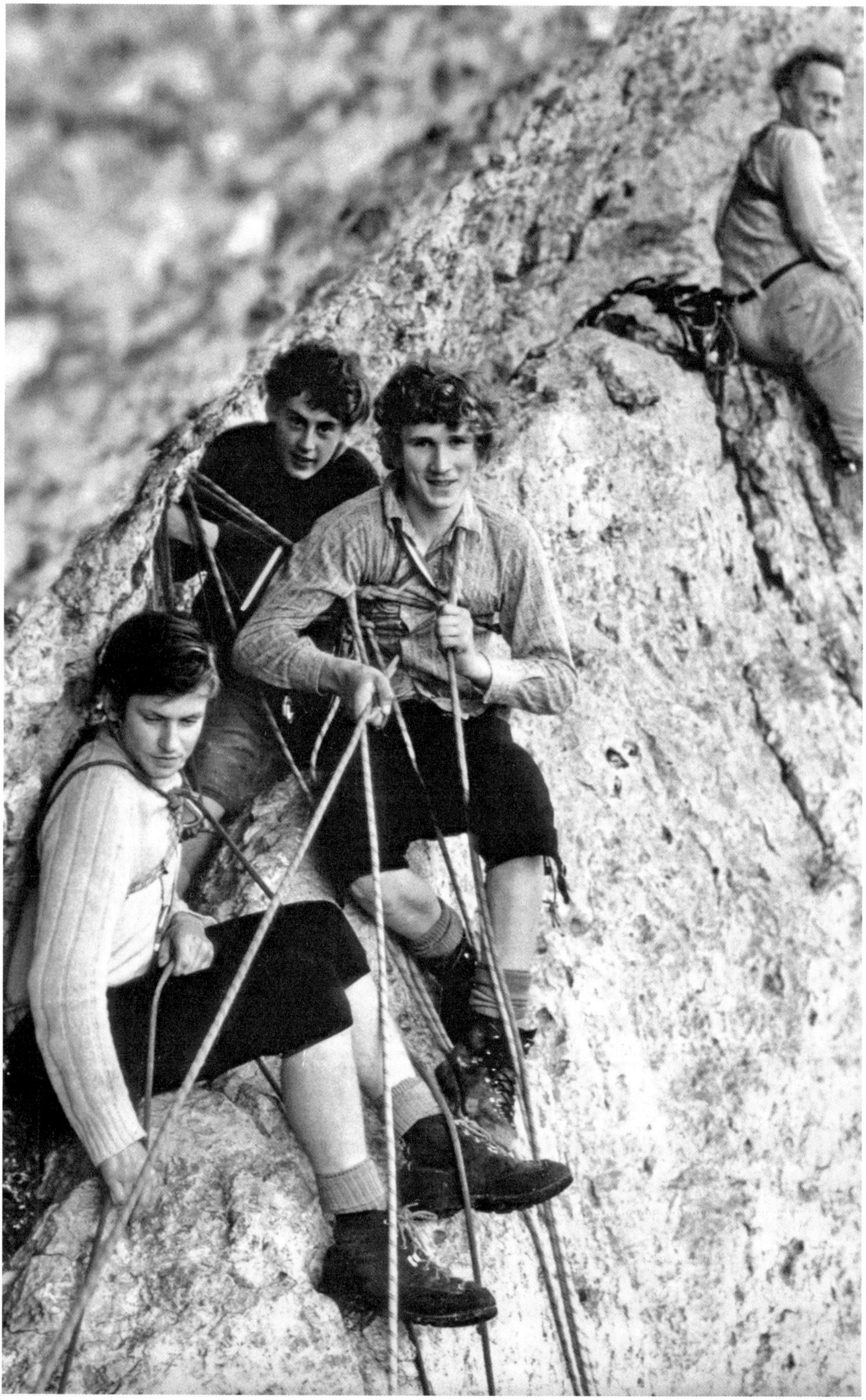

Mosaikstein #2

Ende der 1960er-Jahre ist das Klettern auch an den Mittelgebirgsfelsen des Frankenjura eine echte Risikosportart. Werner Zinsmeister erinnert sich in seinem Bericht „Zeit des Wandels“, der in Kurts Buch „Fight Gravity – Klettern im Frankenjura“ erschien: „Das Hakenmaterial war damals teilweise sehr schlecht und es kam nicht selten vor, dass so ein altes, rostiges Teil bei Belastung ausbrach. So erging es auch Kurt einmal: Als er nicht weiterkam, zerrte er an einem alten Haken. Um möglichst weit nach oben zu kommen, belastete er ihn dabei viel zu sehr nach außen. Kurt, damals noch wie jeder von uns nur mit Brustgurt eingebunden, flog in hohem Bogen aus der Wand und schrammte mit dem Kopf gegen den Fels. Der Tag war gelaufen. Auf der Heimfahrt machten wir uns zunächst nur Gedanken, wie wir den Unfall unseren Eltern beichten sollten. Als Kurt ständig unsere Namen verwechselte und ziemlich wirres Zeug redete, bekamen wir richtig Angst und befürchteten, dass er bleibende Schäden davontragen werde.“

In den folgenden Monaten und Jahren entwickeln sich die Nachwuchskletterer um Kurt rapide weiter. Angeleitet werden sie von gut zehn Jahre älteren, gebirgserfahrenen Frankenjurakletterern wie Immo Engelhard und Konrad Schuhmann, der später in der Bergführer-Ausbildung tätig sein wird. Dem Zeitgeist entsprechend, betrachtet auch die neue Generation das Klettern im Mittelgebirge noch als Vorbereitung auf das eigentliche Ziel, die Alpen. In den Pfingstferien 1969 ist es so weit: Die Nürnberger fahren ins Wettersteingebirge, steigen auf zur geschichtsträchtigen Oberreintalhütte. Der Talkessel des Oberreintals gilt als eines der schönsten und ergiebigsten Kletterreviere der Nördlichen Kalkalpen. Bergsteigerlegenden wie Leo Rittler, Michael Schober, Anderl Heckmair, Martin Schließler, Karlheinz Gonda, Dieter Crukowsky, Lothar Brandler, Armin und Hartwig Erdenkäufer haben hier ihre Spuren hinterlassen.

In seinem Tourenbuch notiert Kurt: „28. Mai, 2. Tour, Oberreintalturm, Südwestkante, IV+, lohnend, fester Fels – Fahrrad im Quergang“. Drei Stunden ist er mit Werner Scharl und Wolfgang „Flipper“ Fietz in der „Fahrradlkante“ unterwegs. Ihren Namen verdankt diese einem schwarzen Fahrrad, das Kletterer aus Garmisch-Partenkirchen vier Jahre zuvor mit starkem Draht an einem Normalhaken befestigt haben.

Kurt Albert praktiziert in der Wolkensteiner Wand Schultersicherung, Reiner Engerer (l.) und Werner Zinsmeister assistieren.

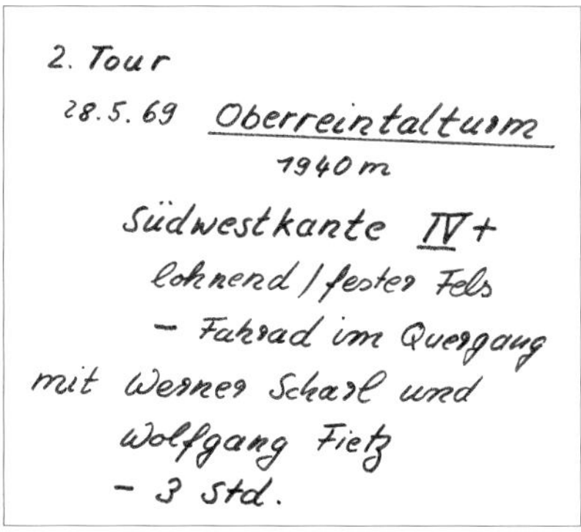
2. Tour
28.5.69 Oberreintalturm
1940 m
Südwestkante IV+
lohnend / fester Fels
– Fahrad im Quergang
mit Werner Scharl und
Wolfgang Fietz
– 3 Std.

90 Unternehmungen protokolliert Kurt Albert bis 1973 in einem akribisch geführten Tourenbuch.

Sein erstes Tourenbuch führt Kurt mit großer Akribie und wohl auch mit Liebe. Die Routen, die er im Frankenjura klettert, klassische Anstiege wie die „Rechte Talwand" (VI+) am Pavian, sind darin nur beiläufig erwähnt. Seine Gebirgsrouten dagegen sind genau beschrieben und durchnummeriert, von der „1. Tour: 12. 10. 1968, Untersberg, 1970 m, Südwand, III+" bis zur „90. Tour: 2. 6. 73, Rotwand, 2806 m, Südwestwand, Hasse-Brandler-Führe, VI/A2, 6 Std." Seine Ziele – Hütten, Gipfel, Regionen – unterstreicht Kurt mit Lineal. Höhenangaben fehlen ebenso wenig wie Zustiegs- und Begehungszeiten. Die Kletterpartner sind eigens genannt. Anfangs bemüht sich Kurt redlich, verfasst seine Einträge in Schönschrift, die wie gezeichnet wirkt. Je älter er wird, je mehr Routen er klettert, desto fahriger wird seine Schrift. Oft klebt Kurt zusätzlich Schwarzweißfotos von Gipfeln und Wänden in das schwarz gebundene Büchlein, daneben Porträts seiner Jugendfreunde und Kletterpartner. Am 30. Mai 1969 klettert Kurt mit Flipper die „Militärkante" (IV) am Unteren Berggeistturm, mit einem 30-Meter-Seil. Auf dem Gipfel, von Nebel umhüllt, blickt Flipper ernst in Kurts Kamera. Er hat noch ein Kindergesicht, pausbäckig, und ist viel zu klein für die dicke Regenjacke, die er trägt.

Zurück in Nürnberg, ist bald nur noch Klettern angesagt. Kurt, Flipper, Reiner Pickl, Reiner Engerer, Werner Zinsmeister, Werner Popien und Toni Erdenkäufer – dessen Vater Armin hat ihm von den Aktivitäten seiner Altersgenossen erzählt – treffen sich fast jeden Nachmittag an den Felsen im offen gelassenen Steinbruch am Schmausenbuck, einer 390 Meter hohen Kuppe, an deren Südhang der Nürnberger Tiergarten Somali-Wildesel, Schneeleoparden, Mähnenwölfe und Eisbären beherbergt. Bis Anfang des 19. Jahrhunderts baute man auf dem Schmausenbuck Sandstein ab, aus dem Teile Nürnbergs errichtet wurden. In das weiche Gestein hämmern und kratzen sich die Jugendlichen Griffe und Tritte.

Auch die braun-gelb-rötlichen Sandsteinmauern des Burggrabens werden zum Trainingsgelände. Nördlich der Pegnitz thront die Nürnberger Burg oberhalb der Altstadt. Ein Wahrzeichen, dessen erste bauliche Spuren aus der Zeit um 1000 stammen, als die Salier, ein fränkisches Adelsgeschlecht, ihre Königsburg erbauten. Im Zweiten Weltkrieg stark beschädigt, wurde sie in den Nachkriegsjahren schnell wieder aufgebaut. Der Legende zufolge war einst Eppelein von Gailingen, ein mittelalterlicher Raubritter, der die fränkischen Handelswege rund um die Reichsstadt Nürnberg unsicher machte, in der Burg eingekerkert. Im Jahr 1375 entfloh er dem Galgen mit einem kühnen Sprung auf dem Rücken seines Pferdes über den Burggraben. Die Hufeisenabdrücke, die das Ross beim Absprung hinterließ, sind heute noch zu sehen. Und zwar an der Nordmauer, wo Kurt und seine Freunde sich zum Klettern treffen. Der Burggraben liegt nicht unbedingt auf ihrem Nachhauseweg von der Schule, aber den Umweg nehmen sie gerne in Kauf.

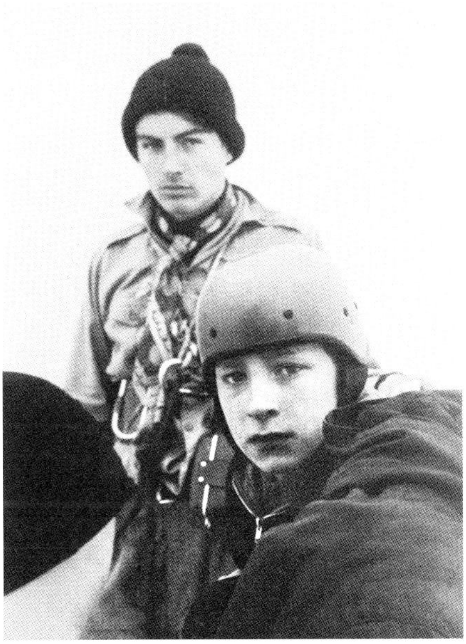

Den Ernst des Alpinkletterns im Blick: der 15-jährige Wolfgang „Flipper“ Fietz (v.) auf dem Unteren Berggeistturm.

Flipper ist einer der eifrigsten Boulderer. Den Begriff „Bouldern“ kennt damals allerdings noch niemand – die Jungen klettern einfach, sie trainieren, nur ohne Seil. Und das in großem Stil. Am 26. März 1971, zwei Jahre nach den ersten Erkundungen im Burggraben, notiert Kurt in seinem Taschenkalender: „Nachmittag mit Flipper Burggraben. Zahlreiche Erstbegehungen. Jetzt haben wir 50 Anstiege.“ Von „Anstiegen“ zu sprechen, ist keine Übertreibung. Einige der ausgeklügelten Klettereien sind bis zu zehn, zwölf Meter hoch. Ungefährlich ist das nicht. Nochmals zwei Jahre später, am 25. Januar 1973, schreibt Kurt: „Flug im Burggraben im ‚Linken Akazienweg‘, vier Meter. Linker Fuß Zehe gebrochen.“

Unter seinen Freunden sticht Flipper bald hervor. Nicht nur durch sein Äußeres, auf das er ebenso viel Wert legt wie auf die Ordnung in seinem Zimmer. Werner Zinsmeister erinnert sich: „Wenn er zerzauste Haare hatte, konnte man sicher sein, dass er zehn Minuten vor dem Spiegel gestanden war, um die Haare so hinzubekommen." Schon Anfang der 1970er-Jahre, als seine Freunde noch brav gescheitelt in die Schule gehen, läuft Flipper mit offenen Schnürsenkeln herum. Das ist eine Frage des Stils. Seiner Zeit voraus ist er auch beim Klettern: Er imaginiert Züge und Bewegungen, die niemand anderem einfallen, und setzt seine Ideen in die Tat um. Sein Trainingsfleiß beschränkt sich nicht auf den Burggraben. Zuhause zieht Flipper Klimmzüge an der Türleiste. Um sie schmäler zu machen, klebt er Papier, Blatt für Blatt, an die Wand. Zuletzt ist seine Klimmzugleiste noch vier Millimeter breit. Konrad Schuhmann, ein Vertreter der alten Schule, sagt zu ihm: „Du wirst mal der beste Kletterer der Welt sein, aber nur einen Meter über dem Boden."

Auch Kurt ist vom Kletterfieber angesteckt. Neben den Trainingsnachmittagen beginnt er zu turnen, einmal die Woche, jeden Donnerstag. Er wird immer athletischer. Dies fällt auch seinen Mitschülern auf. Reiner Tschiesche, der mit Kurt die achte bis zehnte Klasse der Realschule besuchte, erinnert sich: „Genannt wurde er ‚Kurtlä'. Er war einer der kleineren Schüler und noch in der achten Klasse nicht als besonders kräftig bekannt. Das war wohl der Grund, warum ihm seine engeren Freunde den Spitznamen ‚China' gegeben haben. China steht für Porzellan, und das sollte wohl so etwas wie ‚zerbrechlich' und ‚blass' ausdrücken. Bis zur zehnten Klasse hatte sich das mit der Zerbrechlichkeit allerdings gründlich geändert. Die gleichen Freunde gaben ihm dann den Spitznamen ‚Embry'. Das ist eine Kurzform von ‚Embryo' und bedeutet so etwas wie ‚immer noch klein, aber mittlerweile sehr kompakt und mit Muskeln ausgestattet'.

In der Tat war Kurt sehr kräftig geworden. Er hat uns demonstriert, dass man Klimmzüge, an zwei Fingern einer Hand hängend, auch am Türstock des Klassenzimmers machen kann. Überhaupt hatte sich in der zehnten Klasse herumgesprochen, dass er ein großer Kletterer ist. Einer seiner Freunde sagte einmal, es gäbe keinen Berg, von dem der Kurt noch nicht hinuntergefallen sei. Dass das Runterfallen nicht so dramatisch ist, hat uns Kurt selbst demonstriert. Er sagte: ‚Ins Seil fällt man ganz weich' und führte dabei eine Handbewegung von oben nach unten aus, an eine gedämpfte Schwingung erinnernd.

‚Gedämpfte Schwingung' ist ein Begriff aus der Physik. Neben der Kletterei hatte Kurt noch eine andere Neigung, die sich in seinem naturwissenschaftlichen Verständnis ausdrückte. Mathematik und Physik waren seine

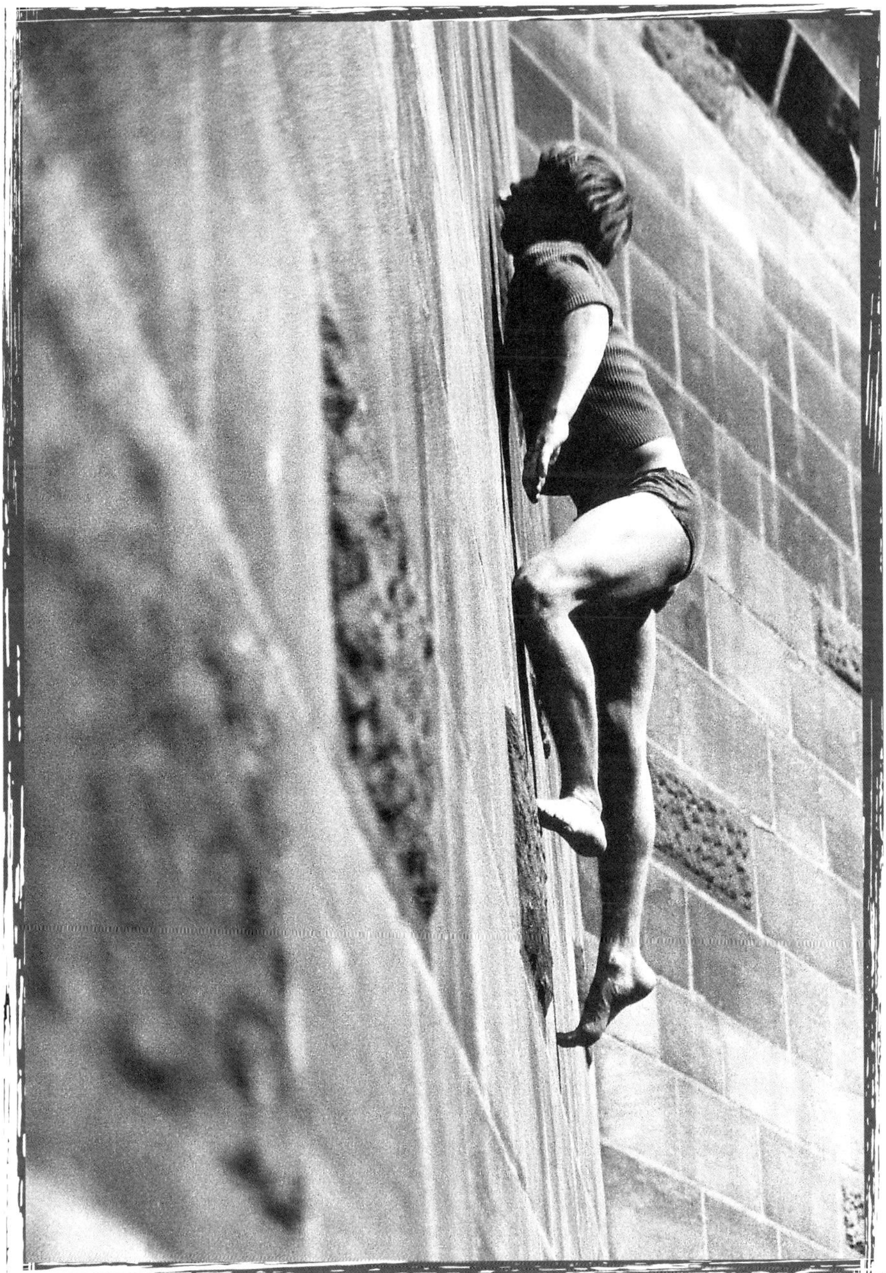

An den Sandsteinmauern des Nürnberger Burggrabens demonstriert Wolfgang „Flipper" Fietz sein Bewegungstalent.

Stärken. Ich erinnere mich an eine Mathe-Schulaufgabe, in der eine mehrteilige Aufgabe vorkam, die keiner aus der Klasse gelöst hatte. Bis auf Kurt. Der Mathe-Lehrer holte Kurt an die Tafel und der machte uns vor, wie die Aufgabe zu lösen war. Uns blieb nur übrig, mit großen Augen staunend dazusitzen. Von diesem Zeitpunkt an war Kurt so etwas wie der Klassenprimus."

Tatsächlich steht in Kurts Jahreszeugnis der Klasse 9a: „Seine Leistungen in Mathematik liegen über dem allgemeinen Klassenstand." Am 22. Juli 1970 schließt Kurt die Realschule mit der Mittleren Reife ab. Sein Zeugnis belegt die offensichtliche Begabung: „Der ruhige und aufmerksame Schüler erreichte in den mathematisch-naturwissenschaftlichen Fächern herausragende Leistungen." Und dann heißt es weiter: „Bei gleichmäßigem Einsatz seiner Fähigkeiten hätte er auch in anderen Fächern gute Ergebnisse erzielen können."

Sich schulisch hervorzutun ist allerdings kein Ziel, das Kurt für besonders erstrebenswert hält. So zeigt sich schon in jungen Jahren eine Eigenschaft, die er im Verlauf seines Lebens nicht ablegen wird: In Dinge, die ihn interessieren – sportliche Herausforderungen, technische Zusammenhänge, mathematisch-logische Rätsel, physikalische Gesetze oder die eleganteste Art, einen Diamantknoten zu knüpfen –, kann er schier unendlich viel Zeit und Energie investieren. Interessiert ihn etwas nicht, bleibt das zumeist auch so. Und Kurt bemüht sich nicht, das zu verbergen.

Kurts Mitschüler Reiner Tschiesche schreibt viele Jahrzehnte nach ihrer gemeinsamen Zeit: „Kurt war ein angenehmer Klassenkamerad. Nicht aggressiv oder angeberisch wie manch anderer in dem Alter, dafür jederzeit hilfsbereit und freundlich. Soweit ich das beurteilen kann ein wenig chaotisch, aber eher so wie ein zerstreuter Professor. In den Angelegenheiten, die ihn interessierten, war er strukturiert und zielorientiert. Ein unabhängiger Freigeist, schon damals."

Unter den Nürnberger Kletterkumpeln ist Reiner Engerer, drei Jahre älter als Kurt, der Erste, der den Führerschein macht. Für 2000 Mark kauft er sich einen roten VW Käfer, bei dem mehr kaputt als ganz ist. Von nun an ist die Clique noch mobiler als zuvor. Vier oder fünf Mann samt Kletterausrüstung lassen sich irgendwie in einen VW Käfer pressen. Ende Juli 1970 klingelt bei Reiner zuhause das Telefon. Horst Albert ist dran. „Wir machen am Wochenende eine Gebirgstour. Fährst du?" – „Was wollt ihr denn machen?" – „Wird nicht verraten, komm einfach mit."

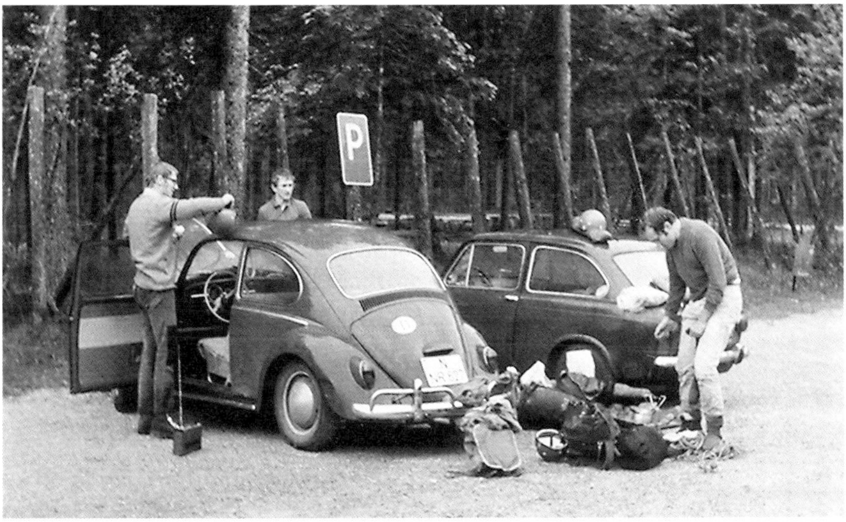

Das Transistorradio läuft: Karl-Heinz Barthe, Kurt Albert und Werner Popien (v. l.) packen am Fuß der Reiteralm ihre Rucksäcke.

Am folgenden Freitagnachmittag fahren Reiner, Horst, Kurt und Franz Neubauer nach Berchtesgaden. Nach einer Nacht im Touristenlager nehmen sie am 1. August 1970 das erste Schiff von der Seelände über den Königssee zur Wallfahrtskirche St. Bartholomä, deren weinrote Zwiebeltürme seit 1698 in die mächtige Ostwand des Watzmann (2713 m) deuten. 1800 Meter ist diese hoch, von Bändern breit wie Autobahnen gerippt, ein Labyrinth aus Wänden, Graten, Schrofen und Schneefeldern. Die höchste Ostalpenwand, berühmt und gefürchtet, weil seit der Erstbegehung 1881 knapp 100 Menschen in ihr den Tod fanden.

Als die Bootsführerin die schweren Rucksäcke der vier jungen Männer sieht, fragt sie besorgt: „Buam, ihr werd's doch nicht in die Ostwand wollen? Da hat's noch viel zu viel Schnee." – „Ah, wir schauen bloß mal." Noch am selben Tag steigen sie in den „Berchtesgadener Weg" ein. Er ist lediglich mit dem III. Schwierigkeitsgrad bewertet, doch der Anstieg ist komplex und schwierig zu finden. Entsprechend lange sind die unerfahrenen Alpinisten unterwegs. Kurz bevor Kurt, Horst, Reiner und Franz die orangene Biwakschachtel im oberen Wanddrittel erreichen, schlägt das Wetter um. Binnen Minuten sind die Jungen patschnass und durchgefroren. Reiner lässt seinen neuen blauen Daunenschlafsack dennoch im Rucksack, „aus Angst, dass er

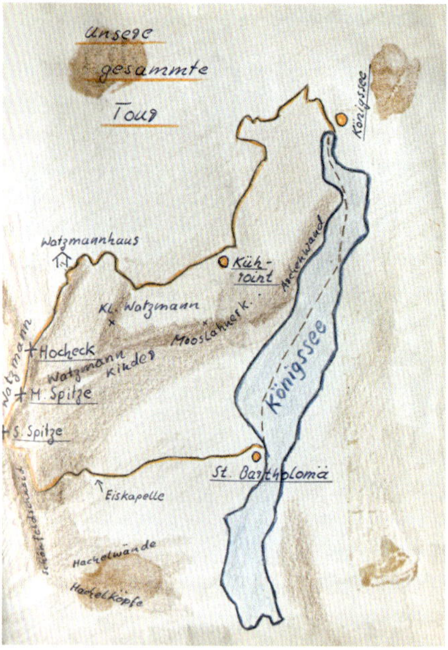

1970 zeichnet Kurt Albert eine Lageskizze seines Watzmann-Ostwand-Abenteuers in sein Tourenbuch.

kaputtgeht". Er hatte 175 Mark gekostet. Während des nächtlichen Gewitters betet er das „Vater Unser".

26 Stunden sind die vier Bergsteiger in der Wand, bis sie am Sonntag um 12 Uhr den Gipfel erreichen. Das Unternehmen beeindruckt Kurt sehr: In seinem Tourenbuch widmet er der „8. Tour: 2. 8. 1970, Watzmann, 2713 m, Ostwandwand, 1800 m, III" sechs Seiten, illustriert mit einer handgemalten, akribisch beschrifteten Übersichtskarte.

Während der Sommerferien 1970 besucht Kurt zum ersten Mal die Dolomiten. In der Civettagruppe gelingen dem 16-Jährigen mit Werner Scharl beeindruckende alpine Klassiker wie die „Via Carlesso-Sandri" (VI+/A3) am Torre Trieste oder die „Livanos-Verschneidung" (VI+) an der Cima Su Alto. Ausflüge ins Wettersteingebirge und in die Berchtesgadener Alpen folgen, dann heißt es wieder Schulbank drücken. Kurt wechselt auf das Hardenberg-Gymnasium in Fürth. Trotz des straffen Lehrplans rückt das Klettern immer stärker in den Mittelpunkt seines Lebens. In seinem Taschenkalender notiert er fast nur noch mögliche Ziele, geplante Ausflüge. Ab und an findet sich ein Vermerk wie „Mathe-Schulaufgabe", „Chemie-Klausur" oder „Referat Geschichte" – Thema seines Vortrags ist die „Goldene Bulle".

Ab Frühsommer 1971 rollt der „Alpenexpress" unaufhaltsam von Nürnberg Richtung Süden – eine Gruppe von zehn, elf, zwölf Jugendlichen, die regelmäßig zusammen wegfahren, in den Wilden Kaiser, das Wettersteingebirge, die Dolomiten. Wie in anderen Städten und Regionen Süddeutschlands spielen die Sektionen des Deutschen Alpenvereins (DAV) eine wichtige Rolle bei der Nachwuchsförderung. Wer ins Gebirge kommen will, tritt einer Jugendgruppe oder der Jungmannschaft bei. Letztere sieht sich in Nürnberg als Kletterelite – um dazuzugehören, muss man den heiligen VI. Grad bewältigen.

Die Alpenvereinssektionen sind zu dieser Zeit weit mehr als Kurs- und Reiseanbieter. Man ist nicht Sektionsmitglied, weil man vergünstigt auf Hütten übernachten oder eine Bergrettungsversicherung abschließen will. Im Deutschland der 1970er-Jahre haben Vereine eine andere Bedeutung: Sie sind gesellschaftlicher Kitt, und sie bieten vor allem Jugendlichen ein Gefühl des Zusammenhalts. Man ist nicht nur zufällig bei dieser oder jener Gruppierung – man fühlt sich zugehörig, Teil einer Gemeinschaft und dieser verpflichtet. Kurt und seinen Freunden geht es darum, selbständig unterwegs zu sein, zusammen etwas zu unternehmen und zu klettern – genau in dieser Reihenfolge. Ausflüge ziehen sich immer über das ganze Wochenende hin. Niemand kommt auf die Idee heimzufahren, um abends noch ins Kino oder sonst wohin zu gehen.

Zu Kurts regelmäßigen Seilpartnern zählt neben Wolfgang „Flipper" Fietz auch Reiner Pickl. Drei Jahre jünger als Kurt, startet Reiner Anfang der 1970er-Jahre seine alpine Karriere. Er ist 13, sein Bruder Gerald elf Jahre alt, als sie zusammen die „Dülfer" in der Westwand des Totenkirchls klettern. 1913 von Hans Dülfer und Willi von Redwitz erstbegangen, zählt die 600-Meter-Route zu den großen Klassikern in den Nördlichen Kalkalpen. Bis heute wird sie mit VI+ bewertet. Ihr Vater hat die Pickl-Brüder in den Wilden Kaiser gefahren. Schon in diesen Anfangsjahren ist Kurt der beste Allrounder unter den jungen Nürnberger Kletterern. In den 20-Meter-Routen des Frankenjuras ist er ebenso gut wie in langen Gebirgstouren. Er hat von allen den stärksten Kopf. Werner Zinsmeister sagt zu ihm: „Kurt, du gehörst zu denen mit den reduzierten Nerven." Ein geborener Anführer ist er allerdings nicht, auch keine treibende Kraft. Wohin es an den Wochenenden geht, ist Kurt meistens egal. Hauptsache, er ist dabei – und kriegt vor dem Losfahren eine warme Leberkässemmel.

Unter der Anleitung ihres Lehrmeisters Konrad Schuhmann sammeln die Frankenjura-Kletterer erste Erfahrungen im Hochgebirge. Mit Reiner Pickl klettert Kurt durch die Nordwand des Wilden Pfaff (3456 m), die „31. Tour" im Tourenbuch, anschließend steigen sie über den Westgrat auf das Zuckerhütl (3507 m), den höchsten Gipfel der Stubaier Alpen. Kurt lernt eine wichtige Lektion: „Da ich vergessen hatte, mein Gesicht einzureiben, bekam ich einen starken Gletscherbrand", notiert er im Tourenbuch. Auch ein paar Tage später, im Wettersteingebirge, zeigt sich eine gewisse Schusseligkeit: „Auf der Wettersteinhütte suchen wir lange nach dem Autoschlüssel (lag im Au-

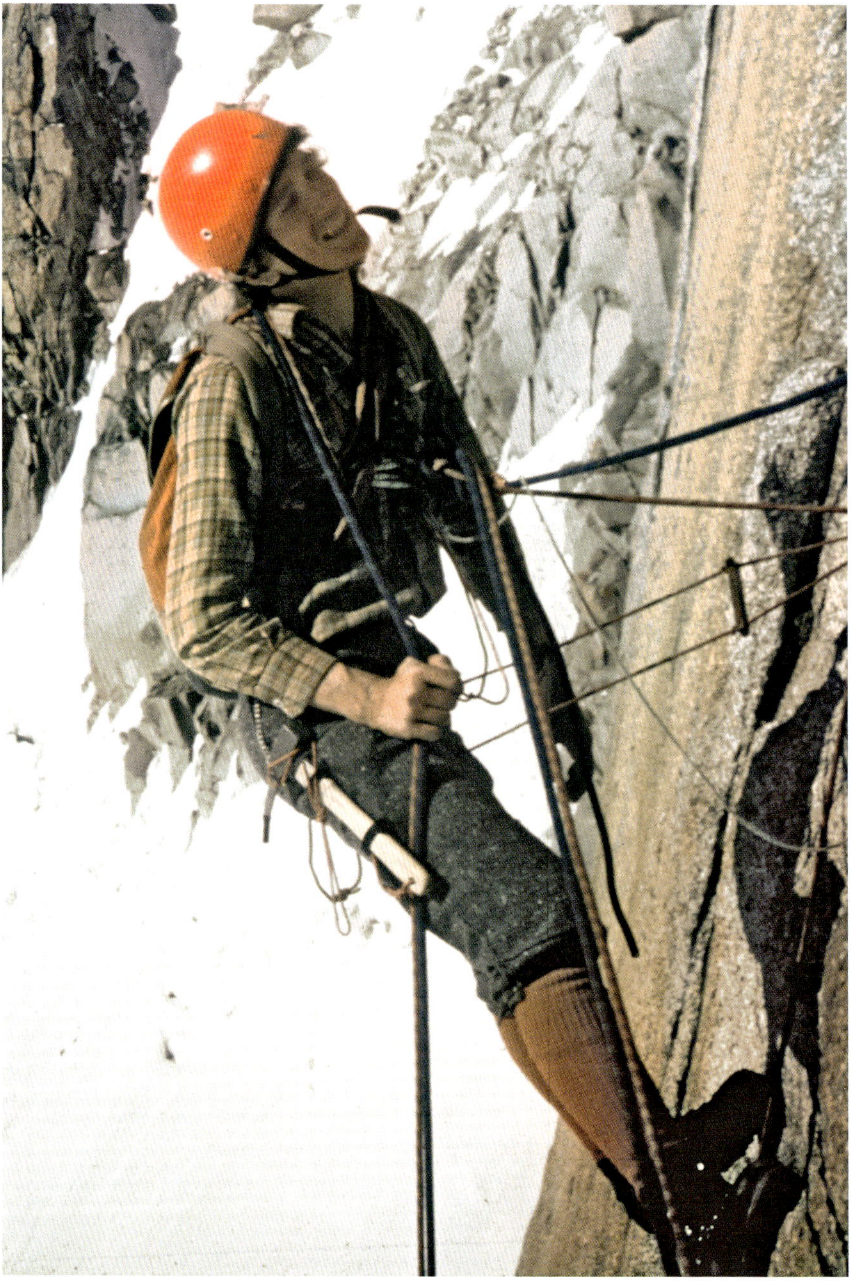

Kurt Albert akklimatisiert sich 1971 in der „Rebuffat-Route“ in der Südwand der Aiguille du Midi, Mont-Blanc-Massiv.

to)". Höhepunkt der Sommerferien ist die erste Fahrt nach Chamonix: Über den „Walkerpfeiler" klettern Kurt und seine Gefährten in zwei Tagen durch die Nordwand der Grandes Jorasses (4208 m).

Natürlich entgeht Kurts Eltern nicht, dass die Leidenschaft ihres Sohnes für die Berge immer stärker wird. Anna vergeht vor Sorge, wenn ihr Jüngster mit gepacktem Rucksack das Haus verlässt – eine Angst, die sie ihr ganzes Leben lang begleiten wird. Weil sie ihren Sohn aber gut kennt, weiß sie genau, dass es keinen Sinn machen würde, ihn von seinem Tun abzuhalten. Stattdessen versuchen die Eltern zu tun, was gute Eltern tun: die richtige Mischung zu finden aus Fürsorge und Loslassen, Verbot und Vertrauen. Vater Alfred bemüht sich, verbirgt seine Liebe aber hinter einer strengen Fassade. Aufgewachsen mit der ständigen Furcht vor körperlicher Züchtigung, geprägt von Krieg und Gefangenschaft, legt er „auch am Familientisch seinen Wehrmachtston nicht ab", erinnert sich Horst. „Im Grunde war er aber ein guter Kerl. Er hat uns immer unterstützt."

Auch wenn er es nicht zeigt, nicht zu zeigen vermag, weil es sich nicht gebührt in seiner Generation, so ist Alfred doch zeitlebens stolz auf seine beiden Söhne. 1978 beginnt er, Fotoalben von Kurts Kletterreisen und Expeditionen anzufertigen, jedes Bild sauber eingeklebt und beschriftet. Erst mit Beginn der 2000er-Jahre hört er damit auf. Horst, sein Älterer, ist anfangs zwar der rebellischere der beiden Brüder. Vater und Sohn reiben sich oft und heftig aneinander. Später aber ist es Horst, der eine nach bürgerlichen Maßstäben vernünftige Karriere verfolgt. Obwohl er im Grunde ein Handwerker, ein Tüftler ist, beginnt er gleich nach der Schule mit einer Ausbildung zum Verwaltungsangestellten. Seine erste Arbeitsstelle findet er bei einer Krankenkasse. „Das habe ich dem Vater zuliebe gemacht." Dieser weiß, dass er sich auf Horst verlassen kann.

Noch aber zeichnet sich nicht ab, dass die Brüder unterschiedliche Lebenswege einschlagen werden. Auch Horst ist viel in den Bergen unterwegs. Nicht ganz so extrem wie sein jüngerer Bruder, dafür reizt er die Vielfalt des Möglichen aus. Er klettert im Wilden Kaiser, besteigt den 3905 Meter hohen Ortler, befährt die Donau im Faltboot von Passau bis Wien. Im Sommer 1973 reist er mit Freunden zwei Monate lang in einem eidottergelben VW T1, Kosename „Bulli", durch die Türkei. Nach der Besteigung des Ararat (5137 m) in Ostanatolien – ohne Genehmigung – wird er von türkischen Soldaten festgenommen und zwei Tage ins Gefängnis gesperrt.

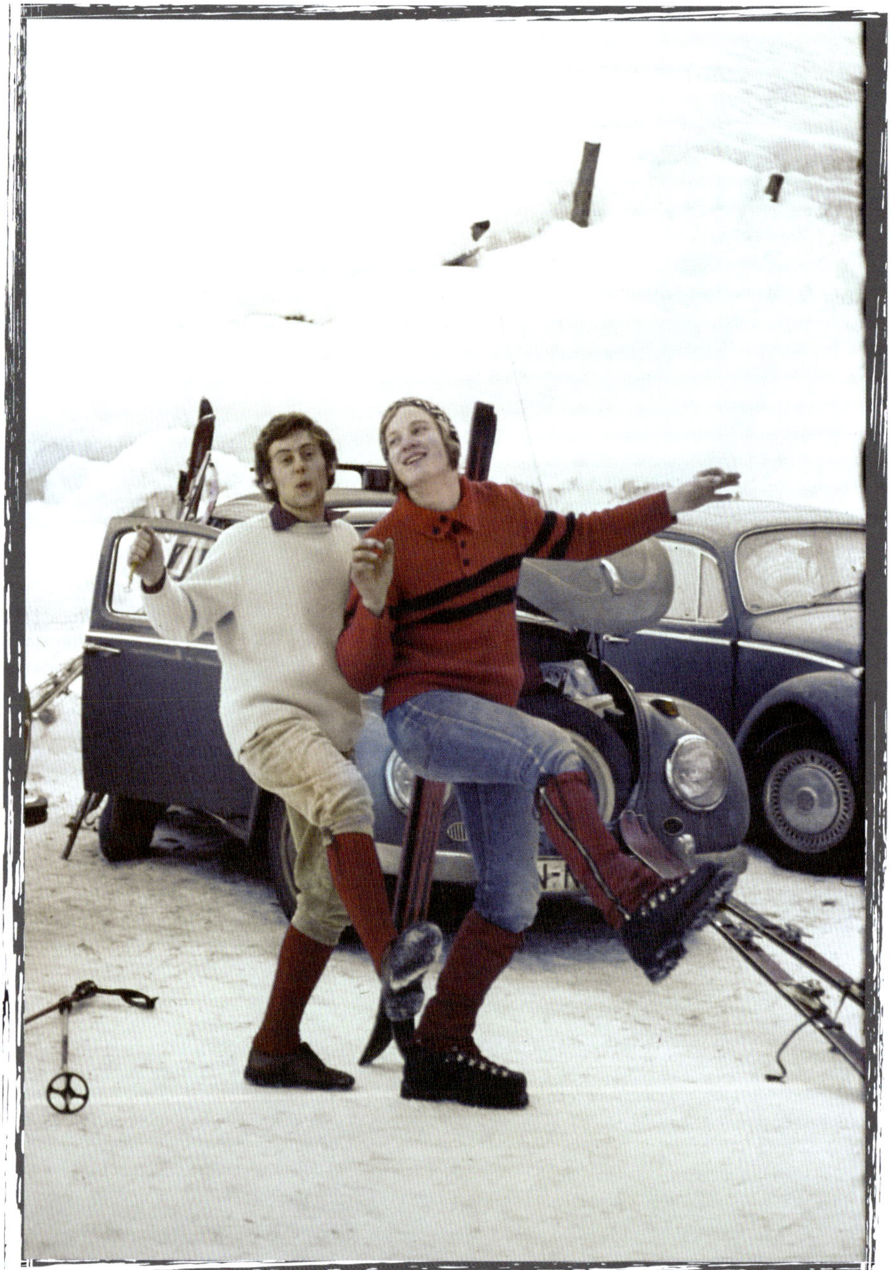

Werner Zinsmeister (l.) und Reiner Pickl im Pas de deux: In den 1970er-Jahren beschwingen junge Bergsteiger den heroisch verklärten Alpinismus.

Es ist eine spannende Zeit, in der die Albert-Brüder erwachsen werden. Anfang der 1970er-Jahre sind die Nachwehen der Revolte, mit der die westdeutsche Studentenbewegung die konservativ geprägte Bundesrepublik durchrüttelte, allerorten spürbar. Die Aufarbeitung der nationalsozialistischen Vergangenheit bringt das Wirken alter, ebenso skrupelloser wie opportunistischer Seilschaften ans Licht. Das Wirken der außerparlamentarischen Opposition, der Kampf gegen die Notstandsgesetze, die Proteste gegen den immer noch andauernden Vietnam-Krieg, die Forderung nach Gleichberechtigung und sexueller Befreiung haben eine gesellschaftliche Aufbruchstimmung geschaffen, die nachhallt. Für Horst und Kurt, voller Elan, voller Kraft und Abenteuerlust, gerade flügge werdend, beginnt eine Zeit des Ausprobierens.

Im Frühling 1972 durchqueren die Brüder gemeinsam mit Wolfgang „Flipper" Fietz und Dieter Rebhuhn die Dolomiten auf Ski. Sechs Tage sind sie unterwegs, von San Martino di Castrozza durch die Pala-Gruppe, über die Marmolata, den Piz Boé, durch die Cristallo-Gruppe und an den Drei Zinnen vorbei nach Sexten. Von Lawinenkunde haben die vier keine Ahnung, ebenso wenig von Wetterprognosen und Orientierung. Bekleidet sind sie mit Jeans, Cordhosen und dünnen Windjacken. Die Nächte verbringen sie in Heustadeln und Winterräumen.

Drei Monate später, an einem Freitag im Juli, nachdem Gymnasiast Kurt eine Kurzarbeit in Mathematik geschrieben hat, fährt er mit seinen Lehrmeistern Konrad Schuhmann und Werner Scharl sowie Jürgen Günther nach Grindelwald. Auf der klassischen „Heckmair-Route" wollen die vier durch die Nordwand des Eiger (3967 m) klettern. Als die Bergsteiger am Samstagfrüh einsteigen, ist es viel zu warm. Am Abend erst erreichen sie das „Schwalbennest", und damit noch nicht mal die Wandmitte. Über ihren Köpfen wölbt sich ein Eisbalkon. Werner Scharls Instinkt folgend, verlegen die Franken ihren Schlafplatz etwas zur Seite, wo das Felsband schmäler und unbequem ist. Mitten in der Nacht reißt sie ein lautes Krachen aus dem Schlaf: Der Eisbalkon ist abgebrochen. Er hätte die Kletterer vollständig unter sich begraben, wären sie im „Schwalbennest" geblieben. Am folgenden Morgen seilen sie ab. Zuhause sagt Kurt zu seinem Freund Reiner Engerer: „Lieber mache ich schwierige Klettertouren. Da kann ich das Risiko besser kalkulieren."

Kurt konzentriert sich nun immer stärker auf seine Bergabenteuer und das Klettern. Alles andere erscheint ihm unwichtig. Horst ist eher ein politisch denkender und handelnder Mensch, und er interessiert sich für das, was in seinem Umfeld passiert. Er unterstützt den Protest fränkischer Bergsteiger, Wanderer und Kletterer, der Bergwacht, des Bundes Naturschutz und der Jugend des DAV gegen Felssperrungen nahe Egloffstein. Dort hat Grundeigentümerin Gudila Freifrau von Pölnitz einen über zwei Meter hohen und vier Kilometer langen Zaun errichten lassen, um im „Wildpark Hundshaupten" Rot- und Damwild, Wildschweine, Mufflons, Steinböcke und Wisente zu präsentieren. Die Erregung ist groß: Das private Interesse einiger weniger gehe zu Lasten der Allgemeinheit, heißt es. Artikel 141 der Bayerischen Verfassung, der das Betretungsrecht freier Natur für jedermann garantiert, werde ausgehebelt. Zudem vermutet man politische Vorteilsnahme der „Großwildjäger": Freifrau von Pölnitz ist seit 1970 Abgeordnete des Landkreises Forchheim im Bayerischen Landtag.

Besonders widerspenstig zeigt sich die Kletterkommune Roter Stern (KKRS), ein loser Zusammenschluss fränkischer Kletterer, die von sich behaupten, über den Felsenhorizont hinauszublicken. Ihr Ziel ist es, ganz im Sinne der 68er-Bewegung, „das heroische, faschistoide Menschenbild, dessen Ausformung der Bergsteiger, wie er scheinbar harmlos klettert und wandert, für einen natürlichen Gefühlsausdruck hält", als nach wie vor existierendes, aber falsches Ideal zu entlarven. Um gegen die Felssperrungen bei Schloss Hundshaupten und die kommerzielle Nutzung der Landschaft zu demonstrieren, benennen die Antitraditionalisten einen Felsturm „Aristokratentod".

Die Wahl der Mittel ist kennzeichnend für die Zeit: der Protest humorvoll, aber harmlos. Das bürgerliche Establishment wird geschockt, aber nicht ernsthaft bedrängt. Grenzen werden ausgelotet, die Toleranzschwelle des Systems angekratzt, ohne es wirklich in Frage zu stellen. Noch liegen die bleiernen Jahre des Deutschen Herbstes, in denen mit brutaler Gewalt und ohne Rücksicht auf Menschenleben Terror ausgeübt werden wird, in weiter Ferne. Noch ist Auflehnung ein Spaß, die Revolution ein Spiel. Bei dem auch junge fränkische Kletterer gerne mitspielen.

Knapp 50 Kilometer östlich von Nürnberg, oberhalb des Dorfes Thalheim in der Hersbrucker Schweiz, steht die Thalheimer Hütte – für die Jugend der Sektion Nürnberg ein idealer Ort, um zusammenzukommen und zu feiern. Immer wieder finden dort wilde Feste statt, eines aber ist besonders. Kurt hat seine Gitarre dabei, spielt und singt Lieder der Beatles, von Eric Clapton, Cat Stevens und John Denver, Hannes Wader und Reinhard Mey. Er ist ein guter Musiker und wäre der Junge mit der Gitarre – der, den die Mädchen am Lagerfeuer anhimmeln, wären Mädchen bei den Ausflügen dabei. Noch aber ist das Klettern eine Männerdomäne, und Frauen, junge zumal, sind nur selten in Alpenwänden und an Mittelgebirgsfelsen anzutreffen.

Je länger der Abend, je flüssiger das Bier, desto mehr singen mit. Immer lauter und lustiger wird es, bis gegen 22 Uhr vier Alte in die Hütte kommen. Sie wollen übernachten, um am Sonntag wandern zu gehen – und obwohl 30 junge Leute die Nacht durchfeiern werden, bleiben sie hier.

Die Bergsteiger der älteren Generation sind damals noch in Kniebundhosen, roten Strümpfen und karierten Hemden unterwegs. Eine Art Uniform, die Bergbegeisterung und -erfahrung signalisieren soll. Die jungen Wilden dagegen kommen in Jeans, grauem Sweatshirt und den beigen, hüftlangen Feldjacken M-65 der United States Army daher. So wie Robert de Niro in Martin Scorseses „Taxi Driver“. Oder Götz George als „Tatort“-Kommissar Horst Schimanski. Mit diesen Jacken gehen sie im Winter zum Skifahren und im Sommer zum Klettern. Und fühlen sich damit ebenso stilbildend wie revolutionär.

Gegen ein Uhr in der Früh kommt es in der Thalheimer Hütte zum Eklat. Die vier Übernachtungsgäste beschweren sich über die Gitarrenklänge, das Klirren der Gläser, das Gegröle und überhaupt ganz generell über den Sittenverfall, der auch auf Berghütten Einzug halte. Natürlich halten die Feiernden dagegen. Immer erregter, immer lauter wird der Streit. Bis einer der Jungen in seinem Suff einen Feuerlöscher von der Wand reißt und die vier Traditionsbergsteiger einschäumt.

Mosaikstein #3

Eine besondere Herausforderung für die fränkische Kletterszene jener Jahre sind Autoüberschreitungen. Sobald einer der wenigen Autobesitzer sein Fahrzeug an den Felsen oder vor einer Gastwirtschaft parkt, wird diskutiert, ob der Wagen schon überschritten worden ist. „Wenn nicht“, erzählt Horst Albert, „sind wir alle vom Kühler über das Dach zur Heckstange gegangen.“

Nach dem Vorfall in der Thalheimer Hütte will man in der Sektion Nürnberg ein Exempel statuieren. Der eigens einberufene Ältestenrat beschließt, Kurt, Horst, Flipper sowie Reiner und Gerald Pickl aus der Sektion zu werfen. Geschlossen treten die fünf daraufhin in die konkurrierende Sektion Noris ein, die ebenfalls in Nürnberg zuhause ist. Dort ist man froh, einige gute Kletterer in den eigenen Reihen zu wissen. Die Kletterer selbst haben sich längst von den Vereinsstrukturen emanzipiert, auf die sie anfangs angewiesen waren und die sie gerne genutzt haben. Fortan gehen sie ihren eigenen Weg.

Drei

Rotpunkt

My Game did all my Talking.

Michael „Air“ Jordan,
„The Last Dance“

Um 5 Uhr morgens treten Kurt Albert und Reiner Pickl aus der Tür des Rifugio Attilo Tissi. Die Luft ist klar und kalt und riecht nach Herbst. Vor einem rot-orange-hellblau linierten Himmel zeichnet sich die schwarze Silhouette der Civetta ab. Ihre Nordwestwand ist ein mächtiges Bollwerk, hoch und abweisend, in das kaum Licht eindringt. Ein riesiges Gefüge aus Felspfeilern, Kaminen, Platten und Dächern, in seiner Mitte ein Schneefeld. Es sieht aus, als habe die Wand ein weißes Herz.

Zügig wandern die beiden Kletterer Richtung Einstieg. Die „Philipp-Flamm“ haben sie sich vorgenommen. Eine Route, die unter Alpinisten hoch im Kurs steht. 1000 Klettermeter sind es vom Wandfuß bis zur Punta Tissi. Erstbegangen 1957 – auch wenn Kurt das nicht weiß und es ihm wohl egal wäre – von zwei Brüdern im Geiste: dem österreichischen Mathematiker Walter Philipp, der sich mit Wahrscheinlichkeiten und Zahlentheorie beschäftigt, und seinem Landsmann Dieter Flamm, als Professor für Theoretische Physik an die Universität Wien berufen. Es ist der 6. September 1974.
Einen Sommer zuvor hat Kurt die Schule abgeschlossen, Abiturnote 2,0. Im Leistungskurs Mathematik werden seine Prüfungsaufgaben durchgehend

Mit 17 Mitschülern macht Kurt Albert 1973 am Hardenberg-Gymnasium in Fürth das Abitur.

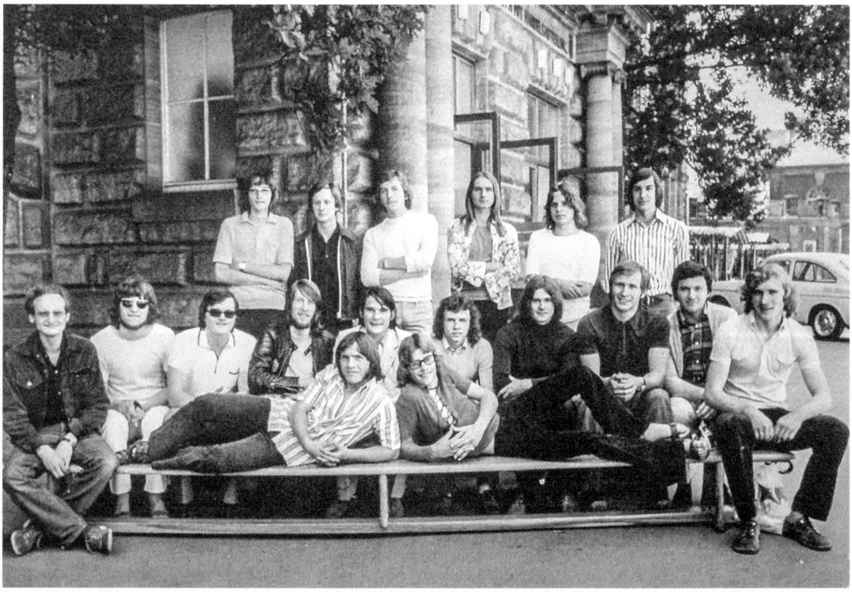

mit „sehr gut“ bewertet. Anschließend bleibt Kurt nicht viel Zeit, weder für den Frankenjura noch für die Alpen, denn am 2. Juli 1973 wird er zum Grundwehrdienst eingezogen. Dieser ist in der Bundesrepublik Deutschland verpflichtend und dauert 15 Monate. Ein Einschnitt im Leben vieler junger Männer: das erste Mal länger weg von zuhause, man sieht die Freunde nicht mehr so oft und muss sich einer hierarchischen Struktur unterordnen, die man nicht mag und nicht akzeptiert. Stationiert ist Kurt in der 4. Kompanie des Gebirgspionierbataillons 8 in Brannenburg am Inn, in Sichtweite des Wilden Kaisers. Sieben Tage, nachdem er Stube 203 im zweiten Stock der Karfreitkaserne bezogen hat, muss Kurt sich „erste erzieherische Maßnahme (Aufsatz schreiben)“ gefallen lassen. Er hat seinen Spind offen gelassen.

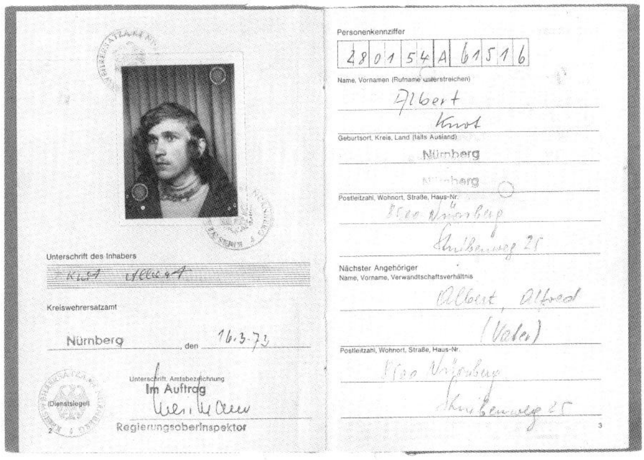
Unterschrift des Inhabers
Kreiswehrersatzamt
Nürnberg den 16.3.73
(Dienstsiegel)
Unterschrift, Amtsbezeichnung
Im Auftrag
Regierungsoberinspektor
Personenkennziffer
280154 A 61516
Name, Vornamen (Rufname unterstreichen)
Albert
Kurt
Geburtsort, Kreis, Land (falls Ausland)
Nürnberg
Postleitzahl, Wohnort, Straße, Haus-Nr.
Nächster Angehöriger
Name, Vorname, Verwandtschaftsverhältnis
Albert, Alfred
(Vater)
Postleitzahl, Wohnort, Straße, Haus-Nr.

Gemustert und tauglich befunden: Wehrdienstleistender Albert.

Getroffen und überlebt: Steinschlag an der Civetta.

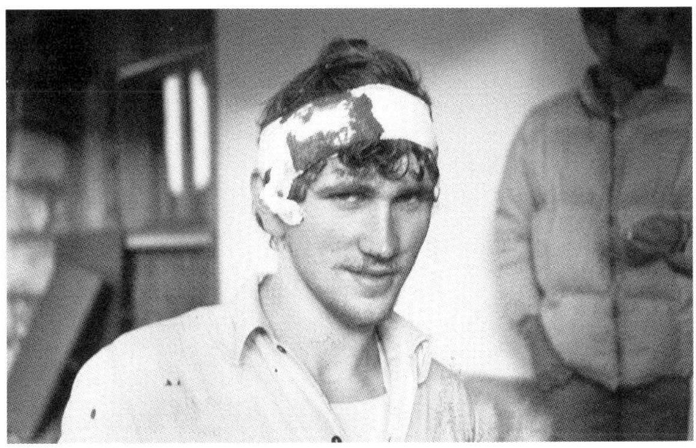

Zumindest erlaubt ihm der Dienst bei der Gebirgstruppe am nördlichen Rand der Alpen regelmäßig Kletterausflüge. Auch ein Wochenende in den Dolomiten ist möglich. Als Reiner und er das steile Schneefeld hinaufsteigen, das zum Einstieg der „Philipp-Flamm“ führt, hören sie über sich das Geräusch abbrechender Felsen. Sekunden später schlagen um sie herum Steine ein. Einer kracht direkt auf Reiners Rucksack. Der Schlag ist so heftig, dass ein Tragriemen abreißt. Kurt hat weniger Glück. Ein Stein trifft ihn an der rechten Schläfe. Aus der Wunde spritzt Blut auf sein helles Leinenhemd.

Mit einem Brummschädel und weichen Knien stolpert Kurt zurück zur Tissi-Hütte, wo man ihm einen behelfsmäßigen Verband anlegt. Anschließend steigen er und Reiner ab nach Alleghe. Gute zwei Stunden dauert das. Erschöpft legt Kurt sich an den Straßenrand, den Kopf auf seinen roten Rucksack gebettet. Reiner versucht, mit hoch gehaltenem Daumen Autos zum Anhalten zu bewegen. Drei Mitfahrgelegenheiten später, am frühen Abend, erreichen die Bergsteiger das Krankenhaus in Cortina d'Ampezzo. Kurt wird sofort untersucht. Diagnose: Schädelbruch.

Zehn Tage bleibt Kurt im Krankenhaus, bevor er am 16. September 1974 entlassen wird. Zum Monatsende verabschiedet sich Unteroffizier Albert aus der Armee. In seinem „Taschenkalender für Soldaten", den jeder Wehrpflichtige erhält, hat er die vergangenen 270 Tage bis 1 runtergezählt. „Aus ist's", lautet der letzte Eintrag. Man meint, den Seufzer der Erleichterung zu hören. Kurt hat seiner Pflicht Genüge getan.

Mosaikstein #4

Mit Reiner Pickl und Werner Popien klettert Kurt im Sommer 1974 durch die „Via Italia" (V/A2) in der Südwand des Piz Ciavazes in der Sellagruppe. Am Vorabend haben die fränkischen Kletterer mit den Münchner „Rosaroten Panthern", eine Gruppe starker Kletterer um Sepp Gschwendtner, ein ordentliches Trinkgelage gefeiert. Da es stark schneit, steigen gut zehn Leute, immer noch angetrunken, nach- und nebeneinander in die überhängende Technoroute ein. An den Standplätzen hängen alle irgendwie zusammen. In Kurts Rucksack steckt eine Gitarre – der Klangkörper ist gut geschützt, der Hals steht weit über seinen Kopf hinaus. An jedem Standplatz greift er sich das Instrument, erinnert sich Reiner, „und wir anderen haben dazu gegrölt. Die Lieder weiß ich nicht mehr – unser Repertoire war ziemlich groß."

Bevor Reiner Pickl, gelernter Kunstschlosser, 1980 seine Ausbildung zum staatlich geprüften Berg- und Skiführer abschließt und fortan „in den Westalpen Schnee stapft", sind er und Kurt oft gemeinsam unterwegs. Die beiden bilden ein schlagkräftiges Duo: Reiner ist ein Energiebündel, immer in Bewegung, stets motiviert, für jedes Abenteuer und jeden Blödsinn zu haben. Kurt ist ruhiger, gelassener, manchmal lethargisch. Jedenfalls nicht derjenige, der den Ton angibt – und dennoch immer dabei, sobald es losgeht. Ein

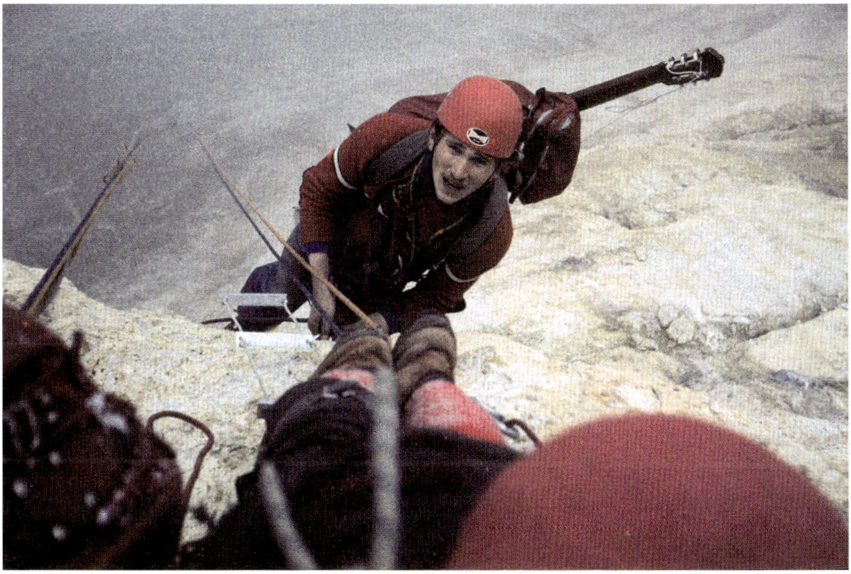

Ständchen am Stand: Kurt Albert in der „Via Italia“ am Piz Ciavazes.

Bild im Bild: Reiner Pickl hält die Erinnerung an die Gasseldorfer „Stärzelkärwa“ 1975 aufrecht. Kurt Albert mit Gitarre, Reiner Pickl mit Luftgewehr, daneben Wolfgang Jacobsa, Bernd Regenauer und Herbert Nikol (v. l.).

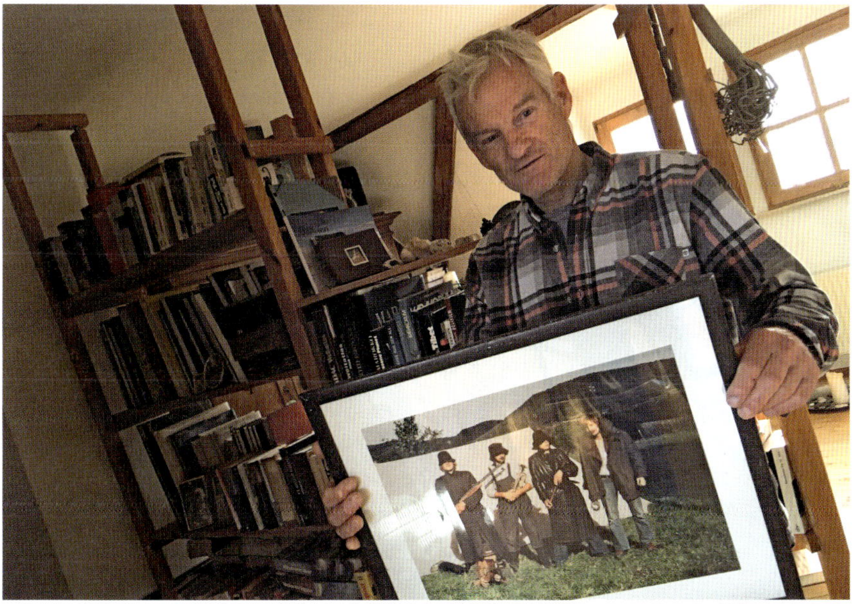

Jahr nach ihrem Civetta-Ausflug fahren Kurt und Reiner in einem orangefarbenen VW Käfer, der Reiners Vater gehört, Richtung Chamonix. Reiner ist 18, hat gerade erst den Führerschein gemacht. Die beiden sind gut eine Stunde unterwegs, Kurt schläft auf dem Beifahrersitz, als es einen heftigen Schlag gibt. Blech auf Blech kreischend, schrammt das Auto in einer langgezogenen Kurve an der Leitplanke entlang. Erschrocken reißt Reiner die Augen auf. Er war ebenfalls eingenickt. Kurz vor Chamonix fährt er den Wagen nochmal in den Graben. „Wir waren aufgekratzt und ich habe Gas gegeben. Leider hatte der VW Käfer keine gute Straßenlage und wir sind eine Böschung runter. Im Auto ist alles durcheinandergeflogen – wir hatten ja für vier Wochen Zeug dabei. Sicherheitsgurte gab es noch nicht und so haben wir auch einiges abbekommen. Das Auto hat aber noch funktioniert. Eine Tür mussten wir zubinden. Und zwei Kotflügel waren so eingedellt, dass wir sie abmontiert haben." Reiners Vater will den VW Käfer anschließend nicht mehr haben und überlässt ihn dem Sohn.

Es sind wilde Jahre, in denen Kurt viele alpine Erfahrungen sammelt. Schwierige Kletterwege in den Nördlichen Kalkalpen, große Wände in den Dolomiten, kombinierte Routen in den Westalpen: Kurt und Reiner sind in jedem Gelände unterwegs und begehen einen Klassiker nach dem anderen. Gleichzeitig entwickelt Kurt ein feines Gespür für eine klettersportliche Entwicklung, die sich ab Mitte der 1970er-Jahre an verschiedenen Orten weltweit ebenso wie im Frankenjura vollzieht. Und die Kurt von Anfang an begleiten und wie kaum ein Anderer prägen wird – die Renaissance des Freikletterns.

Von einer „Wiedergeburt" zu sprechen, ist allerdings nicht ganz richtig. Die Idee, einen Berg, eine Wand, einen Felsturm aus eigenem Vermögen zu erklimmen, im Vertrauen auf Können und Kraft, und dabei auf jegliches Hilfsmittel zu verzichten, das der Fortbewegung diente – diese Idee gibt es, seit Menschen zum Selbstzweck irgendwo hinaufklettern. Freilich, nicht immer wird sie in die Tat umgesetzt. Kletterrouten wurden und werden technisch erstbegangen oder wiederholt; Seil, Haken, Klemmkeile und andere Ausrüstungsfinessen also nicht nur zur Sicherung, sondern auch zur Fortbewegung eingesetzt. Das hat seine Berechtigung und seinen Reiz. Die vollendete Form der Auseinandersetzung zwischen Mensch und Fels bleibt jedoch das Freiklettern, das „bloß auf eigene Erfahrung, Gewandtheit und Kraft gestützte Umherklettern (...) Wer möchte dies nicht als das Ideal des

Bergsteigens betrachten?“ So fragte Hermann von Barth, der große Nordalpen-Erschließer, schon 1874. Das Freiklettern entspringt einer langen Tradition – es entspricht, wenn man so will, dem antiken Ideal des Sports als fairer Wettkampf, das zeitlos ist und keiner Renaissance bedarf. Weil es stets Menschen gab, die es am Leben hielten. Bergsteiger wie Hermann von Barth, die Alpinisten der Wiener Schule um ihr Sprachrohr Eugen Guido Lammer, der Brite Albert Frederick Mummery, der nur „by fair means“ unterwegs sein wollte, Klettergenius Paul Preuß, der radikalste Vertreter seiner Zunft, sie alle prägten den Klettersport mit ihren Ideen. Ebenso wie eine Riege sächsischer Kletterer, die ab etwa 1900 legendäre Leistungen vollbrachten. Ihr Ruf hallte noch ein halbes Jahrhundert später über den Eisernen Vorhang hinüber nach Franken.

Nachdem Kurt am 8. Juni 1973 sein Abiturzeugnis erhalten hat, bricht er noch am selben Tag mit sechs Freunden Richtung Elbsandsteingebirge auf. Die jungen Männer sind mit dem Zug unterwegs. Acht Stunden dauert die Fahrt durch die Deutsche Demokratische Republik, die DDR: über Chemnitz, das noch Karl-Marx-Stadt heißt, und Dresden bis Königstein, wo die Kletterer aus Westdeutschland am Ufer der Elbe ihre Zelte aufschlagen. Früh am nächsten Morgen sind sie unterwegs nach Bad Schandau. Dort schimmert zwischen Fichten und Buchen das Grau der Sandsteintürme hindurch: die langgestreckte Kette der Schrammsteine, Überreste mächtiger Sandmassen, abgelagert vor 100 Millionen Jahren, zu Stein gepresst, emporgehoben, zerklüftet, gespalten, dann wieder glatt geschliffen vom Wind und vom Wasser. Zusammengebacken zu eigenen Welten, zu Türmen, Pfeilern, Firsten und Kuppen, Schluchten, Kaminen, Rissen, Felsbändern und Überhängen. Die Miniatur eines Hochgebirges: Weshalb man die Felsen hier auch nicht Felsen, sondern Gipfel nennt.

Am Fuß des Meurerturms treffen die westdeutschen Besucher auf eine Gruppe einheimischer Kletterer. Darunter ist Jürgen Bock, Schreinermeister aus Radeberg, der schnell erkennt, dass der jugendliche Draufgänger Kurt Lust auf Abenteuer hat. Er empfiehlt ihm die „Genießerspalte“ am Meurerturm mit den Worten: „Machen wir erstmal eine Vier.“ Das ist ein Understatement, denn sächsische Vierer können extrem fordernd sein. Vor allem wenn es sich um Körperrisse handelt. Statt wie erwartet eine Genusskletterei hinaufzuspazieren, schrubbt Kurt sich einen „Schinderriss“ empor. In seinen Kalender schreibt er: „Ein mühsames Schieben, Drücken, Stemmen, Verklemmen – echter Stress! Solche Kletterei kostet Schweiß. Wir hatten uns den Gipfel im wahrsten Sinne des Wortes erarbeitet."

Die Arbeit geht weiter, und nach gut einer Woche resümiert Kurt: „Offene Hände. Lust ist vergangen." Das ist aber nur die halbe Wahrheit. Am letzten Tag der Kurzreise meistert er die „Ostwand" (sächsisch VIIc) am Bloßstock, die bis heute als anspruchsvolle und kaum abzusichernde Kletterei gilt. Kurt ist begeistert. Vom Elbsandsteingebirge, vom Abenteuerklettern. Obwohl noch jung, blickt er bereits weit über den fränkischen Horizont hinaus. Seine Offenheit für andere Sichtweisen, für ungekannte Perspektiven, gepaart mit unerschöpflicher Neugier und echtem Interesse an Menschen wird im Elbsandstein deutlich. Kurt lernt mit Augen und Ohren. Und registriert schnell, dass die gut hundertjährige Tradition des sächsischen Kletterns sein eigenes Tun bereichern kann.

Schon 1874 stiegen der Steinmetzpolier Otto Ewald Ufer und sein Begleiter Frick über den „Südostweg" auf den Gipfel des Mönchs. Andere hatten dies bereits zuvor geschafft. Aber Ufer und Frick waren die Ersten, die bewusst „ohne jedes Hilfswerkzeug" kletterten, wie Ufer in der siebten Ausgabe der Monatsschrift „Ueber Berg und Thal" betonte. Ohne Leitern also, ohne Stufen in den Sandstein zu schlagen, ohne Wurfanker zu benutzen. Allein auf die Kraft der Finger, Hände, Arme und Beine vertrauend, und auf die Stärke der Nerven. In freier Kletterei, denn das Seil diente – mehr schlecht als recht – ausschließlich zur Sicherung.

Mit Beginn des 20. Jahrhunderts wird der Verzicht auf künstliche Hilfsmittel beim Klettern im Elbsandsteingebirge zur Maxime. Großen Einfluss darauf hat einer der wichtigsten Apologeten des Freikletterns, der Wiener Paul Preuß (1886–1913). Er veröffentlicht 1911 in der „Deutschen Alpenzeitung" das Pamphlet „Künstliche Hilfsmittel auf Hochtouren", in dem er jeglichen Verzicht auf Felshaken zur Fortbewegung fordert. Die sechs Grundsätze, mit denen Preuß das Können des Kletterers zum Maßstab seines Handelns macht, setzt der Purist vielerorten selbst in die Tat um – und lenkt damit durch Denken und Handeln das bergsteigerische Unterwegssein seiner Zeitgenossen in den Alpenländern, in Großbritannien und Sachsen.

Dort machen die Dresdner Oscar Schuster (1873–1917) und Rudolf Fehrmann (1886–1947) vor, was Kurt Jahrzehnte später fasziniert. Fehrmann ge-

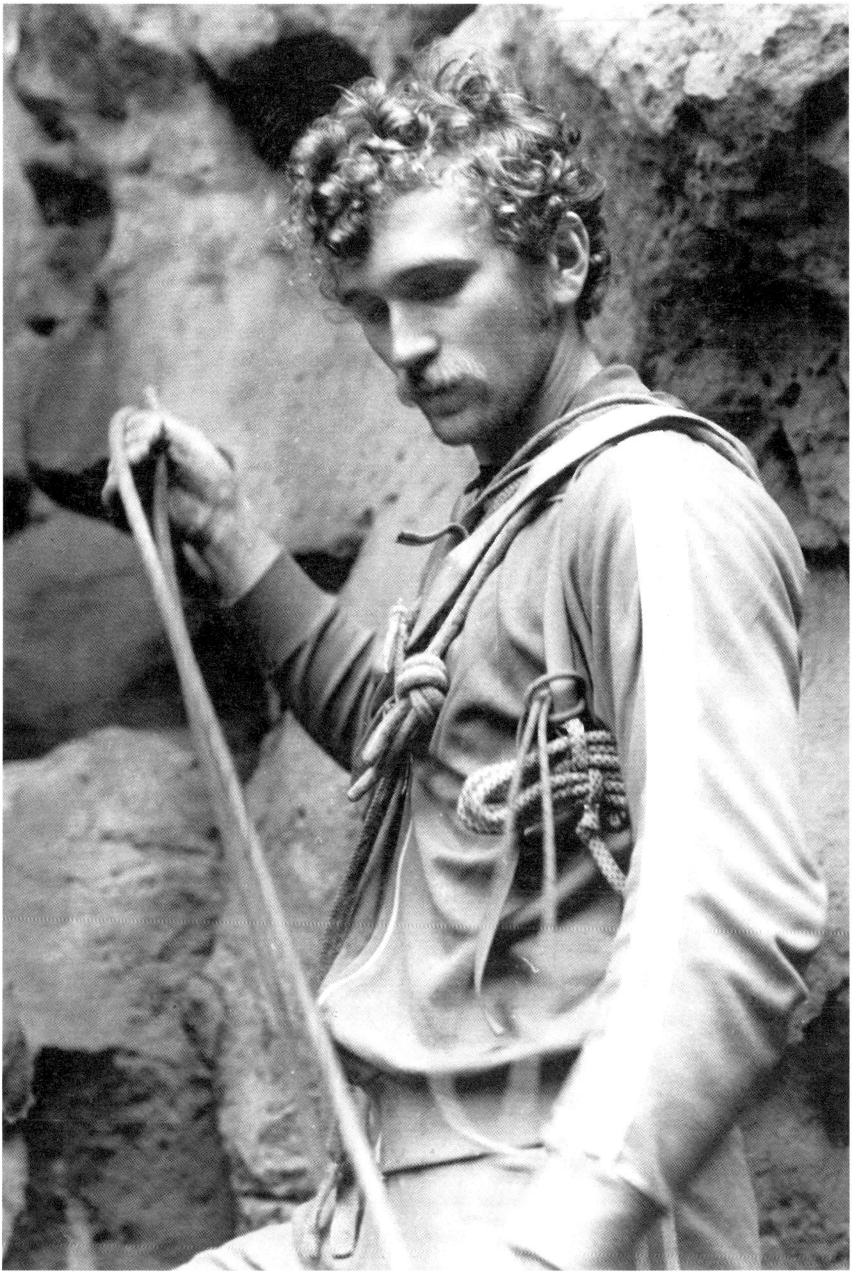

Seine Besuche im Elbsandsteingebirge öffnen Kurt Albert die Augen für das Potenzial des Möglichen im Freiklettern.

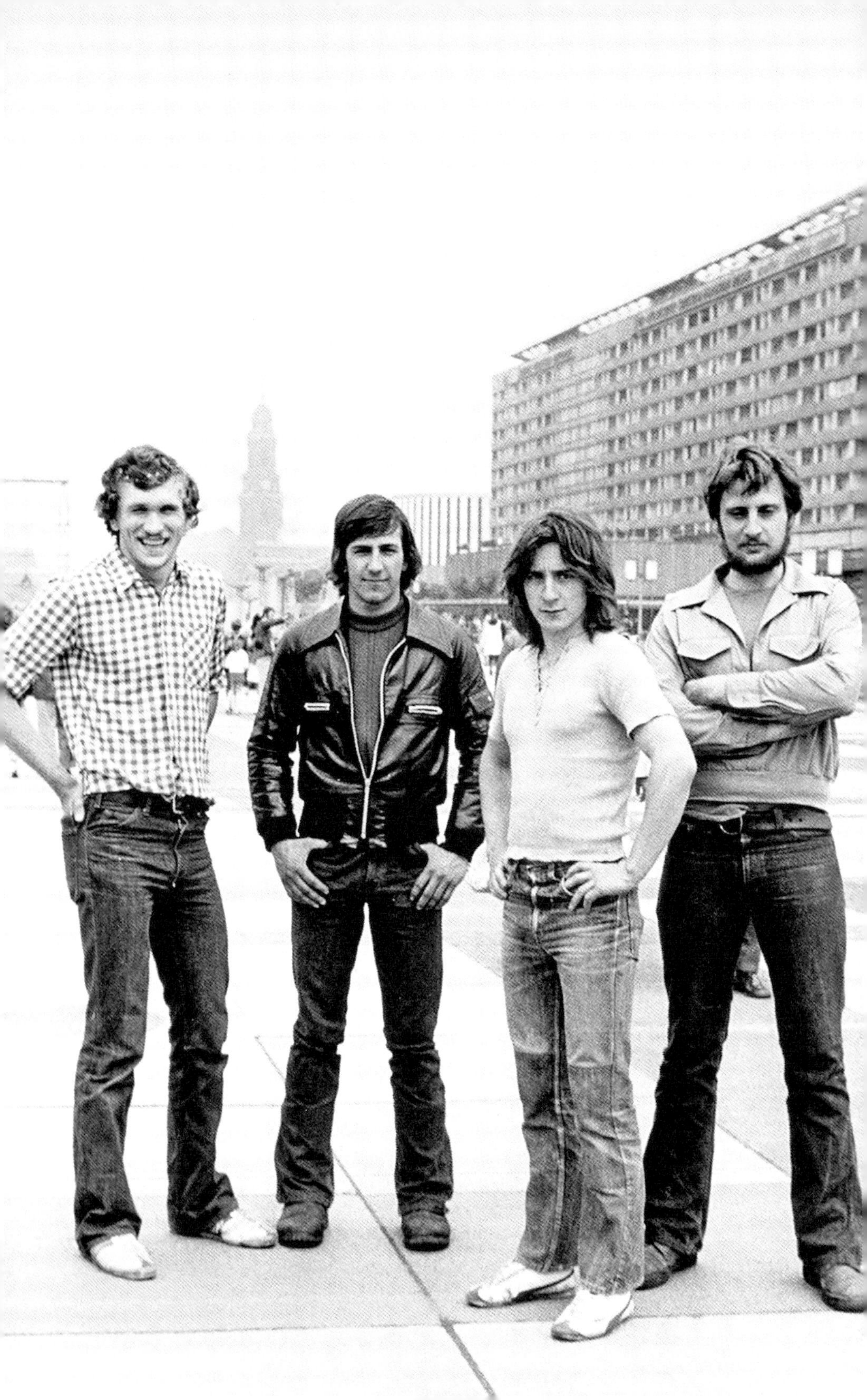

lingt mit seinem Seilpartner Oliver Perry-Smith, einem aus Philadelphia stammenden Abenteurer, eine Reihe von Erstbegehungen, deren Nimbus bis heute ungebrochen ist. 1908 gibt er den „Bergsteiger in der Sächsischen Schweiz, Führer durch die Kletterfelsen des Elbsandsteingebirges“ heraus, die erste Anleitung dieser Art in Mitteleuropa. 1913 ergänzt Fehrmann die zweite Auflage um die Kletterregeln für das Elbsandsteingebirge. Deren wichtigste: der Verzicht auf technische Hilfsmittel, also „die vom Menschen beim Ersteigungsangriff auf den Fels eingeführte Hilfsgröße, zu dem Zwecke benutzt, die Überwindung der Schwerkraft zu ermöglichen oder zu erleichtern“. Die Fehrmann'schen Grundsätze sind bis heute im Elbsandsteingebirge Verhaltenskodex, niedergelegt in den „Sächsischen Kletterregeln“. Zuvorderst: Sicherungsringe müssen mindestens drei Meter voneinander entfernt sein – in der Praxis sind es meist deutlich mehr. Als Zwischensicherungen dürfen weder Felshaken noch Klemmkeile, sondern ausschließlich Knotenschlingen verwendet werden. Der Gebrauch von Magnesia zum Trocknen der Hände ist tabu.

Nach seinem ersten Besuch 1973 ist Kurt mindestens einmal pro Jahr im Elbsandsteingebirge, meistens um Pfingsten herum. Das klare Ethos der Kletterei fasziniert ihn: „Als oberstes Gebot gilt die sportliche Fairness: dem Berg eine Chance lassen. Nicht was, sondern wie es gemacht wird, ist entscheidend. Da gibt es keine faulen Tricks, im sächsischen Sandstein ist jeder gezwungen, ehrlich vor sich selbst (und vor anderen) zu sein.“ Als Herausforderung für den an löchrigen Kalkstein gewöhnten Frankenjurakletterer erweist sich der weiche Sandstein an den Ufern der Elbe: „Man wird konsequent zu sauberem, exaktem Antreten, zu bedachtem, zügig-gleichmäßigem Steigen und zu Kaltblütigkeit gezwungen, was ein völlig neues Klettererlebnis vermittelt.“

Im Sommer 1974 lernt Kurt den Dresdner Kletterer Jürgen Rotzsche kennen, Spitzname „Zack“. Die beiden freunden sich an, und Zack führt Kurt in die Kunst des Risskletterns ein, getreu dem sächsischen Credo: „Riss bedeutet leben, Handriss länger leben.“ Gemeinsam mit weiteren Freunden, auch Wolfgang „Flipper“ Fietz ist dabei, nistet sich Kurt unter einem Überhang am Hohen Torstein ein und führt „eine Woche lang ein herrliches Gammelleben“. Geklettert wird auch, und so „starten Flipper und ich zum Meurerturm. Seine ‚Westwand‘ (sächsisch VIIIb) stellt für uns eine echte Herausfor-

Auf ihrem Weg ins Elbsandsteingebirge besichtigen Kurt Albert, Stefan Wendler, Wolfgang „Flipper“ Fietz und Herbert Nikol (v. l.) 1973 Dresden.

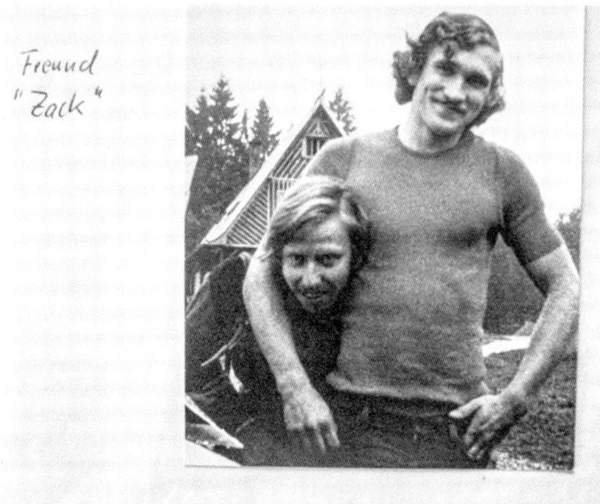

Kurt Albert unterweist Jürgen „Zack“ Rotzsche in fränkischer Klemmtechnik.

derung dar.“ Nachdem Kurt den „idealen Handriss“ zum ersten Sicherungsring in 25 Meter Höhe vorgestiegen ist und Flipper nachgesichert hat, „blicken wir empor zum zweiten Ring. Er ist zwar nur zehn Meter entfernt, aber mir kommt das unendlich weit vor. Von unten schien die Wand glatt, eigentlich unbezwingbar. Jetzt, aus der Nähe betrachtet, bieten kleine Felsschuppen den Augen Haltepunkte. Ob sie wohl fest genug sind? Bald kann ich eine Sicherungsschlinge legen, steige weiter. Es wird immer schwieriger. Meine Kraft lässt spürbar nach, die Unterarme werden lahm. Nur zwei Meter über mir steckt der zweite Ring. Ich hänge ‚auf Lärm‘, ‚kurz vorm Abtropfen‘. Auch die verzweifeltste Anstrengung hilft nichts mehr: Es biegt mir die Finger auf, und schon geht's dahin. Flipper kann den Zehnmetersturz abfangen. Passiert ist nichts. Bald rüste ich mich zum nächsten Versuch, und der klappt dann auch.“

Vom letzten Stand aus blickt Kurt nach rechts „in die glatte Wand zum ‚Lineal‘. Eine Meisterleistung! Dort sehen die Griffe noch viel kleiner aus.“ Tatsächlich ist das „Lineal“ (sächsisch IXa) im Jahr 1974 eine der Messlatten im sächsischen Klettern. Vier Jahre zuvor hat Bernd Arnold die Linie erstbegangen: einen offenen Handriss empor, über ein Dach hinauf und an mikroskopisch kleinen Leisten durch eine konkave, schwarze Wand. Zwei Sicherungsringe stecken, verteilt auf 50 Meter Wandhöhe, die Schlüsselstelle wartet sieben Meter über dem zweiten – „schier unbegreiflich“, findet Kurt.

Bernd Arnold, sieben Jahre älter als Kurt, ist in der Landschaft südöstlich von Dresden, zwischen Pirna und der Grenze zur Tschechoslowakei, zuhause. Als zwölfjähriger Knirps beginnt er, sie zu erkunden. Er und seine Freunde sichern ihre Kletterausflüge mit der Wäscheleine der Mutter. Die Entdeckungstouren, gespeist von jugendlicher Neugier, werden ihm im Laufe der Jahre zur sportlichen Herausforderung, später dann zu einer inneren Notwendigkeit. Arnold hat mehr als 900 neue „Wege“, wie die Kletterrouten im Elbsandstein heißen, erschlossen. Mit vielen dieser Pioniertaten verschiebt er die Grenze des Machbaren. Wichtiger als Schwierigkeitsgrade aber ist ihm, dass er beim Klettern seinen Seelenfrieden findet. Denn ein Kletterer, sagt Arnold, sich auf Novalis, den Dichter der Frühromatik berufend, „erfährt dann die tiefste Befriedigung, wenn sich der Weg nach oben als ein Weg nach innen erweist“.

Bernd teilt diese Empfindung mit vielen, die sich die Sächsische Schweiz erschlossen. Es war ein Kupferstecher aus St. Gallen, 1766 an die Dresdner Kunstakademie berufen, der der Landschaft ihren Namen gab. Und nicht nur ihm, vielen anderen seither gilt sie als Synonym für das Schöne schlechthin. Eine Ideallandschaft, die der Mensch zwar seit dem sechsten Jahrhundert mit Ackerbau und Holzwirtschaft gestaltet, sich aber nie ganz angeeignet hat. Nicht jedenfalls die aus Mischwäldern hervorspitzenden 1106 Felstürme. So blieben zwischen Feldern und Weiden, zwischen Dörfern und Burgen: Wildnisinseln. Auf die Caspar David Friedrichs „Wanderer über dem Nebelmeer“ seine Sehnsucht richtet, während er von hoher Klippe auf den Falkenstein blickt.

In Hohnstein, am Rande des Elbsandsteingebirges, kommt Bernd Arnold zur Welt. Wie sein Vater und sein Großvater lernt Bernd den Beruf des Buchdruckers. Er ist einer, der Traditionen schätzt. Der sich deshalb dem Fehrmann'schen Ideal des Freikletterns verpflichtet sieht. Und der das Elbsandsteingebirge als sein „Schneckenhaus“ betrachtet. Als Heimat, die man immer mit sich trägt, Bürde und Schutzraum zugleich. Dass er sich Orten und Menschen verbunden fühlt, ist auch der Grund für Bernd, nicht wie viele andere Kletterer aus der DDR zu fliehen. Dabei quält ihn die Republik mit dem Wehrdienst in den flachen Waldgebieten der Niederlausitz. Ein Loch bedingungslosen Gehorsams, dem er nur in einem einzigen Heimaturlaub entkommt. Reisen darf Bernd, der so gern die Berge der Welt kennenlernen würde, nicht. Dafür treibt er die Schwierigkeitsgrade des sächsischen Felskletterns ab Mitte der 1960er-Jahre immer weiter nach oben. In europäischen Klettererkreisen wird schon lange von jenen kaum gesicherten Routen gemunkelt, die hinter dem Eisernen Vorhang erstbegangen würden. Und irgendwann bekommen die Sandsteinfelsen dann Besuch: Westdeutsche, Engländer, Franzosen, Amerikaner suchen an Bernds Gipfeln den großen Nervenkitzel. Alle sind erstaunt, wie hoch das Niveau der Freikletterei dort ist.

Auch Kurt und Bernd treffen sich in den 1970er-Jahren ab und zu, haben aber keinen engen Kontakt. Bernd entzieht sich dem Rummel lieber, auch dem um seine Person. Er hat kein Interesse daran, sich dem Ritual des sportlichen Wettkampfes auszusetzen, den auch die scheinbar so gelassene Kletterszene pflegt. Nur ein einziges Mal lässt er sich zu einer Geste hinreißen, mit der er seinen Status als Platzhirsch zementiert: Nachdem Kurt am 15. Juni 1976 die Erstbegehung von „Lot" (sächsisch IXb) an der Sommerwand gelingt und er damit einen direkten Einstieg zu Herbert Richters 1958 erstbegangenem „Fledermausweg" eröffnet hat, lässt sich der junge Franke feiern. Zu sehr nach Bernds Geschmack. So etwas mag der zurückhaltende Buchdrucker gar nicht. Schon am folgenden Tag sichert er sich die erste Wiederholung der neuen Variante.

Im Jahr 1979 schreibt Kurt einen Text mit dem Titel „Erlebnis Elbsandstein aus der Sicht des Franken-Kletterers", der in der großartigen Monografie „Felsenheimat Elbsandsteingebirge" des Republikflüchtlings und Kletterpioniers Dietrich Hasse veröffentlicht wird. Darin heißt es: „Die Klettertage, die ich im Elbsandsteingebirge verbracht habe, gehören zu den schönsten, wohl auch physisch und psychisch anspruchsvollsten aller meiner Bergerlebnisse." Fast 30 Jahre später ist Kurts Begeisterung immer noch spürbar. In seinem Buch „Fight Gravity – Klettern im Frankenjura" resümiert er, die frühen Fahrten in die Sächsische Schweiz seien „eine Reise wie bei ‚Alice im Wunderland' gewesen: ein Augenöffner für eine neue Dimension. (…) Wir waren begeistert, voller Respekt und tief beeindruckt von der sächsischen Kletterkunst." Kurt wäre nicht Kurt, blieben die Eindrücke, die er in jener Zeit sammelt, ohne Wirkung. Was er im Elbsteingebirge erlebt und gesehen hat, lähmt ihn nicht, sondern befeuert seine eigenen Ambitionen. Die Idee, das Erfahrene und Erlebte im Frankenjura umzusetzen, entfaltet Sogwirkung: den Reiz des Möglichen.

In Kurts Heimat hat sich der Klettersport ganz anders entwickelt als im Elbsandsteingebirge. Die Franken hinken in Sachen Freiklettern weit hinterher, obwohl auch ihre Pioniere Freikletterer waren. Die Seilschaft Toni Rockstroh und Georg Vollrath etwa erschließt schon Anfang des 20. Jahrhunderts Routen, die noch heute mit dem VI. Grad bewertet sind. Ab den 1940er-Jahren setzen die Kletterer jedoch vermehrt Felshaken ein, die im Zweifel auch zur Fortbewegung genutzt werden. Dabei spielt vermutlich die Entwicklung des alpinen Kletterns eine große Rolle: Die Felsen des Fran-

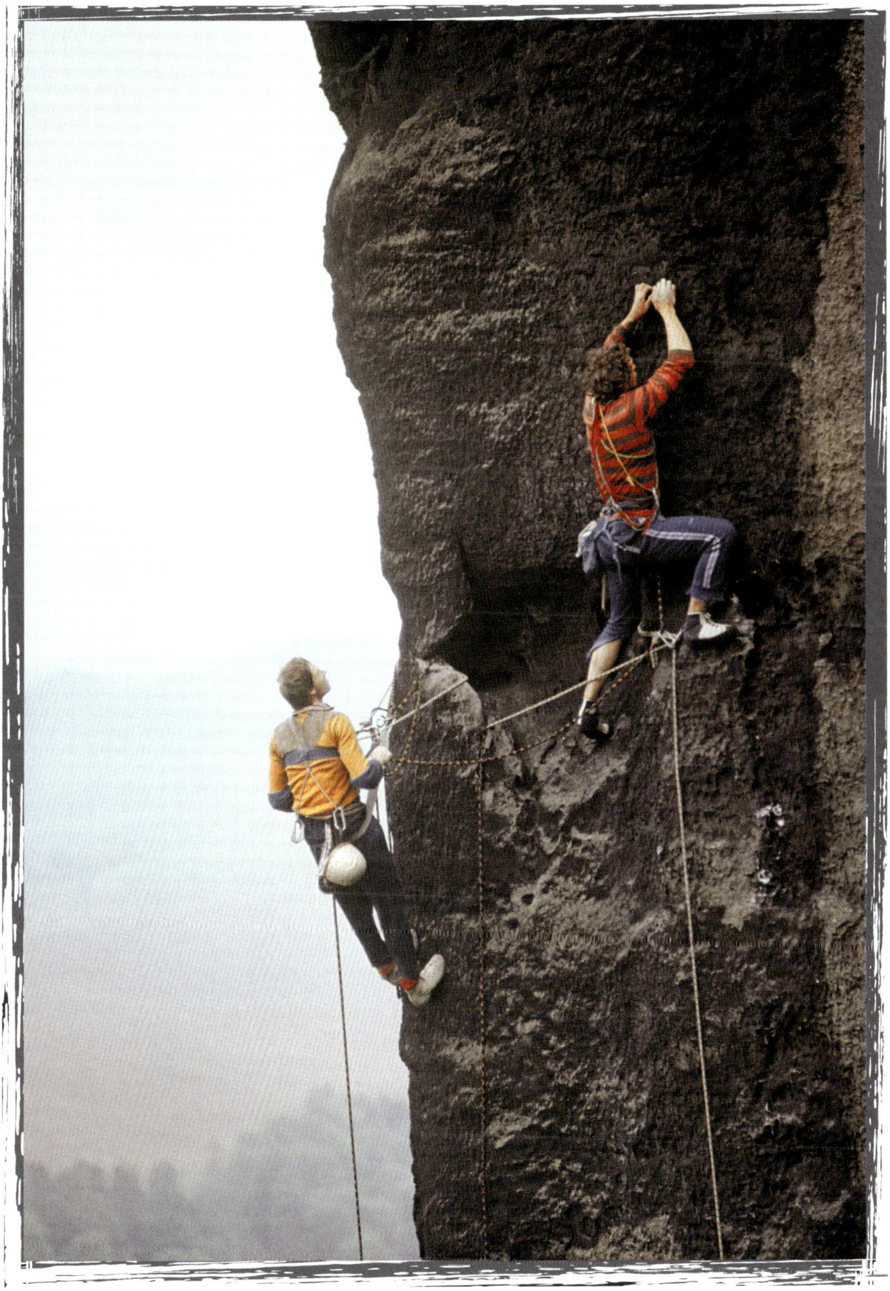

Mit der „Ostwand“ (sächsisch VIIIc) am Teufelsturm gelingt Kurt Albert 1978 einer der großen klassischen Wege im Elbsandsteingebirge.

kenjuras werden als Trainingsgelände für große Alpenwände gesehen. So gut wie niemand versteht das Klettern im Mittelgebirge als Selbstzweck – in erster Linie geht es um das Hinaufkommen, egal mit welchen Mitteln. Natürlich verfügen auch viele Frankenjurakletterer der Nachkriegsgeneration über ein enorm großes Freikletterkönnen. Dennoch gilt der Griff in den Haken, der Einsatz von Fiffi und Seilschwanz nicht als Unsportlichkeit. Der stete Wechsel zwischen Freiklettern, wo nötig, und technischem Klettern, wo möglich, ist allgemein akzeptierter State of Art. Die Zeit ist reif für einen Paradigmenwechsel.

Zum Wintersemester 1974, drei Monate nach dem Ende seines Wehrdienstes, schreibt Kurt sich an der Friedrich-Alexander-Universität Erlangen ein. Er studiert Biologie und Chemie, besucht Vorlesungen zur „Evolution" und über „Wälder und Forsten in Bayern". Es dauert nicht lange, bis er bemerkt, dass anorganische und analytische Chemie sehr viel Lernarbeit erfordern. Er lässt sein Studium ein Jahr ruhen, dann wählt er die Kombination Mathematik und Physik auf Lehramt Realschule. Das fällt ihm deutlich leichter. In den folgenden Jahren beschäftigt sich Kurt unter der Matrikelnummer 322977 ohne viel Aufwand mit Algebra und Zahlentheorie, Geometrie, Mechanik, Elektrodynamik, Kernphysik und elementarer Quantentheorie. Und lebt dabei getreu der Einsicht, dass es Hauptsache ist, die Nebensachen ernst zu nehmen – sein Leben dreht sich ganz ums Klettern.

Kurts und Horsts Vater Alfred ist inzwischen Leiter der Nürnberger Niederlassung von Langnese-Iglo geworden, einem Zusammenschluss von Langnese Eiskrem und dem Tiefkühlkosthersteller Iglo. Das Betriebsklima ist sehr gut, weil Alfred nach einer Maxime agiert, die er seinen Söhnen mitgibt: Du sollst Menschen nie in eine Schublade stecken. Immer wieder verschafft er Horst und Kurt Nebenjobs, mit denen sie ihre Bergleidenschaft finanzieren können. Zuletzt fahren die Brüder im 7,5-Tonner Tiefkühlkost oder, wenn Not am Mann ist, auch Eis aus. Die Kühlhausarbeiter des Unternehmens tragen Pullover, die den Kletterern gut gefallen. Dunkelblaue Strickpullis mit Kinnreißverschluss, auf deren Rücken das Firmenlogo prangt: „Langnese" in blauer Schrift auf weißem Grund. Faserpelz- oder Funktionsjacken gibt es noch nicht. So dauert es nicht lange, bis jeder, der in der fränkischen Kletterszene etwas auf sich hält, einen Langnese-Pullover trägt. Das Eis dazu wird portionsweise, aber in großen Mengen genossen. Auf ihren Lieferrunden machen die Albert-Brüder gerne im Frankenjura

Halt: Wenn der Langnese-Laster auf dem Parkplatz steht, sind Kurt und Horst irgendwo am Fels.

Die Freundschaften, die vor einigen Jahren in der Jugend der Alpenvereinssektion Nürnberg entstanden, werden nach wie vor gelebt. Kurt, Wolfgang „Flipper" Fietz, Reiner Pickl, Toni Erdenkäufer, Werner Popien, Werner Zinsmeister und etliche andere bilden eine Gruppe ebenso exzellenter wie ehrgeiziger Kletterer, denen das Herumturnen mit Fiffi und Seilschwanz langweilig geworden ist. Tatsächlich sind die Grenzen ausgereizt. Kurt und Flipper, die eine starke Seilschaft bilden, klettern im Pegnitztal, an den Haken ziehend, alle Routen zwischen den Massiven von Riffler und Hängendem Stein an einem Tag – das sind 16 Felsen mit gut 50 Routen. Um keine Zeit zu verschwenden, steigen sie zwischen den Stationen durch die Beifahrertür in Flippers VW Käfer ein. Weil sie angeseilt bleiben.

Die jungen Kletterer sind nun wild entschlossen, sich neuen Herausforderungen zu stellen. Und sie sehen die Felsen des Frankenjuras mit einem neuen Blick. Statt kraftmeierisch von Haken zu Haken zu hangeln, nehmen sie die Zwischenräume unter die Lupe: die scharfen Löcher, in die nur ein oder zwei Finger passen. Die kleinen Leisten, auf die man gerade das erste Fingerglied stellen kann. Runde Aufleger, die der Hand ein wenig Reibung geben. Und wo überall diese neuen Kletterschuhe Halt finden mit ihrer Gummisohle! Diese blau-grauen EBs, Modell „Super Gratton", hergestellt in Frankreich und weltweit vertrieben.

Komplexe Felsstrukturen werden mit einem Mal sichtbar. Als würde Stein zum Leben erweckt. Es ist wie ein kurzes Innehalten der Alpingeschichte, ein Moment der Konzentration und der Neubesinnung. Dann gibt es für die jungen Kletterer kein Halten mehr. Die Trittleiter bleibt von nun an daheim. Kraft und Kletterkönnen, seit Jahren trainiert, werden in freie Kletterei investiert. Weder alte noch neue Routen sind vor dem entfachten Ehrgeiz sicher. Als wären die Kletterer über Orte und Zeiten hinweg in einen Wettkampf verstrickt, wird eine Tour nach der anderen „befreit": Die muss doch frei gehen, und die, und die ... Und wenn die freie Begehung gelungen ist, klopft man aus den Hakenrasseln, in denen auf jedem Meter Eisenstifte stecken, die alten Haken heraus, weil die junge Generation ein Zeichen setzen will für die Wachablösung, die gerade stattfindet.

Ihr Handeln wird begünstigt durch eine stille Revolution, die seit einigen Jahren stattfindet: die Verbesserung der Kletterausrüstung. Sie erlaubt es

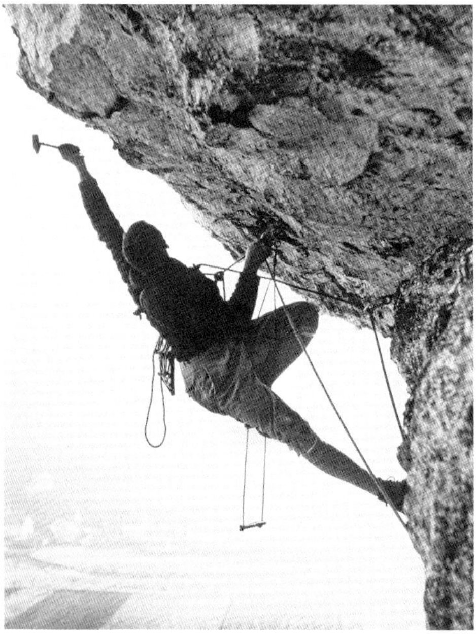

Mit „Fiffi", Seilschwanz und vielen Haken wird in den 1950er-Jahren das technische Klettern auch im Frankenjura perfektioniert.

den Aktiven, deutlich höhere Risiken einzugehen. Weil sie nicht mehr befürchten müssen, dass ein Seil reißt. Dass ein Sturz erst am Boden endet, weil die Sicherung versagt. Oder dass einem das um den Brustkorb gebundene Seil die Luft- und Blutzirkulation abschnürt, wenn man nach einem Sturz frei hängt. Maßgeblich an der Entwicklung beteiligt sind drei Franken: Der Erlanger Fritz Sticht macht sich im Auftrag der Münchner Firma Salewa Gedanken über dynamische Sicherungstechniken, misst die bei Stürzen auftretenden Kräfte und erfindet die „Sticht-Bremse", den Vorläufer moderner Sicherungsgeräte. Heinrich Opitz, ebenfalls aus Erlangen, ist der Erste, der Kenndaten für Seile wie Fangstoß, Anzahl der Normstürze und Seildehnung definiert. In Zusammenarbeit mit dem Unternehmen Edelrid entwickelt er ein Multisturzseil, das Mitte der 1960er-Jahre auf den Markt kommt.

Auch in Sachen Absicherung tut sich etwas. Der Bauingenieur Oskar Bühler aus Nürnberg konstruiert Mitte der 1960er-Jahre einen Haken aus rostfreiem Edelstahl, der in den Fels zementiert wird. Seine Form soll es dem Kletterer im Notfall erlauben, mit zwei Fingern in den Haken greifen oder daran abseilen zu können. 2500 Haken setzt Bühler im Frankenjura. Bis ins hohe Alter hängt er stundenlang in den Wänden, im selbst genähten Klettergurt aus Feuerwehrschläuchen. Er leistet damit einen Beitrag zur Sicherheit des Kletterns und zur Entwicklung des Sportkletterns, der gar nicht hoch genug eingeschätzt werden kann.

Doch nicht alle finden dies erbaulich. In der Nürnberger A.G. Teufelskralle – benannt nach der Pflanzengattung der in alpinen Höhenlagen wachsenden Phyteuma – haben sich über 20 Männer zu einem Eliteverein zusammengeschlossen. Frauen ist der Beitritt nicht gestattet. Wer Mitglied werden

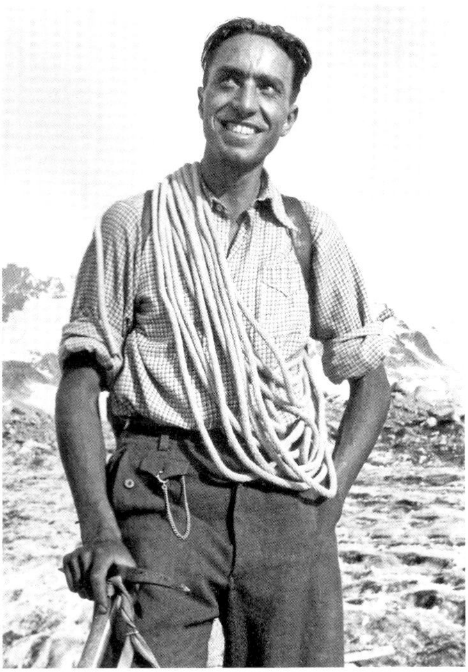

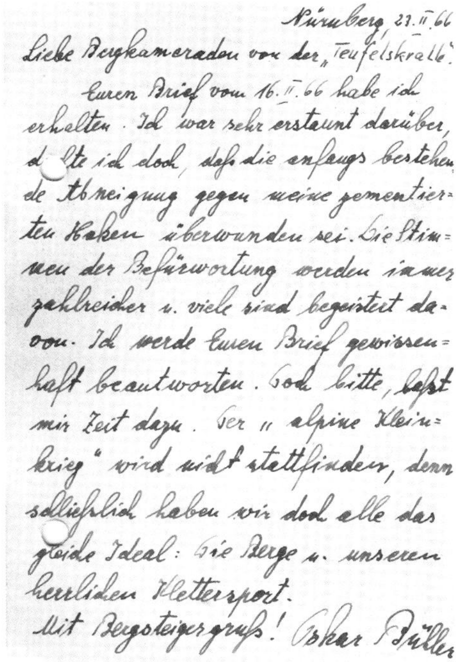

Nürnberg, 23.II.66

Liebe Bergkameraden von der „Teufelskralle"!

Euren Brief vom 16.II.66 habe ich erhalten. Ich war sehr erstaunt darüber, dachte ich doch, daß die anfangs bestehende Abneigung gegen meine zementierten Haken überwunden sei. Die Stimmen der Befürwortung werden immer zahlreicher u. viele sind begeistert davon. Ich werde Euren Brief gewissenhaft beantworten. Doch bitte, laßt mir Zeit dazu. Der „alpine Kleinkrieg" wird nicht stattfinden, denn schließlich haben wir doch alle das gleiche Ideal: Die Berge u. unseren herrlichen Klettersport.

Mit Bergsteigergruß! Oskar Bühler

Mit dem „Bühler-Haken" trägt Oskar Bühler maßgeblich zur Entwicklung des Sportkletterns bei. Nicht alle finden das erbaulich.

will, muss den VI. Schwierigkeitsgrad im alpinen Gelände beherrschen und einen jährlichen Leistungsnachweis erbringen. Das Kletterniveau der Gruppe ist hoch, die Zahl der gemeisterten Mittelgebirgs- und Alpenrouten nicht zu überschauen. Dem Zusammenschluss im Ganzen wohnt jedoch, so sehen das die jungen Kletterer, eine gewisse Überheblichkeit inne. Ein falscher Stolz auf eine alpinheroische Tradition, die das dem Klettern innewohnende Risiko nicht nur akzeptiert, sondern als unveräußerlichen Bestandteil geradezu feiert. In den Augen der Jungen sind das überholte Vorstellungen.

Als die Mitglieder der A.G. Teufelskralle sich in klassischen Routen immer öfter mit fehlenden Haken konfrontiert sehen, fühlen sie sich düpiert, in ihren Leistungen abgekanzelt. Was, ihr braucht den Seilschwanz, die Leiter? Seht her, es geht doch auch ohne Haken! Nicht selten kommt es an den Felsen zu Wortgefechten, ja auch zu Handgreiflichkeiten. So kann es nicht weitergehen. Schließlich stecken manche Haken seit Jahrzehnten, viele Kletterer sind auf sie angewiesen. Und in der Tat scheint es auch manch jungem Freikletterer ein zu selbstherrliches Signal zu sein, alle frei gekletterten Routen auszunageln. Ein Zeichen des neu erwachten Sportgeistes aber muss, soll, will gesetzt werden. Doch was für eines? Und wo, und wie?

Im Frühjahr 1975 malt Kurt an den Einstieg des „Adolf-Rott-Gedächtnisweges" (VI+) am Streitberger Schild einen roten Punkt. Es ist der erste überhaupt. Vermutlich, denn einige seiner Weggefährten sind der Meinung, die „Sackwand" (VII) am Roten Fels sei als erste so gekennzeichnet worden. Manches Detail verliert sich eben im Lauf der Geschichte. Es spielt aber auch keine Rolle, denn die Idee, einen neuen alten Begehungsstil zu definieren, entsteht über eine gewisse Zeit hinweg in vielen Köpfen. Sie kommt nicht aus heiterem Himmel. Sie ist keine Erfindung, kein Geniestreich eines Einzelnen. Sondern das Ergebnis vieler Beobachtungen, Erfahrungen, Überlegungen und Diskussionen, auch manchen Streits, die über Jahre hinweg stattfanden. Das eigentlich Bemerkenswerte und Epochale ist: Es gibt zur richtigen Zeit am richtigen Ort eine Gruppe junger Menschen, die offen ist für diese Entwicklung. Und es gibt an deren Ende ein Ergebnis – den „Rotpunkt".

In einem programmatischen Text mit dem Titel „Ein Jahr Rotpunkt im Frankenjura", der in Ausgabe 8/1977 der Zeitschrift „Alpinismus" erscheint, schreiben Kurt Albert und Reiner Pickl: „‚Rotpunkt am Beginn eines Kletterweges bedeutet, es ist möglich, den Anstieg ohne Benutzung der Haken als Griffe oder Tritte oder sonstiger Hilfsmittel, die der Schwerkraft entgegenwirken, in freier Kletterei zu bewältigen. Haken, Legeschlingen, Klemmkeile usw. dienen also nur zur Sicherung, es darf auch nicht daran ausgeruht werden, gleich wenn man danach in die alte Kletterstellung zurückkehrt! (Der letzte Satz bedeutet eine Verschärfung der sächsischen Kletterregeln, die ja Haken und Legeschlingen als Ruhepunkte erlauben.)'

Dieser Satz, den wir, eine Gruppe fränkischer Kletterer, in die Wandbücher einiger vielbegangener Kletterwege des Frankenjuras schrieben, vor allem aber die kleinen roten Punkte erhitzten die Gemüter zahlreicher Kletterer. Der Rotpunkt stieß auf heftigste Kritik. Viele Kletterer sahen nur noch rot und verkannten die Idee, die dahintersteckt. War die Punktiererei ein neuer Spleen, eine Schikane gedankenloser Schmierfinken? Keineswegs, es stecken reifliche Überlegungen und Diskussionen dahinter. (…)

Also begannen wir, und werden damit fortfahren, bereits vorhandene Anstiege der fränkischen Jurafelsen in völlig freier Kletterei – ‚auf Rot-

ALPINISMUS-Kommentar * ALPINISMUS-Kommentar * ALPINISMUS

Diese Seite ist eine Plattform zur Diskussion auch für Beiträge aus dem Leserkreis, wenn Sie irgend eine Sache oder Situation des Alpinismus kritisch zu beleuchten vermögen.

Ein Jahr Rotpunkt im Frankenjura

„Rotpunkt am Beginn eines Kletterweges oder einer Variante bedeutet, es ist möglich, den Anstieg ohne Benutzung der Haken als Griffe oder Tritte oder sonstiger Hilfsmittel, die der Schwerkraft entgegenwirken, in freier Kletterei zu bewältigen. Haken, Legeschlingen, Klemmkeile usw. dienen also nur zur Sicherung, es darf auch nicht daran ausgeruht werden, gleich wenn man danach in die alte Kletterstellung zurückkehrt! (Der letzte Satz bedeutet eine Verschärfung der sächsischen Kletterregeln, die ja Haken und Legeschlingen als Ruhepunkte erlauben.)“
Dieser Satz, den wir, eine Gruppe fränkischer Kletterer, in die Wandbücher einiger vielbegangener Kletterwege des Frankenjuras schrieben, vor allem aber die kleinen roten Punkte erhitzten die Gemüter zahlreicher fränkischer Kletterer. Der Rotpunkt stieß auf heftigste Kritik. Viele Kletterer sahen nur noch rot und verkannten die Idee, die dahintersteckt. War die Punktiererei ein neuer Spleen, eine Schikane gedankenloser Schmierfinken? Keineswegs, es stecken reifliche Überlegungen und Diskussionen dahinter.

Entstanden ist der Zweifel am richtigen Weg, den das Frankenklettern bislang geht, nach unseren Erlebnissen im Elbsandsteingebirge. Wir sahen dort Anstiege, von denen man sich nicht recht vorstellen konnte, daß sie in freier, hilfsmittelloser Kletterei bewältigt worden sind. Beim Anblick dieser Routen dachten wir mit Wehmut an unsere Fränkische Schweiz. Da haben wir nun eines der schönsten Mittelgebirge Deutschlands, aber auch leider eines der besonders vernagelten. Ein Beispiel wäre die Gelbe Wand im Wiesenttal (Schwierigkeit VI„+“). Obwohl dieser Anstieg mit etwa 15 Haken arg vernagelt ist, wird er mit VI+ bewertet und zählt zu den schwierigsten Touren im Frankenjura. Stünde die gleiche Wand in der Sächsischen Schweiz, dann würde sie mit drei (!) Sicherungsringen frei erklettert und mit dem Schwierigkeitsgrad VIId eingestuft. Die sächsische Schwierigkeitsskala reicht heute bis VIIe. All diese Erkenntnisse wirkten auf uns Franken ziemlich deprimierend. Steigen wie im Elbsandsteingebirge, das war für uns etwas völlig Neues. Wir erlebten im sächsischen Sandstein eine neue Dimension, stilreines Klettern, das bei den Sachsen, bei den kalifornischen Yosemite-Kletterern und noch in einigen anderen Felsgebieten längst als so selbstverständlich gilt, daß es beinahe schon ein alter Hut ist! Ich wage gar nicht daran zu denken, was für Klettereien wir im Frankenjura hätten, wenn bei Erstbegehungen oder beim Einzementieren von Haken jede Möglichkeit der Freikletterei hinreichend bedacht worden wäre. Wir überlegten also, wie es wohl möglich wäre, eine solche Kletterethik in unserem Frankenjura anzuwenden. Ein Ausnageln der Kletterführen, bzw. das Entfernen überflüssiger Haken scheint fast unmöglich: Es gibt bereits zu viele einzementierte Haken, und man würde auf zu großen Widerstand seitens vieler fränkischer Kletterer stoßen. Sie kommen dabei mit Argumenten wie „Die Haken stecken seit 40 Jahren, die bleiben drin!“, oder „Es kann ja nicht jeder so gut sein, andere wollen den Weg auch machen!“ usw. Eine weitere Möglichkeit besteht sicher in der Erstbegehung im sächsischen Stil. Aber die Möglichkeiten, Neutouren zu finden, ist fast völlig ausgeschöpft. Was man nicht erwarten konnte, hat man ernagelt. Also begannen wir, und werden damit fortfahren, bereits vorhandene Anstiege der fränkischen Jurafelsen in völlig freier Kletterei – „auf Rotpunkt“ – zu versuchen. Die so begangenen Routen wurden mit einem roten Farbpunkt markiert.
Wir waren erstaunt, was alles „auf Rotpunkt“ möglich ist. Selbst einige Touren, die bisher als ausgesprochene Hakenleitern galten, erhielten ihren roten Punkt. Da tauchten Griffe und Tritte auf, die wir vorher nie wahrgenommen hatten. Man wird gezwungen, mehr mit Hirn und Konzentration zu steigen, um die richtige Kombination der vorhandenen Griffe und Tritte zu erfassen. Wir haben erkannt, daß nur beim Einhalten solcher Regeln eine Steigerung im Klettern erreicht werden kann! Endlich sehen alle, Freund wie „Feind“, was für märchenhaft schöne Freiklettermöglichkeiten es im Frankenjura tatsächlich gibt. Um zu zeigen, was das Wort „Klettern“ wirklich bedeutet, haben wir diese Punkte angebracht.

Unser Vorschlag „Rotpunkt“ soll ein Stück sportlicher Ethik und fairen Klettergeistes auch ins Frankenklettern bringen. Nicht durch selbstherrliches Hakenherausschlagen über alle hinweg, wollen wir auch bei jenen dafür werben, die heute noch auf der anderen Seite stehen. Ein Jahr Rotpunkt im Frankenjura hat gezeigt, daß der Aufruf nicht nur auf taube Ohren stieß: Es haben sich zahlreiche Rotpunkt-Anhänger gefunden, vor allem unter den jüngeren Kletterern, in deren Händen die Zukunft unseres Frankenjura-Steigens liegt!

Kurt Albert und Reiner Pickl

5–8

punkt' – zu versuchen. Die so begangenen Routen werden mit einem roten Farbpunkt markiert. (...) Wir haben erkannt, dass nur beim Einhalten solcher Regeln eine Steigerung im Klettern erreicht werden kann! Endlich sehen alle, Freund wie ‚Feind', was für märchenhaft schöne Freiklettermöglichkeiten es im Frankenjura gibt. Um zu zeigen, was das Wort ‚Klettern' wirklich bedeutet, haben wir diese Punkte angebracht."

Ganz im Stil der Zeit nennt sich die Gruppe junger Freikletterer, die an den Felsen des Frankenjuras aktiv ist, „IG Rotpunkt". Der Name dieser Interessengemeinschaft entsteht eher beiläufig. Die Kletterer nehmen alljährlich an der „Stärzelkärwa" teil, die auf einer Wiese bei Gasseldorf stattfindet. Dabei treten Mannschaften von fünf Leuten gegeneinander an, um mit Steinen auf Bierdosen zu werfen, die in zwölf Meter Entfernung auf ein Meter hohe Stöcke platziert werden. Da jede Mannschaft einen Namen braucht, fällt in angeheiterter Runde der Vorschlag „IG Rotpunkt". Eine Schnapsidee. Um ihren Standpunkt für jeden sichtbar zu machen, tragen die Mitglieder dieser Interessengemeinschaft bald darauf blaue Sweatshirts, auf deren Vorderseite ein roter Punkt prangt. Um diesen herum steht in weißer Schrift „Free Climbing" und „Sport Erdenkäufer-Falk". Armin Erdenkäufer, ein Vertreter alter Kletterschule, den neuen Ideen gegenüber aber durchaus aufgeschlossen, und Besitzer eines Nürnberger Sportgeschäfts, hat die Pullover finanziert. Auch Kurt trägt einen, wenn er am Fels ist.

Noch ahnt niemand in der Clique, auch nicht Kurt selbst, dass sein Name bald weltweit mit dem Rotpunkt-Gedanken verknüpft sein wird. Zwar ist er derjenige, der die schwierigsten Routen schafft und dafür den größten Respekt erfährt. Ein herausragend ästhetischer Kletterer ist er allerdings nicht. Sein Stil ist eher effizient denn elegant. Auch Beweglichkeit und Geschmeidigkeit sind keine Eigenschaften, die ihn auszeichnen würden – dafür verfügt er über Monsterkräfte. Doch das ist nur die Oberfläche. Das wirklich Besondere ist, dass Kurt sich nicht als besonders betrachtet. Er ist nicht Primus inter Pares, er ist Gleicher unter Gleichen und hat es nicht nötig, seinen Status mit Arroganz und Überheblichkeit zu festigen. Er ist einer von vielen, die mit einem Topf roter Farbe und Pinsel, später mit Sprühdose, und einer runden Schablone mit acht Zentimeter Durchmesser unterwegs sind. Gut zwei Jahre lang kennzeichnen die fränkischen Freikletterer ihre Routen mit einem Rotpunkt. Welche weltumspannende Wirkung diese Idee haben wird, kann sich keiner von ihnen vorstellen.

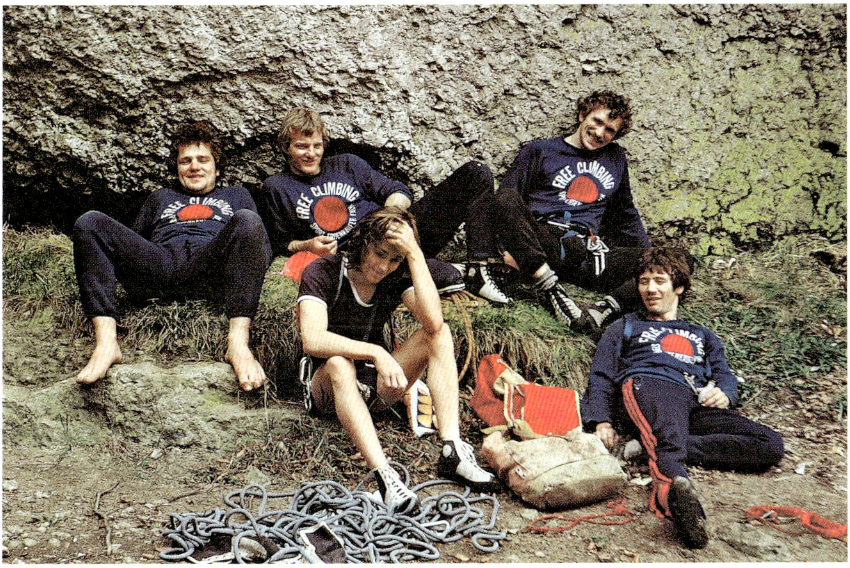

Roter Punkt auf blauem Grund: Als Mitglieder der „IG Rotpunkt" tragen Konrad Nebel, Reiner Pickl, Kurt Albert (hinten v. l.) und Albert Engelhard von Armin Erdenkäufer gesponserte Pullover.

Blaue Schrift auf weißem Grund: Seitdem Kurts Vater bei Langnese-Iglo arbeitet, erfreuen sich die Pullover der Kühlhausarbeiter bei fränkischen Kletterern wie Konrad Schuhmann großer Beliebtheit.

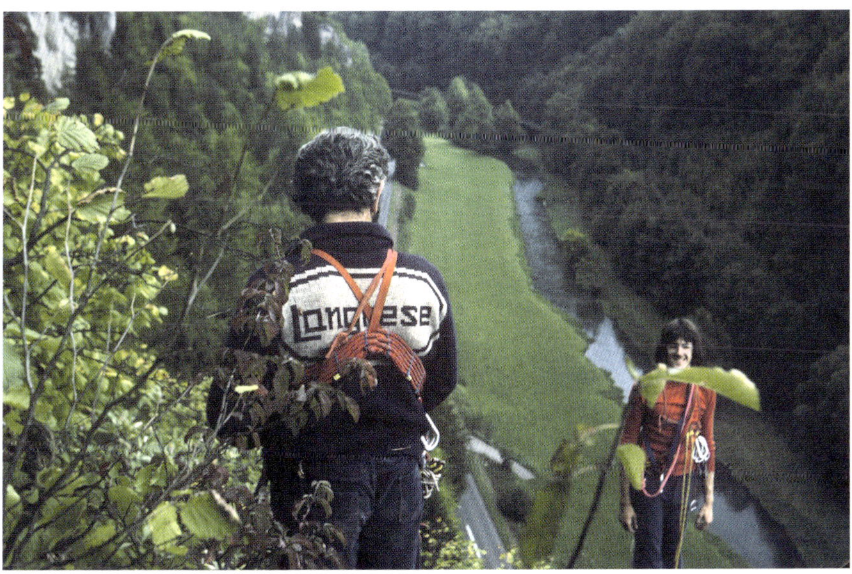

Es ist ja auch noch längst nicht ganz klar, was Rotpunkt eigentlich bedeutet. Wie so oft in Zeiten des Umbruchs herrscht Unsicherheit darüber, wer genau was meint und wohin die Reise gehen soll. Sowohl an den Felsen wie auch in Publikationen wird diskutiert, welcher Begehungsstil wie definiert und als höherrangig eingestuft werden soll. An den Buntsandsteinfelsen der Pfalz etwa, Kletterheimat von Reinhard Karl und Wolfgang Güllich und neben dem Frankenjura das zweite große Zentrum des westdeutschen Freikletterns, wird ab 1975 das Kürzel a.f. verwendet. Es steht für „alles frei" durchstiegen. Bei diesem Stil wird Ausruhen an Fixpunkten wie Haken oder Klemmkeilen toleriert. Der Pfälzer Sportkletterpionier und Journalist Andreas Kubin schreibt für die Ausgabe 2/1979 der Zeitschrift „Alpinismus" einen Text mit dem Titel „Free Climbing '78". Er setzt darin a.f. und Rotpunkt gleich und resümiert, „so manche dieser Routen verlangt die sogenannte ‚Jo-Jo-Taktik', d. h. der Kletterer muss zur Überwindung der Schlüsselstellen gleich mehrere Stürze einkalkulieren".

Kurt, inzwischen 25, will das so nicht stehen lassen. Er schickt Kubin einen handschriftlich verfassten Brief, datiert auf den 2. Februar 1979. Darin stellt er fest: „Du schreibst, ‚a.f.' sei das gleiche wie ‚Rotpunkt', das kann ich nicht glauben." Und erklärt Kubin im Folgenden, dass Rotpunkt freies Klettern im Vorstieg ohne zu rasten bedeute. Nach einem Sturz müsse der gesamte Weg wieder „ganz von vorne (von unten)" begonnen werden. „Bitte, denke nun nicht, ich sei spitzfindig. Ich bin nur für konsequente Begriffsbestimmung beim Freiklettern. (...) Rotpunkt kann man als absolutes ‚free climbing' betrachten – es gibt keine sinnvolle Steigerung!"

Andreas Kubin antwortet am 17. Februar 1979 in Maschinenschrift: „Die von Dir angesprochenen Unterschiede sind mir bisher nicht so klar gewesen, die Denkanstöße Deinerseits allerdings haben meine Gehirnzellen in Bewegung gesetzt. (...) Dass Rotpunkt das absolute free climbing ist, liegt auf der Hand." Und nach Ausarbeitung weiterer Details stellt Kubin die Frage: „Was ist Klettern überhaupt? Ich glaube, die Ästhetik der Bewegung und die Freude an der eigenen ästhetischen Bewegung sind das Bedeutendste. Deshalb kann ich einer ausgewörkten Begehung keinen Gefallen abgewinnen und finde das ‚Hinaufstürzen' ebenso unästhetisch wie das Hinaufruhen."

Seine private Definition des Freikletterns schreibt Kurt im August 1979 in seinem Tourenbuch nieder. Er unterscheidet darin, ganz Analytiker, zwischen F_i, f_i und F_R. Dabei steht das große F für „frei im Vorstieg", das kleine

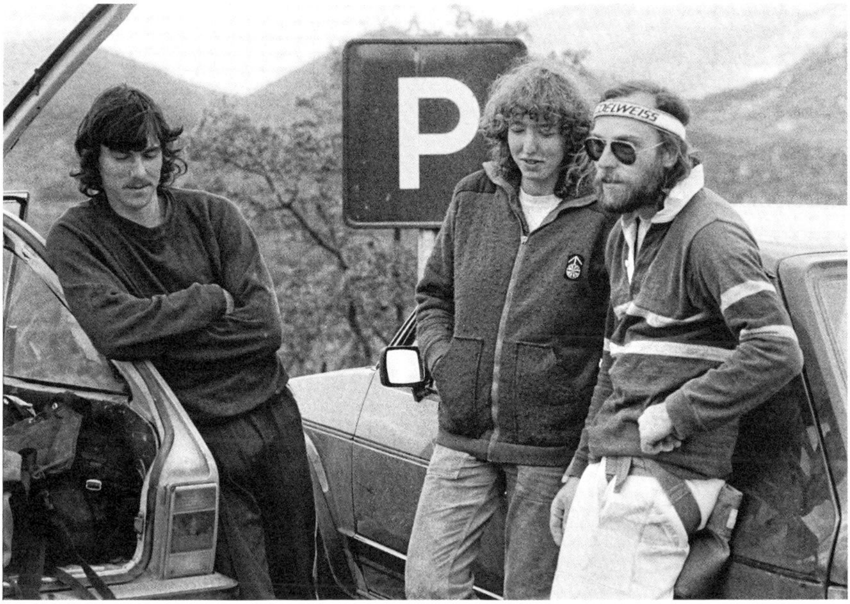

Zwei Pfälzer und eine Münchnerin: Andrea Eisenhut mit Andreas Kubin und Wolfgang Güllich (l.) bei einem Klettertreffen in der Verdonschlucht in den 1980er-Jahren.

f für „frei im Nachstieg (toprope)". Das tiefer gestellte i ist eine Variable für die „Zahl der Ruhepunkte". Das R bezeichnet „Rotpunkt". Tatsächlich hält Kurt eine ganze Zeit lang an dieser Systematik fest und notiert gekletterte Routen mit Kürzeln wie VIII- (f_3) oder VII+ (F_R).

Bis 1981 – sechs Jahre, nachdem der erste Rotpunkt im Frankenjura gemalt wurde – sind die Definitionen nach wie vor so unklar, dass Kurt erneut sein Tourenbuch bemüht. Er malt mit Buntstift einen roten Punkt und schreibt daneben: „Rotpunkt: frei in einem Zug (ohne irgendwann die Sicherungskette zu belasten)". Darunter zeichnet er einen roten Kreis und notiert: „Rotkreis: Jo-Joing". Dies bezeichnet eine freie Begehung, wobei bei einem Sturz der zuletzt erreichte Sicherungspunkt eingehängt bleibt. Der Kletterer wird abgelassen und startet vom Boden oder vom letzten natürlichen Ruhepunkt, einem „no hand rest". Die Sicherungskette bleibt bestehen. Zuletzt skizziert Kurt ein rotes X für „Rotkreuz: frei von oben gesichert (toprope) ohne zu rasten". Dies allerdings ist eine Begehungsform, der vollkommen zu Recht nur eine kurze historische Zeitspanne lang Bedeutung zugemessen wird.

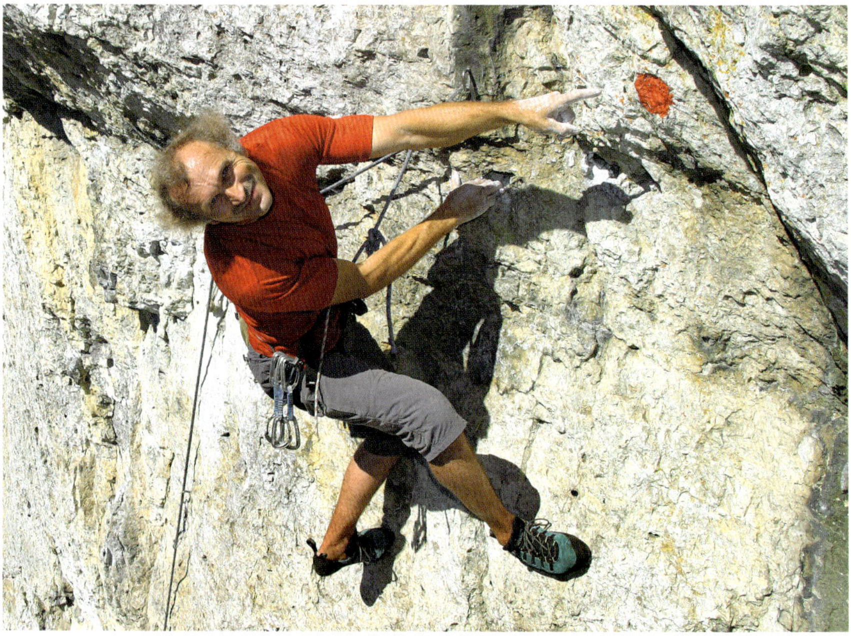

Ob er der Erste ist? Kurt Albert freut sich über den Rotpunkt in der „Sackwand" (VII) am Roten Fels.

Zehn Jahre nach Kurt Alberts Tod erscheint es fast absurd, wie lange über die Definitionen der Begehungsstile und ihre jeweilige Wertigkeit diskutiert wurde. Zumal Kurt selbst die Auseinandersetzungen um das strikte Rotpunkt-Klettern nicht bierernst nimmt. In einem Interview mit der Zeitschrift „Klettern", Ausgabe 9/2005, sagt er: „Wir haben den Jojo-Stil auch praktiziert und werteten es als Begehung, wenn wir eine Route Rotkreis geklettert hatten. Sogar Rotkreuz zählte: Eine saubere Toprope-Begehung mit durchhängendem Schlappseil war eine akzeptierte Begehung. Dieses Theater um das reine Rotpunkt-Klettern ist erst später gekommen."

Dennoch sind die 1970er-Jahre eine wichtige Phase: Erstmals werden Begriffe und Konzepte entwickelt, die es erlauben, klettersportliche Leistungen miteinander zu vergleichen. Auch international, denn in Deutschland, Frankreich, Großbritannien, den USA und anderen Ländern werden bis Anfang der 1980er-Jahre unterschiedliche Praktiken gepflegt. Diese auf einen gemeinsamen Nenner zu bringen, dauert eine Weile, zumal auch noch die Termini „Flash" und „Onsight" in die Debatte geworfen werden. Letzteres bezeichnet die hohe Kunst des Freikletterns: die Rotpunkt-Begehung einer Route im ersten Versuch, ohne diese jemals probiert oder einen anderen Kletterer darin beobachtet zu haben. Wer eine Route flasht, verfügt dagegen bereits über Informationen und weiß, wo die Schwierigkeiten liegen, wie gut oder schlecht die Griffe und welche Bewegungen zielführend sind. Das macht einen großen Unterschied.

Manche Diskussionen dauern bis heute an. In seiner Ursprungsform beinhaltet Rotpunkt, dass nach dem erfolglosen Durchstiegsversuch einer Route nicht nur das Seil abgezogen, sondern auch alle Zwischensicherungen entfernt werden müssen. Denn die muss der Kletterer im Vorstieg selbst anbringen. Dieser Teil der Rotpunkt-Definition ist inzwischen verwässert worden. Heute ist es üblich, die Zwischensicherungen nach einem Begehungsversuch in der Route zu belassen. In vielen schwierigen Wegen sind Schlingen fix installiert. Ein freier Durchstieg erfolgt also in der Regel mit bereits vorhandenen Sicherungspunkten. Eine Zeit lang wurde dies als „Pinkpoint" bezeichnet – ein Begriff, der fast in Vergessenheit geraten ist. Aber eine Begehung ist natürlich schwieriger, wenn der Vorsteiger nicht nur klettern, sondern auch alle Zwischensicherungen selbst anbringen muss. Wie dem auch sei …

Als junger Mann ist es Kurt noch wichtig, die Rotpunkt-Idee stichhaltig zu formulieren, sie auch zu verteidigen. Doch er ist kein streitbarer Verfech-

Was er bedeutet? 1981 notiert Kurt Albert eine Kurzfassung der Rotpunkt-Definition in sein Tourenbuch.

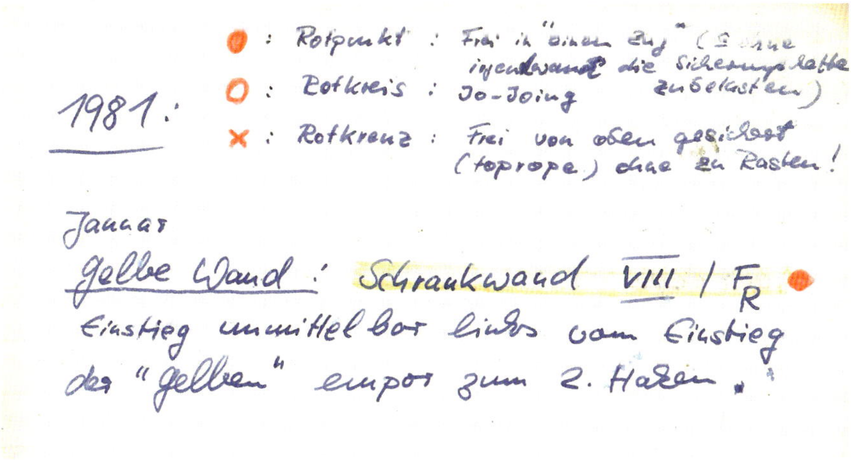

ter, kein Missionar und schon gar kein Dogmatiker. „Wenn du einen Weg eh einübst“, sagt er, „warum sollst du dann jedes Mal die Sicherungen rausnehmen?“ Kurt, der Vater der Rotpunkt-Idee, ist ein gutmütiger Erzieher, der Vieles nachsieht und verzeiht, und der seiner Kopfgeburt ein Eigenleben zubilligt. Klettern, ohne sich mit dem Gewicht des Sicherungsmaterials belasten zu müssen, sei doch ein „noch freieres Klettern“.

So ist Kurt. Er trägt den Rotpunkt nicht in Theorie, sondern durch sein Tun in die Welt. Und gilt deshalb völlig zu Recht als sein Erfinder. Weil er nicht nur frei klettert, sondern frei lebt und denkt. Er haucht der Tradition des Freikletterns neues Leben ein, indem er sie verkörpert. Und sie dadurch wie kein Zweiter auf den Punkt bringt. Den Rotpunkt.

Vier

1977

Die große Welt steht Prinzipienreitern nicht offen.

Max Goldt,
„Die Kugeln in unseren Köpfen“

Kurts drittes Tourenbuch ist eine dicke Schwarte. Im Laufe von zehn Jahren hat er Fotos aus dem Elbsandsteingebirge, dem kalifornischen Yosemite Valley und dem Bouldergebiet Fontainebleau bei Paris hineingeklebt, außerdem Routenbeschreibungen aus Oskar Bühlers „Kletterführer für den Frankenjura", eine Übersicht der Kletterrouten in der Verdon-Schlucht und Schwarzweißaufnahmen von Wolfgang „Flipper" Fietz beim Bouldern. Manche Seiten haben Knicke, manche Eselsohren, viele sind abgegriffen, als sei das Buch immer wieder durchgeblättert worden. Die Einträge beginnen 1977. Dies ist ein wichtiges Jahr. In seinem Verlauf wird Kurt ein Kletterer werden, der nicht nur Routen wiederholt. Sondern sich eigene Wege erschließt.

„Ostern 1976, ‚Die Gelbe Wand' auf Rotpunkt mit Wolfgang Fietz" lautet einer der ersten Einträge in den schwarz gebundenen Klettermemoiren. Die Jahreszahl ist mit Bleistift durchgestrichen, darüber hat Kurt „1977" geschrieben. Die richtige Zeitangabe: eine Nebensache. Wichtig ist, was und wie es passiert. Es gibt in jedem Klettergebiet Routen, deren Ruf über das Gebiet hinaushallt. Jeder Kletterer kennt sie, weil ihre Eröffnung ein Meilenstein war, weil sie außergewöhnlich schön oder auf ihre Art besonders sind. „Die Gelbe" an der Matterhornwand im Frankenjura ist so eine Linie. Abdrängend geht es zunächst empor, dann überhängend und an schlechten Griffen ein paar Meter nach links, bevor die Route entlang eines Risses zum Ausstieg leitet und der Kletterer auf die mittelalterliche Burgruine Neideck jenseits der Wiesent blickt. Andreas Link hat „Die Gelbe" 1950 erstbegangen. Den Einstieg meisterte er mithilfe eines menschlichen Steigbaums. Links Erstbegehung galt als eine der schwierigsten Routen im Frankenjura. Wer den ersten Haken einhängen konnte, ohne einen Ast oder sonstige Unterstützung zu nutzen, war ein wagemutiger Könner. An eine freie Begehung der Route denkt lange Zeit niemand.

Bis auf Armin Erdenkäufer. Der Inhaber des Nürnberger Sportgeschäfts „Erdenkäufer & Falk" war in den 1960er-Jahren einer der stärksten Alpinisten Deutschlands und ein exzellenter Kletterer dazu. Das Ohr am Puls der Zeit, verfolgt er begeistert die Taten der Jüngeren, an denen auch sein Sohn Toni beteiligt ist. 1977 setzt er im Schaufenster seines Ladens ein Preisgeld aus: zehn Karabiner für denjenigen, der „Die Gelbe" als Erster Rotpunkt meistert. Kletterausrüstung ist teuer, und Kurt lässt sich nicht lange bitten. Barfuß und bei Minusgraden holt er sich über die Osterfeiertage die erste Rotpunkt-Begehung. Anschließend nagelt er die 15 verrosteten Felshaken

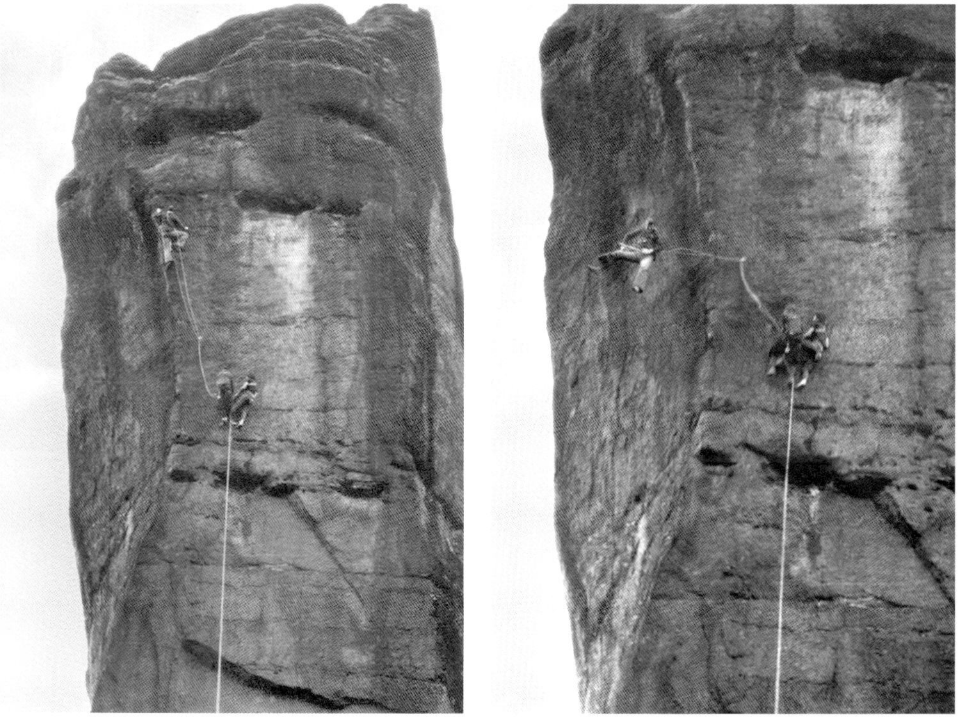

Weite Flüge sind im Elbsandsteingebirge keine Seltenheit. Kurt Albert fotografiert Rolf Nestlers Sturz in der „Talseite“ (sächsisch VIIIb) am Teufelsturm.

aus, die der Fortbewegung dienten, und ersetzt sie durch drei Bühler-Haken. Das ist eine Provokation: Eine Route mit großem Nimbus ist für viele Kletterer nun nicht mehr machbar. Sie sind entrüstet, und Kurt, der keinen Streit will, bohrt zwei weitere Bühler-Haken dazu. Bis heute ist „Die Gelbe“ mit dem siebten Grad bewertet.

Über Pfingsten ist Kurt im Elbsandsteingebirge zu Besuch. Mit seinem Bruder Horst und Freunden kampiert er im Kirnitzschtal nördlich der Schrammsteine. Am Meurerturm gelingt ihm die fünfte Begehung des „Lineals“ (sächsisch IXa), in das er drei Jahre zuvor noch schaudernd geblickt hatte. Am Nonnengärtner klettert er eine seiner bisher schwierigsten Routen: die „Wand der Abendröte“ (sächsisch IXb), ebenfalls ein Bernd-Arnold-Weg. Wenngleich alles andere als Rotpunkt, wie Kurt aufschreibt: „5 Std. in der Wand, Sturz am 1. Ring (Griff ausgebrochen), 3 Stürze am 4. Ring (Griffe und Tritte ausgebrochen), Drama am 5. Ring – ungezählte Stürze –, 1 Sturz am

6. Ring (Kraftsturz)." Nicht zum ersten Mal zeigt das Elbsandsteingebirge einem Kletterer erbarmungslos die Grenzen seines momentanen Könnens auf. Zehn Meter weite und noch weitere Stürze sind keine Seltenheit. Auch nicht für Kurt.

Während Kurt in Sachsen seine Fähigkeiten auslotet, durchbrechen zwei Männer im Wilden Kaiser eine Barriere, die vor allem bürokratischen Charakter hat. Am 2. Juni 1977 klettern Helmut Kiene und Reinhard Karl durch die „Pumprisse" am Fleischbankpfeiler. Die Leistung ist aller Ehren wert. Ihre Bedeutung gewinnt sie jedoch vor allem durch den Schwierigkeitsvorschlag der Erstbegeher. Sie bewerten ihre Route mit VII- und bringen damit das starre Gefüge der sechsstelligen Schwierigkeitsskala ins Wanken, das die Union Internationale des Associations d'Alpinisme (UIAA) nach wie vor verteidigt. Noch 1973 hat der Verband ein Faltblatt mit dem Titel „UIAA-Regeln und Vorschriften für Schwierigkeitsbewertung und Routenbeschreibung" herausgebracht. Darin steht, die Grade reichten von I bis VI, wobei mit VI+ „eine Freikletterstelle bezeichnet wird, deren Überwindung für die besten Kletterer in Hochform, bei günstigen Verhältnissen unter optimaler Ausnutzung der Felsbeschaffenheit und dem heutigen Ausrüstungsstand einen Gang an der Sturzgrenze bedeutet".

Tatsächlich wird in den Alpen, in Sachsen, in Franken und überhaupt überall auf der Welt schon so schwierig geklettert, dass eine Sprache in Superlativen die Realität nicht mehr abbildet. Die geschlossene UIAA-Skala stellt keine Hilfe, sondern eine Hürde dar, die der Entwicklung des sportlichen Aspekts des Kletterns im Weg steht. Helmut Kiene argumentiert in seinem „Aktuellen Bericht" über die „Pumprisse", der in den „Mitteilungen" des Deutschen Alpenvereins erscheint, dass die Folge des Systems eine „inflationäre Abwertungsbewegung" sei. „Es ist daher ein Unfug, die Schwierigkeitsbewertung des Mittelfeldes von den Exzessen der Spitze her zu dirigieren." Gegen die ständige Auf- und Abwertung von Kletterrouten helfe nur das „Fallenlassen der verwirrenden Verbalskala mitsamt dem Ausdruck ‚äußerst schwierig' und Öffnung der Schwierigkeitsskala nach oben hin". Knapp zwei Jahre später, im Mai 1979, gibt die UIAA mit Bulletin Nr. 84 der Macht des Faktischen nach.

Den jungen Frankenjurakletterern, die sich liebend gerne an jeder neuen Herausforderung die Hörner abstoßen, kommt die Entwicklung zupass. Sie wollen die Rotpunkt-Idee auch ins Gebirge übertragen. Nur ein Jahr nach

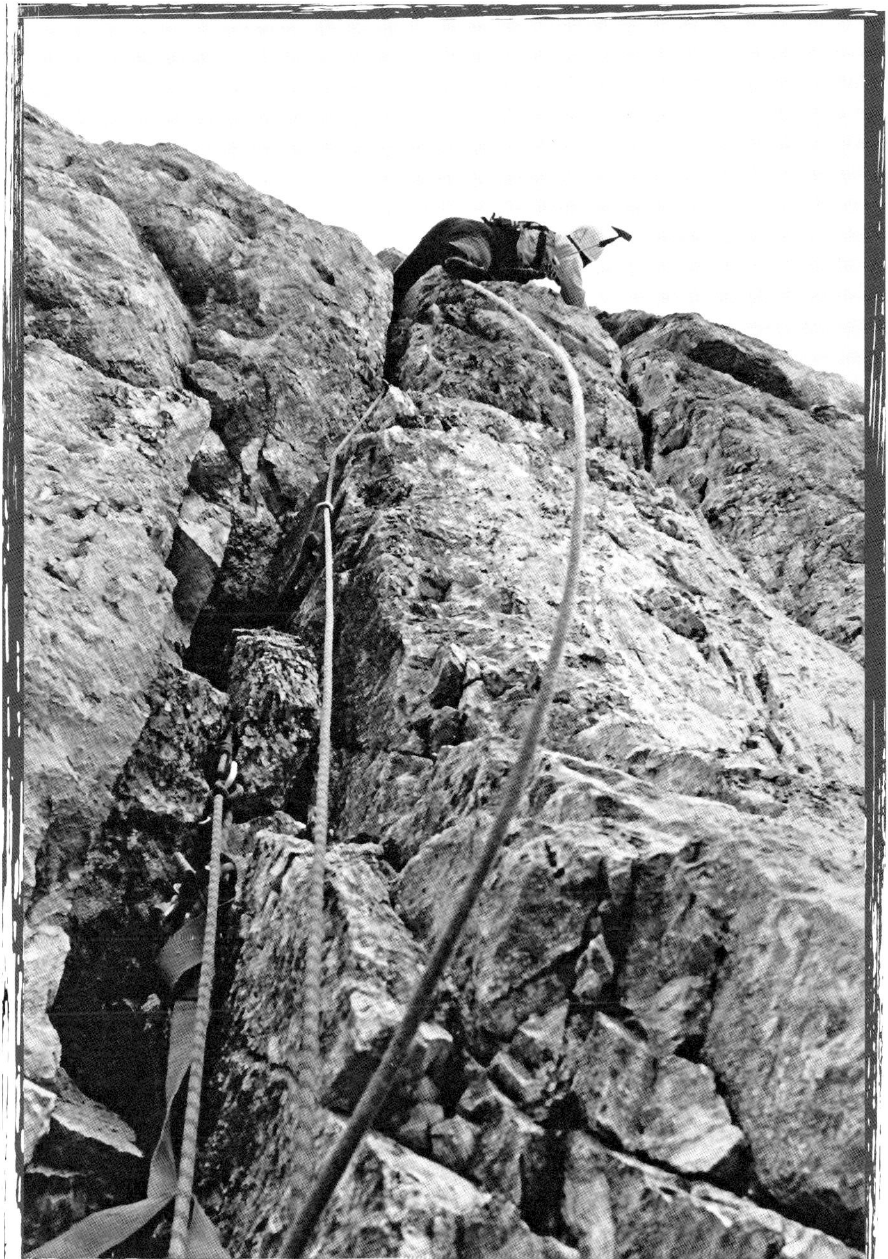

Der VII. Grad wird offiziell. Helmut Kiene erschließt die „Pumprisse“ am Fleischbankpfeiler im Wilden Kaiser.

der Erstbegehung 1977 verklemmen Kurt und Norbert Sandner Hände und Füße in den Rissen, deren Überwindung eine ausgefeilte Technik, Kraftausdauer und Selbstvertrauen fordert. Der Himmel über dem Wilden Kaiser ist verhangen, Nebelschwaden füllen die Steinerne Rinne. Die feuchte Luft raubt dem ohnehin schon glatten Kaiserkalk das letzte bisschen Reibung. Dennoch klettern Kurt und Norbert souverän durch die nach außen offenen Risse. Begleitet werden sie von einem Filmteam um Regisseur Gerhard Baur, selbst ein ausgezeichneter Alpinist und Kletterer. Gefragt, ob ihm der siebte Grad Spaß bereite, antwortet Kurt: „Natürlich macht es Spaß, wenn man den Schwierigkeiten gewachsen ist. Und man sieht, dass noch lange nicht die Grenze erreicht ist." Bis zum zehnten Grad, prophezeit Kurt, werde man sich steigern können. Einen ersten Schritt hat er gemacht: 1977 gelingt ihm die Erst- und Rotpunktbegehung der Route „Exorzist" an der 80 Meter hohen Kastlwand im Altmühltal. Er bewertet sein Werk mit dem achten Grad.

Kurt klettert inzwischen seit knapp einem Jahrzehnt. Er hat Dolomitenwände gemeistert und kombinierte Routen in den Westalpen überlebt, sein Können im Frankenjura und im Elbsandsteingebirge verbessert. Er hungert nach neuen Erfahrungen. Magazine veröffentlichen erste Berichte, in denen von den großartigen Klettermöglichkeiten in den USA geschwärmt wird. Das Yosemite Valley in Kalifornien etwa scheint ein paradiesischer Ort zu sein – die 1000 Meter hohen Wandfluchten des El Capitan, Risse und Reibungsklettereien in allen Varianten, ein Boulderblock neben dem anderen, happy people allerorten und immer scheint die Sonne. Natürlich muss man da hin!

Parallel zu den Entwicklungen in Europa hat sich auch in den USA das Freiklettern etabliert. Ein Unterschied wird Neulingen allerdings schnell deutlich: Abgesichert werden Big Walls, in denen man mehrere Tage unterwegs ist, ebenso wie Sportkletterrouten fast ausschließlich mit Klemmkeilen – mobilen Sicherungsmitteln, die der Seilerste in Rissen unterbringen und der Nachsteiger wieder mitnehmen kann. Das war nicht immer so. Bis Ende der 1960er-Jahre verwendeten US-Kletterer, gleich mitteleuropäischen, Felshaken zur Absicherung. Da sie diese aber nicht beließen, sondern jede Seilschaft eigene Haken in Risse hinein und wieder hinaus schlug, sah der Fels bald aus wie Schweizer Käse. Die Hakenlöcher wurden mit jeder Begehung größer. Der Leitgedanke angelsächsischer Naturphilosophie, in der Wildnis keine Spuren zu hinterlassen, wurde damit ad absurdum geführt.

Klemmkeile, deren Vorläufer bereits in den 1950er-Jahren in den Klettergebieten Großbritanniens eingesetzt wurden, boten eine Alternative. Royal Robbins, einer der Urväter des amerikanischen Freikletterns, bringt sie von dort mit in die USA und wird zu ihrem wortgewaltigsten Advokaten. Yvon Chouinard, der später die Bekleidungsfirma Patagonia gründet, fertigt nun Klemmkeile statt Felshaken. Im Katalog seines Unternehmens Chouinard Equipment aus dem Jahr 1972 erscheint der Text „The Whole Natural Art of Protection" von Doug Robinson, ein Pamphlet für das „Clean Climbing". Mehr und mehr Kletterer verlassen sich auf die im Granit schnell und sicher zu legenden Keile, die findige Köpfe in immer neuen Formen herstellen.

Im Juli 1977 brechen Kurt und Flipper zu ihrer ersten USA-Reise auf. Mit dem Greyhound-Bus fahren sie von San Francisco ins Yosemite Valley, wo sie im Camp 4 die Zelte aufschlagen. Das Tal ist in Kletterkreisen legendär. Die langen Routen an den Granitmonolithen El Capitan und Half Dome – Tu-Tok-A-Nu-La und Tis-sa-ack in der Sprache der Ahwahnee, die das Tal vor 3000 Jahren besiedelten – haben einen furchteinflößenden Ruf. Auch lockt das angeblich so süße Leben kalifornischer Naturbohémiens, die ihre Tage jahraus, jahrein mit Klettern, Training und Nichtstun verbringen.

Kaum im Yosemite Valley angekommen, trifft Kurt den Pfälzer Reinhard Karl. Dieser besucht das Tal bereits zum zweiten Mal. Reinhard, 30 Jahre alt, ist in der deutschsprachigen Bergszene eine schillernde Figur. Nach alpinen Lehr- und Wanderjahren wird er zu einem Freikletterer der ersten Stunde. Mehr noch als durch seine Leistungen besticht er durch seine Persönlichkeit: Er ist ebenso charmant wie direkt, zugleich anarchisch und wertkonservativ, ein Redner vor dem Herrn und ein guter Zuhörer, zum Bersten spontan, humorvoll, egoistisch und zugleich hilfsbereit. Ein Mann, der sein Herz auf der Zunge trägt. Seit Beginn der 1970er-Jahre hat sich der gelernte Automechaniker einen Namen als Bergfotograf gemacht. Im Frühling 1978 begleitet er im Auftrag des Magazins „Bunte" die Österreichische Everest-Expedition. Reinhold Messner und Peter Habeler besteigen den höchsten Gipfel der Welt am 8. Mai ohne Zuhilfenahme von Flaschensauerstoff. Ihre Leistung ist ein Fanal: Seht her, auch an den höchsten Bergen der Welt sind wir nun „by fair means" unterwegs! So wie es vorgemacht wurde von mutigen Männern: Albert Frederick Mummery, Eric Shipton, Hermann Buhl und all den Verfechtern eines alpinen, schnellen und leichten Besteigungsstils. Das Duo Messner-Habeler folgt diesem Ideal seit 1975. Damals steigen sie ohne Hochlager,

Trägerhilfe, Fixseilkette und Sauerstoffgerät auf einer neuen Linie durch die Nordwestwand des Gasherbrum I (8080 m).

Drei Tage nach Messners und Habelers epochaler Leistung steht auch „ein durch Zufall hergelaufener Preuße", so Reinhard über Reinhard, auf 8848 Meter Höhe – als erster Deutscher überhaupt. In den Folgejahren prägt er das Image des zeitgenössischen Bergsteigens und Kletterns in Texten und Fotografien. Er gibt damit dem Lebensgefühl eines internationalen Bergsteiger-Jetsets Ausdruck – bis er am 19. Mai 1982 in der Südwand des Cho Oyu (8153 m) von einer Eislawine erschlagen wird. Seinem eigenen bewegten Leben sowie dem Leben im Yosemite Valley setzt Reinhard mit dem 1980 erschienenen Buch „Erlebnis Berg: Zeit zum Atmen" in Wort und Bild ein Denkmal.

In seinem zweiten, posthum herausgegebenen Werk „Yosemite – Klettern im senkrechten Paradies" erscheint ein Foto, das 1977 im Camp 4 entsteht. Es zeigt Kurt im Freien auf einer Matratze liegend, der nackte Oberköper vom Schlafsack halb bedeckt, die Arme hinter dem Kopf verschränkt. Um ihn herum liegen ein Chalkbag, drei Paar EBs, leere Budweiser-Dosen, eine Streichholzpackung, Sneakers und eine weiße Rossignol-Sporttasche. Überall ist Staub. Kurt lächelt in die Kamera. Besser kann es ihm nicht gehen. Mit Bildern wie diesem verwandelt Reinhard Karl das Yosemite Valley in einen Mythos, der deutschsprachige Kletterer bis heute in seinen Bann schlägt.

Kurt bleibt drei Monate „im Valley" und inhaliert das Lebensgefühl des Camp 4, dessen Ingredienzien laut Reinhard „Klettern, Essen, Sonnenbaden, Drogen, Mädchen" sind. „Das Wort Arbeit fehlt." Dennoch dürfe man den ständigen Bewohnern des Yosemite Valley nicht böse sein: „Sie sind eine Art von Kindern, die noch nicht aus dem Paradies verstoßen sind." Oder, um es mit Rilkes Worten auszudrücken, „nie wieder war das Leben von Begegnen, / von Wiedersehn und Weitergehn so voll".

Kurt fühlt sich pudelwohl – von seinen Freunden wird er bis an sein Lebensende als ewiges Kind beschrieben. Schon nach ein paar Tagen sind die „Trainingsgeräte im Camp: Seiltanz, Reck, Barren" sein Regulativ. Kurt lernt Ron Kauk und John Bachar kennen, die Platzhirsche im Camp 4 und vermutlich die besten amerikanischen Kletterer der Zeit. Aus England ist Ron Fawcett angereist, der in seiner Heimat eine Toproute nach der anderen erschließt. Kurt klettert mit Beverly Johnson und Sibylle Hechtel – den beiden

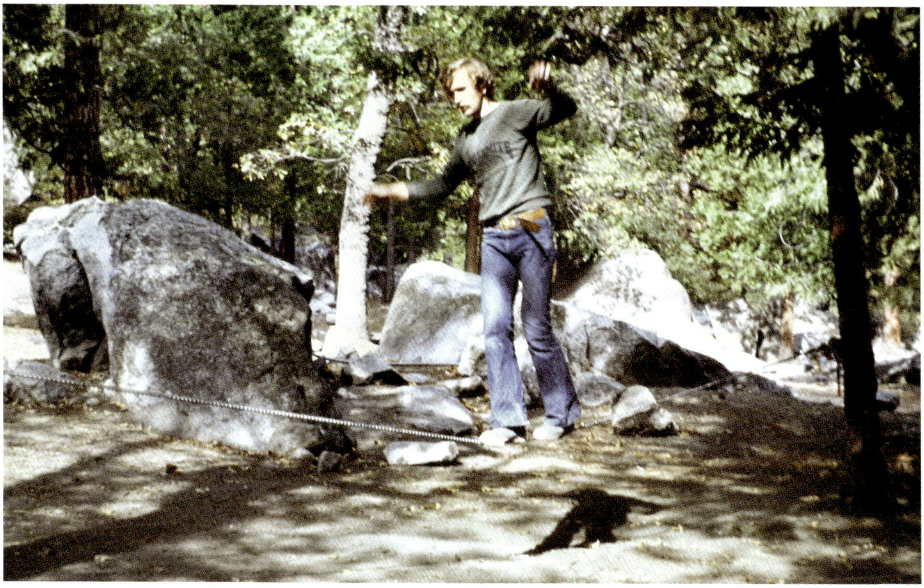

Training im Camp 4: Slackline, Klimmzugstange und Griffleisten geben den Tagen Struktur.

Leben im Paradies: Die leeren Budweiser-Dosen finanzieren Kurt Alberts erste Yosemite-Reise.

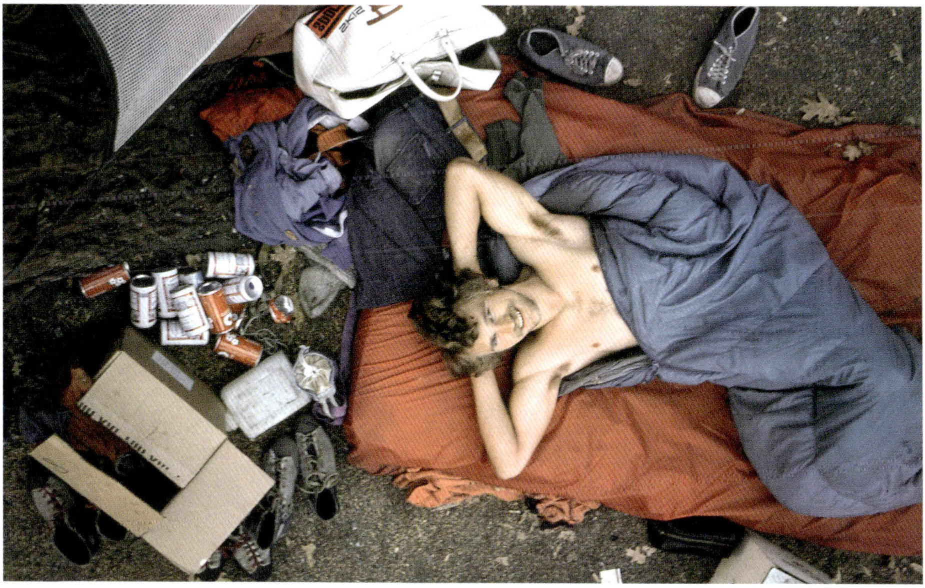

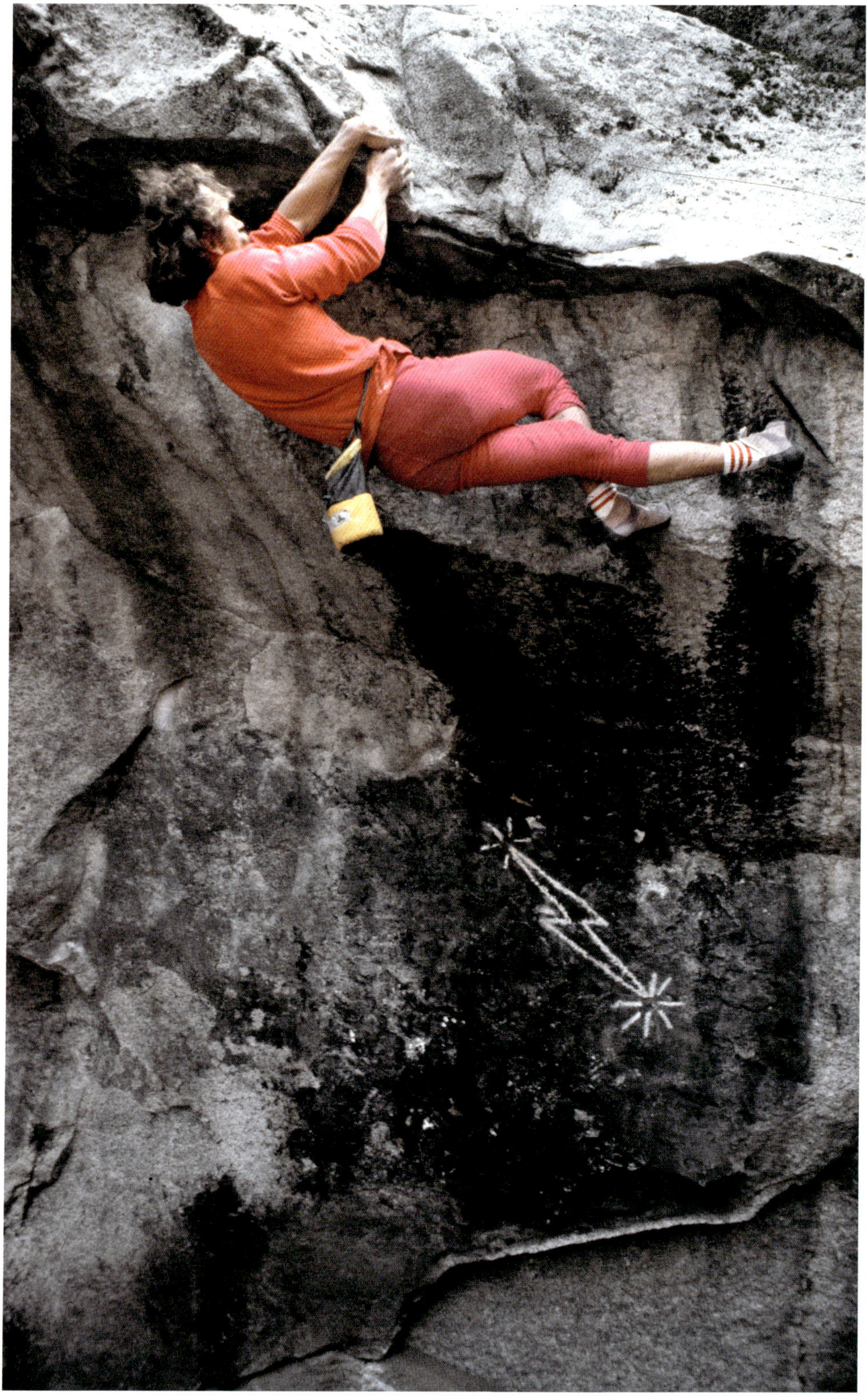

gelang 1973 mit der „Triple Direct“ die erste Frauenbegehung eines El-Capitan-Big-Walls. Vier Jahre ist das her. Damals wurden Wetten abgeschlossen, ob die beiden Erfolg haben würden. Die Quote lag bei 50 zu 50. Nicht auf den Gipfel zu kommen, war für die Frauen keine Option. Als Freunde nach Deutschland zurückreisen müssen, geben sie im Camp 4 ein Abschiedsfest, an dem auch die italienische Bergsteigerlegende Ricardo Cassin und die Yosemite-Veteranen Allan Steck und Steve Roper teilnehmen. Am nächsten Morgen, schreibt Kurt in sein Tourenbuch, „weckt mich R. Karl mit einem Sprung ins Kreuz“. Das ist, wenn auch ein ungewöhnlicher, so doch ein Ritterschlag. Kurt ist in der noch überschaubar großen internationalen Klettergemeinde aufgenommen.

Im Yosemite Valley teilt er mit Gleichgesinnten das Leben eines „dirtbag“, eines Aussteigers, der sich nicht schert um gesellschaftliche Konventionen. Um ihr knappes Budget aufzubessern, sammeln Wolfgang „Flipper“ Fietz und Kurt Aluminiumdosen. Für jede Dose erhalten sie bei der Nationalparkverwaltung fünf Cent. Den Erlös investieren sie in Erdnussbutter. Die schmeckt und ist kalorienreich. Allerdings lassen sie sich von einem Ranger „beim Entleeren eines Abfallkübels“ erwischen und stehen fortan unter Beobachtung. Als Kurt eines Nachts seine Hose samt Geldgürtel vor dem Zelt liegen lässt, werden ihm 900 Mark gestohlen. In seinen Kalender schreibt er: „Es bleiben noch 120 Dollar. Setze mir ab jetzt ein Limit: einen Dollar pro Tag.“ Über zwei Monate hält er sich über Wasser.

Die Tage am Fels – mit dem inzwischen angereisten Norbert Sandner steigt er auch durch „The Nose“ (VI/A4) am El Capitan – und der Kontakt zu Kletterern aus aller Welt, vor allem aber auch die Erkenntnis, dass es Alternativen zu einem bürgerlichen Lebensstil gibt, machen die USA-Reise zu einer Erfahrung, die Kurts Zukunft prägen wird.

Und Flipper? Der lernt im Yosemite Valley, dass er mit den Ideen, die ihm daheim Kopfschütteln und Spott einbringen, nicht alleine ist. Am Rand des Camp 4, von Pinien beschattet, liegt ein hausgroßer Granitfindling, „Columbia Boulder“ genannt. An diesem Felsblock versuchen Ron Kauk, John Bachar und John „Yabo“ Yablonski im Sommer 1977, scheinbar unmögliche Bewegungen aneinanderzureihen. Statische Züge an winzigen Leisten, ein Sprung zu einer Schuppe, der flache Aufleger an der Dachkante. Dann ein Toehook, mit dem der Kletterer seine Fußspitze verhakt, und ein Mantle – Stützen des

Kurt Albert konzentriert sich auf den „Mantle“ in „Midnight Lightning“ (Fb 7b+), dem berühmtesten Boulder der Welt.

Oberkörpers auf durchgedrückten Armen – in fast vier Metern Höhe. Flipper ist fasziniert. Und nur noch an den Boulderblöcken rund um Camp 4 zu finden.

„Master of Rock" von Pat Ament, eine Biografie des 1937 geborenen John Gill, wird zu Flippers Bibel. Schon 1961 kletterte Gill den Boulder „The Thimble", der Fingerhut, in den Needles in South Dakota. Ein Meilenstein. Die Kletterei ist zehn Meter hoch. Ein Sturz kann gravierende Folgen haben. Neben enormen Kletterfähigkeiten bedarf es einer stabilen Psyche, um so einen Boulder klettern zu können. Beide Eigenschaften vereinigte Gill in seiner Person. Der Turner und spätere Mathematikprofessor revolutionierte das Klettern, indem er systematisches Training und dynamische Bewegungsformen entwickelte. Er sah Boulder als „Probleme", die gelöst werden wollen. Einfingrige Klimmzüge, Hangwaagen und weite Sprünge von Griff zu Griff gehörten zu seinem Repertoire, ebenso wie Geduld und Hartnäckigkeit. Diese beweist auch Ron Kauk – ein Jahr nach Kurts und Flippers USA-Reise kann er den Columbia Boulder auf gedachter Linie erklimmen. „Midnight Lightning" ist bis heute einer der berühmtesten Boulder weltweit.

Zurück im Frankenjura setzt Flipper die rigiden Trainingsideen seines Vorbilds John Gill in die Tat um. Bald schafft er 50 einarmige Klimmzüge in zehn Minuten: fünf links, fünf rechts, zehn Sekunden Pause und wieder von vorn. Seine Disziplin trägt Früchte. Fast täglich klettert er in blauer Trainingshose mit rotem Längsstreifen und einem verwaschenen gelben Unterhemd an der Klagemauer. An dem breiten, sieben Meter hohen Felsriegel im Frankenjura eröffnet Flipper 1979 einen Boulder, den er „Elektrischer Sturm in der Hölle" (Fb 7b) nennt. Namenspate ist das 1969 erschienene Album „An Electrical Storm" der experimentellen Band „White Noise" aus London. Boulder sind für Flipper mehr als Abfolgen von Kletterzügen. Er vergleicht sie mit Gemälden. Die Ergebnisse seines Schaffens versieht er mit kreativen Namen. Und mit Datum.

Flippers Boulder haben Kultstatus. „Maud" (Fb 7a) am Rotenstein, erstbegangen 1981, erfordert dynamische Züge und endet in fünf Metern Höhe an einem Querband. Bouldermatten, die den Sturz des Kletterers am Boden dämpfen, gibt es noch nicht. Ein Jahr später – in Westdeutschland scheitert die sozialliberale Koalition und der neue Bundeskanzler Helmut Kohl leitet eine angeblich „geistig-moralische Wende" ein – setzt Flipper mit dem 22-Meter-Dachquergang „England grüßt Falkland" (Fb 7b+) am Rondell ein

Zeichen. Der Name des Boulders kann durchaus programmatisch verstanden werden. Flipper ist ein politisch denkender Mensch und sieht in der Rückeroberung der 1982 von Argentinien besetzten Falklandinseln durch die Regierung Margaret Thatchers einen bizarren Imperialismus. Wie auch immer man dazu stehen mag: Dass das Klettern nicht mehr primär von idealistisch-heldischem Eroberungsdenken geprägt ist, sondern als Ausdruck persönlicher Freiheit verstanden wird, ist seit Mitte der 1970er-Jahre auch an den Routennamen ablesbar. Neuerschließungen werden nicht mehr nach ihren Erstbegehern oder geografischen Gegebenheiten benannt. Stattdessen verleihen sie der Lebenseinstellung, dem Denken – auch dem politischen und gesellschaftlichen –, der Gefühlswelt oder spontanen Ideen der Erstbegeher Ausdruck.

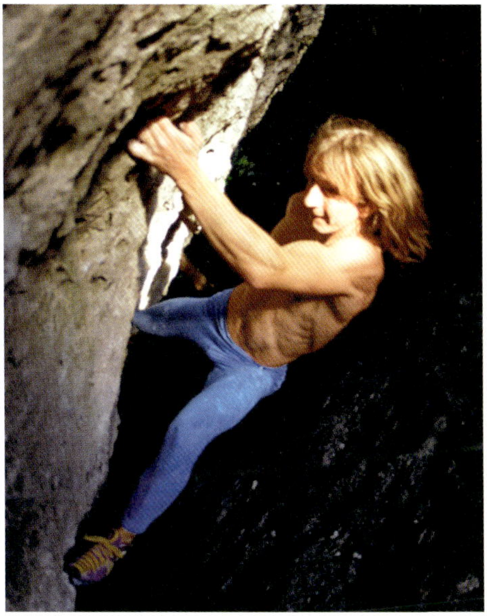

Flipper setzt mit Bouldern wie „England grüßt Falkland" (Fb 7b+) am Rondell Zeichen.

Flipper ist nicht nur an Felsblöcken, sondern auch in höheren Wänden aktiv, meistens begleitet von dem ebenso begeisterten Boulderer Norbert Bätz. Im Toprope, mit dem Seil von oben gesichert, gliedern sie den Fels in ihrer Ansicht nach logische Etappen und knacken einzelne Kletterstellen. „Möglich" oder „unmöglich" sind die beiden Pole ihrer eigenen Schwierigkeitsskala. Der Rotpunkt-Durchstieg einer Gesamtroute interessiert zumindest Flipper dagegen nicht. Er will selbst definierte Rätsel lösen – ähnlich wie bei Schachproblemen. Stundenlang kann Flipper sich damit beschäftigen: Die Figuren sind aufgestellt, der Spieler muss eine Aufgabe wie „Schach matt in drei Zügen" lösen. Schach und Bouldern, für Flipper ist das eins. Das komplette Spiel langweilt ihn ebenso wie Durchstiegsversuche. Ein kritischer Zug beim Schach erlaubt es, eine andere Figur zu verstellen. Ein Boulder kann Züge erfordern, die als Umweg erscheinen, eine neue Bewegungsrichtung aber erst ermöglichen. Das ist die Welt, in der Flipper lebt.

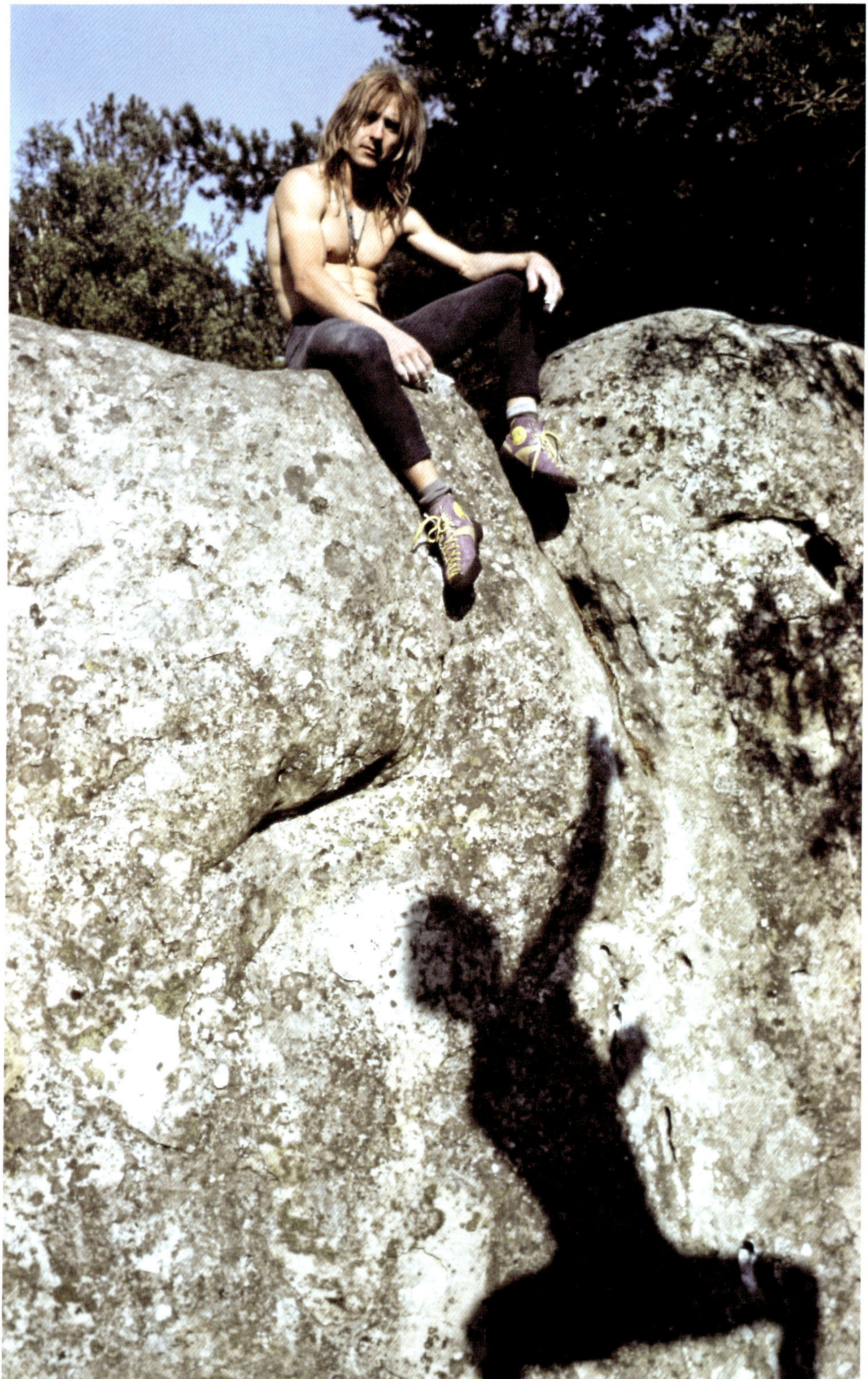

Tatsächlich meistert er auf seine Art die Schlüsselstellen von Routen, die erst Jahre später Rotpunkt geklettert werden. Und entdeckt dabei auch einige berühmte Linien: Jerry Moffatt macht „The Face“ an der Schellneckwand im Altmühltal 1983 zum ersten Zehner in Deutschland. „Kanal im Rücken“ an der Kastlwand muss noch ein Jahr länger warten, bis Wolfgang Güllich erfolgreich ist. Und an der Luisenwand im Frankenjura probiert Flipper so lange die Züge der späteren Güllich-Route „Kaum Zeit zum Atmen“ (X-), bis seine Freunde das Sicherungsseil an einem Baum fixieren und ins Café gehen. Als sie zurückkommen, bouldert Flipper immer noch. Und bewertet das Stück Fels schließlich mit „möglich“.

Einige Jahre später, 1986, besuchen Flipper und Kurt zum ersten Mal das Bouldergebiet Fontainebleau. In dem nahe Paris gelegenen Waldgebiet liegen auf weichem Boden hunderte Sandsteinblöcke, an denen die „Bleausards“ seit dem späten 19. Jahrhundert ihr Können erproben. Berühmt wurde die Märchenlandschaft durch andere Protagonisten: Maler des französischen Impressionismus, die sich als „Schule von Barbizon“ – ein Dorf in der Region – zusammengeschlossen hatten, waren auch im Wald von Fontainebleau tätig. Die Künstlerkolonie beeinflusste die Landschaftsmalerei in ganz Europa – wie später die „Bleausards“ das Bouldern prägen sollten. Pierre Allain, Robert Paragot und Guido Magnone, die in Fontainebleau das Klettern lernten und ihr Auge schulten, erstiegen zwischen 1930 und 1960 an den großen Bergen der Welt schwierige Wände. Das Bouldern aber betrachteten sie als Selbstzweck – und hoben die Schwierigkeiten auf ein neues Niveau. Pierre Allain entwickelte sogar Reibungskletterschuhe. Er benannte sie mit seinen Initialen „PA“. Nachdem sein Landsmann Edmond Bourdonneau Allains Geschäfte 1950 übernommen hatte, verfeinerte er den Schuh und gab ihm nun die Anfangsbuchstaben seines Namens: die berühmten EBs, Modell „Super Gratton“, waren geboren und wurden bald weltweit getragen.

Flipper wird Fontainebleau zur zweiten Heimat. Alles in allem lebt er über ein Jahr zwischen den Felsen, klettert den ganzen Tag und schläft dort, wo er abends mit dem Bouldern aufhört. Besonders angetan haben es ihm die Parcours: Abfolgen von bis zu 40 Bouldern, zu denen man mit kleinen, an die Felsen gemalten Pfeilen geführt wird. Je nach Schwierigkeit sind die Parcours farblich gekennzeichnet. Weiß ist schon ganz schön schwer, danach kommt nur noch Schwarz. In seinem genialischen Text „Fietzophren“ be-

Flipper und sein Alter Ego: Die Sandsteinblöcke von Fontainebleau werden zum Spielplatz von Wolfgang Fietz und Kurt Albert.

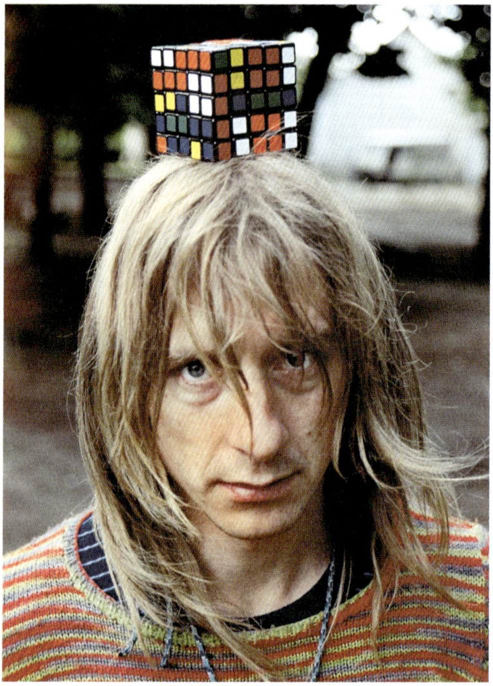

5 x 5 x 5 Ebenen: Stundenlang kann sich Flipper mit dem „Professor's Cube" beschäftigen.

schreibt Flipper, wie „Herr Fietz" und „Herr Albert" ein „weißes Problem, Herr Doktor, ein weißes" lösen: „Wir arbeiten uns immer weiter durch den Parcours. Getrieben und gejagt, das Ziel zu erreichen, um uns abends wieder einem Bier und einer Zigarette hingeben zu können. Wir waren wirklich ein gutes Team. Vielleicht das schlechteste. Durch geschickte Störmanöver beim Bouldern versuchten wir immer wieder, uns aufzuputschen. Den Biss aufrecht zu erhalten, der nötig ist, um den Parcours zu vollenden. Mit abartigen Geräuschen und störenden Fragen, durch falsche Griff- und Trittinformationen und wirrem Blickkontakt reizten wir uns ständig. Jaja, es war schön. Schön warm war es."

Mosaikstein #5

Wenn sie gerade nicht trainieren und auch sonst nichts zu tun haben, so wie eigentlich immer, besuchen Kurt und Flipper in den 1970er-Jahren den Nürnberger Tiergarten am Schmausenbuck – um stundenlang den Affen beim Klettern zuzusehen. Eine seltsame Seelenverwandtschaft verbinde ihn bis heute mit Kurt, sagt Flipper zehn Jahre nach dem Tod seines Freundes. Und spontan fügt er hinzu: „Ich bin 67 Jahre alt. Nächstes Jahr bin ich 69. Wie geht das?" Auf einen verdutzten Moment folgt das Aha, und Flipper analysiert: „Dir fehlt ein Jahr, aber nur im Hirn. Diese Art zu denken habe ich von Kurt."

„Fietzophren" übrigens ist eine Wortschöpfung aus Flippers Nachnamen „Fietz" und „Schizophrenie", mit der an den fränkischen Felsen entlang spazierende Wanderer irgendwann das Treiben des Boulderers diagnostiziert hatten. 1987 gründet Flipper mit Stefan Riehlein in Nürnberg das Kletter- und Trekkinggeschäft „Fietzophren". Wohl die wenigsten trauen ihm dies zu, doch Flipper beweist sich als cleverer und erfolgreicher Geschäftsmann. Dabei wirkt er immer etwas durchgeknallt, als verkörpere er auf moderne Art den archetypischen Hofnarren: Mühelos könnte er die Klaviatur gutbürgerlicher Existenz bespielen, wenn er denn wollte. Lieber aber gibt er die Rolle des spottenden, albernen und manchmal auch verletzenden Kommentators. Weil er die Absurdität des scheinbar Normalen nicht akzeptieren kann oder will. Jedenfalls ist Flipper ein Mann mit vielen Talenten. Vielleicht auch unverstanden, weil seiner Zeit voraus. 1994 verkauft er „Fietzophren". Den Laden gibt es bis heute. Obwohl, oder vielleicht auch weil er etliche Jahre extrem diszipliniert gearbeitet hat, verfällt Flipper der Droge Alkohol. Es gibt in seinem Leben niemand, der ihm die Grenzen aufzeigt: die Grenzen der Leidenschaft, des Genusses, des Rauschs. Vermutlich hätte er sie auch nicht akzeptiert.

Inzwischen ist Flipper seit 15 Jahren clean. Der Alkohol hat Spuren hinterlassen: tiefe Falten im Gesicht, welke Haut, strähnige Haare und die Muskelpakete sind einem Bäuchlein gewichen. Die Augen jedoch sind klar und wach. Fängt er einmal an, redet Flipper ohne Punkt und Komma. Es ist fast unmöglich, den Windungen seiner Gedanken zu folgen. Nachdem er mit dem Bouldern aufgehört hat, erkundet er jahrelang die Karsthöhlen des Frankenjura und findet dort wahre Schätze: Münzen, Werkzeuge, Keramiken. Die renommierte Naturhistorische Gesellschaft Nürnberg bietet ihm eine Mitgliedschaft an, doch Flipper will nicht. Lieber macht er sein eigenes Ding. Beschäftigt sich mit Ethnobotanik und der Frage, wie Nutz- und Arzneipflanzen zu kultivieren sind. Nicht nur theoretisch prüft er die Ansichten des US-Psychologen Timothy Leary zu psychedelischen Drogen auf ihre Stichhaltigkeit. Ein Boulderparcours, den er im Fichtelgebirge erschließt, spiegelt nach Flippers Meinung Learys Schaltkreistheorie wider. Diese dient als Modell zur Erklärung menschlicher Verhaltensmuster und Wahrnehmungsarten.

Einige seiner ehemaligen Freunde und Kletterpartner halten Flipper schlichtweg für verrückt. Manche sagen dies hinter vorgehaltener Hand, manche unverblümt. Das ist schade, denn Wolfgang Fietz hat einfach nur eine andere Art, die Welt und die Dinge zu sehen. Wäre er anders, normal, was immer das sein mag, Flipper wäre ein Platz in der Ahnengalerie des Klettersports gewiss. Sein Name stünde gleichwertig neben denen von Paul Preuß,

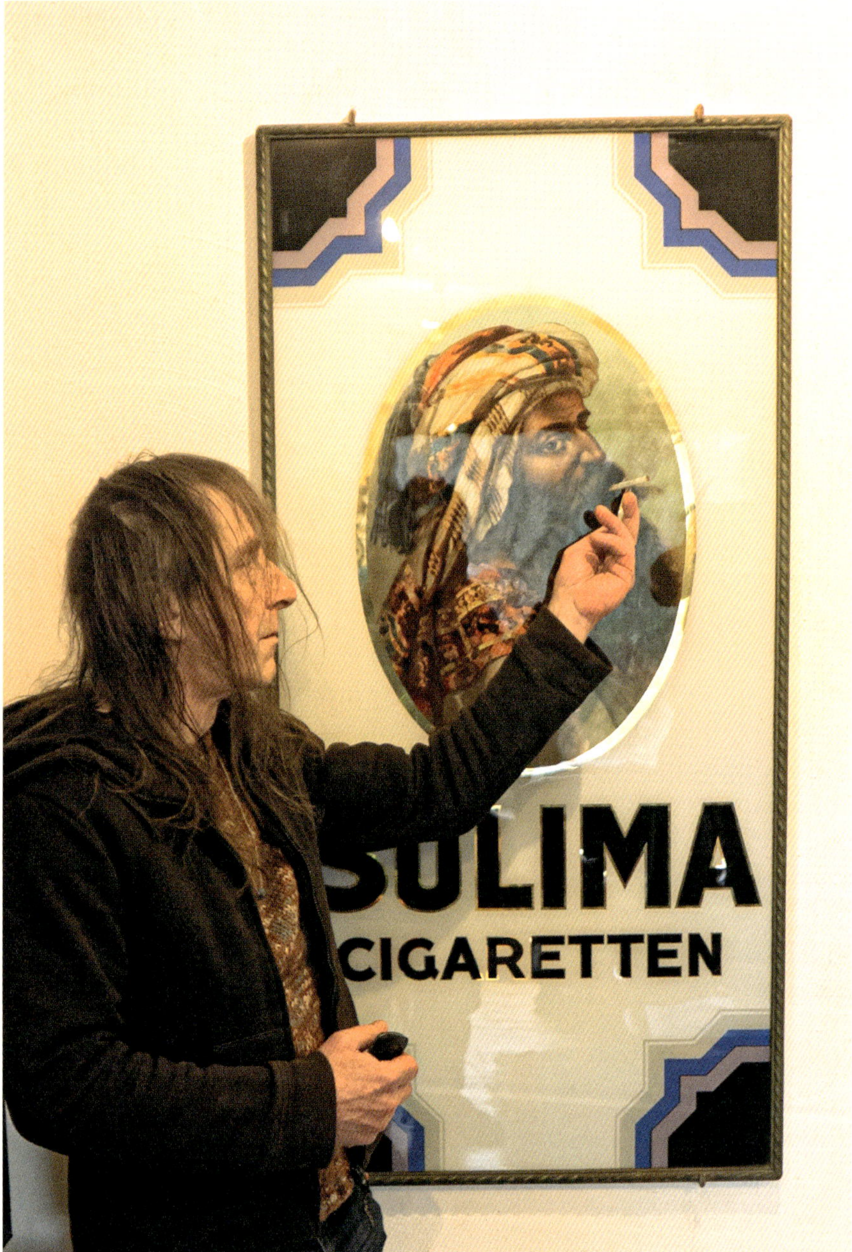

Ein Leben jenseits aller Konventionen: Wolfgang „Flipper" Fietz sieht in den Dingen etwas Anderes.

Rudolf Fehrmann, Hias Rebitsch, Reinhard Karl, Bernd Arnold, Wolfgang Güllich oder Kurt Albert. Weil er Ideen hatte, die ein halbes Jahrhundert alt und lebendiger sind als je zuvor.

Flipper boulderte bereits auf höchstem Niveau, als das Bouldern in Deutschland noch „Blockklettern" genannt und kaum ernst genommen wurde. Heute ahmen ihn weltweit Millionen Menschen nach, in der Natur, in Boulderhallen. 2021 wird das Bouldern als Teildisziplin im Programm der Olympischen Spiele stehen. Dieser Gedanke, sagt Flipper, mache ihn fertig. Und zugleich ist ihm die Freude darüber anzumerken, auch wenn er den Wettkampfgedanken nicht als Teil des Boulderns betrachtet: „Ich wollte nie besser sein als andere. Mich haben die Rätsel interessiert, die der Fels mir stellt." Heute ist Flipper auf staatliche Unterstützung angewiesen, sorgt aber größtenteils selbst für seinen Lebensunterhalt. Dafür tut er, was Kurt und er schon im Yosemite Valley taten. Er sammelt Aluminiumdosen. „Auf den Straßen liegt das Geld herum – man braucht es nur aufzuheben."

Während Flipper nach der USA-Reise 1977 seine Erfüllung im Bouldern findet, überträgt Kurt das kalifornische Lebensgefühl – eine Melange aus Müßiggang und Trainingsregime, aus Laissez-Faire-Toleranz und kompromisslosem Bestehen auf persönlicher Freiheit, aus Wertekonservatismus und Fortschrittseuphorie – in eine Bundesrepublik im Aufruhr. Deutschland ist aufgerüttelt und schockiert von einer Serie terroristischer Taten. Ihren Höhepunkt erreichen die Anschläge der zweiten Generation der Roten Armee Fraktion (RAF) im Laufe von 44 Tagen, die als Deutscher Herbst in die Geschichte eingehen. Als Reaktion übernimmt der von Bundeskanzler Helmut Schmidt eingesetzte Große Krisenstab die Aufgaben der Exekutive. Damit wird die parlamentarische Kontrolle der Regierung außer Kraft gesetzt, rechtsstaatliche Grundsätze werden aufgegeben. Es gilt eine Nachrichtensperre gegenüber Presse, Funk und Fernsehen. Als Kurt aus den USA heimkehrt, herrscht in seiner Heimat de facto der Ausnahmezustand.

Unberührt vom politischen Geschehen und der konkreten Gefahr für die Demokratie, konzentriert er sich auf das, was er kann und tun will. Die Felsen des Frankenjura werden Rückzugsidyll und Sportarena zugleich. Physisch und psychisch gestärkt von seinen Erfahrungen, wird Kurt selbst zum Pionier. Er eröffnet im Frankenjura nicht nur zahlreiche neue Routen, seine Leistung ist wahrhaft außergewöhnlich: Über Jahre hinweg verschiebt Kurt in Westdeutschland die Grenzen des Klettermöglichen immer wieder nach oben. Mitte der 1970er-Jahre, als der siebte Grad noch schwierig ist, eröffnet Kurt Routen wie den weit überhängenden „Devil's Crack" (VII) am Röthelfels. Der „Exorzist" an der Kastlwand 1977, die „Dachrinne" am Riffler 1978, der „Dampfhammer" am Weißenstein 1979 sind knallharte Achter. Mit „Rubberneck" (VIII+) am Richard-Wagner-Fels, „Bückling" (IX-) an den Bärenschluchtwänden und dem „Luftballondach" (IX) an der Schüttersmühler Wand steigert Kurt im Jahr 1980 die Schwierigkeiten kontinuierlich. Und noch sind seine Fähigkeiten nicht ausgereizt …

Heute gibt es viele Kletterer, die Routen im achten und neunten Grad klettern können. Doch wir stehen auf den Schultern von Riesen. Zu ihnen zählen Flipper und Kurt.

Fünf

Oberschöllenbach

Being me has its Privileges.

Albus Percival Wulfric Brian Dumbledore in Joanne Rowling, „Harry Potter and the Half-Blood Prince“

Kurt Albert und Norbert Sandner werden nervös. Sie sind spät dran, und während sie noch ihren Diaprojektor aufbauen, füllt sich der Saal im Nürnberger Heilig-Geist-Spital mit Gästen. 400 Menschen wollen den Lichtbildervortrag über Kurts und Norberts USA-Reise sehen – deren ersten Vortrag überhaupt.

Gleich ist es 20 Uhr, einmal Durchschnaufen. Die Leinwand steht, das Bild ist eingerichtet, der Projektor läuft. Kurt greift nach dem ersten Magazin. Es rutscht ihm aus den Händen. 50 Dias fallen zu Boden, kreuz und quer verstreut. „Hoppala", sagt Kurt. Lachen im Publikum. Auf allen vieren sammelt Kurt die Dias wieder ein. „So steigt die Spannung", sagt er. Es gibt weder Buhrufe noch böse Kommentare. Im Gegenteil, die Leute amüsieren sich. Dann geht es endlich los. Eines der ersten Bilder zeigt Kurt, der wie Spiderman an einer grifflosen Granitplatte am Glacier Point Apron, einer Felsformation im Yosemite Valley, klebt. Das Bild steht auf dem Kopf. „War ganz schön überhängend", kommentiert Kurt. Und hat die Leute endgültig auf seiner Seite. Es ist das erste, aber nicht das letzte Mal, dass Kurt ein Missgeschick zum Teil seiner Performance macht. Das kann man nicht einstudieren. Das ist eine Gabe. Die Menschen lieben ihn dafür.

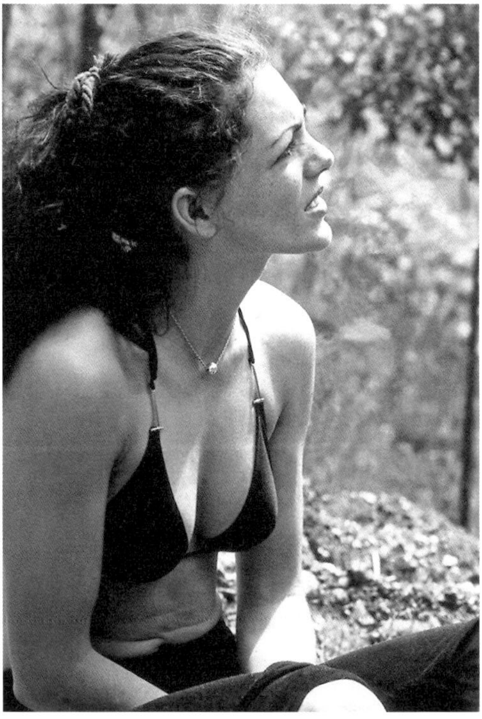

Ingrid Reitenspieß

Kurt und Norbert haben fast zeitgleich mit dem Klettern begonnen. Während Kurt mit den Freunden aus der Alpenvereinssektion Nürnberg unterwegs ist, klettert Norbert viel mit seinem Vater und dessen Seilpartner Armin Erdenkäufer. Bald gilt er als einer der besten Kletterer der AV-Sektion Noris. Eigentlich können er und Kurt nicht zueinanderfinden. „Nürnberg" und

„Noris", das ist wie 1. FC Nürnberg und SpVgg Greuther Fürth – jedes Aufeinandertreffen ein Frankenderby. Die beiden jungen Kletterer kümmern sich jedoch nicht um tradierte Animositäten. Irgendwann lernen sie sich kennen und verstehen sich auf Anhieb. 1977 zieht Kurt in die Wohnung von Norbert und dessen finnischer Lebensgefährtin Leena Kleibier im Nürnberger Stadtteil Erlenstegen. Auch Kurt hat inzwischen eine Freundin: Ingrid Reitenspieß. Die beiden gelten als kletterndes Traumpaar. Zu viert wollen sich die Pärchen ein neues Zuhause suchen.

Mosaikstein #6

Im Frühsommer 1978 reisen Kurt, Norbert Sandner, Otto Wiedemann und Armin Erdenkäufer auf die Krim, wo sie zur sowjetischen Meisterschaft im Schnellklettern eingeladen sind. Wie in den Jahren zuvor Reinhard Karl, Helmut Kiene und Sepp Gschwendtner sind sie verblüfft vom Können der russischen Teilnehmer. Die 100-Meter-Kletterdistanz legt der Sieger, im Toprope gesichert, in 3,41 Minuten zurück. Kurt ist 6,03 Minuten unterwegs. Im Mannschaftswettbewerb müssen die Seilschaften eine 80-Meter-Route (VI/A3) bewältigen. Inklusive Pendelquergang und Abseilen brauchen die Russen 18,30 – Kurt und Otto 37,25 Minuten. Die „Nürnberger Nachrichten" berichten: „Für unsere Burschen, die im Gebirge schon fast alles ‚derpackt' haben, was da an Vertikalen herumsteht, waren diese russischen Kletterblitze das ‚alpinistisch Höchste'. Vorurteile gegen das Schnellklettern wischen sie mit dem Hinweis hinweg, dass sich hier der junge Bergsteiger ein unerhörtes Maß an Konzentration und Kondition holen kann. Gegner wird es, sagt Erdenkäufer, auch hier genug geben, so wie neulich bei Messners Gipfelsieg ‚ohne Luft' am Everest. Und: Olympische Disziplin wird's eh nicht." Mit diesem Resümee täuscht sich der Beobachter.

Über die Osterfeiertage 1979 fahren Kurt und Norbert in die Verdon-Schlucht. In der französischen Provence hat der Fluss, der in den Seealpen entspringt, einen tiefen Canyon aus dem Karst gehöhlt. Die hellgrau-blau-gelben Wände sind von Rissen gefächert und mit scharfen „gouttes d'eau" gesprenkelt – von Wassertropfen aus dem Fels genagten Löchern. Für Kletterer eine einzige Einladung. Ähnlich wie die Bilder und Berichte aus dem Yosemite Valley weckt ein Foto die Reiselust. Auf dem Titel des britischen

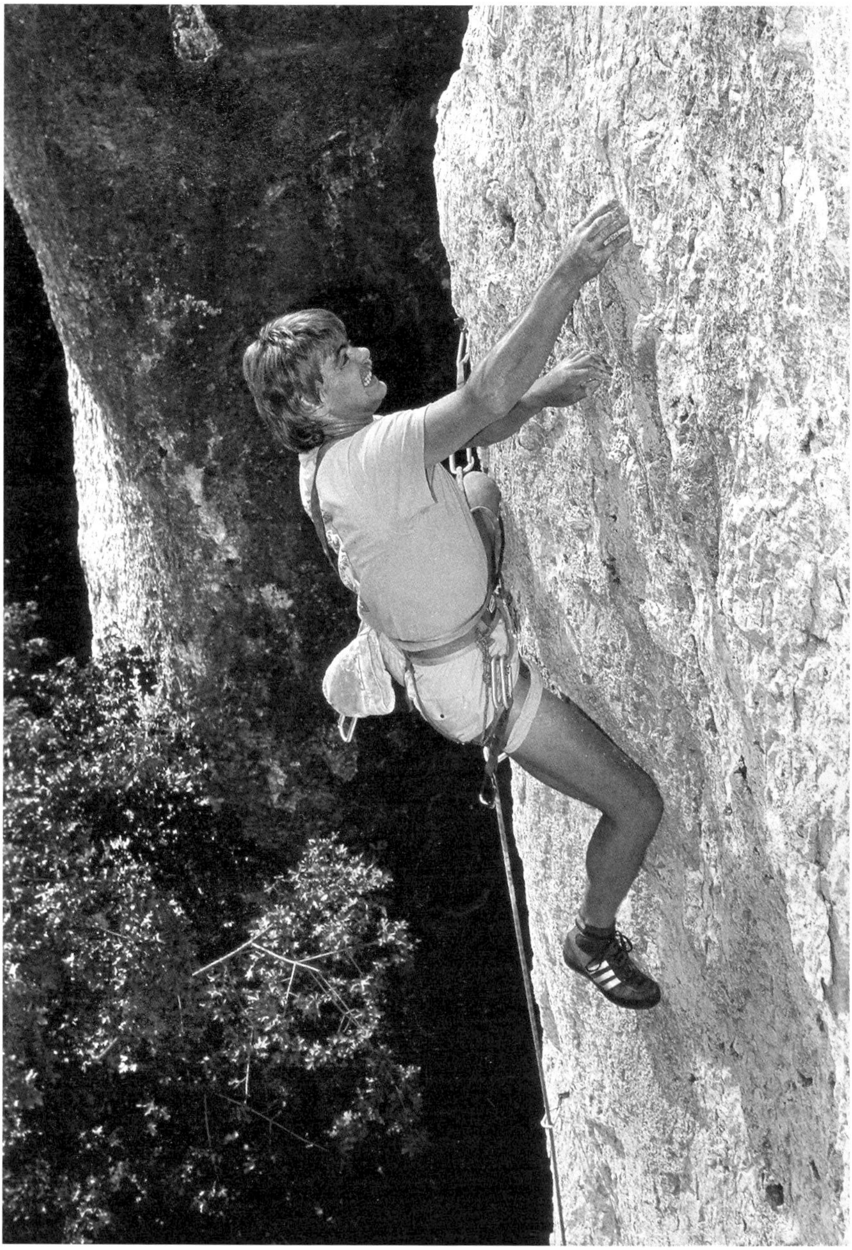

Norbert Sandner klettert auch nach einem 600-Meter-Absturz in der Marmolada-Nordflanke auf hohem Niveau. Ab 1979 teilt er sich mit Kurt Albert eine Doppelhaushälfte in Oberschöllenbach.

Magazins „Mountain", Ausgabe 61, klettert Ron Fawcett in einer der Toprouten jener Zeit: „le Triomphe d'Eros" (6c+). Unter ihm kompakter Kalk, im Schluchtgrund mäandert der smaragdgrüne Verdon, die Ausgesetztheit des Kletterers ist überwältigend, das ganze Bild eine Provokation. Kurze Zeit später rattern Kurt und Norbert im völlig überladenen, schrottreifen VW-Käfer 1200 Kilometer aus dem Frankenjura nach Südfrankreich.

Leena und Ingrid sind derweil auf Wohnungssuche. In Oberschöllenbach werden sie fündig. Der Ortsteil der Gemeinde Eckental bestand jahrhundertelang aus zwölf Bauernhöfen. Inzwischen ist die Siedlung gewachsen, einige Familien leben dort. Die Männer sind berufstätig und pendeln jeden Tag nach Nürnberg, die Frauen kümmern sich zuhause um die Kinder. Landleben in Mittelfranken: Wälder, Wiesen und Felder ringsum, eine Durchgangsstraße, Zäune, Hecken und dahinter gepflegte Vorgärten. Eine Doppelhaushälfte steht leer: Moselstraße 7. Ingrid unterschreibt den Mietvertrag und beginnt zusammen mit Leena, das Haus herzurichten. Als Kurt aus der Bar in La Palud mit Ingrid telefoniert, erfährt er, dass noch einige Zimmer gestrichen werden müssen. „Die Mädels sind nicht fertig", sagt er zu Norbert. „Lass uns eine Woche länger bleiben."

Schließlich ist es so weit. Kurt und Ingrid belegen das Erdgeschoss, im ersten Stock die Schlafzimmer, Norbert und Leena ziehen unters Dach. Das ist die Aufteilung, theoretisch. Praktisch entwickelt sich die Wohngemeinschaft wild und wuchernd. Anfang der 1980er-Jahre lernt Kurt den pfälzischen Shootingstar Wolfgang Güllich kennen. Die beiden verstehen sich gut, klettern auf ähnlich hohem Niveau, haben gleiche Ziele und viel Spaß miteinander. Der sechs Jahre jüngere Güllich ist oft im Frankenjura zu Besuch. Nachdem er seinen Wehrdienst abgeleistet hat, zieht er zu Beginn des Jahres 1982 als Untermieter in ein kleines Zimmer im ersten Stock. Kurt und Wolfgang sind viel auf Reisen, in den USA, Großbritannien, Frankreich, Italien. Auf der ganzen Welt laden sie Kletterer zu sich nach Hause ein. Bald herrscht in der Moselstraße 7 ein Kommen und Gehen, die Wohngemeinschaft wird zur Pilgerstätte. Die Gartentür ist nie versperrt und jeder weiß, wo der Haustürschlüssel liegt. Wer in der Kletterszene Rang und Namen hat, kommt zu Besuch: John Bachar, Ron Kauk, Jesse Guthrie und Lynn Hill aus den USA, die Engländer Jerry Moffatt, Ben Moon und Ron Fawcett, Patrick Edlinger und Jean-Claude Droyer aus Frankreich, Martin Scheel aus der Schweiz, Beat Kammerlander und Heinz Zak aus Österreich, Kim Carrigan und Louise Shepherd aus Australien – die Liste ließe sich lange fortsetzen. Und alle Besucher sind vom „Hotel Frankenjura“ begeistert.

Die Gastfreundschaft in der Moselstraße 7 ist auch unvergleichlich. Wolfgang stellt seinen Gästen ein vollgetanktes Auto vor die Tür. Morgens gibt es frische Semmeln und der Kaffee versiegt nie. Am Küchentisch im Erdgeschoss wird tage- und nächtelang über das Klettern diskutiert, philosophiert, gestritten. Kurt und Wolfgang empfinden das als quasi natürlichen Zustand. Für die beiden Hobbystudenten – der jüngere hat sich an der Friedrich-Alexander-Universität Erlangen für Sport und Biologie eingeschrieben – ist die Küche ein sakraler Ort, an dem sie den sozialen Aspekt des Kletterns zelebrieren. Gekocht wird dort so gut wie nie. Dafür ist im Zentrum des fränkischen Kletteruniversums immer ein Glaubensbruder anzutreffen.

Die übrigen ständigen Bewohner der Doppelhaushälfte sehen das rege und stete Treiben mit gemischten Gefühlen. Ingrid ist Anwältin und bei der United States Army im Bamberger Standort Warner Barracks beschäftigt. Jeden Morgen fährt sie im Kostüm ins Büro, während Kurt sich im Bett umdreht und sich irgendwann im Laufe des Tages zum Klettern aufrafft. Auch Norbert geht einer geregelten Arbeit nach. Er hat Einzelhandelskaufmann gelernt, sich zunächst bei „Erdenkäufer & Falk“ eingekauft und das beliebte Bergsportgeschäft inzwischen übernommen. Um seine Schulden zu tilgen, schuftet er viel und lange. „Und dann“, erinnert er sich, „kommst du abends geschafft heim und um deinen Küchentisch hocken 20 Leute und unterhalten sich darüber, wer in welcher Route welchen Zug gemacht hat. Das ist heftig.“ Nichtsdestotrotz setzt Norbert sich meistens noch dazu, um über Gott und die Welt zu diskutieren. Schließlich gehört auch er zur „brotherhood of the rope“, wie die angelsächsischen Besucher sagen, und was sich mit „Bruderschaft des Seils“ nur unzulänglich übersetzen lässt.

Für Ingrid ist die ganze Situation aufwühlender. Sie ist hin- und hergerissen zwischen ihrer Zuneigung zu den Besuchern aus aller Welt – sie ist ja selbst eine sehr gute Kletterin – und dem Bedürfnis nach einem Ort der Ruhe und des Rückzugs. Dazu kommt das ständig an ihr nagende Gefühl, ausgenutzt zu werden: Kurt, Wolfgang und ihre Gäste essen und trinken, was gerade im Haus ist. So lange Ingrid immer wieder den Kühlschrank auffüllt.

Und dann ist da auch noch die Liebe. Ingrid ist in Oberschöllenbach anfangs mit Kurt zusammen, fühlt sich aber immer stärker zu Wolfgang hin-

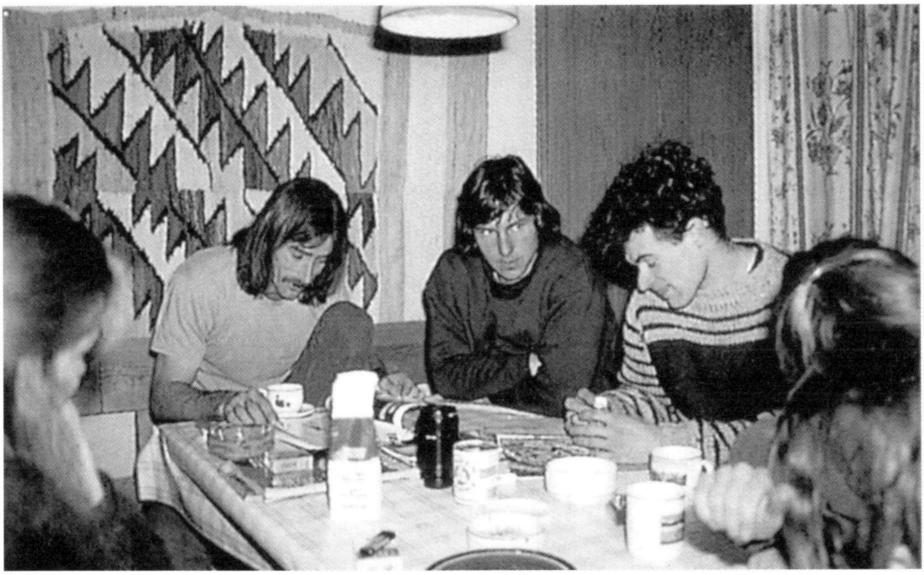

Moselstraße 7, Küchentisch: Wolfgang Güllich mustert Jerry Moffatt, während Jesse Guthrie in einer Zeitschrift blättert.

Moselstraße 5, Eingangstür: Der Wandergeselle Claus Bielski sucht und findet einen Übernachtungsplatz.

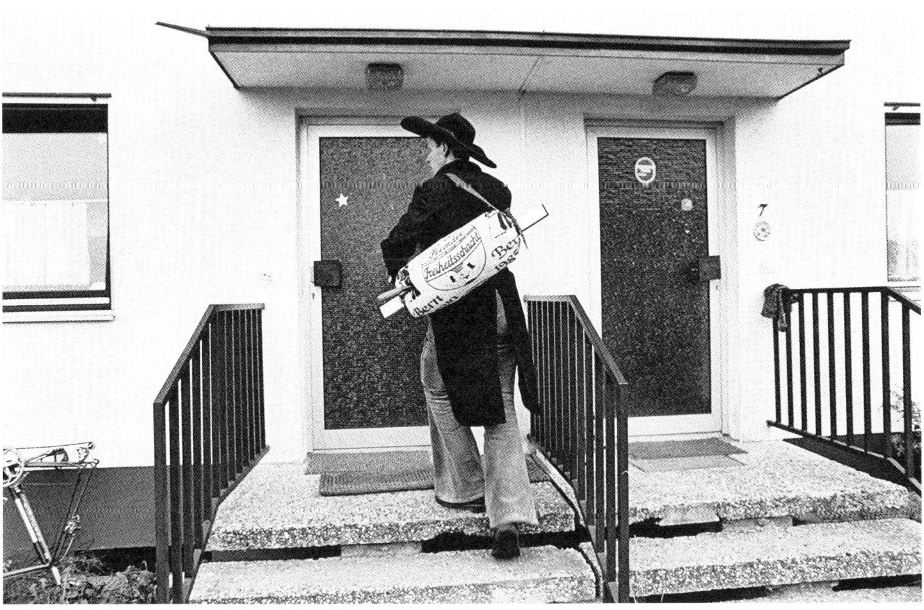

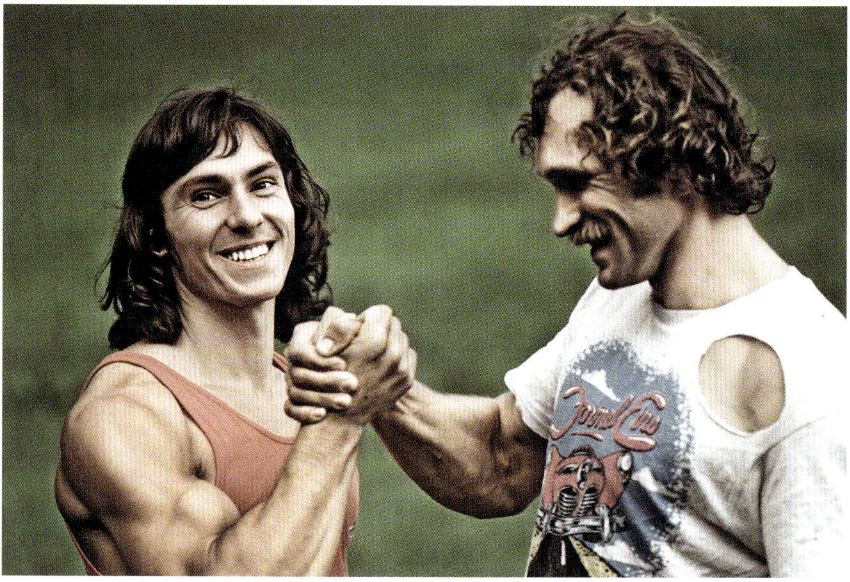

Dreamteam Fränkische Schweiz: Wolfgang Güllich und Kurt Albert beim Anspannen ihrer beeindruckenden Ober- und Unterarmbeuger.

gezogen. Zu dritt verbringen sie Weihnachten 1983 im französischen Klettergebiet Buoux. Dabei ist auch Thomas Düll, ein Freund des Trios. Ihm fällt auf, dass Wolfgang und die sieben Jahre ältere Ingrid heftig miteinander turteln. Während der Heimfahrt fragt er Kurt, ob ihn das nicht störe. Seine Antwort ist: „Nö". Fertig, nichts weiter. Aus der Wohngemeinschaft wird ab dann eine seltsame ménage à trois – seltsam vor allem deshalb, weil das Pärchenwechsel-Dich ohne größere Gefühlswallungen seitens der Männer zu passieren scheint. Oft liegen Ingrid, Wolfgang und Kurt zu dritt auf dem Sofa und sehen fern. Natürlich steckt man nicht drin in den Herzen und Köpfen der Menschen und niemand weiß, wie es den dreien wirklich geht. Den Zeugen jener Zeit erscheint es, als ergäben sich die Dinge einfach, als folge das Geschehen irgendeinem unbekannten Gesetz, wie selbstverständlich und unwiderruflich. Kurt verliert darüber kaum ein Wort. Er scheint nicht bestürzt zu sein, auch nicht enttäuscht oder traurig. „Du kannst einen Menschen nicht besitzen", sagt er zu Norbert Sandner. Für Kurt ist das keine hohle Phrase. Was er selbst in Anspruch nimmt, frei zu sein, ohne Bindung oder Verpflichtung, gesteht er auch anderen zu.

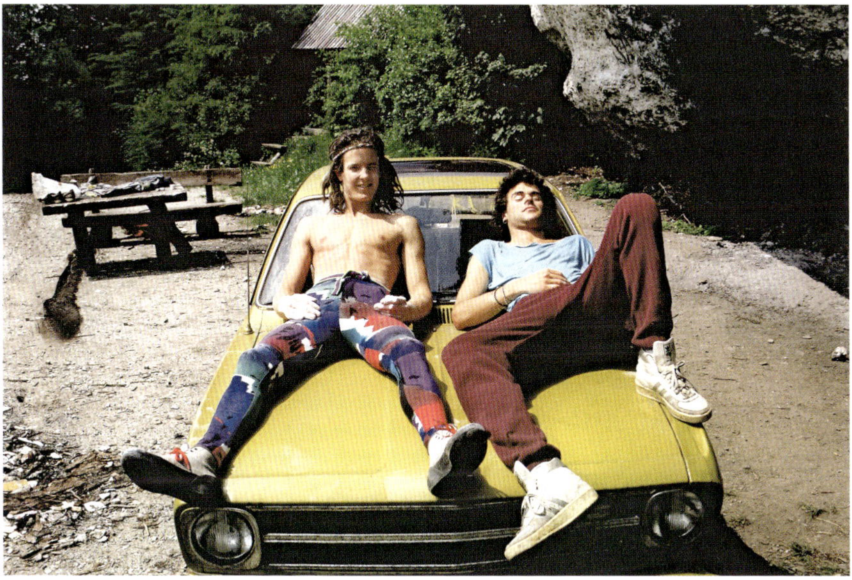

Dreamteam Peak District: Ben Moon und Jerry Moffatt beim Entspannen auf der Kühlerhaube von Kurt Alberts erstem Opel Kadett.

1985 ziehen Norbert Bätz und seine Frau Mia Bowden in die linke Doppelhaushälfte, Moselstraße 5. Das Anwesen in Oberschöllenbach wird damit endgültig zu einem Zentrum der internationalen Kletterszene. Mia und Ingrid Reitenspieß bilden die erste starke Frauenseilschaft im Frankenjura. Sie klettern im siebten und achten Schwierigkeitsgrad; es gibt in dieser Zeit nicht viele Frauen, die das können. Norbert ist ein enger Freund von Wolfgang „Flipper" Fietz. Die beiden gelten als stärkste Boulderer im Frankenjura, vermutlich sind sie es weit darüber hinaus. Norbert ist auch ein exzellenter Rotpunkt-Kletterer, der in den frühen 1980er-Jahren mit Routen wie „Flashback" (IX) am Hartelstein oder „Schiffsbug" (IX) am Wachbergfelsen Maßstäbe in puncto Schwierigkeit setzt. Geboren und aufgewachsen in Würzburg, zieht Norbert 1977 nach Erlangen, um näher an den Felsen des Frankenjuras zu leben. Der inzwischen 20-Jährige spielt seit seiner Kindheit Geige – da seine Eltern darauf bestehen, dass er das Gymnasium mit Abitur abschließt, bleibt ihm der Besuch des Würzburger Konservatoriums verwehrt. An der Friedrich-Alexander-Universität Erlangen-Nürnberg studiert er Werkstoffwissenschaft, bricht jedoch nach dem siebten Semester ab. Fort-

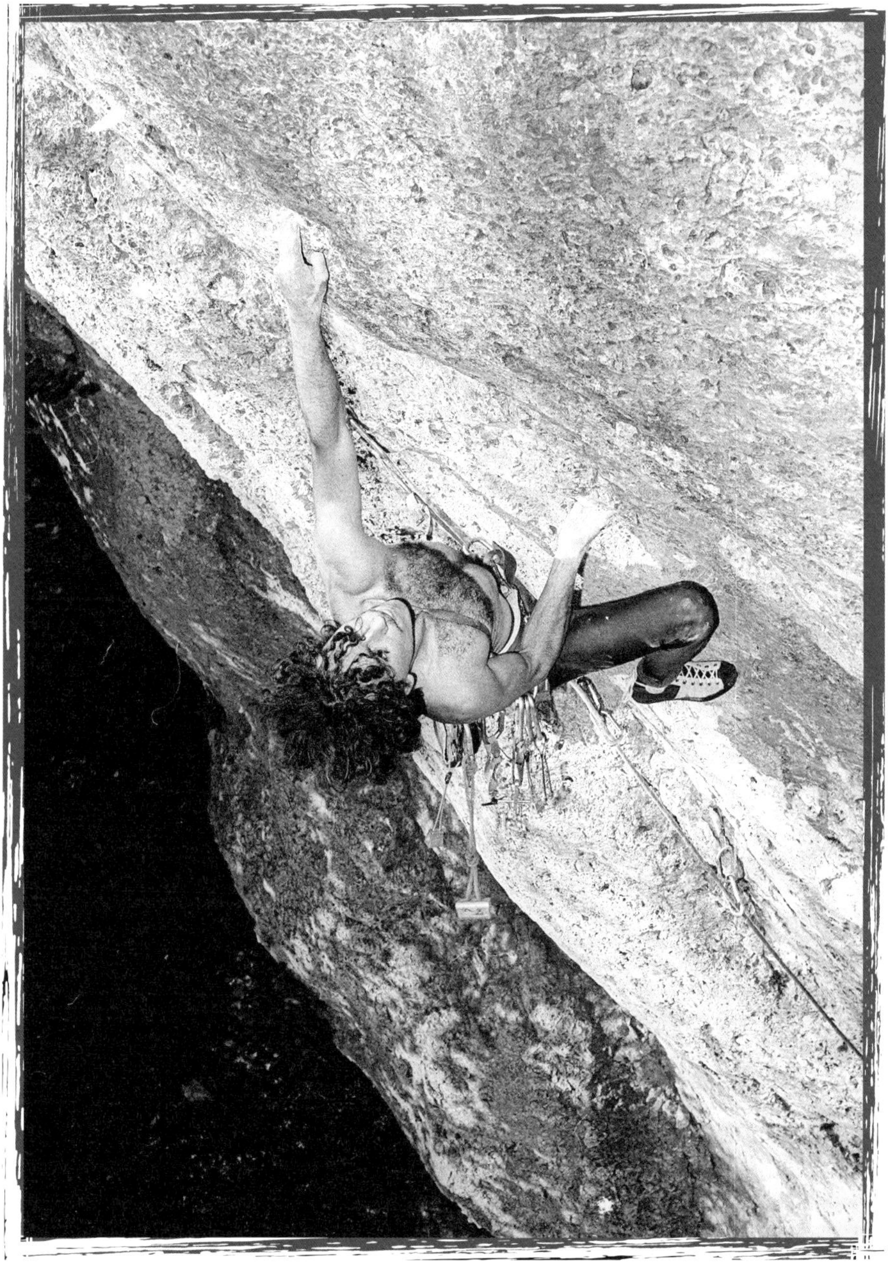

Norbert Bätz trägt ein Sortiment Klemmkeile durch „Rubberneck" (VIII+) am Richard-Wagner-Fels. In der 1980 von Kurt Albert erstbegangenen Route stecken nur zwei Bühler-Haken.

an führt Norbert den Nürnberger Bergsportladen „Alpinsport“, den Werner Zinsmeister 1977 unter dem Namen „Sport Zinsmeister“ gegründet hat. Die Geschäftsübernahme erweist sich „als Sechser im Lotto“. Sie fällt in eine Zeit, in der das aufkommende Sportklettern der Bergsportindustrie zu einer Verjüngungskur verhilft. Hüftgurte ersetzen klassische Brust-Sitzgurt-Kombis. Statt schwerer Bergstiefel trägt man die neuartigen Reibungskletterschuhe. Klemmkeile und Friends gehören ins Sortiment und modisch bunte Bekleidung ist en vogue. Die Szene ist im Aufbruch – und kauft ein.

Ins Untergeschoss der Moselstraße 5 zieht 1987 auch Milan Sykora, der sein Betätigungsfeld im heimatlichen Ith gegen das Frankenjura eintauscht. Bei Milan ist regelmäßig die gesamte norddeutsche Kletterszene zu Gast – das „Hotel Frankenjura“ expandiert und ist frequentierter denn je. Norbert sieht die Entwicklung mit gemischten Gefühlen. Anfangs ist er begeistert von der internationalen Atmosphäre, die das Doppelhaus in Oberschöllenbach mit Energie lädt. Das Problem ist: Die Energie verbraucht sich nicht und beginnt, ihre Kinder zu fressen. Wolfgang ist nicht nur in die Dreiecksbeziehung mit Kurt und Ingrid involviert, sondern stattet auch Norberts und Mias Mitbewohnerin im Nachbarhaus regelmäßig Besuche ab. Vor allem Ingrid leidet zunehmend unter der Situation. Sie trennt sich von Wolfgang, 1986 zieht ihr neuer Freund Thomas Düll in die Moselstraße 7 ein. Immer öfter liegen Nerven blank.

Der Höhepunkt des Kommens und Gehens folgt, als in „Mountain“ ein Artikel über das Frankenjura erscheint. Darin steht, Kletterer dürften in der Moselstraße 5 und 7 kostenlos übernachten. „Einmal kam ich in die Küche runter“, erzählt Norbert Sandner, „da saßen vier Leute am Tisch, die keiner kannte. Es stellte sich raus, dass es Holländer waren. Sie hatten den ‚Mountain‘-Beitrag gelesen.“ Norbert lässt die Besucher ihr Bier austrinken und bittet sie, auf den Campingplatz zu gehen. Weder Kurt noch Wolfgang würden das tun. Sie wollen auf keinen Fall als uncool und spießig gelten. Als Kurt meint, Norbert solle die unbekannten Gäste doch lassen, sie störten ja niemanden, platzt diesem der Kragen. „Ich habe die beiden gefragt, ob sie die ganzen Kosten zahlen wollten. Ich hatte auch nicht viel Geld, aber Telefonrechnungen von 600 Mark, weil jeder in der Welt herumtelefoniert hat.“ Ingrid und Norbert beschließen, eine Telefonkasse aufzustellen. Die Entscheidung wird allseits respektiert und bald sind 200 Mark zusammen – die von irgendjemand, keiner weiß etwas, gestohlen werden.

„Einmalig und unvergesslich", sagt Norbert Sandner, sei es in Oberschöllenbach gewesen. Trotz und wegen des Chaos und des Trubels. Faszinierend ist das „Hotel Frankenjura", weil sich im fränkischen Mikrokosmos das Lebensgefühl der jungen Sportkletterszene bündelt. Fast unschuldig wirkt diese Zeit. Als wäre sie eine Phase zwischen Kindheit und Erwachsenwerden, in der nichts passieren muss, aber alles passieren kann. Die Versuchung ist groß, in der Oberschöllenbacher Wohngemeinschaft ein Widerstandsnest gegen althergebrachte Wert- und Moralvorstellungen zu sehen. Ein Anti-Establishment, eine Art Kommune, geprägt von der Alternativkultur der 1970er- und 1980er-Jahre. Doch dies wäre zu hoch gegriffen. Die Moselstraße 7 ist vor allem eine Begegnungsstätte für Lebenskünstler, die in ihrer Individualität eines eint: der Widerwille, für etwas oder jemanden außer sich selbst Verantwortung zu übernehmen. Kurt, Wolfgang und all die anderen sind Vertreter einer Generation, die es nicht mehr nötig hat, gegen schwarzweiße Weltbilder anzukämpfen, ergraute Traditionen über den Haufen zu werfen und sich aus farblosen Biografiekorsetts herauszuschälen. Diese Konflikte sind ausgefochten. Die Arbeit erledigt. Lasst revoltieren, wer mag, wir machen uns ein schönes Leben! Klettern, essen, schlafen, immer wieder mal verreisen und das Ganze von vorn – hinter diesem Konzept steckt keine existenzialistische Idee, sondern pure Lebenslust. Die sich mit einem gesunden Egoismus paart, aber wen stört das schon. Wer klettert, tut niemandem weh.

Kurts älterer Bruder Horst sieht das „Hotel Frankenjura" in Oberschöllenbach dagegen eher nüchtern, und auch das ist eine berechtigte Perspektive. Seiner Ansicht nach geht es dort zu „wie bei den Hottentotten". Der Kontakt zwischen den beiden Brüdern, die gemeinsam zu klettern begonnen haben, wird spärlicher. Vielleicht auch, weil Horst das Abenteuer in den Felsen zu stressig wird. Er wandert lieber in den Alpen, paddelt im Kajak, steuert sein Faltboot. Auch beruflich verändert er sich. Den ungeliebten Job bei der Krankenkasse hat er gekündigt, das Abitur nachgeholt, Betriebswirtschaft studiert. Anfang der 1970er-Jahre beginnt er, Blechspielzeug der 1912 in Nürnberg gegründeten Firma Schuco zu sammeln. Deren Produkte sind einzigartig, bis ins Detail realitätsgetreu ausgestattet, technisch präzise. Die Autos sind kleine Wunderwerke, haben mechanische Schaltgetriebe, Lenkradsteuerung und Handbremsen. Als in den 1970er-Jahren Plastik- und Spritzgussmodelle beliebter als ihre blechernen Vorgänger werden, verscherbeln viele Eltern das Spielzeug ihrer Kinder. Horst kauft die Ware ein und verkauft sie auf Flohmärkten und Auktionen. Die Stücke werden ihm aus der Hand gerissen. Auf Erfahrung, Instinkt und angelerntes Wissen vertrauend, macht Horst den Nebenerwerb zum Beruf. Bunzlauer Keramik, berühmt durch ihr Schwammdekor, Oldtimerteile und Emailschilder, die zwischen Jahrhundertwende und Nachkriegszeit wichtige Werbeträger waren, sind die Objekte seiner Sammelleidenschaft.

Während Oberschöllenbach zum Nabel des westdeutschen Sportkletterns wird, diskutiert man in etablierten Bergsteigerkreisen immer noch, ob die neuartige Felsakrobatik überhaupt ihre Berechtigung hat. Heute ist das kaum noch vorstellbar, doch der Riss zwischen traditionellen Alpinisten und den Vorreitern seiner jüngsten Spielart ist tief. So führen etwa Dietrich Hasse, Jahrgang 1933, einer der Erstbegeher der „Direttissima" (VI/A2) in der Nordwand der Großen Zinne, und Hans Diefenbach (1941–2019), sportkletternder Aktivist und intellektueller Analytiker, über mehrere Ausgaben der Magazine „Alpinismus" und „Der Bergsteiger" hinweg eine Debatte darüber, inwiefern sich sportliches Klettern und Sportklettern unterscheiden. Ihre Auseinandersetzung dreht sich im Wesentlichen um zwei strittige Punkte: Ist es notwendig, Regeln für das Klettern aufzustellen, und wie sollen neue Kletterrouten erschlossen werden? Das hohe Niveau der Kontroverse ist bis heute beeindruckend, ihr Inhalt nach wie vor bedeutsam. Dietrich Hasse schreibt: „Grundlage jedes sportlichen Leistungsvergleichs, das gilt auch fürs Bergsteigen, sind Spielregeln. Sportliches Klettern oder Sportklettern ohne ein fair eingehaltenes Sportreglement ist nichts mehr als Augenwischerei, Hochstapelei, ein unsinniges Hirngespinst." Hans Diefenbach antwortet: „Klettern soll Sport und Spiel sein und bleiben, man darf den Playground Alpinismus, einen der wenigen Freiräume unserer genormten und verwalteten Zivilisationswelt, nicht durch Normatismus und Regelhaftigkeit einengen."

Daraufhin bezieht sich Hasse auf eine Definition der Freiheit, „deren Grenzen dort liegen, wo wir Rechte und Freiheiten anderer berühren. So sind wir keineswegs zu Willkür befugt, weder zum selbstherrlichen Umsturz allgemein anerkannter Normen noch zur Störung oder gar Zerstörung der auch anderen gehörenden Umwelt. Beim Bergsport zielen solche ‚Freiheitseinschränkungen' selbstverständlich nicht allein auf größtmögliche Unversehrtheit oder Sauberkeit von Gipfeln und Anstiegen hin, sondern auch auf den sportlichen Inhalt des historisch gewachsenen bergsteigerischen Tuns, das eine spezielle Form gemeinsamen Besitzes ist."

Hasse führt weiter aus: „Unsere bewährte traditionelle Auffassung, die das Erschließen möglichst vorbildhaft als Pionierleistung erhalten sehen will, wozu unabdingbar Abenteuergeist, Ungewissheit um den nicht risikolosen Erfolg, somit Mut und Bewährung gehören, ist im mitteleuropäischen Klettersport ein so grundlegendes Anliegen, dass dies nicht beliebig hinweggewischt werden kann. Aus Gründen der Achtung vor dem, was der gemeinschaftliche Boden hervorgebracht hat, was von der Mehrheit getragen und gutgeheißen wird, um notwendiger Kameradschaft, letzten Endes auch Anständigkeit willen darf es, wenn man etwas verändern möchte, nur den Weg des Überzeugens geben oder Verzicht."

Diefenbach erörtert dagegen, dass die höheren Kletterschwierigkeiten eine unorthodoxe Herangehensweise erforderten: „Im Gegensatz zu den hervorragend absicherbaren Granitrissen Amerikas lässt sich in den kompakten Wandzonen unserer Klettergebiete eine verantwortungsvolle Sicherung in herkömmlichen Sinne nicht mehr erreichen. Haken können in solchen Routen oftmals nicht mehr von unten gesetzt werden. Man sollte hier auch von dem beliebten Einwand abkommen, es würde so Späteren, Tüchtigeren etwas weggenommen. Zum Ersten ist es nun einmal so, dass eine frühere Generation einer späteren, besseren, die aufgrund von Ausrüstung, Training und höherem Leistungsstand Routen mit weniger Hilfsmitteln und in besserem Stil zu durchsteigen imstande ist, Erstbegehungen vorwegnimmt. Alle Neutouren der 1960er-Jahre im Gebirge oder Klettergarten hätten heute mit weniger Sicherungspunkten und ohne Hilfe von Trittleitern usw. erstbegangen werden können, ohne dass sich die heutige Klettergeneration über solchen ‚Diebstahl' aufregt. Nach diesem Grundsatz dürften überhaupt keine Erstbegehungen an der jeweiligen Leistungsgrenze mehr unternommen werden; eine unsinnige Forderung natürlich." Und Diefenbach zieht dieses Fazit: „Man mag diese Entwicklung zum totalen Leistungsgedanken bedauern, aber der Leistungsgedanke war ja nun dem Bergsteigen stets immanent; heute erleben wir genau die Phase des Umbruchs zum absoluten Profi- und Leistungssport, eine durchaus logische Entwicklung, die in allen anderen Sportarten längst vollzogen ist. Die Frage nach traditionell-idealen Formen ist zwar legitim und verständlich, maßgebend werden freilich immer mehr Gesichtspunkte der Leistungsoptimierung und größtmöglichen Effektivität sein."

Die Zeitläufte werden Hans Diefenbach größtenteils Recht geben. Und Kurt? Seine stärksten und produktivsten Jahre als Kletterer fallen genau in die Zeit, in der sich das alpine Tun ausdifferenziert und professionalisiert. Er wird es schaffen, diesen Entwicklungsschritt mitzumachen, Bergprofi zu werden, und zugleich den anarchischen Lebensstil der Umbruchjahre weiterhin zu pflegen – nicht nur als schönen Schein, als Image, sondern ganz konkret und konsequent. Das ist bemerkenswert, aber es hat auch, wie noch zu sehen sein wird, seinen Preis.

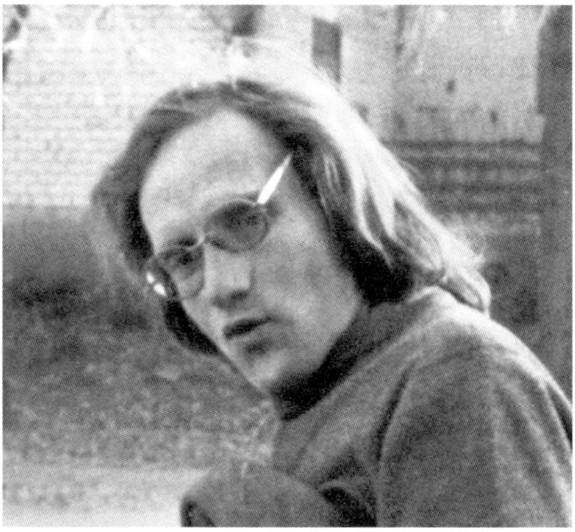

Hans Diefenbach

So etwas wie eine Initialzündung für das westdeutsche Sportklettern ist das „Internationale Klettertreffen" in Konstein, das von 1. bis 3. Mai 1981 stattfindet. Das Münchner Unternehmen „Sport Scheck" hat am Fuße des Dohlenfels, der wie ein Schiffsbug ins Wellheimer Tal hineinragt, eine Zeltstadt für Besucher aufgebaut. In Reih und Glied stehen orange-blaue Kuppelzelte: Salewa hat gerade das Sierra-Leone-Zelt entwickelt. Angereist ist das Who-is-Who des Sportkletterns. John Bachar aus den USA, der Brite Ron Fawcett, Jean-Claude Droyer aus Frankreich, Jürg von Känel aus der Schweiz, Heinz Mariacher aus Italien und Reinhard Schiestl aus Österreich. Es regnet fast unablässig, doch in den kurzen Niederschlagspausen wird eifrig geklettert. Ziel des Festivals ist es, den momentanen Stand der Kletterkunst zu demonstrieren – und die Kletterer für das sportliche Spiel am Fels zu begeistern.

Der Pfälzer Andreas Kubin und der Oberbayer Sepp Gschwendtner, ein Mann des frühen zehnten Grades, demonstrieren Clean Climbing im „Ingolstädter Weg" (VI+). Ihren Plan, den „Schnipplriss" (VII-) an der Konsteiner Wand zu klettern, vereitelt ein erklärter Gegner des Treffens. Lokalmatador Josef „Sani" Heinl hat in der Nacht zuvor ein Güllefass in den Riss gekippt. John Bachar meistert den „Ingolstädter Weg" solo im Auf- und Abstieg und erhält dafür spontanen Beifall. Als Ron Fawcett in der Route „Know-how" (VIII-) ein paar Meter ins Seil fällt, geht ein Raunen durch die Menge. Man ist es noch nicht gewöhnt zu stürzen. Die Veranstaltung findet großen Anklang in der alpinen Presse, der Bayerische Rundfunk sendet einen Beitrag in der Kultsendung „Bergauf-Bergab“. Das Sportklettern ist von nun an in aller Munde – auch wenn, wie Sepp Gschwendtner sagt, „die Amerikaner und Engländer uns damals meilenweit voraus waren“.

Im Anschluss an das Happening im Landkreis Eichstätt begibt sich die versammelte Kletterelite in den Frankenjura. John Bachar klettert an den Bleisteinen im Trubachtal Kurts Route „Eraserhead“ (VIII+) im Rotkreis-Stil, lässt das Seil also nach einem Sturz in der höchsten Sicherung eingehängt und beginnt am Boden von Neuem. Kurt ist begeistert und fordert John auf, den Weg nun auch Rotpunkt zu klettern. John sieht darin keinen Sinn, für ihn gilt die Route als gemacht. Jahre später sagt er: „Ich habe die Sache komplett unterschätzt und hätte mir damals nicht im Traum vorstellen können, dass der Rotpunkt-Gedanke um die Welt geht.“

Am Krottenseer Turm, einem mitten im Wald gelegenen Felsen mit beeindruckend abweisenden Wänden, legt John den fränkischen Kletterern ein Ei ins Nest: Als Erstem gelingt ihm eine Rotkreis-Begehung der „Nordwand“, einer alten Technoroute. Er bewertet seine Leistung mit dem Grad X- und nennt die Linie „Chasin’ The Train“. Damit habe er ein Stück des Jazz-Musikers John Coltrane zitiert, sagt John. Seine deutschen Kollegen hören im Routennamen allerdings kaum verhohlenen Spott über ihr Kletterniveau. Der Zug, so ihre Interpretation, sei für sie längst abgefahren. Wolfgang Güllich lässt das nicht lange auf sich sitzen. Einige Tage nach Johns Erfolg ersetzt er zwei alte Haken durch Bohrhaken, bouldert die schwierigsten Züge aus und klettert die Route Rotpunkt. Heute gilt „Chasin’ The Trane“ als schwieriger Neuner. Drei Jahre später kehrt Wolfgang an den Krottenseer Turm zurück und eröffnet mit „Hitch-hike The Plane“ (IX+) eine felsige Antwort auf Johns vermeintliche Provokation.

In den Jahren nach dem „Internationalen Klettertreffen“ in Konstein vollzieht sich die Entwicklung des Schwierigkeitskletterns Schlag auf Schlag. Man weiß nun, was möglich ist, und auch Kurt mischt weiter fleißig mit. Bereits 1979 hat er an den mauerglatten Oberen Gößweinsteiner Wänden eine Linie eingebohrt, die einer markanten Rissspur und einer Reihe von Ein- und Zweifingerlöchern folgt. Ein gutes Jahr später unternimmt er erste Versuche, die Route Rotpunkt zu klettern. Kurt zeigt vollen Einsatz: Auf einem 40 x 40 Zentimeter großen Holzbrett modelliert er aus Racofix-Schnellzement, mit dem auch die Bühler-Haken im fränkischen Fels fixiert werden,

Milan Sykora plant seinen nächsten Zug in John Bachars „Chasin’ The Train“ (X-) am Krottenseer Turm.

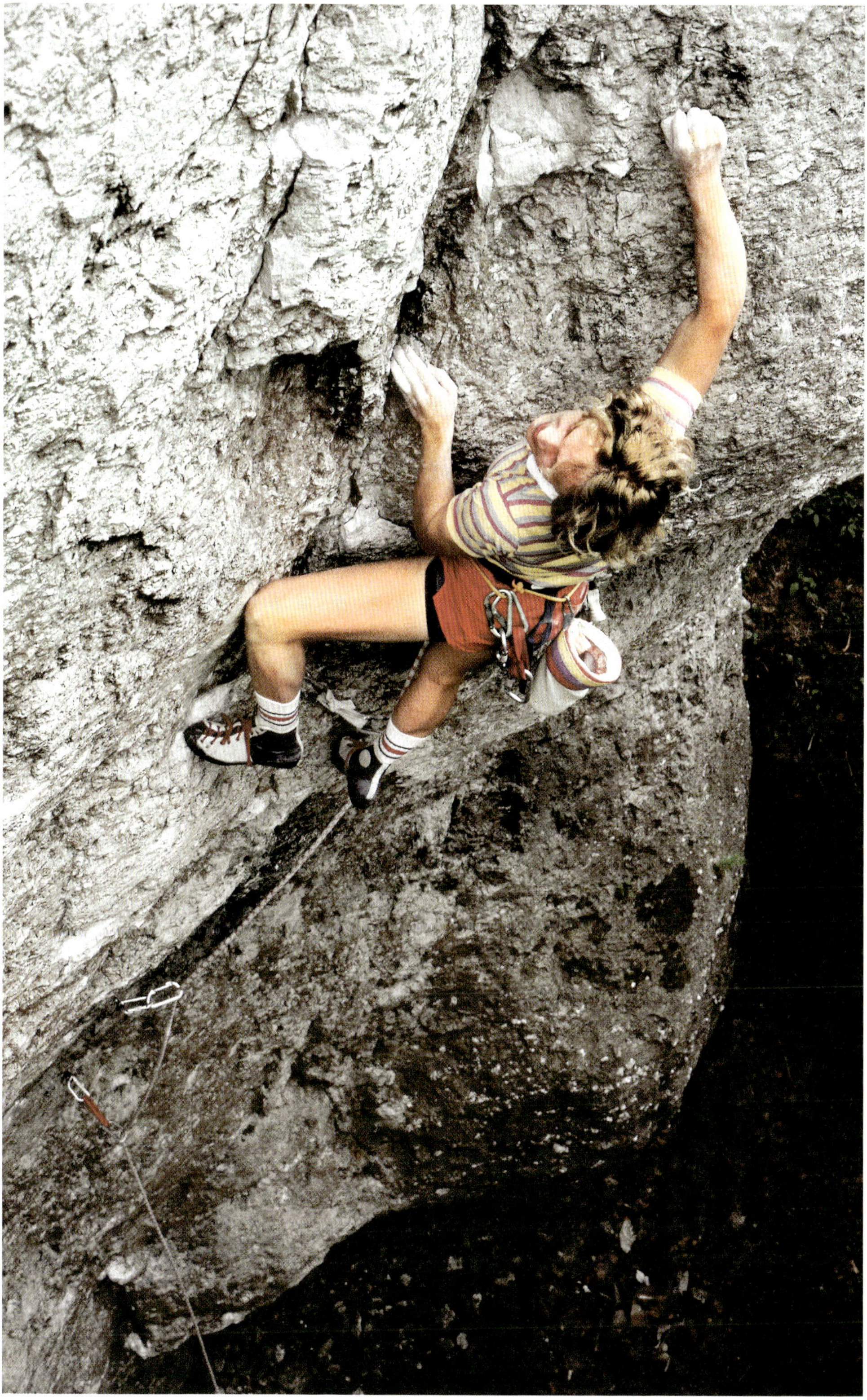

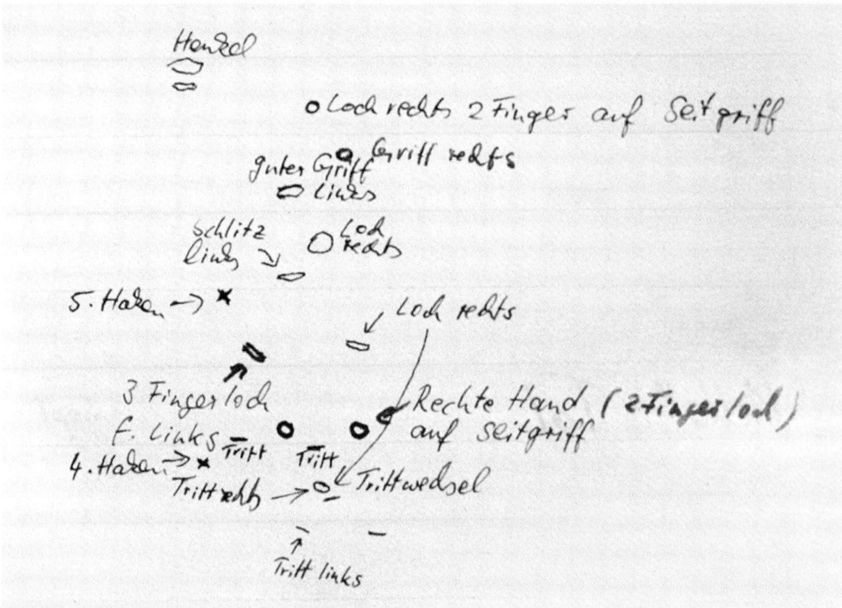

Notation einer Ikone: Norbert Bätz und Kurt Albert verschriftlichen die Schlüsselzüge von „Sautanz" (IX-) an den Oberen Gößweinsteiner Wänden.

Leisten und Löcher nach natürlichem Vorbild. Auch Wolfgang und Norbert Bätz probieren sich an dem Projekt. Kurt hat die Route zwar entdeckt, proklamiert sie jedoch nicht als sein Eigentum. Am 2. Juli 1980 skizzieren er und Norbert eine mögliche Griff- und Trittkombination in Kurts Tourenbuch. Die erste Rotkreis-Begehung gelingt ihm schließlich am 13. April 1981. Um seinen Erfolg zu feiern, öffnet Kurt am selben Abend in Oberschöllenbach eine Flasche Wein, auf deren Etikett tanzende Schweine abgebildet sind. Sofort ist klar: „Sautanz" (IX-) soll die neue Route heißen.

Der Höhepunkt in Kurts Sportkletterkarriere folgt ein gutes Jahr später. Am 9. Juli 1982 klettert er über den weit ausladenden Überhang in der Westwand des Richard-Wagner-Felsens, Rotpunkt natürlich. In sein Tourenbuch schreibt er hinter den Routennamen „Magnet" den Grad X-, mit einem Fragezeichen versehen. Schließlich schlägt er den Schwierigkeitsgrad IX+ vor. Womöglich ist dieser auch heute noch zutreffend, gleichwohl „Magnet" offiziell als glatter Neuner gilt. Erst ein Jahr später wird es mit Jerry Moffatts „Ekel" (IX+) wieder eine schwierigere Route im Frankenjura geben. Für Kurt ist allerdings die Grenze des Möglichen erreicht – viel härter wird er im Laufe seines Lebens nicht mehr klettern. Eine Kopfsache ist das nicht. Doch Körperbau, Gewicht und Beweglichkeit setzen ihm Grenzen.

Im Mai 1984 legt Kurt erfolgreich die „Fachliche Prüfung für das Lehramt an Realschulen" in der Fächerkombination Mathematik und Physik ab. Zehn Jahre lang hat er studiert, auf dem Papier zumindest. Seine Abschlussarbeit schreibt er über „Lipschitz-stetige Funktionen einer reellen Veränderlichen". Man muss und kann das als Nicht-Mathematiker nicht verstehen. Aber trotzdem faszinierend finden, weil bereits der Titel, der den Mathematiker Rudolf Lipschitz einbezieht, auf Kurts besondere Begabung hinweist. Und damit auch auf eine Gedankenwelt, die den meisten von Kurts Gefährten verschlossen ist. Er selbst bewegt sich in abstrakten Höhen mit ähnlicher Freude und Sicherheit wie in der konkreten Welt der Gipfel, Wände und Felsen. Sein Faible für Naturwissenschaften erklärt in gewisser Weise auch das Handeln und Denken des Bergsteigers und Kletterers Kurt. Er brennt für seine Leidenschaft. Zugleich kann er sein Tun aber auch mit Abstand, nüchtern und analytisch betrachten.

Während der beiden folgenden Jahre ist Kurt als Lehramtsreferendar in Forchheim und Kulmbach tätig. Die Einsatzorte lassen sich gut mit dem Klettern in der Fränkischen Schweiz verbinden. Über seine Zeit als Referendar verliert Kurt nicht viele Worte. Vermutlich ist er der einzige angehende Lehrer, der zu solchen Leistungen fähig ist: „Stunt in der Schule – habe am Gebäude Piazriss geklettert", notiert er am 30. April 1986. Als er einen Schüler eine mathematische Gleichung an der Tafel lösen lässt, fängt er gedankenverloren an, mit Kreidestücken zu jonglieren. Die Klasse zollt seinen Kunststückchen Beifall. Auch von Kurts Fähigkeiten mit dem Rubik's Cube sind die Schüler begeistert. Den Zauberwürfel, den der ungarische Architekt Ernö Rubik 1980 auf der Nürnberger Spielwarenmesse erstmals vorstellte, hat er immer dabei – auch am Fels, wo er Seilpartner mit dem Drehpuzzle in seiner 5x5x5-Version als Professor's Cube zur Verzweiflung bringt. Am 30. Juni 1986 schließlich schreibt Kurt „LETZTER SCHULTAG" in seinen Kalender. In Großbuchstaben.

Nach Ende seines Referendariats spielt er zumindest mit dem Gedanken, eine Karriere als verbeamteter Lehrer einzuschlagen. Er ist inzwischen 32 Jahre alt. Auf dem Foto, das seiner Bewerbung beiliegt, gleicht er dem jungen

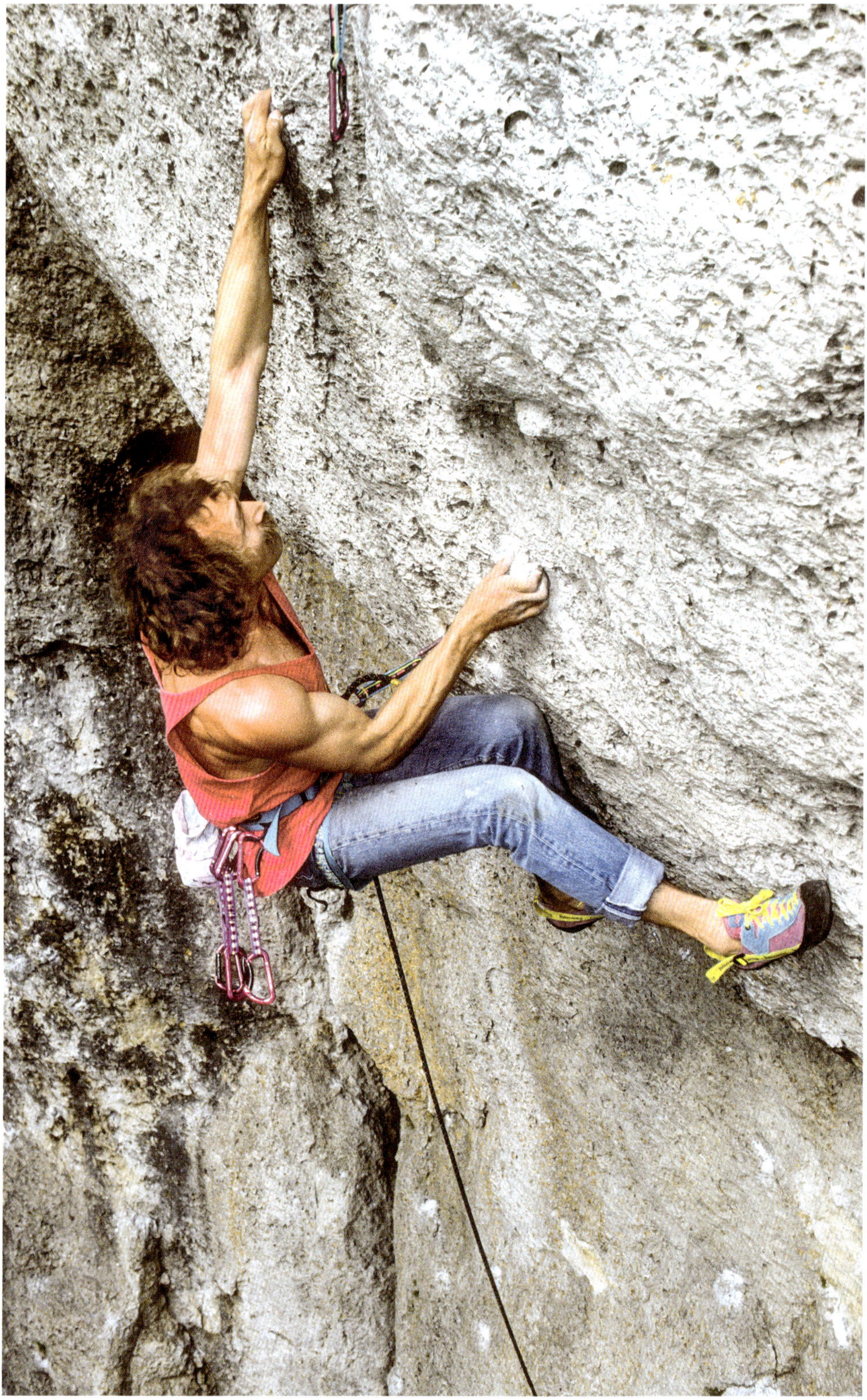

Albert Einstein wie ein Ei dem anderen. Das dichte Haar fällt in Locken über die Ohren, nur an den Schläfen ist es schon etwas ausgedünnt. Die Oberlippe ist vom Schnauzbart verdeckt, das Gesicht lächelnd in Falten gelegt. Zu einem weißen Hemd mit ausladendem Spitzkragen trägt Kurt eine schwarze Krawatte. Darüber einen bunten Adidas-Pulli. In seinem Lebenslauf weist Kurt darauf hin, dass er seit seinem 14. Lebensjahr „Bergsteigen und extremes Freiklettern" betreibt. Und dass er für „hervorragende sportliche Leistungen" neben Wolfgang Güllich und Sepp Gschwendtner mit dem „Silbernen Lorbeerblatt" ausgezeichnet wurde, verliehen am 2. April 1985 durch Bundespräsident Richard von Weizsäcker.

Das Bayerische Staatsministerium für Unterricht und Kultus bietet Kurt eine Arbeitsstelle an der Realschule Bad Brückenau an, einer Stadt in Nordbayern, gelegen am Fuß der Rhön. Innerhalb von zehn Tagen soll er der Behörde seinen Entschluss schriftlich mitteilen. Die Vorteile einer „Verwendung im staatlichen Realschuldienst" liegen auf der Hand: Kurt hätte ein sicheres Salär, feste Arbeitszeiten, mehr oder weniger freie Nachmittage und Wochenenden. Dazu 14 Wochen Schulferien im Jahr. Es gibt schlechtere Jobs. Dieser böte die Möglichkeit, Beruf und Berufung gut zu vereinen.

Der Mensch kann sich zu den Zu- und Umständen, die ihn angehen, verhalten. Das gibt ihm Würde. Und es sagt etwas aus über ihn, wie er, wenn er die Wahl hat, handelt. Kurt liebt seine Freiheit. Es ist nicht jene Freiheit, die sich einstellt, wenn man sich für oder gegen etwas entscheidet und damit Verantwortung übernimmt. Es ist eine Freiheit, die sich aus einer Vielfalt an Möglichkeiten speist. Manche Menschen ängstigt ein Überschuss an Optionen. Andere, und zu denen zählt Kurt, schätzen und schützen genau das. Im Verlauf seines Lebens agiert Kurt oft entgegen allen Erwartungen und Konventionen. Er will sich nicht eingliedern lassen, kein Rädchen sein im gesellschaftlichen Getriebe. Er will sich aber auch nicht gegen das System stellen. Kurt ist kein lauter Rebell, eher ein stiller Verweigerer. Gegebenheiten, die ihn hindern, einschränken oder stören, bekämpft er nicht. Er ignoriert sie. Auch das ist ein Akt der Selbstermächtigung. Kurt ist ein freier Mensch, weil er sich weder dafür noch dagegen, sondern weil er sich gar nicht entscheidet – um das, was dann passiert, zu akzeptieren und damit zurechtzukommen. Das ist der rote Faden seines Lebens. Zehn Tage vergehen. Kurt sagt das Angebot aus Bad Brückenau weder zu noch ab. Er füllt das vorgedruckte Antwortschrei-

Kurt Albert krempelt im „Magnet" (IX) am Richard-Wagner-Fels die Hosenbeine hoch. 1982 gelingt ihm die Erstbegehung seiner schwierigsten Route.

ben einfach nicht aus. Und schickt es auch nicht zurück. Seinen Eltern sagt er, die Lehrerstellen in bayerischen Realschulen seien alle besetzt. Als habe das Schicksal es so gewollt.

Spannend sind die Widersprüche. In den Bergen, an den Felsen handelt Kurt zeitlebens zielstrebig. Er weiß, was er will, und ist bereit, große Risiken einzugehen, seine Gesundheit aufs Spiel zu setzen, Härten zu ertragen. Dass er einen scharfen Verstand hat, logisch denken und entschieden urteilen kann, beweist Kurt mit der Lösung mathematisch-physikalischer Fragestellungen sowie ganz praktischer Probleme. Er ist der Erste, der auf die Idee kommt, in langen Big Walls Ausrüstung und Verpflegung nicht in einem Haulbag, sondern in einer Plastiktonne nachzuziehen – die sich viel seltener am Fels verhängt. Kurt kann sehr klar sein.

Seine großen Lebensentscheidungen aber trifft er aus dem Bauch, wenn er sie nicht gleich dem Zufall oder dem Lauf der Zeit überlässt. Kurt ist nicht berechnend. Er wägt nicht ab. Aber er weiß, auch wenn er es nicht weiß, was gut für ihn ist und was nicht. Er hat seinen eigenen Blick auf die Welt, und dieser Blick richtet sich weder nach anderen noch auf andere. Kurt kreist um sich selbst. Aber man sieht ihm das nach: Weil er sich selbst nicht allzu wichtig nimmt. Kurts Freiheitsliebe kommt ohne Pathos aus. Er zelebriert, überhöht oder mystifiziert den Begriff der Freiheit nicht. Er stellt sich nicht unter den Scheffel eines Ideals. Und schafft seiner Freiheit damit immer mehr Raum.

Einbußen ökonomischer Natur nimmt Kurt dafür in Kauf. Geld hat er nie viel, aber er beklagt sich auch nie darüber. Materielles hat für ihn kaum Bedeutung. Auch deshalb kann Kurt sich für ein Leben als Kletterprofi entscheiden. Denn in den 1980er-Jahren bedeutet das nicht, vom Klettern, sondern für das Klettern zu leben. Kurt studiert noch, als er 1982 einen Beratervertrag mit dem traditionsreichen Münchner „Sporthaus Schuster" über 6000 Mark jährlich abschließt. Während er in den 1980er-Jahren hin und wieder – das Wort „Arbeit" ist kein fester Bestandteil seines Wortschatzes – in Norbert Sandners „Erdenkäufer & Falk" jobbt, entwickelt sich eine Partnerschaft mit dem Bergsportausrüster Salewa. Tatsächlich ist das viel mehr als eine Geschäftsbeziehung. Kurt und Hermann Huber, der Salewa seit 1972 geschäftsführend leitet, verstehen sich bestens. Weil jeder weiß, wovon der andere spricht.

Hermann Huber ist selbst ein ausgezeichneter Bergsteiger. Schon 1949, in den Wirren der Nachkriegszeit, hat er mit dem Klettern begonnen. In den

Wänden des Wettersteingebirges, des Karwendels und des Wilden Kaisers ist er in Routen bis zum sechsten Schwierigkeitsgrad unterwegs. Gesichert mit Hanfstrick, beladen mit Eisenkarabinern, an den Füßen Kletterpatschen mit Filzsohlen. 1955 leitet er eine Expedition in die peruanische Cordillera Blanca, später klettert er in Grönland, Norwegen und Algerien. In der Nordwand der Carstensz-Pyramide auf Neuguinea eröffnet er eine Neuroute. 1970 reist er zum ersten Mal ins Yosemite Valley. Auf Auslandsbergfahrten, so sagt man damals noch, sowie auf Geschäftsreisen lernt Hermann Bergsteiger kennen, mit denen er regelmäßigen Austausch pflegt: In den USA klettert er mit Yvon Chouinard und Royal Robbins, in England mit Peter Boardman, mit Alex MacIntyre in Schottland – die beiden Briten gehören zu den Pionieren, die den Alpinstil auf die Gipfelriesen des Himalaya übertragen – und mit Bernd Arnold im Elbsandsteingebirge.

Etwa 1976, ganz genau erinnert er sich nicht mehr, kommt Hermann indirekt mit Kurts Ideenwelt in Berührung. Am Prunner Turm im Südlichen Frankenjura ist der Einstieg der „Westwand", einer alten Technoroute, mit einem roten Punkt verziert. „Wie kann das gehen?", fragt sich Hermann, der vom jungen Rotpunkt-Gedanken begeistert ist und in der Lage, altbekannte Kletterrouten mit neuem Blick zu sehen. Er beweist damit eine Offenheit, die ihn von vielen seiner Altersgenossen unterscheidet. Inzwischen ist Hermann Huber 90 Jahre alt. Alpin- wie Weltgeschehen verfolgt er mit nicht nachlassender Neugier und wahrhaftigem Interesse.

Der erste „Beratervertrag" Kurts mit Salewa datiert vom 15. Januar 1988. Seine Aufgaben als „freier Mitarbeiter" sind „das Testen von Ausrüstung" sowie die „Beratung über Verbesserungsmöglichkeiten aller Art". Dafür erhält er ein jährliches Pauschalhonorar von 5000 Mark. Handschriftlich ist auf dem Vertrag notiert: „15.000 Mark ab 1993". Bis zuletzt wird Kurt mit der Münchner Sattel- und Lederwarenfabrik GmbH, wie das Unternehmen bei seiner Gründung hieß, zusammenarbeiten. Dies zeugt von einer lang anhaltenden, gegenseitigen Wertschätzung, die im Bergsportgeschäft selten geworden ist. Als Kurt 1988 erstmals auf Expedition ins pakistanische Karakorum-Gebirge geht, stellt Hermann persönlich die Ausrüstung zusammen. „‚Kurt, was brauchst du denn?', habe ich ihn gefragt. – ‚Friends, Keile, Haken, für den Trango Tower.' – ‚Brauchst nicht noch mehr Material?' – ‚Nö, das reicht', war seine Standardantwort. Kurt hat immer nur das genommen, was er wirklich benötigt hat. Er hätte sich auch mehr nehmen und die Sachen verscherbeln können. Er hat ja immer zu wenig Geld gehabt. Aber das hat er nie gemacht. Kurt war immer bescheiden und hilfsbereit. In meinen Augen war er eine markante Persönlichkeit, alpin wie menschlich, mit großem Charisma."

Hermann, 60 Jahre verheiratet, Vater zweier Söhne, Großvater und Urgroßvater, kennt die Quadratur des Kreises gut: den Versuch, Familie, Beruf und Bergsteigen unter einen Hut zu bringen. Dass Kurt sein Leben anders gestaltet, sich nicht für die sichere Variante entscheidet, bewundert er. „Das zeigt, wie er brannte für seine Lebensform, für die Essenz dessen. Das sagt doch alles! Wenn ich den Lehrerberuf aufgebe!" Für Hermann ist dies eine Entscheidung, die einen Blick unter die Oberfläche von Kurts Persönlichkeit erlaubt: „In tiefere Schichten, die man nur fühlen kann." Im Grunde sei Kurt eher ernst gewesen und sein stets präsenter Schalk eine Schutzhülle. „Ich kenne natürlich auch diese Seite von ihm. Aber ich hatte immer das Gefühl, dass sie nicht zentral war."

Kurts Leben sei unglaublich dicht an Erlebnissen gewesen, sagt Hermann. Und weil dies bezeichnend ist für Menschen, die selbst auf eine erfüllte Vita zurückblicken, stellt er Kurts biografische Vielfalt nicht in Relation. Stattdessen hebt er seine Bescheidenheit hervor. Die Umsetzung seiner Erlebnisse und Leistungen in wirtschaftlichen Erfolg sei immer nachrangig gewesen. „Ich habe mich oft gefragt, wie Kurts Leben weitergegangen wäre. Er hatte keine materiellen Reserven. Und das extreme Leben geht vom Körper her irgendwann nicht mehr." Dennoch ist sich Hermann sicher, dass Kurt auch diese Herausforderung gemeistert hätte. „Nur wie, das hat er sicher selbst nicht gewusst." Auch nachdem sein Mentor Hermann Huber in Rente geht, wird die Zusammenarbeit laut Vertragstext „aufgrund der guten Erfahrungen" fortgesetzt. Diese müssen vor allem menschlicher Natur gewesen sein, denn ein großer Werbeträger war Kurt nie. Statt sich neu einzukleiden, trug er lieber die alten Kollektionen auf. In seinen letzten drei Lebensjahren erhält er jeweils 7500 Euro. Kurts letzte Vertragsverlängerung, zuletzt mit den kooperierenden Firmen Salewa Sportgeräte GmbH und W.L. Gore & Associates, erstreckt sich bis zum 31. Dezember 2010.

Eine lange Partnerschaft verbindet Kurt auch mit der spanischen Schuhmanufaktur Boreal, deren Eigner Jesús García López zu einem engen Vertrauten wird. Die finanzielle Unterstützung seitens seiner Sponsoren reicht

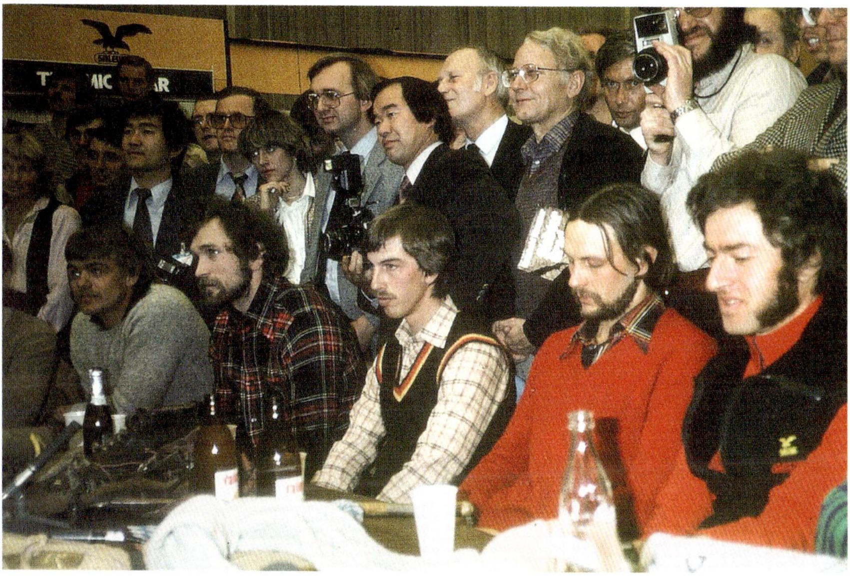

Norbert Sandner, Kurt Albert, Reinhard Schiestl, Heinz Mariacher und Sepp Gschwendtner (v. l.) stehen 1982 auf dem „Alpintreff" von Salewa Rede und Antwort zum jungen Sportklettern.

allerdings nicht aus, so bescheiden kann Kurt gar nicht leben. Wie viele andere Kletterer und Bergsteiger hält er sich mit Gelegenheitsarbeiten über Wasser. Während ihrer Zeit in Oberschöllenbach geben Kurt und Wolfgang Güllich Kletterkurse für Norbert Sandner, der neben seinem Geschäft inzwischen auch eine Kletterschule betreibt. Ab und an führen sie Privatgäste durch schwierige Alpinrouten. In einem Büchlein listet Kurt die Zahl der Kurse auf, die er für die Friedrich-Alexander-Universität Erlangen abhält. 1990 wird er als „Freeclimber" für Willy Bogners Kultfilm „Fire, Ice and Dynamite" engagiert und erhält eine Gage von 300 US-Dollar pro Drehtag.

Ein Zubrot verdienen sich Kurt und Wolfgang Güllich als Routenbauer für die noch jungen Kletterwettkämpfe. Ihr Freund Norbert Bätz organisiert 1990 zusammen mit der AFAG Messe und Ausstellungen GmbH den ersten Sportkletter-Weltcup, der im Nürnberger Messezentrum stattfindet. Mit ihrem Torbogen und bauchigen Turmelementen stilisiert die von Norbert mitentwickelte Wettkampfwand die Nürnberger Burg. Günther Koch, legendärer Fußballreporter des Bayerischen Rundfunks, moderiert live. Dass die Routen rechtzeitig fertig geworden sind, grenzt an ein Wunder. Kurt und Wolfgang, unterstützt von Jerry Moffatt, Milan Sykora und Norbert, hatten die Dimension der Aufgabe schlichtweg unterschätzt – oder ihren Job zu lässig genommen. Engagiert werden sie im folgenden Jahr trotzdem, für ein Honorar von jeweils 10.000 Mark. Allerdings enthält ihr Vertrag eine vielsagende Klausel: „Um zu vermeiden, dass Routen erneut – wie im letzten Jahr – bis in die späte Nacht hinein eingerichtet werden müssen, werden den beiden weitere Arbeitskräfte zur Seite stehen. Diese werden von Kurt Albert und Wolfgang Güllich selbst ausgesucht und von diesen auch bezahlt."

Mosaikstein #7

Der Zeitplan ist knapp, und Kurt muss die Finalroute des Nürnberger Sportkletter-Weltcups dringend fertig schrauben. Ebenso dringend muss er allerdings auf die Toilette. Mit dem Hubsteiger runterzufahren, das WC zu suchen, wieder aufzufahren und weiter zu arbeiten, da spielt die Uhr nicht mit. Kurt pinkelt in eine leer getrunkene Colaflasche – die auf dem Hubsteiger liegen bleibt. Dieser steht während des Wettkampfes direkt neben der Kletterwand, im Sichtfeld von Publikum, Presse und TV-Kameras. Zum Glück gibt es nur wenige Zeugen.

Geld, Einkünfte, Rücklagen und damit verbunden auch etwaige Existenzängste sind keine Themen, über die Kurt in jenen Jahren sprechen würde. Hinsichtlich seiner Finanzen hat er eine eher sorglose Einstellung, die auch beinhaltet, zumindest zeitweise auf Kosten anderer zu leben. Die Miete in Oberschöllenbach etwa wird zwar geteilt. Nebenkosten ebenso wie Benzingeld und Flugtickets übernimmt aber oft Norbert Sandner – der wiederum von den Verträgen profitiert, die er für Kurt mit Sponsoren aushandelt. Auf der einen Seite einer, in dessen Welt das Dingliche und Wirtschaftliche keine Rolle spielt. Auf der anderen Seite ein gewiefter und erfolgreicher Geschäftsmann. Wahrscheinlich ist dies eine Symbiose, von der sowohl Kurt als auch Norbert profitieren.

Insgeheim, vielleicht in einer der wenigen Stunden allein in Oberschöllenbach, macht Kurt sich doch den ein oder anderen Gedanken. In seinen Aufzeichnungen finden sich über Jahre hinweg immer wieder Listen, in denen er seine meist unregelmäßigen Einkünfte addiert. 1989 etwa summiert Kurt Sponsorenzuschüsse von Salewa, Hanwag und Sport Schuster, 800 Mark für einen Artikel über die Trango-Expedition, Bildhonorare der Magazine „Rotpunkt" und „Vertical", Honorare für Vorträge und einen Sportkletterlehrgang sowie „6800 Mark Mutter". Er kommt auf 26.430 Mark.

Aber wer jung geblieben ist und sein Leben so führt, wie er es mag, bemisst Qualität nicht nach monetärem Maßstab. Den Bewohnern und Gästen des „Hotels Frankenjura" geht es in erster Linie ums Klettern. Ihre Passion dirigiert den Tagesablauf, und wenn man nicht raus an die Felsen kann, wird im Oberschöllenbacher Keller trainiert. Anfang der 1980er-Jahre geschieht das mehr oder weniger unbelastet von Wissen über Trainingsmethodik, -umfang und -periodisierung. In einem eigens angelegten Notizbuch führt Kurt Strichlisten über die Anzahl der täglich absolvierten Klimmzüge, Liegestützen und Sit-Ups. Er dokumentiert ein hanebüchenes Übertraining: 200 Klimmzüge morgens, anschließend ein Klettertag und 200 Klimmzüge abends gehören zum Standardprogramm.

Den sportlichen Aspekt ihres Tuns pflegen die Frankenjurakletterer enthusiastisch. Ruhetage kennen sie nicht. Vormittags besucht man den Kraftraum der Friedrich-Alexander-Universität in Erlangen, an der Wolfgang Güllich seit 1982 Sport und Biologie studiert. Um 15 Uhr, das weiß jeder, trifft man sich im „Betoncafé", dem Gasthaus Treiber an der Reichelsmühle, wegen der Kuchen. Oder man geht zur „Oma Eichler". Seit 1967 führt sie ihren Gasthof samt Zeltplatz im Trubachtal, auf eine pragmatisch-fränkische Art und Weise: Weil sie kein Auto hat, fährt sie zur Abendmesse nach Obertrubach mit dem Rasenmähertraktor. „Was wollt ihr denn? Der hat doch auch Licht."

Oma Eichler und Betoncafé sind bestens gelegene Ausgangspunkte für die nachmittäglichen Rotpunkt-Versuche an den nahe gelegenen Felsen. Dass vorrangiges Trainingsziel – möglichst wenig Masse, möglichst viele Muskeln – und umfangreiche Kalorienaufnahme in paradoxem Verhältnis zueinander stehen, kümmert niemanden. Trainiert wird quasi Tag und Nacht. Gegessen wird, was schmeckt. Alles ebenso unorthodox wie ineffektiv. Als der Erlanger Sportwissenschaftler Jürgen Weineck (1941–2020) vor der in der Uni-Mensa versammelten Runde anmerkt, angesichts ihres Trainingspensums würden die Kletterer viel zu wenig trinken, antwortet Kurt: „Mehr als drei Liter Kaffee am Tag gehen einfach nicht."

Mosaikstein #8

Im Kalchreuther „Gasthaus Drei Linden" essen Kurt und seine Freunde gerne zu Mittag, da die Portionen groß und die Preise günstig sind. Der Kellner kennt Kurt und dessen Schusseligkeit bereits zur Genüge. Wenn er Kurts Weißbier serviert, fragt er, ob er es lieber gleich über den Tisch schütten solle … Natürlich sind auch Besucher des „Hotels Frankenjura" regelmäßig dabei. Der Australier Kim Carrigan, seiner Zeit als Kletterer weit voraus, hält die Fränkische Schweiz für das beste Klettergebiet der Welt. Oft ist er mit seiner Freundin Louise Shepherd, der 1983 die erste Frauenbegehung von „Sautanz" (IX-) gelingt, in Oberschöllenbach. Als die beiden ins „Gasthaus Drei Linden" mitkommen, schlägt Kurt ein Schäufele-Wettessen vor. „Schäufele" ist eine fränkische Spezialität: das Schulterstück vom Schwein, mit knuspriger Schwarte in dunklem Bratenjus. Dazu zwei Kartoffelknödel und ein Beilagensalat. Es entwickelt sich ein wenig appetitliches Gelage, das Kurt nach knapp sechs Minuten und ausgelecktem Teller gewinnt. „Der König der Tiere", kommentiert er seinen Sieg, „frisst auch Fleisch". Was ihn nicht kümmert: Louise Shepherd ist strenge Vegetarierin. Sie kommt nie wieder mit zum Essen.

Es dauert nicht lange, bis die sachte beginnende Professionalisierung des Klettertrainings auch in der fränkischen Szene Einzug hält. Vor allem Wolfgang Güllich forciert diese Entwicklung. Zusammen mit Andreas Kubin – und beraten von Uni-Professor Jürgen Weineck – veröffentlicht er 1986 das Lehrbuch „Sportklettern heute", in dem die Autoren ausführlich auf „Technik, Taktik, Training" der noch jungen Spielform eingehen. Das Buch ist das erste seiner Art. Lehrschriften zum Bergsteigen und Klettern gab es natürlich schon zuvor. Das Thema „Training" wurde darin aber eher stiefmütterlich behandelt. Hermann Huber etwa widmet den Themen „Körperliche Voraussetzungen", „Geistig-seelische Voraussetzungen" und „Erhaltung und Steigerung der Eignung" in seinem 1967 erschienenen Klassiker „Bergsteigen heute" eine Seite. 1981 noch bedient Freikletterpionier Sepp Gschwendtner in „Sicher Freiklettern" das Kapitel „Training" mit Übungen an Buchen und Fichten. So könne man das Reibungsklettern an „geneigten oder umgestürzten Bäumen" ausprobieren. Unisono ist man der Meinung, dass das beste Training für das Klettern eben selbiges sei.

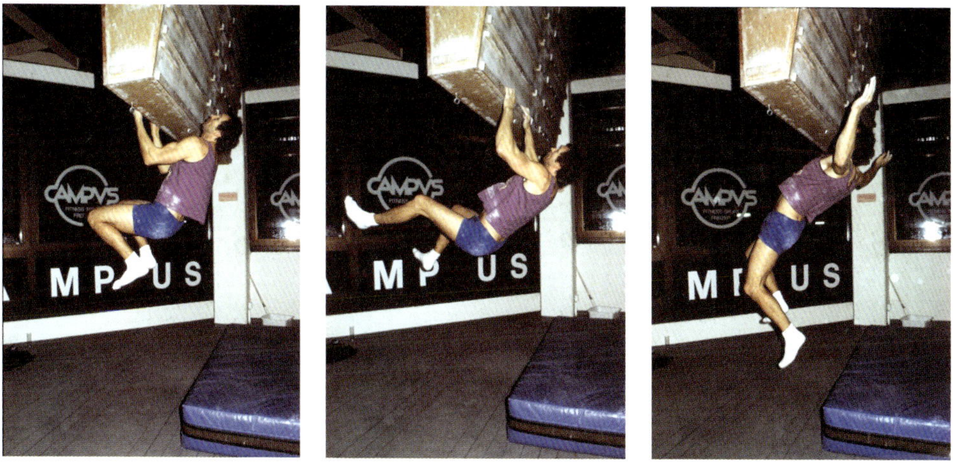

Das „Campusboard“ im gleichnamigen Fitnesscenter im Nürnberger Stadtteil Mögeldorf ist die Mutter aller Trainingsboards.

In „Sportklettern heute“ stellen Wolfgang Güllich und Andreas Kubin dieser These ein bis in die Mitochondrien der Muskelzellen ausgearbeitetes Konzept entgegen. Sie formulieren das theoretische Rüstzeug für eine vernünftige Trainingsplanung und führen erstmals Erkenntnisse aus der modernen Sportwissenschaft ins Klettertraining ein. Begriffe wie „Belastungsreiz“, „Hypertrophie“, „Intramuskuläre Koordination“, „Maximalkraftbarriere“ und „Superkompensation“ werden in Klettererkreisen zu geläufigen Termini. Ähnlich wie die Weiterentwicklung von Material und Sicherungstechnik trägt auch die Neuorganisation und Strukturierung des Trainings zur Steigerung des allgemeinen Kletterniveaus bei. In den folgenden Jahren und Jahrzehnten etabliert sich um dieses Thema herum ein nicht unbedeutendes ökonomisches System, zu dem Personal Coaches, individualisierte Trainingsanleitungen und -geräte sowie Fachmedien ebenso zählen wie Kletter- und Boulderhallen. Nicht von ungefähr werden im Lauf der Zeit immer höhere Schwierigkeitsgrade von immer mehr Menschen gemeistert.

In seinem großen Werk „Du musst dein Leben ändern“ beschreibt der Philosoph Peter Sloterdijk den modernen Menschen als einen „Menschen im Training“, für den ständige Übung die notwendige Voraussetzung eines in seiner „Kultur“ oder „Subkultur“ geborgenen Lebens sei. Unter Kultur versteht Sloterdijk den Lebens- und Wirkungskreis eines Menschen. Der Bergsport lässt sich in diesem Sinne als „athletische Kultur" betrachten, die von der „Leitdifferenz Exzellenz versus Mittelmaß" gekennzeichnet ist. Diese Differenz, die in anderen „Kulturen" oder „Szenen" zwischen entsprechend anderen Polen entstehe, verursache eine „Vertikalspannung", die den an der Vervollkommnung ihrer selbst arbeitenden Menschen Orientierung biete. Natürlich hat Sloterdijk in seiner Abhandlung nicht den Bergsteiger oder Kletterer per se im Sinn. Es ist aber kein Zufall, dass er sich stellenweise einer Terminologie bedient, die dem Feld des Alpinen entlehnt ist. So verwandele der übende Mensch „die gestrigen Höchstschwierigkeiten in Wanderwege, auf denen bald danach selbst Untrainierte leicht vorankommen". Alles je Geschaffene sei lediglich „das Basislager für den nächsten Aufbruch". Und der Philosoph wird auch konkret: „Alle Erweiterungen der Könnenskreise, alle Steigerungen bis zu den letzten Höhen der Artistik vollziehen sich auf der Basis von Selbstformung durch Übung. (...) Im Bereich physischer Kraftsteigerung beispielsweise hat die explizite Darstellung des Hyperkompensationsmechanismus in der modernen Sportphysiologie für eine einschneidende Verstehensausweitung gesorgt. Die jüngeren Trainingswissenschaften vermochten im Detail zu zeigen, wie der muskuläre Apparat nach starken Belastungen sein Kraftreservoir bis zu einem Niveau wieder auffüllt, das über dem vorherigen Fitness-Status liegt, vorausgesetzt, ihm wird die benötigte Erholungszeit eingeräumt."

Den Sport an sich bezeichnet Sloterdijk als eine „geistige Landmarke des 20. Jahrhunderts". Er kennzeichne die „Entspiritualisierung der Askesen", also die Abwendung des Menschen von religiösen Glaubenssystemen hin zu Kulturen, in denen sie eigenverantwortlich an sich arbeiten würden. Dies sei „vermutlich das umfassendste, am schwersten wahrnehmbare, gleichwohl spürbarste und atmosphärisch mächtigste Ereignis in der aktuellen Geistesgeschichte der Menschheit". Vor diesem Hintergrund leitet Sloterdijk aus den Erkenntnissen der modernen Trainingslehre ab, was Alpinisten und Kletterer längst wissen: „Können, das unter anhaltender Förderspannung steht, erzeugt gleichsam ‚aus sich selbst' gesteigertes Können. Dank exakter Beschreibungen wird erklärlich, wie Gelingen in höheres Gelingen mündet, Erfolg in weiteren Erfolg." Es ist so gesehen kein Widerspruch, dass sich die Bewohner des „Hotels Frankenjura" zwar der Leistungsgesellschaft verweigern, sich aber im Rahmen einer neu interpretierten alpinen Kultur freiwillig einem sehr strengen körperlichen Trainings- und Leistungsregime unterwerfen. Dies mag für Oberschöllenbach als auch ganz allgemein gelten: Kurt, Wolfgang und all die anderen streben im Wortsinne nach Höherem. Was sie tun, um ihre Ziele zu erreichen, macht sie nicht zu besseren, aber zu besser werdenden oder in den Worten Sloterdijks: zu übenden Menschen.

Im Nürnberger Stadtteil Mögeldorf, Laufamholzstraße 114, eröffnen Kommilitonen Wolfgang Güllichs 1986 das „Campus Fitnesscenter". Man kennt sich untereinander. Regelmäßig kommen Kurt, Wolfgang und Norbert Sandner, um Gewichte zu stemmen. Irgendwann wird den Kletterern das Gerätetraining zu dumm. Norbert hat die Idee, Griffleisten in verschiedenen Formen und Breiten auf eine Holzplatte zu schrauben und diese leicht überhängend im „Campus" aufzuhängen. So entsteht im Winter 1987/88 das „Campusboard", die Mutter aller heute gebräuchlichen Trainingsboards. Berühmtheit erlangt das Original, als Wolfgang 1991 ein eigenes Trainingsregime entwickelt, um sich auf die Erstbegehung der „Action Directe" am Waldkopf vorzubereiten. Ein gutes halbes Jahr lang quält er sich mit Halteübungen und negativ-dynamischen Zügen an Leisten, auf die gerade mal das erste Fingerglied passt. Seine Leidensbereitschaft ist von Erfolg gekrönt: Am 14. September 1991 gelingt Wolfgang Güllich im Frankenjura die weltweit erste Route im Schwierigkeitsgrad XI.

LIST - RETURN

```
5 REM *** FIGHT GRAVITY SOLO / VIII+ *** AUGUST 1986 *** COPYRIGHT K.ALBERT ***
10 REM *** ALLE IN/OUTPUTS AKTIVIEREN ***
11 OPEN1,1:REM * TASTSINN *
12 OPEN2,2:REM * GERUCHSINN *
13 OPEN3,3:REM * GEHOER *
14 OPEN4,4:REM * GESCHMACK *
15 OPEN5,5:REM * BEWEGUNGSAPPARAT *
16 OPEN6,6:REM * ATMUNG *
17 OPEN7,7:REM * AUGEN *
20 PRINT#5,"ZUM EINSTIEG GEHEN"
25 PRINT#5,"SCHUHE PUTZEN"
26 GET#3,A$:IF A$="QUIETSCHENDES GERAEUSCH" THEN 30
27 GOTO 25
30 GOSUB 1000:REM * UNTERPROGRAMM NACHCHALKEN *
31 GOSUB 2000:REM * UNTERPROGRAMM TIEF DURCHATMEN *
34 REM *** KONZENTRATION - GESCHMACK/GERUCH/GEHOER ABSCHALTEN ***
35 CLOSE2,2:CLOSE3,3:CLOSE4,4
40 REM *** ZONE 1 *** BEGINN DER KLETTEREI *** DIE ERTSTEN 5 METER ***
41 GOSUB 2000:GOSUB 2000
42 FOR X=1 TO 12 STEP2
43 READ G$(X),G$(X+1),T$(X),T$(X+1):REM * DATEN 200-207 EINLESEN *
44 PRINT#5,G$(X),G$(X+1),T$(X),T$(X+1)
45 GOSUB 2000 : NEXT X
50 REM *** ZONE 2 *** GEFAHRENZONE *** SCHWERE VERLETZUNGEN BEI ABSTURZ ***
51 GOSUB 2000:GOSUB 2000:GOSUB 2000
52 GOSUB 1000
53 PRINT#5,"LINKS SEITGRIFF","HANDKLEMMER RECHTS"
54 PRINT#5,"AUSSPREIZEN":GOSUB1000
55 PRINT#5,"LINKS ZWISCHENGRIFF","LINKS WAAGRECHTER HANDKLEMMER"
56 GOSUB2000
57 PRINT#5,"RECHTS HOEHERTRETEN ","RECHTS HORN AM DACHENDE - GUTER GRIFF"
58 PRINT#5,"BEINE HAENGEN FREI":GOSUB1000:GOSUB2000:REM * UEBERFLUESSIGES POSING
59 PRINT#5,"LINKS TRITT","LINKES KNIE VERKLEMMEN": REM * NOHANDREST *
60 REM *** ZONE 3 *** TODESZONE UEBERHANG ***
61 FOR X=1 TO 5 : GOSUB 2000: NEXT X
62 GOSUB 1000
63 IF PEEK(500)=1 THEN PRINT#5,"RISS AUSSTEIGEN":END:REM * PANIKINDEX UEBERPRUEF
EN
64 GOSUB 2000:GOSUB 1000
```

```
65 PRINT#5,"LINKS UEBER KREUZ - GUTER GRIFF","RECHTS GRIFF DANEBEN"
66 PRINT#5,"KNIEKLEMMER AUFGEBEN","UNTERM DACH ANTRETEN"
67 PRINT#5,"LINKS GRIFF VERBESSERN"
68 GOSUB2000
69 PRINT#5,"BEIDE FUESSE HOCH AUF REIBUNG ANTRETEN":GOSUB 2000
70 PRINT#5,"RECHTS OBEN GRIFFLEISTE - ERSTES FINGERGLIED - POSITIV - GUT EINPASS
EN"
71 GET#1,A$: IF A$="KLEINER FINGER GREIFT" THEN 75
72 GOTO70
75 PRINT#5,"LINKER FUSS KLEINER TRITT","RECHTS KLEINER TRITT":GOSUB2000
76 PRINT#5,"LINKS GRIFF","RECHTS PENDELBEIN","RECHTS GUTER FINGERKLEMMER"
77 GOSUB 1000 :GOSUB 2000
78 PRINT#5,"RECHTS ANTRETEN - REIBUNG","LINKS HOEHERTRETEN"
79 PRINT#5,"DURCHZUG ZU SEITGRIFF LINKS":GOSUB2000:GOSUB1000:GOSUB2000
80 PRINT#5,"RECHTS HOCHANTRETEN","MAXIXIMAL DURCHZIEHEN ZU GRIFF RECHTS"
81 PRINT#5,"LINKS HOCHANTRETEN","RECHTS ABSPREIZEN":GOSUB 2000
82 PRINT#5,"MAXIMAL DURCHZIEHEN ZU GRIFF LINKS","LINKER FUSS IN LOCH"
83 PRINT#5,"RECHTS ABSPREIZEN","GUTES GRIFFLOCH RECHTS":GOSUB 1000:GOSUB 2000
84 PRINT#5,"DURCHZIEHEN ZU 2-FINGERLOCH LINKS-GUT EINPASSEN MITTEL+ZEIGEFINGER"
85 PRINT#5,"RECHTER FUSS UEBERKREUZ MIT AUSSENRIST AUF TRITTLEISTE"
86 PRINT#5,"FOOTHOOK LINKS":GOSUB1000:GOSUB2000:GOSUB 2000
87 PRINT#5,"RECHTSOBEN LEISTE FUER ERSTES FINGERGLIED RECHTS"
88 PRINT#5,"TRITTWECHSEL":GOSUB2000
89 PRINT#5,"LINKS GRIFFLEISTE ERSTES FINGERGLIED","RECHTER FUSS IN LOCH"
90 GOSUB2000:GOSUB2000
91 PRINT#5,"DYNAMO - GUTER GRIFF RECHTS"
92 PRINT#5,"LINKS GUTER GRIFF","NACHTRETEN BELIEBIG"
93 PRINT#5,"RECHTS BAUMWURZEL"
94 PRINT#5,"VON DER BILDFLAECHE VERSCHWINDEN","HINSETZEN"
96 CLOSE1,1:CLOSE5,5:CLOSE7,7
100 GOTO 3000
200 REM *** DATEN FUER ZONE 1 ***
201 DATA"RECHTS GRIFF","LINKS GRIFF","LINKER FUSS IN RISS", "RECHTS ABSPREIZEN"
202 DATA"LINKS LOCH","RECHTS GRIFF","LINKER FUSS AUF TRITT", "RECHTS ABSPREIZEN"
203 DATA"HANDKLEMMER LINKS","HANDKLEMMER RECHTS","LINKER FUSS IN RISS"
204 DATA"RECHTER FUSS IN RISS","LINKS GUTER GRIFF", "RECHTS PIAZSCHUPPE"
205 DATA"LINKS REIBUNGSTRITT","RECHTS HOEHER IM RISS TRETEN"
206 DATA"GRIFF LINKS","KLEMMBLOCK RECHTS","LINKS TRITT","RECHTS ABSPREIZEN"
207 DATA"SEITGRIFF LINKS","HANDKLEMMER RECHTS","LINKS TRITT","RECHTS TRITT"
1000 PRINT#5,"NACHCHALKEN":RETURN
2000 PRINT#6,"TIEF DURCHATMEN":RETURN
3000 END

READY.
```

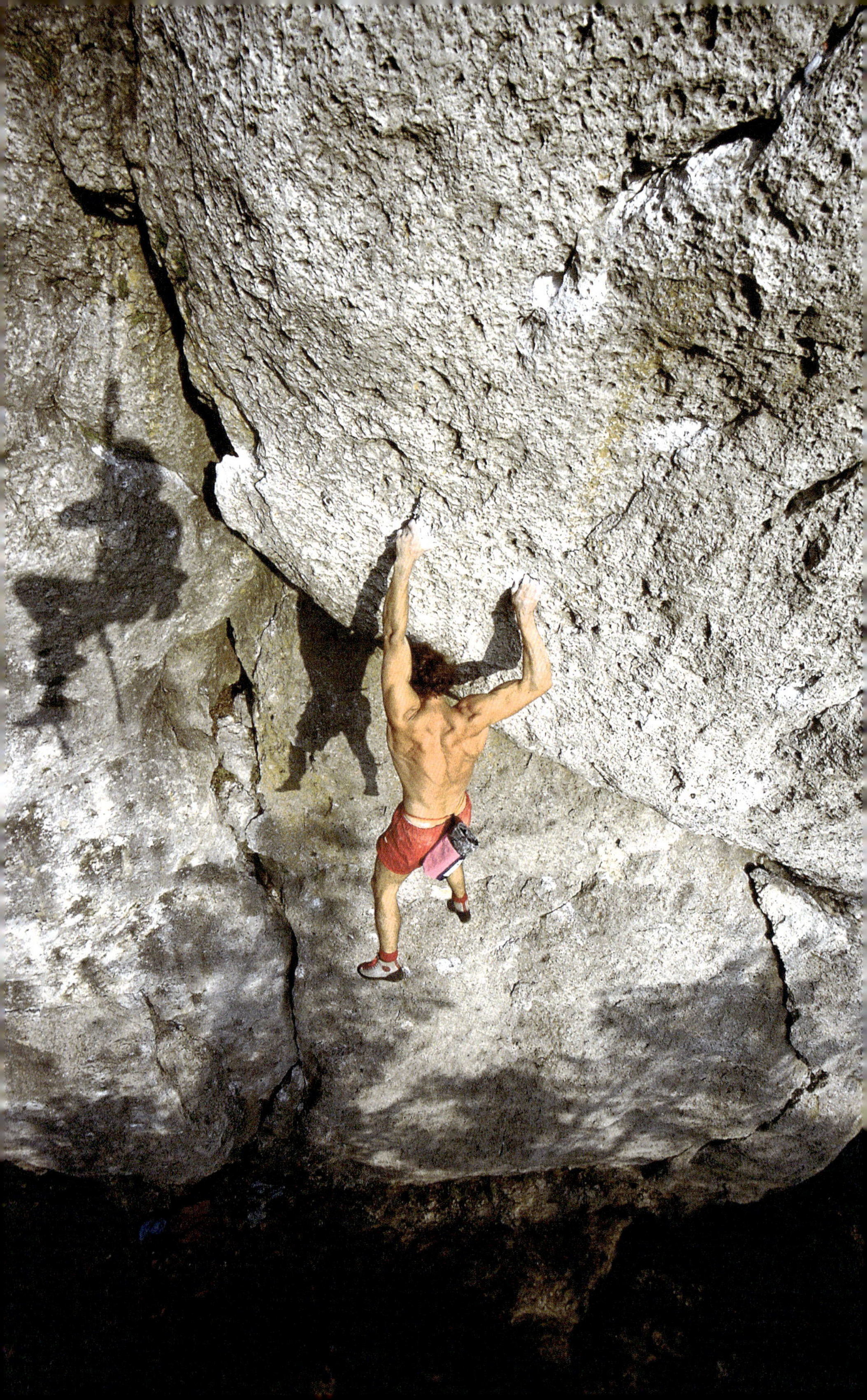

Kurt Albert
Solo „Fight Gravity“

Im August 1986 klettert Kurt Albert im seilfreien Alleingang durch seine Route „Fight Gravity“ (VIII+) am Richard-Wagner-Fels. Er hat sie zuvor Rotpunkt durchstiegen, an manchen Tagen gleich ein paar Mal hintereinander, sogar abgeklettert ist er die schwierigen Züge, immer am Seil gesichert. „Solche Alleingänge“, schreibt er in seinem nach der Route benannten Buch, „ohne Netz und doppelten Boden waren keine spontanen Aktionen lebensmüder Hasardeure, sondern präzise eingeübt“. Kurt fragt auch nach dem Warum derartiger Soloklettereien. Ein Solo sei dann „ehrlich“, wenn es aus sich selbst heraus motiviert sei, die Erfüllung eines persönlichen Traums. Seine Überlegungen endet Kurt mit einer der unauflösbaren Paradoxien, die er so sehr schätzt: „Ein Solokletterer braucht keine Zuschauer und keine Öffentlichkeit. Deshalb sind meine Worte eigentlich überflüssig. Dennoch, die Realität sieht anders aus, auch bei mir! Aber ich mag solche Widersprüche.“

Im Winter 1984, ein Jahr nach dem Verkaufsstart in Deutschland, erwirbt Kurts Freund Toni Erdenkäufer einen Commodore 64, bis heute einer der meistverkauften Personal Computer. Kurt und Toni sind fasziniert von den Möglichkeiten, die der C64 mit seinen 64 Kilobyte Arbeitsspeicher bietet. Sie gründen KATE-Software – gebildet aus den Initialen ihrer Namen – und programmieren ein Spiel, bei dem User und Computer abwechselnd beliebig viele Einzelteile aus beliebig vielen Mengen entnehmen. Wem das letzte Stück bleibt, verliert – das Spiel ist so gestaltet, dass der Computer immer gewinnt. Als der Plan reift, „Fight Gravity“ solo zu klettern, fällt Kurt und Toni die Analogie zwischen einem Computerprogramm und dem einstudierten Bewegungsablauf eines schwierigen Alleingangs auf. Und KATE entwickelt einen Code, der die Begehung auf dem C64 zeitidentisch wiedergibt. Das Programm und Kurts Text „Solo ‚Fight Gravity‘“, erstmals erschienen in Heinz Zaks Bildband „High Life – Sportklettern weltweit“, zählen zu den großen Dokumenten aus der Vertikalen.

Der Autor Elmar Landes nennt Kurt „einen Joseph Eichendorff der Mathematik“, weil er imstande sei, „mit einem passenden Zahlencode dieser Welt zunächst unfassbar Anmutendes doch zu entschlüsseln“. In seinem

„Werde logisch! Ich bin doch optimal vorbereitet. Ich habe ein Programm: Das Programm funktioniert prächtig.“ (Kurt Albert)

Beitrag „Auf Zeitreise mit Kurt Albert“ für das Alpenvereinsjahrbuch „Berg 2004“ schreibt Landes über Kurts Text zu seiner Solobegehung: „Es handelt sich – und dies zu einer Zeit, in der die Computerisierung unseres Alltags noch ziemlich in ihren Anfängen steckt – um einen Computerausdruck der penibel aufgelisteten Griff-, Tritt-, Hand- und Fingerklemmerfolgen hin zum Ausstiegsdynamo von ‚Fight Gravity‘. Dieser Auflistung gegenüber stellt Kurt die Schilderung, wie er – von Zeile zu Zeile – Griff, Tritt, Klemmer – Errormeldung, Neuansatz ... sein Werk im Verlauf der ersten Solobegehung erlebt – dazu der Anspannung vor dem Einstieg und der Euphorie, die ihn erfasst, nachdem die Rechnung – theoretisch eine ‚gemähte Wiese‘ – tatsächlich aufgegangen ist. So prägnant hat selbst der ‚Eichendorff‘ in Bergsteiger- und Mathematikergestalt seither kaum mehr einem ‚Ding‘ sein ‚Lied‘ entlockt.“

Sechs

Welterkundungen

Another excuse for climbing is what Mo Anthoine calls ‚feeding the rat' – the need to get out, to test yourself, to flush out the system, and, above all, to have some fun.

Al Alvarez,
„Feeding The Rat"

Forsch steigt Norbert Sandner in die fünfte Seillänge ein. Ist ja nur VI+. Er bewältigt die kurze Querung nach links. Dann greifen die Hände einen Riss, der – gebaucht wie ein „ß" – senkrecht in die Höhe zieht, bis er sich nach 40 Metern im grauen Gemäuer verliert. Felshaken, die der Zwischensicherung dienen könnten, sind nicht zu sehen. Norbert prüft, ob genügend Klemmkeile in richtiger Form und Größe an den Materialschlaufen seines Hüftgurtes hängen. Noch ein Blick zurück zu Kurt, als wolle er sich vergewissern, dass der Seilpartner bei der Sache ist. Der hängt gelassen am Standplatz: drei Normalhaken, mittels Kräftedreieck verbunden. Der Halbmastwurfkarabiner, mit dem er Norbert sichert, ist im Zentralpunkt eingehängt. Kurt nickt aufmunternd: „Auf geht's, passt schon!"

Der 21. September 1980 ist ein sonniger Tag. Herb duftet der warme Wettersteinkalk. In klarer Luft reihen sich die Gebirge im Süden nebeneinander. Vor einem Monat haben Josef „Sani" Heinl und Albert Gilgenrainer, in der bayerischen Kletterszene bekannt als „Mann ohne Nerven", eine neue Route in der Südwand der Schüsselkarspitze eröffnet. Neun Seillängen, die ihnen einen „Bayerischen Traum" bescherten, weil sie kühn und elegant durch ein Meer aus Platten und Überhängen führen. Einen Schönheitsfehler hat die Erstbegehung aber: Heinl und Gilgenrainer können die Schlüsselpassage in der siebten Seillänge, einen nach links ansteigenden Quergang, nicht frei klettern. Am Vortag sind Norbert und Kurt aus der Fränkischen Schweiz ins Wettersteingebirge gefahren, um mal wieder etwas Alpines zu unternehmen. Kurt will kein „Scheuklappenkletterer" sein, will offen bleiben für alle Spielformen der Bergsteigerei. Da kommt so eine Herausforderung gerade recht – die erste Wiederholung und zugleich die erste Rotpunkt-Begehung des „Bayerischen Traumes", das wäre doch was!

Mit kräftigen Zügen piazt Norbert den Riss hinauf. Seine Hände fassen die Risskante, an ausgestreckten Armen hält er sein Gewicht, die linke Körperseite reibt am Fels, Beine und Füße bauen Gegendruck auf. Abwechselnd greifen die Hände höher, ein Fuß folgt dem anderen. Linke Hand, rechte Hand, linker Fuß, rechter Fuß ... Norbert hat die ersten zwei Meter hinter sich, als die Felsschuppe ausbricht, an der er gerade anzieht. Keine Chance zu reagieren! Und er hat noch keine Zwischensicherung gelegt. Norbert stürzt, am Stand vorbei, nochmal so weit. Ein Ruck. Dann bricht ein Standhaken aus. Und noch einer. Norbert hat darauf bestanden, dass Kurt die Kameradensicherung in die Standplatzschlinge einhängt. Mit Wucht knallt er gegen

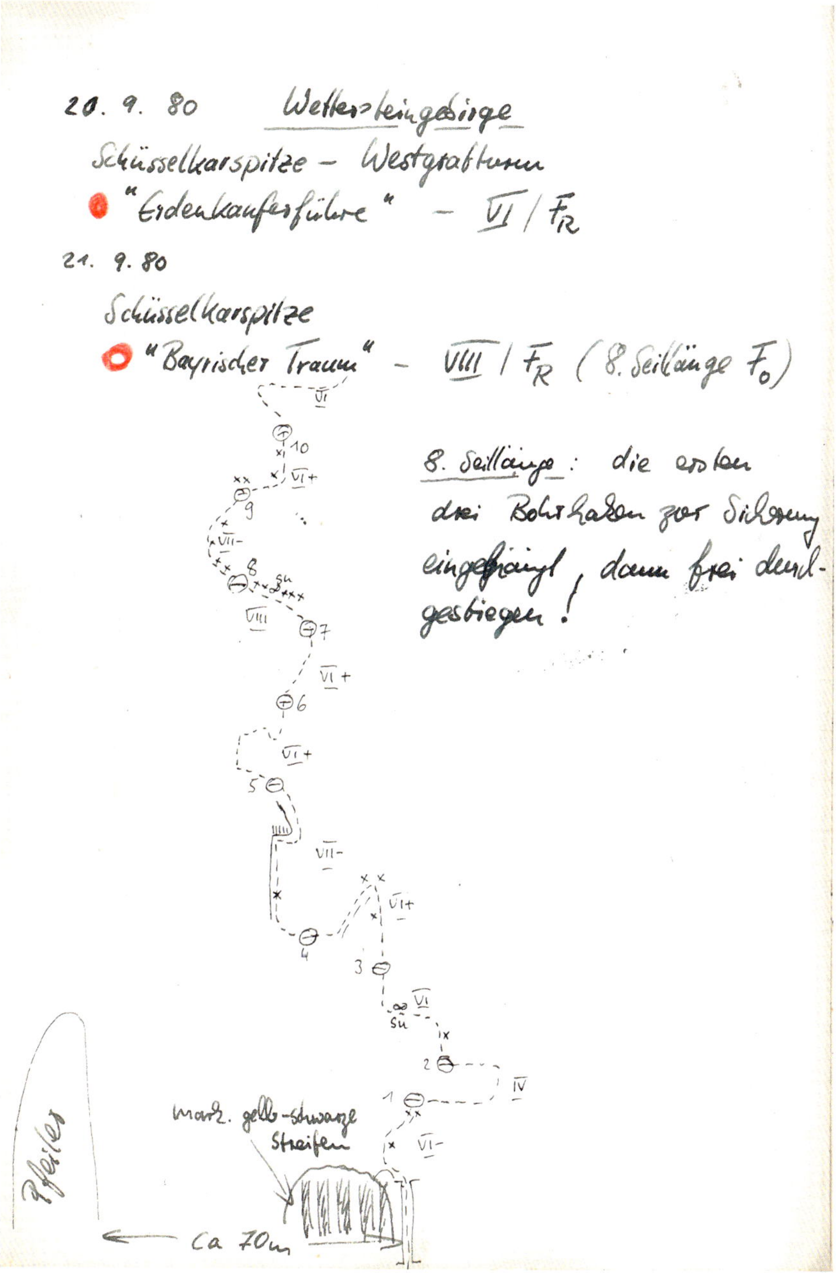

Topografie einer Kletterroute: Kurt Albert skizziert den „Bayerischen Traum“ an der Schüsselkarspitze-Südwand in sein Tourenbuch.

den Fels. Stillstand. Der dritte Haken hält. Norbert hängt kopfüber im Seil. Ihm ist speiübel. Kurt fragt nicht, ob er verletzt sei. Oder wie es ihm gehe. Stattdessen sagt er: „Du mit deinem Fixpunkt! Wenn ich dich am Körper gesichert hätte, wäre der Stand nicht ausgebrochen."

Einem Seilschaftssturz knapp entgangen, zwei Menschenleben hängen an einem windigen Normalhaken, und dann dieser Kommentar! Noch dazu ist Kurt im Unrecht: Hätte er Norbert, wie beim Sportklettern üblich, am Klettergurt, „am Körper", gesichert, hätte die einwirkende Kraft ihn nach unten gerissen. Und der Standplatz wäre noch stärker belastet worden. Aber es hilft ja nichts. Norbert schüttelt sich den Schreck aus den Gliedern, hangelt sich zum Standplatz hinauf und steigt erneut in die Seillänge ein. Der zweite Anlauf klappt problemlos, schnell erreicht er den nächsten Stand. Und Kurt kann anschließend die knifflige Leistenkletterei der Schlüsselstelle lösen. Die beiden Franken haben den „Bayerischen Traum" Rotpunkt vollendet.

Kurts Kletterkosmos spannt sich zwischen Frankenjura, Fontainebleau, Yosemite Valley und Alpen. Mit Wolfgang Güllich freut er sich am 31. Juli 1981 über „die unauslöschbare Existenz einer grandiosen Neuroute". In der Schüsselkarspitze-Südwand ist dem Duo mit „Locker vom Hocker" (VIII) ein Weg gelungen, dessen Nimbus bis heute ungebrochen ist. Vor allem die erste Seillänge – ein knapp 45 Meter langer Hand- und Fingerriss, der mit Klemmkeilen und Friends selbst abgesichert werden muss – flößt Kletterern nach wie vor Respekt ein. Im August 1984 durchlebt Kurt einen „Nervenkrieg" in der Südwand der Marmolada. Mit Wolfgang und Christof Stiegler gelingt ihm die dritte Begehung von „Der Weg durch den Fisch" (VII+/A4) in teils freier, teils technischer Kletterei. Die 38-Seillängen-Route durch die glänzenden Platten der Parete d'Argento wurde drei Jahre zuvor von den Tschechen Igor Koller und Jindřich Šustr erstbegangen. Sie führt an einer Felsnische vorbei, deren Form an einen Fisch erinnert. Daher der Name. Und sie definiert hinsichtlich ihres Anspruches an physisches Können und psychischer Stabilität die Grenze des jetzt Machbaren. Drei weitere Jahre wird es dauern, bis die Marmolada-Spezialisten Heinz Mariacher und Bruno Pederiva „den Fisch" Rotpunkt im Kescher haben.

Im August 1987 wendet sich Kurt einem Projekt zu, das sein Können und zugleich seine Kreativität herausfordert. Die Drei Zinnen in den Sextener Dolomiten waren in den 1950er- und 1960er-Jahren Schauplatz aufsehenerregender Abenteuer. Teils in freier, teils in technischer Kletterei und teils

Der „Bayerische Traum" gilt 1980 als schwierigste Route in der Schüsselkarspitze-Südwand. Ein Jahr später setzt „Locker vom Hocker" neue Maßstäbe.

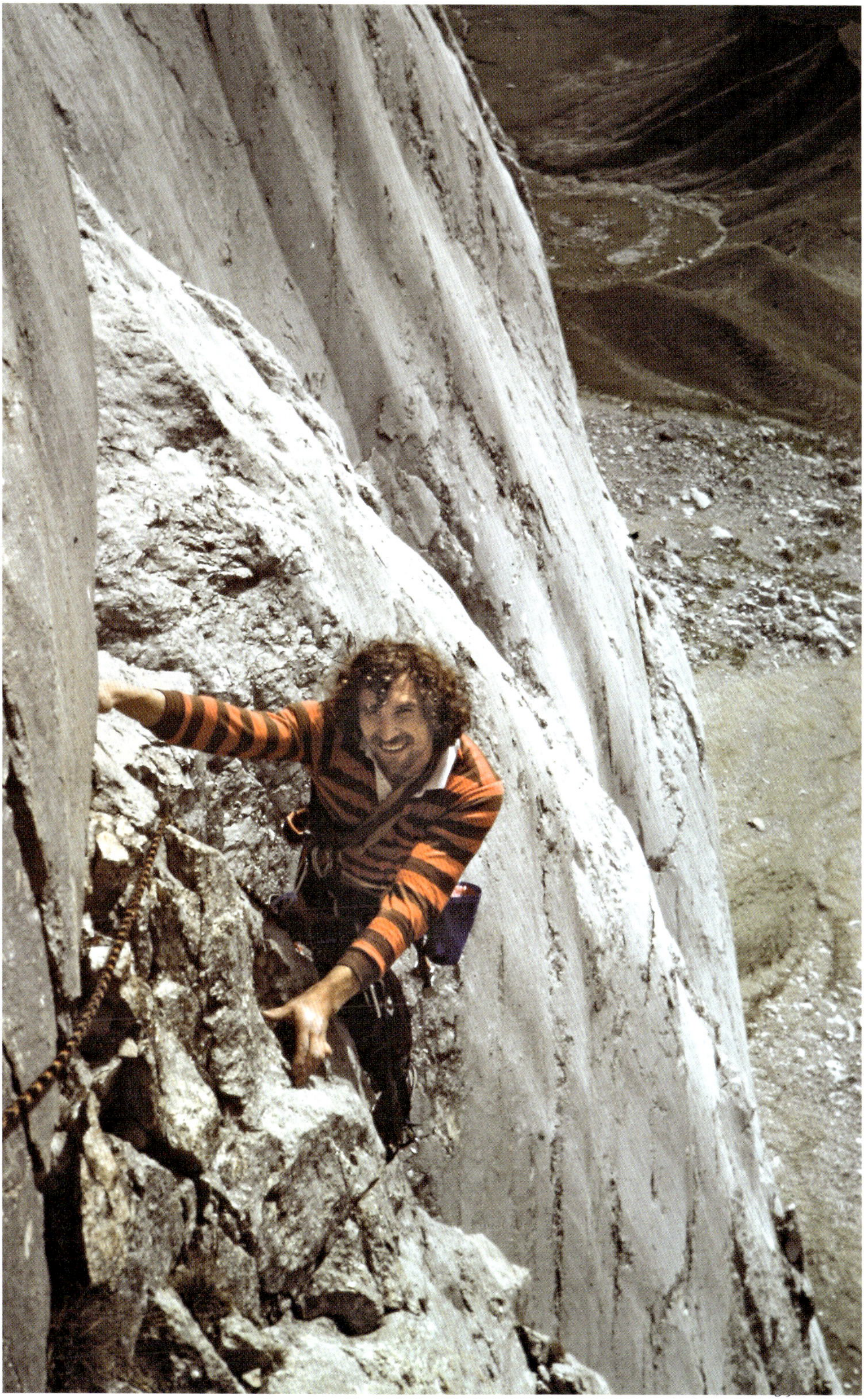

auch unter Verwendung vieler Normal- und Bohrhaken wurden Neurouten in den überhängenden Nordwänden erschlossen. Bald jedoch entpuppt sich die „Direttissima" – der möglichst gerade Weg vom Einstieg zum Gipfel ohne Rücksichtnahme auf im Fels angelegte Strukturen – als alpinistische Sackgasse. Viele Zinnen-Wege fallen in einen schattigen Dornröschenschlaf, bis sie von jungen Freikletterern wach geküsst werden. Als der Filmemacher Gerhard Baur bei Kurt anruft und vorschlägt, eine Rotpunkt-Begehung des „Schweizer Wegs" zu dokumentieren, ist Kurt sofort dabei. Der „Schweizer Weg" gilt als eine der Vorzeigerouten des Direttissima-Zeitalters. In tagelanger Arbeit schlosserten sich die Eidgenossen Albin Schelbert und Hugo Weber 1959 durch die Nordwand der Westlichen Zinne, am linken Rand des riesigen Daches im unteren Wandteil empor. „A3 und A2, je nach Zahl der zur Fortbewegung benutzten Haken auch mehr oder weniger Stellen VI oder V", steht im Alpenvereinsführer „Sextener Dolomiten". „Meine Motivation", schreibt Kurt, „ist grenzenlos".

Der Allgäuer Gerhard Baur stellt ein erfahrenes Team zusammen. Er selbst hat sich 1968 mit den Brüdern Walter und Erich Rudolph rechts des „Schweizer Wegs" mitten durch dieses auf den Kopf gestellte Amphitheater genagelt – inzwischen beschreibt er die Erstbegehung des „Baur-Dachs" als „luftige, akrobatische Spinnerei". Als zweiter Kameramann kommt der Oberbayer Sepp Wörmann mit in die Nordwand, staatlich geprüfter Berg- und Skiführer und in jedem Terrain ein ebenso umsichtiger wie unverwüstlicher Assistent. Kurts Seilpartner ist der Franke Immo Engelhard. Der neun Jahre Ältere kennt Kurt, seitdem dieser zu klettern begonnen hat. Im Frankenjura sind die beiden oft gemeinsam an den Felsen unterwegs. Immo ist Hauptschullehrer und hat „ab 13 Uhr Zeit – die Leute dachten schon, wir seien beide arbeitslos". Bereits Anfang der 1970er-Jahre kletterte Immo mit seinem Cousin Helmut Kiene, einem der Erstbegeher der „Pumprisse" (VII-) am Fleischbankpfeiler im Wilden Kaiser, an einem Tag durch die fünf Nordwände von Preußturm, Punta di Frida, Kleiner, Großer und Westlicher Zinne. Eine Meisterleistung.

Zwei Tage lang präparieren Kletterer und Filmemacher den „Schweizer Weg" für eine Rotpunkt-Begehung. Kurt versieht die Standplätze mit soliden Bohrhaken, ersetzt rostig gewordene Schlaghaken durch neue und räumt den Oberflächenbruch in den Abgrund. Für die Kameramänner hängt er Fixseile in die Wand, an denen sie mit Steigklemmen auf- und absteigen können. „Elf Mal", erinnert sich Immo Engelhard, „sind wir durch das Riesendach geklettert. Kurt hat immer darauf geachtet, dass ich und die anderen sicher sind." Vielleicht hat er die Beinahe-Katastrophe noch im Kopf, als der „Bayerische Traum" fast zum Alptraum wurde. Jedenfalls betonen alle Seil- und Expeditionspartner, mit denen Kurt in späteren Jahren unterwegs ist, dass er immer bedacht, eher vorsichtig und stets konzentriert gehandelt habe. Kurt mag ein Alltagschaot sein, doch unterwegs, am Berg, in der Wand, ist er vor allem eins: zuverlässig und auf Sicherheit bedacht.

Der kletternde Vorstoß in Kurts „Reich der Unmöglichkeit" sowie dessen Dokumentation gehen Hand in Hand. Kurt klettert in blauer Faserpelzjacke, blassroter Leggings, gelben Wadenwärmern und „Ninjas" von Boreal, dem ersten Kletterschuh-Slipper. Einen Helm trägt er im notorisch brüchigen Zinnen-Dolomit nicht. Schreibend erinnert er sich: „‚Immo, pass gut auf!' Der Fels ist brüchig, die alten rostigen Haken fragwürdig – weit draußen im Dachüberhang hänge ich 200 Meter über dem Kar – die Unterarme fast kraftlos, zum Platzen aufgepumpt. Die Stille wird nur vom zynischem Krächzen einer Bergdohle unterbrochen. Mit rasendem Puls bleibt kein anderer Ausweg: Ich wage den Dynamo ins Ungewisse – der Griff bricht. Ich stürze ... stürze ... stürze in ewige Abgründe, ziehe die vergammelten Haken wie einen Reißverschluss und verschwinde in einem unendlich tiefen Schacht ... Hält der Standplatz? Schweißgebadet erwache ich unten im Kar aus meinem Alptraum, die Arme im Nacken verschränkt, und sehe nichts anderes als abschreckende Dächer und Überhänge im rotgelben, dem Anschein nach nicht kletterbarem Fels. Hoch über mir segeln leichtschwingig die Bergdohlen. Das Ganze ist ‚nur' eine Szene, sicherlich der Höhepunkt von ‚Frei wie der Wind'" – so nennt Gerhard Baur seine Dokumentation. Während Kurt Seillänge um Seillänge Rotpunkt klettert, gibt er jeder einen eigenen Namen: „Schotterdiplom", „Affenpaarung", „Darwinismus", „Esel, streck dich!", „Knüppel aus dem Sack", „Tischlein deck' dich! ... Sie alle werden zu Perlen im Schatzkästchen meiner Klettererlebnisse." Nach vollbrachter Tat bewertet er den „Schweizer Weg" mit dem Schwierigkeitsgrad IX-.

Im Anschluss an die Dreharbeiten nutzt Kurt das Momentum und verabredet sich mit dem Innsbrucker Gerold Sprachmann für einen Rotpunkt-Versuch der „Direttissima" in der Großen-Zinne-Nordwand. „Das Funkeln seiner Augen beim Gedanken an solch ein alpines Freikletterabenteuer sagte mir, dass er der ideale Spielgefährte ist." Zwischen 6. und 10. Juli 1958 erschlossen Dietrich Hasse, Lothar Brandler, Jörg Lehne und Sigi Löw die „Direttissima", wobei sie Schwierigkeiten im siebten Grad frei kletternd bewältigten. Ihre Linie folgt größtenteils natürlichen Strukturen. Leider schlagen Wiederholer zu den verwendeten 180 Schlag- und 14 Bohrhaken im Verlauf der Jahre immer mehr hinzu, so dass die „Direttissima" entgegen ihrem eigentlichen Charakter bald als Hakenleiter gilt.

„Nach anfangs höflich-zögerndem, dann hemmungslosem Apfelstrudel-Genuss bei Gerolds Eltern fahren wir unserem Ziel entgegen. Spät abends, in der warmen Lavaredo-Hütte, beschließen wir bei Spaghetti und Vino Rosso: Aufbruch morgen früh um sechs Uhr! Unsere Motivation ist grenzenlos ..." Tatsächlich wird es neun, bis sich Kurt und Gerold aus dem Bett und an den Einstieg bequemen. „Der erste Felskontakt erinnert mich an den Griff in die Tiefkühltruhe. Unser Dornröschen scheint nicht nur eingeschlafen, sondern auch eingefroren zu sein. Meine Kletterbewegungen geraten alles andere als katzenhaft. Etwa so elastisch wie ein gefrorener Fisch quäle ich mich die Einstiegsverschneidung hinauf – Knieeinsatz im vierten Schwierigkeitsgrad. Gottseidank, niemand schaut zu. Doch mit zunehmender Höhe werden unsere Bewegungen fließender." Kurt ist begeistert von der „unwahrscheinlich luftigen und anstrengenden" Freikletterei, mit der ihn die Route beschenkt. Auch mit der Absicherung gibt er sich zufrieden: „Es stecken so viele Haken, dass einer davon schon halten wird." Nach zwei Tagen Konzentration und Klettervergnügen haben Kurt und Gerold Sprachmann es geschafft – die „Direttissima" (VIII) hat ihre erste Rotpunkt-Begehung.

Mit seinen Rotpunkt-Rendezvous prägt Kurt das Alpinklettern ebenso wie Jahre zuvor das Sportklettern. Seine Ideen kommen natürlich nicht aus dem Nichts. Er ist kein Genie, das allein und im Sturm und Drang die Welt der Vertikale verändert. Aber seinesgleichen heben ihn nicht von ungefähr auf den Schild, auf dem er bis heute steht. Denn Kurt ist in dieser Phase, als immer mehr Alpinrouten frei geklettert werden, nicht nur nachahmend, sondern über einen langen Zeitraum hinweg schöpferisch tätig. Er tritt in den Worten des Philosophen Peter Sloterdijk „vom bloßen Geformtsein auf die Seite des Formenden" über. Und schreibt sich so in die Geschichte des Kletterns ein.

In Kurts Augen, und in den Augen weniger anderer Pioniere aus Europa und Übersee, ist der nächste Schritt logisch: Der neue alte Stil, das Freiklettern, die Rotpunkt-Idee, muss auch in den hohen Bergen prägend werden. Die Anzahl möglicher Unternehmungen wächst damit ins Unermessliche, und es trifft sich gut, dass der „Unterausschuss für Auslandsbergfahrten" des Deutschen Alpenvereins 1988 einige der stärksten Kletterer Deutschlands zur „DAV-Spitzenexpedition" einlädt. Schnell ist man sich einig, wo es hingehen soll: nach Pakistan, ins Karakorumgebirge, wo sich über dem Baltoro-Gletscher die Trango-Türme erheben.

Für den 11. März 1988 bittet Expeditionsleiter Hartmut Münchenbach zum „2. Expeditionstreffen" nach München. Wolfgang Güllich, Martin Leinauer, Wolfgang Kraus, Martin Schwiersch, Thomas Lipinski, Jörg Wilz und Jörg Schneider, der Expeditionsarzt, verständigen sich hinsichtlich der Namensgebung „nach eingehender Diskussion auf ‚Trango Tower Power-Expedition des Deutschen Alpenvereins'". Kurt Albert fehlt entschuldigt. Und Bernd Arnold versucht zuhause in Hohnstein, jenseits der innerdeutschen Grenze, den „Deutschen Verband für Wandern, Bergsteigen und Orientierungslauf der DDR" (DWBO) davon zu überzeugen, dass seine Teilnahme an der Expedition das Ansehen des sächsischen Felskletterns weltweit stärken würde.

Bereits im Jahr zuvor wurde Bernd auf Betreiben von Wolfgang Güllich offiziell zur „DAV-Spitzenexpedition" eingeladen. Dies ist nicht das erste Mal, dass der Westen den Ostdeutschen willkommen heißen will. Bisher aber wurden alle Initiativen, ausgehend von Freunden oder von Verbänden wie dem American Alpine Club, von den ostdeutschen Behörden abgeblockt. „Etwas blauäugig", wie er heute sagt, schreibt Bernd am 31. Juli 1987 sogar an Erich Honecker und bittet den DDR-Staatsratsvorsitzenden, die ablehnende Haltung des DWBO zu prüfen. Seine Bemühungen sind vergeblich. Bernd beschließt, auch ohne Genehmigung aufzubrechen. Von einem fingierten Cousin wird er zur Silberhochzeit nach München eingeladen – damit ist zumindest die Ausreise aus der DDR möglich. Am 10. Juni 1988 fährt Bernd mit dem Zug über die deutsch-deutsche Grenze. Seine Frau Christine wirft drei Briefe in den Postkasten, mit denen Bernd das Zentralkomitee der Sozialistischen Einheitspartei Deutschlands (SED), die Bezirksleitung der SED in Dresden sowie den DWBO darüber informiert, dass er nach Pakistan reisen und spätestens am 31. Oktober 1988 in die DDR zurückkehren wird.

Zunächst verbringt Bernd gut sieben Wochen in den Alpen. Er residiert bei Dietrich Hasse, klettert mit Salewa-Geschäftsführer Hermann Huber im Oberreintal, lernt seine Expeditionskollegen kennen – bis auf Kurt und

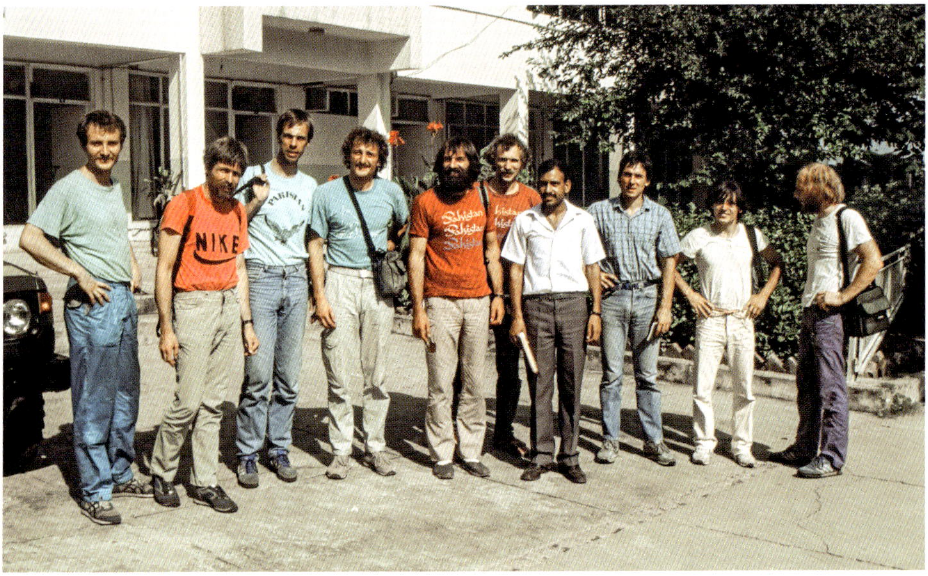

Bernd Arnold reiht die bunte Truppe der „DAV-Spitzenexpedition“ gemeinsam mit dem pakistanischen Verbindungsoffizier für ein Gruppenfoto auf.

Wolfgang Güllich hat er zuvor keinen getroffen. Am 29. Juli 1988 fliegt die Mannschaft schließlich von Frankfurt über Istanbul nach Islamabad. Nicht nur Bernd öffnet sich in Pakistan eine neue Welt. Auch Kurt war noch nie im Mittleren Osten. Aus der Froschperspektive eines Kletterers gibt es dort jede Menge weißer Flecken auf der Landkarte. Zumal, wenn man ein neues Spiel ausprobieren will: Felsklettern im Karakorum, nach Rotpunkt-Regeln! Noch weiß niemand, ob dies in Höhen von über 6000 Metern überhaupt möglich ist. Wie wird der Fels beschaffen sein? Sind die Risse mit Eis gefüllt? Wie weit reicht die Ausdauer? Und kann bei niedrigem Sauerstoffpartialdruck überhaupt die Maximalkraft abgerufen werden?

„Die klettersportlichen Regeln, die in den Alpen ja seit einigen Jahren praktiziert werden“, schreibt Expeditionsleiter Münchenbach, „sollen Einzug in den Himalaya finden! Ist zwar sauschwer, aber wer soll's denn packen, wenn nicht unsere Truppe!“ In der Bergsteigerszene wird diese Überzeugung nicht mehrheitlich geteilt, die Eignung der Expeditionsteilnehmer angezweifelt. Es ist Ende der 1980er-Jahre etwas völlig Neues, dass sich Sportkletterer – die Bezeichnung gilt in alpinen Kreisen noch als ehrenrührig – in den

Himalaya aufmachen. In vielen Abenteuern bewährte, vornehmlich alte Haudegen trauen ihnen nicht zu, auch nur den langen Marsch ins Basislager zu bewältigen, geschweige denn in großer Höhe Rucksäcke zu schleppen, kombiniertes Gelände zu klettern, Fixseile zu verlegen und was noch alles so dazugehört.

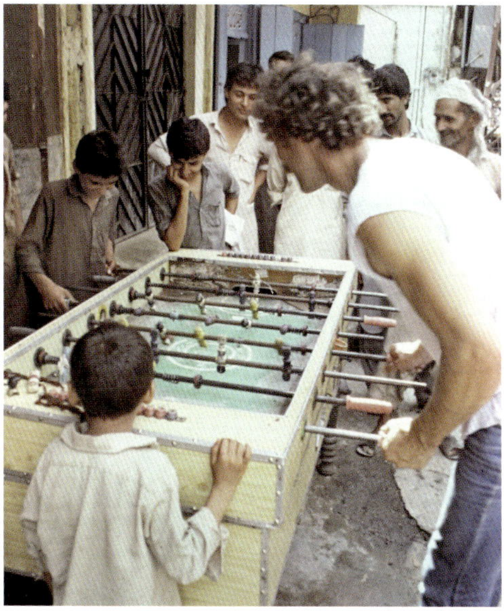

Kickern statt feilschen: Kurt Albert setzt im Raja-Bazaar klare Prioritäten.

Kurt lässt sich von den Skeptikern nicht kirre machen. In seinen Taschenkalender kritzelt er mit Bleistift: „Warum machst du das? Ich möchte zeigen, dass ich lebe. Ich muss mich bewegen, arbeiten für ein Ziel, fanatisch verfolgen, neue Ziele suchen, psychisch und physisch. Etwas, was nicht jeder kann. Leben ist Bewegung!“ Und darunter notiert er die Formel: „$E = W/2 \cdot V^2$ – Erfolg ist Wissen geteilt durch zwei mal Verhalten im Quadrat.“ Noch scheint Kurt zu glauben, dass sich das Leben mit mathematischen Gleichungen erklären lässt.

Wie man sich in Pakistan verhält, müssen die weit und weniger weit gereisten Kletterer allerdings erst lernen. Im quirligen Raja-Bazaar im Zentrum Rawalpindis kaufen sie Vorräte ein, außerdem Kochtöpfe, Geschirr, Besteck, Kerosin, Schuhe für die Träger. Kurt: „Und dann das verdammte Handeln. Wir sind da die echten Profis. ‚Wie viel?, fragen wir. – 70 Rupien. – Okay, 50. – 70. – Okay, 60. – 70. – Okay.‘ Wir zahlen 70.“ Auch mit der Ernährung klappt es nicht ganz reibungslos. „Fast jeden hat es mit Durchfall erwischt. Bei der Auswahl auf der Speisekarte zeigen sich Spielernaturen – je nach Gesundheitszustand setzt man auf etwas verständlich Klingendes oder tendiert zum kulinarischen Selbstmordkommando.“

Sechs Tage dauert der Anmarsch von Dassu entlang des Braldu und über den Baltoro-Gletscher ins Basislager. Kurt ist beeindruckt von der Leistung der 40 baltischen Träger, „die mit Schnüren 25 Kilo tragen – große Gepäck-

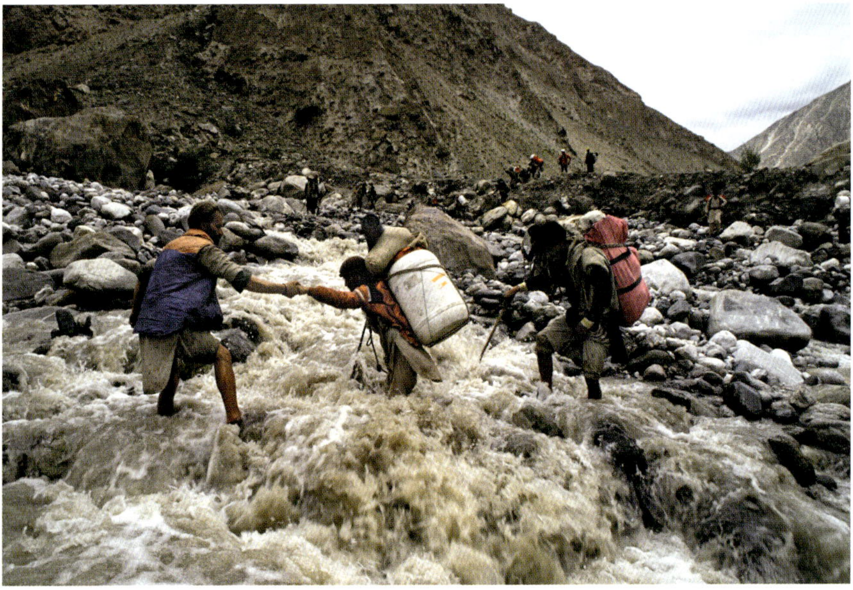

„Große Gepäckstücke mit Beinen dran." Während des sechstägigen Anmarsches schultert jeder Träger 25 Kilo.

„Meine Speicher sind total leer." Kurt Albert und sein Radio tanken im Basislager am Dunge-Gletscher Sonnenenergie.

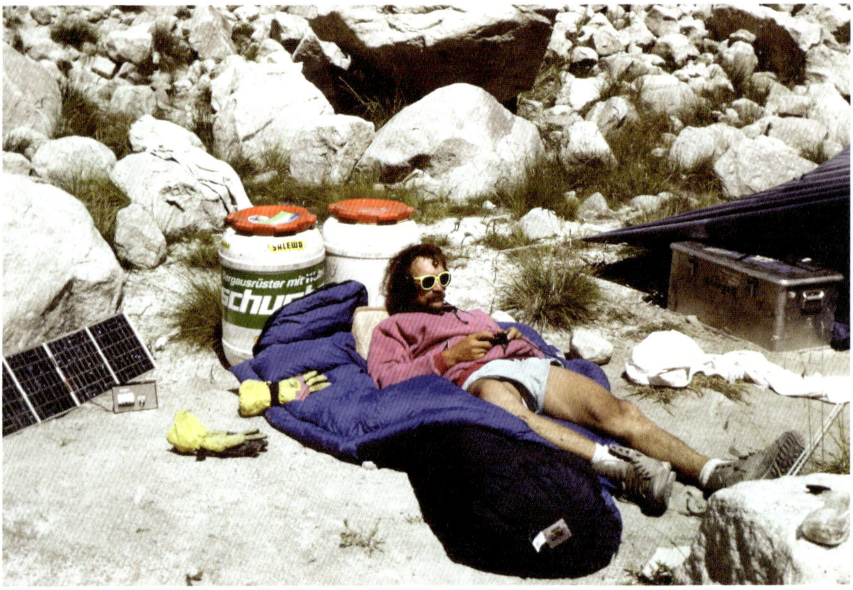

stücke mit Beinen dran. Ich dagegen trage zehn Kilo im Rucksack, habe dafür aber weich gepolsterte Tragegurte." Als er selbst eine Trägerlast wuchtet, schreibt er abends in sein Tagebuch: „Durchdrücken der Beine im Blockfeld fast unmöglich." Dass er diesen Versuch macht, erzählt viel: Kurt ist immer neugierig, will selbst anfassen, ausprobieren. Und anders als viele Höhenbergsteiger, die „die eiserne Willenskraft der Träger" und ihre Lebenslust – abends tanzen sie ums Lagerfeuer – nur distanziert bestaunen, sucht Kurt unverstellt Kontakt zu ihnen. Ihm selbst geht es, geschwächt von einem Magen-Darm-Infekt, in zunehmender Höhe gar nicht gut. Kurz vor dem Basislager „sind meine Speicher total leer. Erschöpft erklimme ich den letzten Geröllhang. Munter kommen mir die Träger entgegen: Ich reiße mich am Riemen und täusche Frische vor, nur um mein Gesicht nicht zu verlieren."

Knapp drei Wochen sind die Bergsteiger in Pakistan, als sie auf etwa 4000 Meter Höhe am Rande des Dunge-Gletschers ihr Basislager errichten. Ein idyllischer Platz ist das, eingebettet zwischen einer Felswand und der Seitenmoräne, ein Bach plätschert, Blumen sprenkeln eine schüttere Wiese. Im weiten Rund erheben sich bizarre Granittürme, die Kathedralen gleich in den indigoblauen Himmel ragen. Zum ersten Mal sehen die Kletterer die Trango-Türme, und in ihren Augen funkelt Vorfreude. Kurt Albert, Wolfgang Güllich, Bernd Arnold, Martin Leinauer – staatlich geprüfter Berg- und Skiführer aus Berchtesgaden und hervorragender Alpinkletterer – sowie Hartmut Münchenbach wollen sich am „Norwegerpfeiler" (VII/A4) versuchen.

Der Nordostpfeiler des Great Trango Tower (6286 m) wächst wie die Rückenflosse eines Hais aus der Fels- und Eislandschaft ringsum. Seine Erstbegehung gelang 1984 – und endete tragisch. In zwei Drittel Wandhöhe und nach knapp vier Wochen in der Wand stellten Hans Christian Doseth, Finn Daehli, Stein Aasheim und Dag Kolsrud fest, dass ihnen die Nahrungsmittel ausgingen. Aasheim und Kolsrud seilten in einem Akt der Selbstlosigkeit ab und wahrten ihren Gefährten so eine Chance auf den Durchstieg des Pfeilers. Vom Basislager aus beobachteten sie den Fortschritt ihrer beiden Kameraden. Fünf Tage später, am 4. August 1984, erreichten Doseth und Daehli nach 55 Seillängen Kletterei den Gipfel. Was dann passierte, ist unklar. Die beiden Norweger seilten über den Pfeiler ab, dabei wurden sie in halber Wandhöhe zum letzten Mal gesehen. Später entdeckten Aasheim und Kolsrud durch das Fernglas zwei Leichen am Wandfuß. Bevor sie geborgen werden konnten, riss eine Lawine sie über den Hängegletscher, über den der Weg zum Einstieg führt. Die klaffende Randspalte wurde ihr Grab.

Im Angesicht des 1600 Meter hohen Norwegerpfeilers ist Kurt „erschrocken von diesem Unternehmen". Nicht nur wegen der Dimension des Abenteuers, auch wegen des Zustiegs. 700 Meter Seil, 150 Karabiner, 100 Bohrhaken, ebenso viele Normalhaken, Portaledges – Schlafplattformen –, Klemmkeile, Friends, Eisgeräte, Steigeisen, Verpflegung für 20 Tage müssen über den Hängegletscher und durch ein Eiscouloir zum Einstieg geschafft werden. Wer da durch will, setzt sich schutzlos Eisschlag- und Lawinengefahr aus: Die Séracs des Gipfelgrates kalben immer wieder und unvorhersehbar. Dann stürzen Tonnen an Eis und Schnee herab und kreuzen die Aufstiegslinie. „Ich versuche verkrampft, mit Wahrscheinlichkeitsargumenten unser Vorhaben zu rechtfertigen und meine Psyche zu beruhigen. Die Überlebenschancen im Eiscouloir liegen bei 1:1000, berechne ich. ‚Russisches Roulette' im Zustieg, und jeder von uns muss da mindestens zehn Mal rauf!"

In den folgenden Tagen und Wochen lernt Kurt die Härten des Höhenbergsteigens kennen: „Vereiste Steigklemmen, die nicht mehr greifen wollen. Unterzucker- und Erschöpfungszustände. Von Wasser überronnene Granitplatten. Stundenlanges Sichern am Standplatz bei zunehmender Unterkühlung. Die Gaskartusche im Rucksack, die ständig ins Kreuz drückt. Das Kondenswasser im Überzelt der Portaledges. Immer gibt es irgendwo einen Rucksack zu schleppen ..." Hartmut Münchenbach, der in den Anden, am Cerro Torre in Patagonien und am Südostpfeiler des Nanga Parbat (8125 m) einen guten Erfahrungsmix gesammelt hat, hält Kurt an, „vorsichtiger mit meinen Reserven umzugehen". Und auch Bernd hat für den Novizen einen Ratschlag parat: „Er ermahnt zu mehr Ordnung mit dem Material, dies sei notwendig für den Erfolg."

Die Kletterei am Norwegerpfeiler ist in erster Linie harte Arbeit. Kurt schont sich nicht, schleppt schwere Lasten, übernimmt die Führung. Doch der Gedanke an einen Rotpunkt-Versuch rückt in die hintersten Nischen seiner Gedankenwelt. Stattdessen „verbringen wir die Tage in Trittleitern und kämpfen mit enormen hakentechnischen Schwierigkeiten stundenlang um wenige Meter Granit". Nach mehreren Anläufen erreichen Kurt, Wolfgang, Bernd, Martin Leinauer und Hartmut Münchenbach einen scharfen Eisgrat, der den Pfeiler in knapp zwei Drittel Wandhöhe unterbricht und zur abschließenden Headwall führt. Hier ist endgültig Schluss. Körperlich aus-

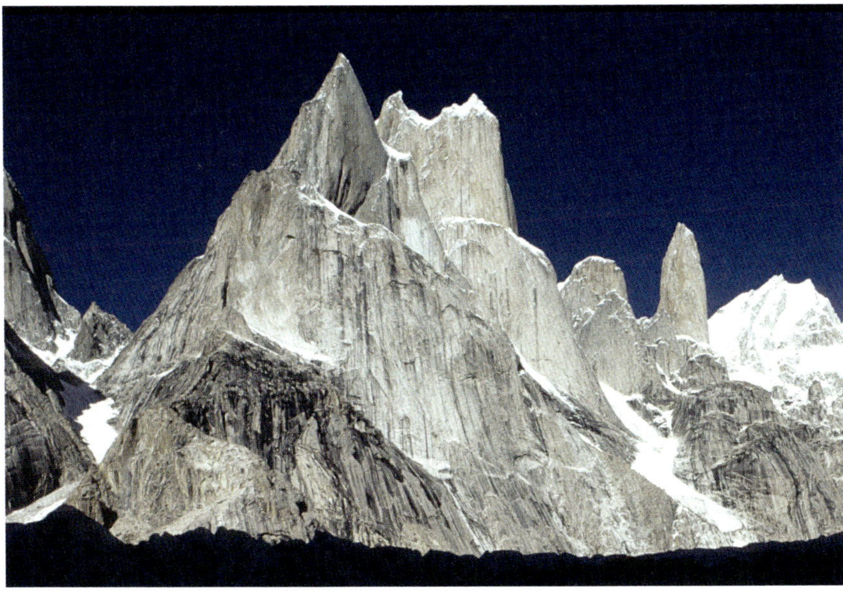

Neben dem eisbewehrten Great Trango Tower (6286 m) wirkt der Nameless oder Trango Tower (6239 m) perspektivisch verzerrt etwas schmächtig.

Die Kletterei am schattigen „Norwegerpfeiler“ entpuppt sich als harte Arbeit. Nur frühmorgens spendet die Sonne etwas Wärme.

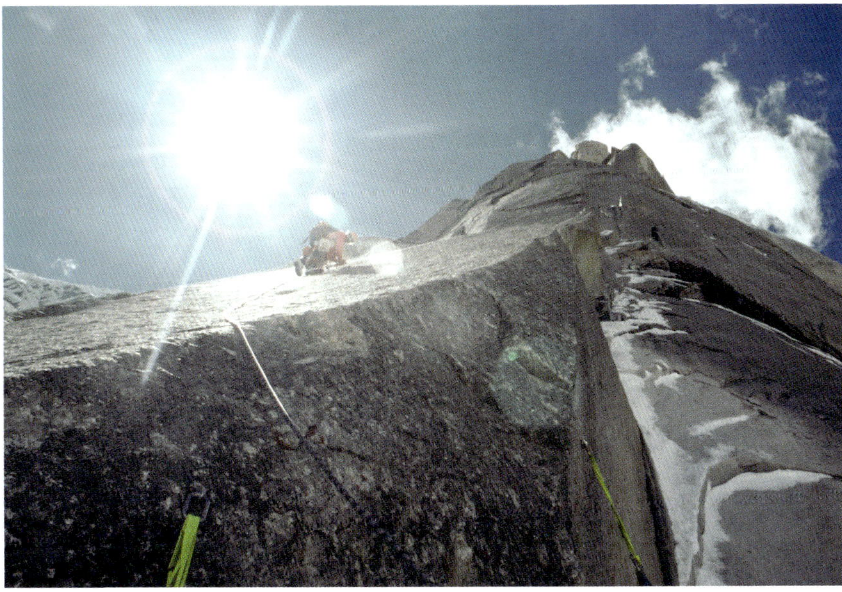

gelaugt und mental angeschlagen seilen die Kletterer in Schneeregen und Sturm ab – als wolle der Great Trango Tower nochmal deutlich machen, wer Herr im Hause ist.

Unterdessen hat sich der zweite Teil der Expeditionsmannschaft mit dem Nameless Tower (6239 m) beschäftigt. Ziel der Gruppe ist die „Jugoslawenroute" (VII/A1), ein Jahr zuvor erstbegangen von Slavko Cankar, Franc Knez und Bojan Šrot. Nachdem die Sozialistische Föderative Republik Jugoslawien 1992 in Einzelstaaten zerfiel, wird die Route heute „Slowenenroute" genannt. Ihr großer Vorteil ist: Sie verläuft durch eine sonnige Südostwand. Am 3. September 1988 erspäht die gescheiterte Mannschaft vom Norwegerpfeiler ihre Kollegen Wolfgang Kraus, Thomas Lipinski, Jörg Wilz und Jörg Schneider wenige Meter unterhalb des Gipfels. „Im Basislager kommt Stimmung auf. Gespannt beobachten wir die Jungs durchs Fernglas. ‚In fünf Minuten Gipfelerfolg', prophezeit man uns per Funkgerät. Wolfgang Kraus nimmt die letzten Meter in Angriff. Dann bricht der Funkkontakt ab – wir warten … Eine halbe Stunde später: Endlich, ein kleiner Punkt bewegt sich am Gipfel des Nameless Tower. Jörg berichtet von einem ‚kleinen' Zwischenfall. Wolfgang wollte knapp unterm Gipfel einen mit Eis gefüllten Kamin mit Kletterschuhen und in Spreiztechnik überwinden, verfehlte jedoch den ‚Dynamo' zu den Ausstiegshenkeln. Er stürzte 20 Meter! Mit viel Glück holte er sich nur Hautabschürfungen und leichte Prellungen. Jörg Wilz beendete die letzte Seillänge dann klassisch mit Plastikschuhen und Steigeisen. Die Jungs sind in guter Stimmung dort oben auf dem schmalen Gipfelplateau."

Kurt, Wolfgang, Bernd, Martin und Hartmut schließen daraufhin den „Norweger-Kühlschrank". Zu verlockend ist der sonnige Fels der Nameless-Tower-Südostwand. Zu ihnen gesellt sich Martin Schwiersch. Der staatlich geprüfte Berg- und Skiführer und Psychologe hat den erfolgreichen ersten Anlauf krank im Basislager liegend verpasst. Die Seilschaft Albert, Güllich, Münchenbach erinnert sich an ein ehrgeiziges Ziel. Kurt formuliert es so: „In diesen Regionen tritt die Ethik beim Bergsteigen ja oft in den Hintergrund. Der Gipfelsieg wird zum alleinigen Maßstab, der ‚success'. Die für uns alles entscheidende Frage nach dem ‚Wie' wird selten gestellt! Wir wollen uns nicht einfach zum Gipfel hocharbeiten. Unser ‚success' liegt nicht dort, wo alles Schuften ein Ende hat, sondern wo der Rotpunkt beginnt. Am Nameless Tower betreiben wir endlich unser Spiel.

Während am Norwegerpfeiler technische Hilfsmittel unsere Art des Fortkommens diktierten, ist jetzt die Natur der Choreograph unserer Bewegungen. Der Norwegerpfeiler bedeutete Krieg mit dem Fels – heute sind wir Freunde! Der weit überhängende Faustriss der zehnten Seillänge bereitet mir Kummer. Fünf Meter oberhalb des letzten Keils hänge ich an der verklemmten linken Hand, erschöpft, in Sauerstoffnöten. Meine kraftlosen Unterarme fordern eine schnelle Entscheidung. Angefeuert von Hartmut und mit dem Aufbäumen all meiner Kraftreserven riskiere ich einen 15-Meter-Sturz, wage die Flucht nach oben auf den erlösenden Felsabsatz. Übelkeit und Kopfschmerzen überfallen mich, erst nach zehnminütiger Rast beruhigt sich meine Atmung – selten zuvor war ich so fertig!"

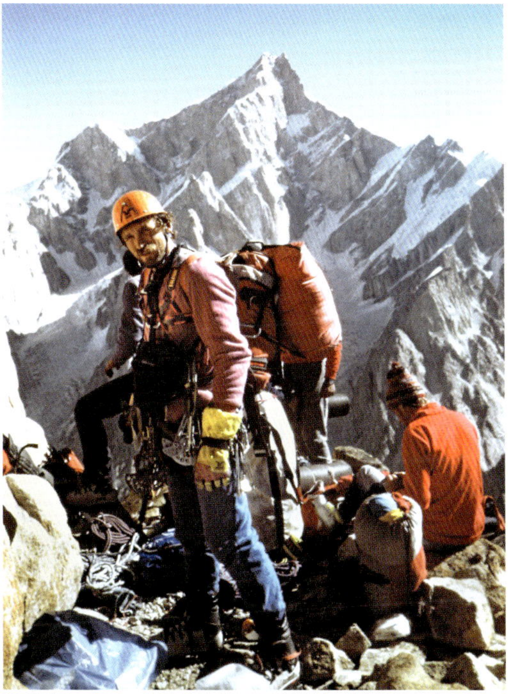

Nach der ersten Rotpunkt-Begehung der „Slowenen-Route" räumt Kurt Albert den Trango Tower auf.

Am 6. September 1988 stehen Bernd und die beiden Martins, kurz darauf auch Kurt, Wolfgang und Hartmut auf dem Gipfel des Nameless Tower. Damit sind alle Expeditionsteilnehmer erfolgreich, Kurt und Wolfgang ist die erste Rotpunkt-Begehung der „Slowenenroute" gelungen. 20 Seillängen, Schwierigkeiten bis zum achten Grad auf über 6000 Meter – was bisher als unmöglich galt, ist Wirklichkeit geworden. Auch wenn bereits zuvor schwierige Seillängen in großer Höhe geklettert wurden, und auch wenn im Laufe der folgenden Jahrzehnte höhere Schwierigkeiten gemeistert werden, so sind Kurt, Wolfgang und ihre Gefährten doch die Ersten, die die Rotpunkt-Idee konsequent im Himalaya umsetzen. Kurt ist erbaut: „Am höchsten Punkt erfreuen wir uns bei herrlichem Wetter am tollen Panorama:

Gasherbrum I und II, Broad Peak und der K2 – mein vierter Achttausender (den ich gesehen habe)."

Nun muss noch die Ausrüstung der Norwegerpfeiler-Aspiranten irgendwie vom Berg hinuntergebracht werden, denn in ein paar Tagen kommen die Träger für den Rückmarsch. Am 9. September 1988 beginnen Hartmut, Kurt, Wolfgang und Bernd mit dem Aufräumen. Bis auf zwei Fixseile können sie ihr gesamtes Material bergen und die Route in sauberem Zustand zurücklassen. Am 10. September transportieren sie Seile, Sicherungsmaterial, Gaskartuschen und Schlafsäcke vom Wandfuß zurück ins Basislager. Schwer bepackt quert Bernd über den Hängegletscher, den die Männer inzwischen so oft hinauf- und hinuntergestiegen sind. Es ist bereits früher Nachmittag, der Schnee von der Sonne aufgeweicht. „Da passierte es — am linken Steigeisen hatten sich Stollen gebildet. Die Zacken drangen nicht mehr tief genug ins Eis ein. Ich glitt aus und rutschte. Mein Gepäck hinderte mich daran, energisch mit dem Eisbeil zu bremsen", erinnert sich Bernd in seinem Text „Endpunkt und Anfang" für das Alpenvereinsjahrbuch Berg '90. „Ich raste auf die große Querspalte zu, die den Gletscher aufbricht und uns immer zu einer Linksschleife zwang. Trotz des Wissens um die große Gefahr empfand ich keine Angst. Dieser Vorgang lief vor mir wie ein Film ab, in dem ich zum Betrachter des Sturzes wurde. Selbst als ich vom Rand der Spalte abhob und meine ungefähre Aufschlagstelle ausmachte – etwa 25 Meter freier Fall –, nahm ich die Gefahr für Leib und Leben nicht an, sondern glaubte mit Inbrunst an meine Unverletzbarkeit."

Leider ist dies ein Irrglaube. Bernd stürzt auf ineinander verkeilte Eisbrocken, die im Inneren der riesigen Randspalte eine Brücke bilden. Kurt und Wolfgang haben Bernds Schreckensschreie gehört und müssen hilflos zusehen, wie er in den schwarzen Schlund stürzt. Über ein schmales Band in der talseitigen Spaltenwand kann Kurt zu Bernd auf die Eisbrücke queren. In seinem Tagebuch notiert er: „10. September: Jetzt ist es passiert. Aus Trango-Tower-Power wird Trango-Tower-Trauer. Bernd stürzt im Hängegletscher. Kurz vorher klopfen wir uns gegenseitig ab – ich ihm auf den Helm, er mir auf die Schulter. Bernd sagt noch, er sei müde. Ich sehe ihn über den Gletscher rutschen in die große Querspalte. Wolfgang holt sofort Hilfe von unten. Nach langem Warten, Bernds Kopf liegt ca. zwei Stunden lang auf meinen Knien, kommen endlich die anderen. Es erfolgt eine schnelle Spaltenbergung und Abtransport in der Nacht an Fixseilen. Dann langwieriger Transport ins Basislager, das wir um fünf Uhr morgens erreichen.

11. September: Bitte Bernd, halte durch! Dr. Jörg Schneider pflegt Bernd verzweifelt – ich habe kein gutes Gefühl. Jörg tippt auf Nierenversagen – Blut im Urin. Bernds ganzer Körper ist aufgeschwollen, vor allem Kopf. Augen sind zu. Bernd hat schon drei Infusionen. Hoffentlich kommt bald der Hubschrauber. Nach dieser Superrettung gestern muss es doch gut gehen. Ich möchte doch so gern mit Bernd unser gemeinsames Bier trinken und Klettern im Sandstein. – Bitte, bitte, bitte. Sechs Uhr morgens. Wieder lockt Norwegerpfeiler im herrlichen Licht. Du Scheißberg! Bernd liegt im Küchenzelt und stöhnt.

12. September: Bernd geht's besser – alle haben Hoffnung, dass er durchkommt. Quälendes Warten im Basislager. Bernd klagt über starke Schmerzen. Er hält es nur kniend nach vorne gebeugt aus! Jörg spritzt Valium, um Bernd schmerzfrei in Liegelage zu bekommen. Das läuft dann auch, aber nicht ohne Schmerzen. Bernd schreit laut auf.

13. September: Wieder Rumhängen bei herrlichstem Wetter. Bernd geht's wieder schlechter. Sein ganzes Gesicht ist zugeschwollen. Dann endlich um ca. 17 Uhr das erlösende Hubschraubergeräusch. Plötzlich muss alles schnell gehen. Bernd kriegt eine Ladung Valium, und dann geht's kniend in den Heli, zusammen mit Jörg. – Mach's gut, Bernd!" Dies ist die letzte Eintragung in Kurts Expeditionstagebuch.

Am 16. September 1988, sechs Tage sind seit dem Unfall vergangen, erreichen Bernd und Jörg Schneider das Münchner „Klinikum rechts der Isar". Dass Bernd noch lebt, dass er den Transport ins Basislager, den Hubschrauberflug nach Skardu, die Heimreise über Islamabad überstanden hat, grenzt an ein Wunder. Seine Verletzungen sind schwer: Die Ärzte diagnostizieren einen Beckenbruch, ein zertrümmertes Schambein, angeknackste Wirbel, die Folgen eines akuten Nierenversagens noch im Basislager, einen bereits verheilten Blasenriss sowie eine gebrochene Rippe, die sich in die Lunge gebohrt hat. Gut zwei Monate verbringt Bernd im Krankenhaus, bis er einigermaßen wiederhergestellt ist. Er bekommt häufig Besuch – Dietrich Hasse, Hermann Huber, Stefan Glowacz, seine Expeditionskollegen machen ihre Aufwartung. Auch ich schaue im Krankenhaus vorbei, und es entsteht eine Freundschaft, die bis heute hält. Ende November 1988 wird Bernd von seiner Frau Christine abgeholt und zurück in die Heimat, nach Hohnstein, gebracht. Wider Erwarten hat sein unerlaubter Auslandsaufenthalt keine Folgen. Vielleicht ahnen die DDR-Staatsorgane, dass sie sich bald in Auflösung befinden werden. In der Nacht von 9. auf 10. November 1989 fällt die Berliner Mauer. Die Grenzen sind geöffnet, und sobald er vollständig genesen ist, lebt Bernd diese neue Freiheit auf vielen Kletterreisen. Die meisten unternimmt er mit Kurt.

Ein Jahr, nachdem die „DAV-Spitzenexpedition" ihre Zelte am Fuß der Trango-Türme aufschlug, wandern Kurt Albert und Wolfgang Güllich erneut über den schuttbedeckten Dunge-Gletscher. Als sie das Basislager erreichen, fühlt es sich fast ein bisschen wie Heimkommen an. Ihr Ziel ist klar: Beim Abseilen über die „Slowenenroute" haben sie im Vorjahr eine Folge von Rissen gesehen, die sich vielleicht, wahrscheinlich, zu einer neuen Linie verbinden lassen. Und das am Nameless Tower, diesem so schönen Gipfel! Ein Kind würde einen Berg genauso malen: fingerhütig seine Umgebung überragend, lodernd spitz, die Wände glattgehobelt, von feinen Rissen gegliedert. Wie absurd, dass ausgerechnet dieser Postkartenfelsturm einen Nichtnamen trägt. Warum das so ist? Niemand weiß es genau. Und als wollten die Bergsteiger diesen Umstand nicht länger hinnehmen, hat sich inzwischen die Bezeichnung „Trango Tower" eingebürgert.

1976 wurde die granitene Spitze von einem britischen All-Star-Team erstmals bestiegen: Martin Boysen, Mo Anthoine, Joe Brown und Malcolm Howells. Der erste Versuch ein Jahr zuvor war fast im Desaster geendet: Boysen – einer der damals besten Alpinisten weltweit – hatte sein Knie auf gut 6000 Meter Höhe in einem Riss verklemmt und war nicht mehr in der Lage, es zu befreien. Erst nach Stunden, von Eiswasser überronnen und verzweifelt, gelang es ihm, mit einem Felshaken seine Hose so weit aufzureißen, dass sich das Gelenk lösen ließ. Ein Jahr später flog er den knie-fressenden Monsterriss, „the Fissure Boysen", förmlich hinauf. Die „Britenroute" folgt der einzigen Schwachstelle des Trango Tower, einer Abfolge aus Bändern und Absätzen in der Südwand. Mit ihrer Unternehmung eröffneten die Bergsteiger dem Himalaya-Bergsteigen neue Perspektiven: Erstmals wurden Big-Wall-Techniken, die zuvor nur an Gipfeln wie dem El Capitan im sonnengefluteten Yosemite Valley erprobt worden waren, auf hohe Berge übertragen.

Ende der 1980er-Jahre ist die Zeit schließlich reif für den nächsten Schritt. Das erkennen auch Höhenbergsteiger wie der Pole Voytek Kurtyka, ein radikaler Verfechter des Minimalstils im Himalaya. In seinem Tourenbuch stehen beeindruckende Leistungen: zwei Neurouten an Gasherbrum I (8080 m)

Die schneebedeckte „Sonnenterrasse" auf 5500 Meter Höhe trennt Südost- und Südwand des Trango Tower (6239 m) in zwei Hälften.

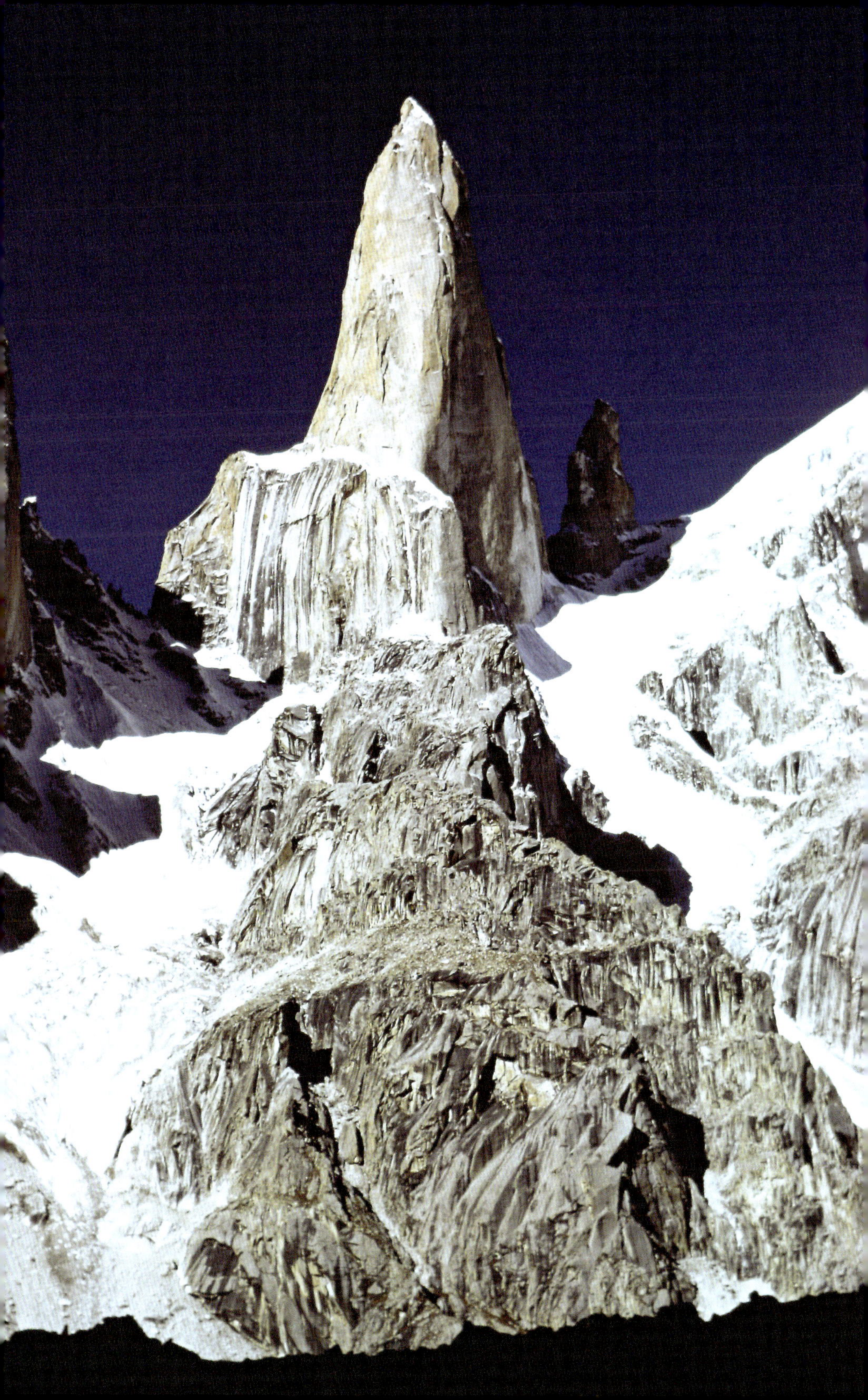

und Gasherbrum II (8034 m) in einer Saison, die Überschreitung von Broad Peak Nord- (7490 m), Zentral- (8011 m) und Hauptgipfel (8051 m) im Alpinstil sowie die Erstbegehung der „Shining Wall" am Gasherbrum IV (7932 m) in einer zehntägigen Tour de Force. Im Juli 1988 bilden er und der nicht minder puristische Schweizer Erhard Loretan eine Seilschaft, die mit der „Swiss-Polish-Route" einen neuen Weg durch die Ostwand des Trango Tower findet. Loretan gelang zwei Jahre zuvor mit Jean Troillet eine 40-Stunden-Blitzbesteigung des Mount Everest; 1995 wird er als dritter Mensch insgesamt, und als zweiter ohne Verwendung von Flaschensauerstoff, auf allen 14 Achttausendern stehen. In seinem Text „The Trango Tower", erschienen in Ausgabe 1 der Zeitschrift „Alpinism", schreibt Kurtyka: „Sportlich bewerte ich die Erstbegehung höher als jede meiner Zwei-Mann-Achttausender-Besteigungen. Natürlich erforderte die Trango-Besteigung vielfältigere technische und körperliche Fähigkeiten. Was mich aber am meisten überraschte ist, dass diese Erstbegehung zumindest von mir größere Anstrengungen als jeder Achttausender abverlangte."

Die Aktivitäten an den Trango-Türmen gewinnen ihre historische Bedeutung auch vor dem Hintergrund einer Diskussion, die beispielhaft im britischen Magazin „Mountain" geführt wird. Unter den Teilnehmern ist Voytek Kurtyka, der vehement Reinhold Messners Ansicht widerspricht, im Himalaya seien die schwierigsten Wege gemacht, die größten Herausforderungen bewältigt. Zwischen den beiden entspinnt sich ein Wortgefecht:

Kurtyka: „Wir stehen erst am Beginn der Entwicklung! (...) Jede Unternehmung in den Bergen hat drei Aspekte: Die Frage des Stils ist der entscheidende Aspekt, dazu kommen Risikofaktor und körperliche Herausforderung. Die beiden letzteren Aspekte wurden in der Vergangenheit am stärksten betont. In Fragen des Stils hat sich dagegen noch nichts getan. Alle Achttausender-Routen, die bis heute gemacht wurden, sind ‚leicht'."

Messner entgegnet: „Ich finde sie nicht so leicht!"

Darauf spöttelt Kurtyka: „Du kletterst doch eigentlich nur im Schnee!"

Und Doug Scott, britische Himalaya-Legende, resümiert: „Der Himalaya heute erinnert mich an die Alpen vor dem Ersten Weltkrieg."

Nach der Trango-Expedition 1989 wird Wolfgang Güllich im Alpenvereinsjahrbuch Berg '91 den Text „‚Plötzlich zeigt der Atlas wieder weiße Flecken'" veröffentlichen, dessen Beginn auf die zitierte Diskussion Bezug nimmt: „Hört man vom Bergsteigen im Himalaya, klingen Superlative im Ohr. Stets ist vom Höchsten die Rede in jeder nur denkbaren Form: an Leistung, Strapazen, Empfindungen etc. Unzählige Nonplusultras ohne Einschränkung. Was verwundert's, dass nun Meister Messner selbst ein rigoroses Fazit zieht: ‚Der Himalaya ist abgehakt – höher hinaus geht's nicht mehr ... Die Herausforderung liegt in der Weite.‘

Noch ein Triumph und dann der Abstieg? Ist das Höhenbergsteigen ausgelutscht? Resümee – einfach bitter. Der ‚Gröbaz‘ (Größter Bergsteiger aller Zeiten) nickt, müde ist er im bergsteigerischen Motivationsloch – hinterm Horizont geht's nicht mehr weiter. Viele Jahre an magischen Achttausendern – die enorme Konzentration auf eine Zahl – im (Be-)Grenzbereich von 14 Bergen, allein das Höchste schwer genug, prägten eine arrogante Bergsportphilosophie."

Güllichs Fazit: „Es verbleibt ein Spielraum an Kletterentwicklung von fünf Jahrzehnten. (...) Der Laie jedenfalls resultiert: Leistung scheint heute eine Frage der Definition zu sein – das Gipfelglück allein nicht mehr das Höchste auf Erden, sondern der Weg dorthin der neue Maßstab. Weitsichtig, weil kenntnisreich, hatte Reinhard Karl schon vor vielen Jahren erkannt, dass die Besteigung des Mount Everest wohl mehr Menschen möglich sei, als die Lösung des Fünf-Meter-Boulderproblems ‚Midnight Lightning‘ im Yosemite Valley. Mit solch extremen Beobachtungen provozierte er gern, wollte positiv anstoßen, zum Denken anregen. Das war ihm wichtig, dem alpinen Romantiker mit Sportlerseele. (...) Indes, dem Sportklettern können neue Impulse nicht schaden. Die Entwicklungskurve dieser Disziplin zeigt steil nach oben, explodierte in wenigen Jahren in den elften Grad. Derzeit jedoch verflacht die Kurve, muss sie zwangsläufig. Die Höchstleistungen nehmen in der Masse, aber kaum an der Spitze zu. Die Kombination aus Freiklettern und Höhenbergsteigen könnte ein Ausweg und zusätzlich kreativer Akzent sein. – Rotpunkt an den Weltbergen."

Kurt und Wolfgang reisen 1989 nicht alleine nach Pakistan. Zum Team gehören Milan Sykora und Christof Stiegler, doch anders als im vorangegangenen Jahr, schreibt Wolfgang, „sind wir keine bunt gemischte Truppe". Tatsächlich konnte 1988 nicht jeder mit jedem, was bei zehn Männern kein Wunder ist. Inzwischen können Wolfgang und Kurt ihre sportlichen Erfolge und ihre Bekanntheit als Vehikel einsetzen, um in die Welt zu reisen. Ihre Partner suchen sie sich nun selbst aus. „Das Kriterium ist, neben der sportlichen Befähigung natürlich, die Harmonie im zwischenmenschlichen Bereich." Die vier Kletterer kennen sich lange und verstehen sich bestens. Einen Teil der Expeditionskosten trägt der Deutsche Alpenverein. Milan und Christof steuern je 5000 Mark bei. Kurt und Wolfgang finanzieren den Rest. Milan Sykora schätzt das bis heute: „Da gab es bei den beiden nie Zweifel oder Hadern – sie waren extrem großzügig." Es ist eine Ironie des Schicksals, dass Kurt und Wolfgang, die beiden Kletterer, die schon zu Lebzeiten berühmt sind, auf tragische Art und Weise ums Leben kommen und nicht nur, aber auch aufgrund ihrer unerwarteten Tode zu Legenden werden – während die beiden lebenden Teilnehmer der epochalen Trango-Tower-Expedition 1989 zu Unrecht im Halbdunkel der Alpinhistorie versinken.

Milan Sykora zählt zu den wichtigsten Pionieren des europäischen Sportkletterns. Inzwischen 59 Jahre alt, hat er nach wie vor die prototypische Figur eines Spitzenkletterers: klein, dünn und drahtig. Auch die Haare trägt er noch schulterlang, wenngleich sie inzwischen etwas grau geworden sind. Wirklich charakteristisch aber ist etwas anderes: das Funkeln in Milans blauen Augen, aus denen pure Energie strahlt, wenn er vom Klettern spricht und von „den Geistern, die ich immer noch rufen höre". Dabei sah es anfangs nicht unbedingt so aus, als wäre Milan ein Leben als Abenteurer und Reisender in die Wiege gelegt.

In der Nacht zum 21. August 1968, kurz vor 22 Uhr, marschieren 500.000 Soldaten des Warschauer Paktes in die Tschechoslowakei ein. Sie beenden damit gewaltsam die kurze Periode des Prager Frühlings, in der Alexander Dubček, Generalsekretär der tschechoslowakischen Kommunistischen Partei (KSC), versuchte, einen „Sozialismus mit menschlichem Antlitz" in seinem Heimatland einzuführen: Meinungs- und Reisefreiheit zu gewähren, ein parlamentarisches System aufzubauen, die Pressezensur aufzuheben, planwirtschaftliche Prinzipien zu lockern. Dubčeks Reformen kamen bei der Bevölkerung gut an. Die Tschechoslowaken schöpften Hoffnung, dass sich nach 20 Jahren KSC-Herrschaft ein kleiner Spalt im Eisernen Vorhang öffnen könnte. Auch Milans Vater Bohumil Sykora zählt zu Dubčeks Anhängern. Doch der Angriff auf die staatliche Souveränität der Tschechoslowakei und die militärische Niederschlagung der Reformbewegung haben gravierende Folgen für alle, die sich für Dubčeks Reformen begeisterten und engagierten. Bohumil Sykora beschließt, mit seiner Frau Ludmila und dem achtjährigen Milan ins Ausland zu flüchten.

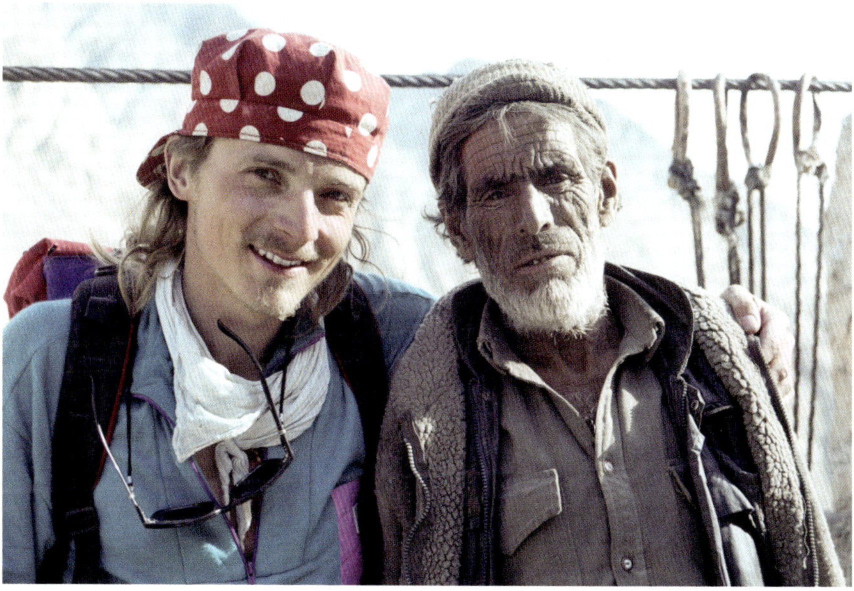

Milan Sykora teilt mit einem baltischen Träger die Vorliebe für funktionale Kopfbedeckungen.

Mit einem Tagesvisum passiert die Familie 1969 die österreichische Grenze. Über Wien, Linz und Salzburg erreichen die Sykoras den Grenzübergang Bad Reichenhall. Deutsche Beamte fordern Bohumil auf, seinen hellgrauen Trabant 601 neben der Grenzschranke zu parken. Als zwischen Auto und Grenzstation ein Lastwagen hält und nach ein paar Augenblicken wieder startet, reagiert Bohumil geistesgegenwärtig und fährt in dessen Sichtschatten mit. Milan ist vollkommen verängstigt: „Ich dachte, jetzt erschießen sie uns."

Beim Bundesamt für die Anerkennung ausländischer Flüchtlinge in Zirndorf beantragt Familie Sykora Asyl, schließlich lässt sie sich im nordrhein-westfälischen Bielefeld nieder. Bohumil und Ludmila sind sehr starke Kletterer, an den Sandsteinfelsen von Adršpach und Teplice haben sie ihre Spuren hinterlassen. Sohn Milan tritt bald in ihre Fußstapfen. Zunächst verbringt er seine Ferien im Mont-Blanc-Massiv und in den Dolomiten, doch bald wird seine Freude am Alpinen abgelöst von der Faszination für die noch junge Sportkletterbewegung. An den Felsenklippen des Ith, einem Mittelgebirgszug südwestlich von Hannover, bohrt Milan seine ersten Routen ein.

„Anfang der 1970er- Jahre", erinnert er sich, „standen 20 Leute am Einstieg und schauten zu, wenn du einen Sechser geklettert bist." Für Milan ist das erst der Anfang. Über die Jahre steigert er sein Kletterkönnen kontinuierlich. 1987 zieht er ins „Hotel Frankenjura" nach Oberschöllenbach.

Ein paar Jahre später findet Milan in der 14 Meter hohen, stark überhängenden Westwand des Waldkopfs im Krottenseer Forst eine Abfolge von Mikrogriffen und kaum sichtbaren Tritten, die er von rechts her einbohrt. Als er nach einem Durchstiegsversuch im Seil hängend rastet, entdeckt er ein Fingerloch, das einen direkten Einstieg erlauben könnte. Für ihn ist die Variante nicht möglich, und er ermutigt Wolfgang Güllich, sich an ihr zu probieren. 1991 kann dieser die Linie klettern. Er nennt sie „Action Directe" (XI). Milan selbst eröffnet in den folgenden Jahren eine beeindruckende Anzahl schwieriger Erstbegehungen im Frankenjura, darunter sind bekannte Wege wie die „Linie 1" (X/X+) am Zwergenschloss oder „Stradivari" (X) am Jungfernriss. Stolz ist er, dass diese Routen „heute noch gemacht werden und sich die Topkletterer darüber freuen".

Mit Wolfgang Güllich ist Milan gut befreundet. Die beiden stehen sich sehr nahe, können über alles sprechen und diskutieren. Wolfgang ist es auch, der Milan zur Teilnahme an der Trango-Tower-Expedition einlädt. Zu Kurt ist das Verhältnis gut, aber etwas distanzierter. Milan weiß nicht so recht, wie er den sieben Jahre Älteren einordnen soll. Mal empfindet er ihn als schüchtern, mal als oberflächlich – wobei ihm bewusst ist, dass Kurt noch aus einer Zeit stammt, in der man sein Inneres nicht nach außen trug. Auch mit den ständigen Frotzeleien und Albernheiten Kurts hat Milan seine Probleme. Irgendwann wird halt auch der beste Witz alt. Und Milan, der aufgrund seiner Familiengeschichte sehr früh gezwungen ist, erwachsen zu werden, fällt es schwer zu akzeptieren, dass jemand Kind bleiben will. Alles in allem aber passt es: Obwohl die vier Kletterer sechs Wochen lang keinen Kontakt zur Außenwelt haben und ständig aufeinander hocken werden, werden sie sich nicht einmal richtig streiten.

Christof Stiegler hat an die Expedition in den Karakorum nur gute Erinnerungen. Er gehört in den 1970er-Jahren zu den jungen wilden Kletterern, die in der Pfalz alte Zöpfe abschneiden. Seinen Freund Wolfgang kennt er bereits seit Schulzeiten. Bis heute nennt Christof ihn liebevoll „bro" – für „brother". Zu Kurt knüpft er erst später, während regelmäßiger Besuche in Oberschöllenbach, Kontakt. Als Wolfgang und Kurt ihn einladen, mit nach Pakistan zu kommen, ist er Feuer und Flamme. „Das war der Trip meines Lebens. Ich bin bis heute dankbar, dass die beiden mich mitgenommen haben."

Christof, inzwischen 58, lebt im beschaulichen Kurort Baden-Baden und betreibt als Physiotherapeut und Pilatestrainer eine eigene Praxis. Der Vater zweier Kinder klettert nach wie vor, „wenn auch nur zum Hobby". Er ist froh, dass er sich zum richtigen Zeitpunkt dazu entschieden hat, eine Familie zu gründen und Verantwortung zu tragen. „Ich hatte ein Leben als Extremer, und ich habe ein zweites dazugewonnen."

Zehn Tage müssen Kurt, Wolfgang, Christof und Milan 1989 in Rawalpindi ausharren, bevor ihnen im Ministry of Tourism die endgültige Genehmigung für ihre Expedition ausgestellt wird. Im Sommer ist die Millionenstadt ein mörderisch-feuchter Schmelzofen. Vor allem Milan hat mit der Hitze und der ungewohnten Küche zu kämpfen. Als er im Raja-Bazaar Benzin für die Basislagerkocher einkauft, hantieren die Händler mit glühenden Zigaretten über hunderten Litern des leicht entflammbaren Brennstoffs. Milan ist mit den Nerven am Ende. Nach Tagen bangen Wartens findet das „Briefing" statt – „das offizielle Amen zum bürokratischen Kleinkrieg", schreibt Kurt. Endlich darf die Expedition aus den Niederungen des Punjab ins Hochgebirge aufbrechen. Mit dabei sind Koch Khan, 23 Jahre alt und Vater dreier Kinder, sowie Nagib, der 22-jährige „Liaison Officer" – ein Verbindungsoffizier ist obligatorischer Begleiter jeder Bergsteigergruppe. Christof wird zum Expeditionsarzt ernannt. Eine seiner ersten Maßnahmen: Er verabreicht Nagib, der seine Pflichten als Aufpasser sehr ernst nimmt, eine Portion Haldol, die er zuhause aus einem Altersheim mitgenommen hat. Es enthält den Wirkstoff Haloperidol, ein beruhigendes Neuroleptikum. Danach ist Nagib „erstmal 24 Stunden abgemeldet".

Auf dem so genannten, tatsächlich aber dauerhaft provisorischen „Karakorum Highway", der Pakistan über den Khunjerab-Pass mit China verbindet, geht es Richtung Norden. In zwei Tagen Fahrt atmet man sein Körpergewicht in Staub. Ein „Roadblock" in der Nähe des Dorfes Sassi zwingt die Expedition zu einem Aufenthalt. Monsunregenfälle haben Steinlawinen ausgelöst, die die Straße auf zehn Kilometer Länge verschüttet oder gleich ganz in den Indus gespült haben. „Feel at home" lautet der Willkommensspruch des Park-Hotels in Gilgit, den die vier Bergsteiger unfreiwillig befolgen. Abends 50 Klimmzüge, morgens 50 Klimmzüge – dazwischen vergeht

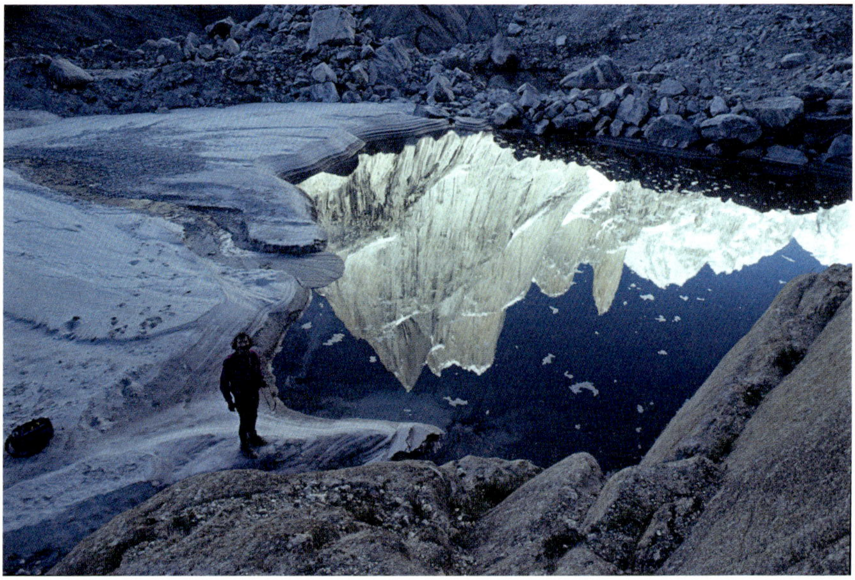

Kurt Albert vor dem Spiegel: Ein Gletschersee reflektiert Great Trango Tower und Trango Tower.

die Zeit quälend langsam. Es dauert eine Woche, bis Bulldozer die Schotterpiste wieder befahrbar gemacht haben.

In Skardu folgt die nächste Zwangspause: Gläubige Männer sammeln sich auf den gesperrten Straßen, trommeln mit den Fäusten auf die Brust, einige geißeln sich selbst mit messerbestückten Ketten. Es ist der erste Monat des islamischen Kalenders Muharram. Um dem Tod des Enkels des Propheten Mohammed, Husain ibn Ali, in der Schlacht von Kerbela im Jahr 680 zu gedenken, vollziehen schiitische Gläubige zwei Tage lang Matam, eine Abfolge ritualisierter Trauergesten. Nach zwei Tagen ist das Schauspiel vorbei. Kurt, Wolfgang, Milan und Christof fahren in Jeeps nach Askole. Im Jahr zuvor war bereits in Dassu Schluss – die hygienischen Verhältnisse am neuen Ende der Straße haben sich durch die Motorisierung allerdings nicht gebessert. Christof, der „Arzt", behandelt in Askole reihenweise Patienten, alte wie junge, aber nur Männer. Die meisten haben schlimme Wundinfektionen.

Vier Wochen nach ihrem Aufbruch in Deutschland trifft die Expedition endlich im Basislager ein. Milan ist erledigt – an seinen Fersen haben sich Blasen gebildet, die Haut ist komplett offen. Nagib, dem Verbindungsoffi-

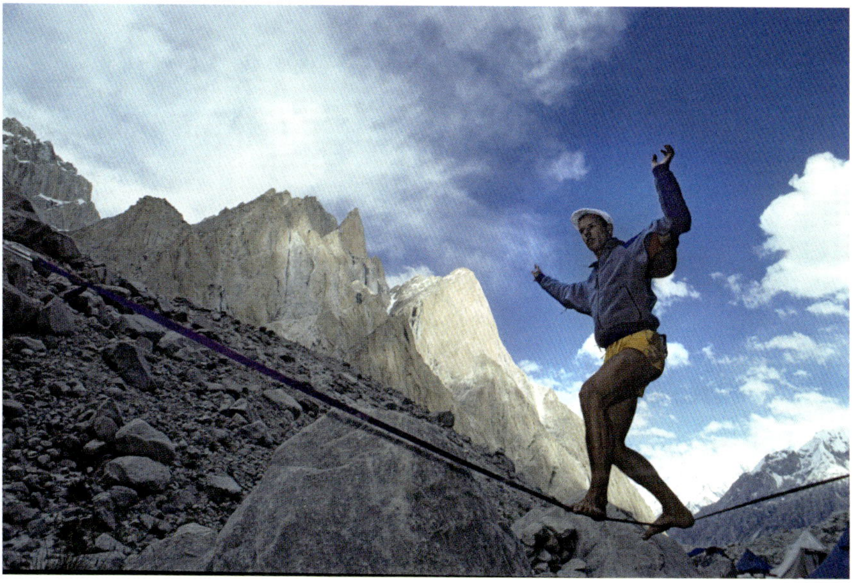

Christof Stiegler auf dem Seil: Im Basislager suchen die Expeditionsteilnehmer etwas Abwechslung.

zier, rutscht das Herz in die Hose. Seine Auszeit von der Truppe hat er sich irgendwie anders ausgemalt und die Vorstellung, die nächsten fünf Wochen seines jungen Lebens in der Geröll- und Eiswüste des Karakorum vergeuden zu müssen, verursacht ihm schlimme Magenschmerzen. Mit den Trägern geht er zurück in die Zivilisation. Wolfgang ist der Erste, den es tatsächlich erwischt. Er leidet drei Tage lang an wässrigem Durchfall. Khan, der Koch, achtet sehr auf Sauberkeit und putzt das Kochgeschirr immer auf Hochglanz. Leider nur auf der Außenseite.

Die Atmosphäre in der kleinen Zeltstadt ist bedrohlich. Das Donnern der Stein- und Eislawinen übertönt sogar den Walkman, auf volle Lautstärke gedreht. Schon in der ersten Nacht reißt ein Bergsturz – Luftlinie 200 Meter entfernt – die Männer aus dem Schlaf. Wie auf Kommando springen sie aus den Schlafsäcken und starren ungläubig auf ein Feuerwerk aus Funken. Eine Staubwolke und Schwefelgeruch setzen sich im Basislager fest. Milan zeigt erste Anzeichen von Heimweh: „Ich will hier lebend raus und meine Freundin wiedersehen.“ Kurt entwickelt „eine Basecamp-Steinschlag-Neurose“: „... ich verbringe dort, wo ein Ort der Ruhe und Erholung sein sollte, viele schlaflose Nächte. Jedes Geräusch, selbst das Rascheln eines Schlafsacks, lässt mich aufschrecken."

Mit den Tagen werden Kurt und seine Gefährten zunehmend fatalistisch. Zumal die Gefahren nicht weniger werden. Gut zehn Mal muss jeder seinen vollen Rucksack Richtung Einstieg schleppen, „wir nennen ihn nur noch ‚Dreck-Sac'". Erst geht es im Zickzack über den Dunge-Gletscher, dann 1200 Höhenmeter durch ein Eiscouloir und zum Abschluss 200 Meter an Fixseilen bis auf das große Band, das die Südwand des Trango Tower auf 5500 Meter Höhe teilt. Auf dieser „Sonnenterrasse" entsteht das Hochlager. Kurt hadert mit sich und seinem Schicksal: „Der ständige Pendelverkehr ist wie Sträflingsarbeit. Für das Geld, das ich investiert habe, hätte ich locker ein Jahr lang durch die USA reisen können, von einem Klettergebiet ins nächste. Ich zweifle, ob wir jemals auf dem Gipfel stehen werden. Aber wenn ich aus dem Hochlager nach unten schaue, ist der Dunge-Gletscher unendlich weit weg und ich bin stolz, so weit gekommen zu sein."

Das instabile Wetter zwingt die Kletterer immer wieder zurück ins Basislager, wo Khan seine Kochkünste kaum variiert. Meistens gibt es Parathas, in heiß-sprudelndem Öl frittierte Weizenfladen. „Erdnussbutterparathas, Chickenparathas, Dosenfischparathas ... die Pfannkuchen werden zu jeder Mahlzeit aufgetischt. Unsere Schokoladenvorräte sind längst einem Heißhungeranfall zum Opfer gefallen." Das Durchfallmedikament Imodium wird zum Dauerdessert. Khan schlägt den angeschlagenen Bergsteigern vor, sie sollten einfach sagen, auf dem Gipfel gewesen zu sein. Obwohl sein englischer Wortschatz recht dünn ist, kennt er das Wort „to cheat", schwindeln, ganz genau. Er bietet an, den Gipfelerfolg blanko zu bestätigen, und lädt zu einem gemeinsam Urlaub im Hunza-Tal ein.

Noch aber sind die Männer nicht verzweifelt genug. Wolfgang filmt tagsüber mit seiner VHS-Kamera Blümchen. Milan versucht, seine permanente Übelkeit zu vergessen, indem er sich an einem „echt geilen" Boulderproblem festbeißt. Christof spannt sich einen Strick und versucht sich als Seiltänzer. Kurt streunt auf dem Gletscher herum und entdeckt dabei ein Depot, das der Australier Greg Child einen Monat zuvor angelegt hat. 50 Fischdosen finden sich darin, von „chili extra hot" bis „delicious soja", außerdem zwei Kilobrocken Cheddar-Käse. Heute muss Sonntag sein. An die Innenwand des Küchenzeltes hat jemand in Großbuchstaben „Eternal Flame" geschrieben. 1988 wurde dieser Song von „The Bangles" veröffentlicht, in acht Ländern

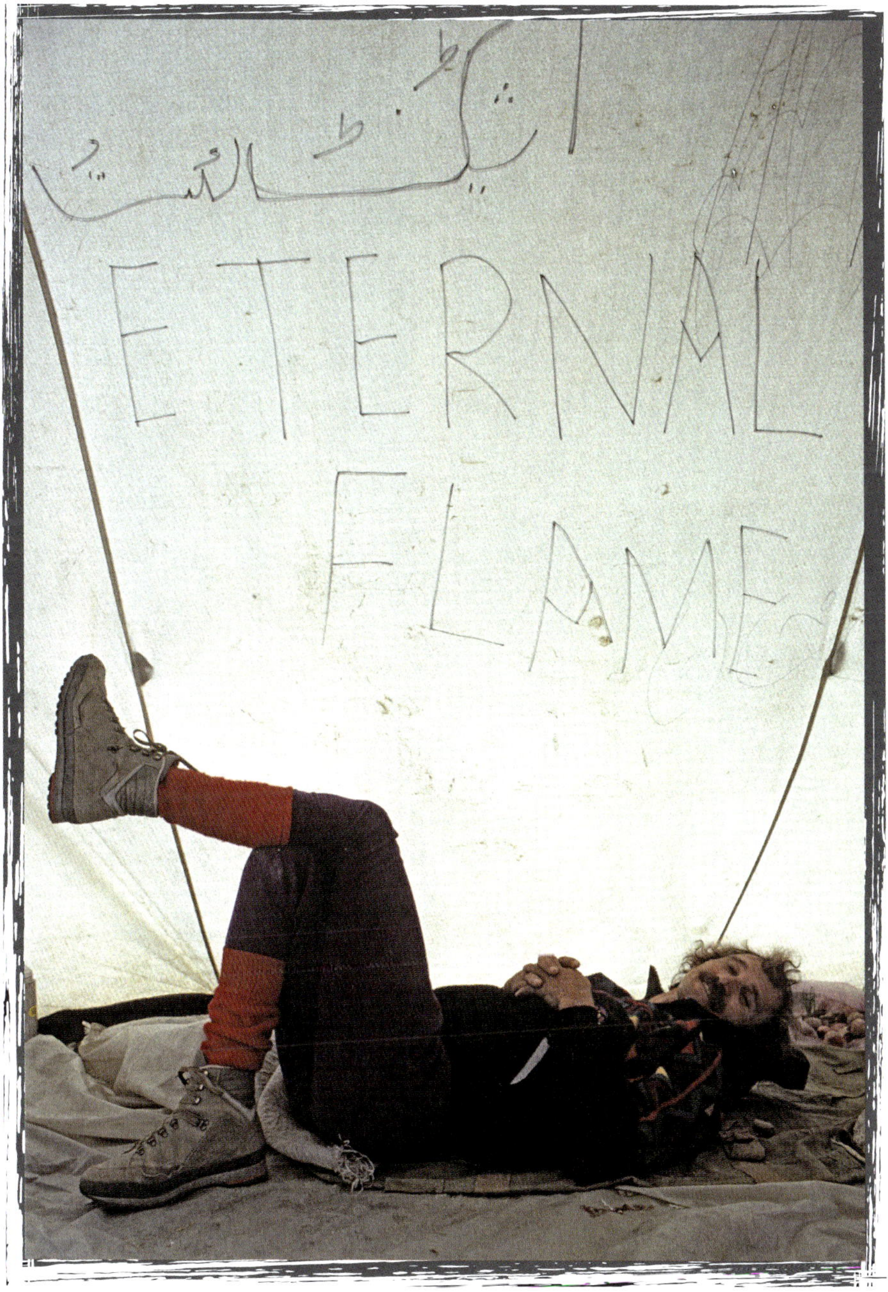

Die Stimmung schwankt zwischen Euphorie und Resignation: Der Song „Eternal Flame“ von „The Bangles“ gibt sie passend wieder.

ist er Nummer-eins-Hit. Ein Jahr zuvor hatte Wolfgang im Basislager noch die „Ramones" gehört, „Too tough to die". Heuer überspielt er die Lieder dieses Albums, vielleicht aus Aberglauben. Stattdessen „schwimmen wir auf der sentimental-erotischen Welle der ‚Bangles'. Deren ‚Eternal Flame' trifft genau unsere Stimmung."

Nach weiteren 17 entnervenden Tagen tauscht Kurt endlich Plastik- gegen Kletterschuhe. Das Schleppen hat ein Ende, die gesamte Kletterausrüstung und Verpflegung für zehn Tage sind auf 5500 Meter deponiert. Der erste Sonnenaufgang auf der Terrasse taucht den Trango Tower in rotes Licht – „über uns glüht die Wand wie eine lodernde Flamme. Sofort sind wir uns einig: ‚Eternal Flame' soll unser Weg heißen. Noch brennt eine verrückte Leidenschaft in uns!"

Die bekommt allerdings gleich mal einen Dämpfer: Eine grifflose Granitplatte trennt die Kletterer vom Beginn des Risssystems, das sie erreichen wollen. In freier Kletterei ist sie unüberwindbar. Und nun? Konsequent sein und das Unternehmen abbrechen, nach all den Anstrengungen? Oder ein Pendelquergang, also technische Kletterei, hinüber zum Fingerriss? Die Entscheidung fällt leicht: Kurt platziert vorsichtig einen Skyhook – ein Stahlplättchen, das aussieht wie ein im ersten Glied gekrümmter Finger – hinter einer Felsschuppe, hängt sich mit vollem Gewicht hinein und setzt einen Bohrhaken. Wolfgang sichert ihn dabei und hört zu, wie Kurt „Close your Eyes" vor sich hin trällert, die erste Zeile aus dem Bangles-Song, „ganz der routinierte Hüttenunterhalter ‚Lead vocal', nur ohne Gitarre". Kurt lenkt das Seil am Bohrhaken um und wird von Wolfgang zehn Meter abgelassen, um dann wie das Pendel einer Standuhr hin und her zu schwingen, bis seine linke Hand den Riss fassen kann. Mit Freiklettern hat das nichts mehr zu tun. „Close your Eyes." Augen zu und durch.

Dafür zeigt sich der anschließende Riss extrem freundlich. 150 Meter klemmt sich Kurt in die Höhe. „Give me your hand, darling" – ab jetzt wird jede Seillänge nach einem Vers aus „Eternal Flame" benannt. „Do you feel my heart beating?" kann nur mit Mikrokeilen abgesichert werden. Mit „Do you understand?" fragen die Kletterer selbst nach dem Sinn ihres Tuns. In „Is this burning an eternal flame?" geht es massiv an die Kraftreserven. Jede Zeile trifft voll ins Schwarze. Fingerrisse, Piazrisse, weit überhängende Hand- und Faustrisse bieten Kletterschwierigkeiten im achten Schwierigkeitsgrad. „Do you feel the same?" ist eher eine rhetorische Frage: Kurt arbeitet sich zunächst in technischer Kletterei über eine strukturlose Wandpartie hinauf, um im Abseilen vier Bohrhaken als Zwischensicherung anzubringen. Anschließend geht die Stelle frei. Der neunte Grad in 6000 Meter Höhe wird Wirklichkeit.

Nach einem kurzen Aufenthalt im Basislager, „wo wir nochmals Energie für den entscheidenden Großangriff tanken, jagen wir bei Vollmond und ohne ‚Dreck-Sacs' hochmotiviert auf die Sonnenterrasse. Sieben Stunden sind wir unterwegs." Der nächtliche Aufstieg ist etwas sicherer, da die Kälte Eis- und Steinschlag unwahrscheinlich macht. Um halb zwei Uhr morgens erreichen die Kletterer ihr Hochlager. Milan, der sich nie wirklich von seinen Magenproblemen erholt hat, erbricht sich und spuckt Blut. Noch vor Sonnenaufgang seilt er wieder ab und steigt zurück ins Basislager. Wolfgang schreibt in seinem Expeditionsbericht: „Er ist der typische Fall des Pechvogels, der in keiner Erfolgschronik auftauchen wird, obwohl er ganz wesentlich dazu beigetragen hat, dass Andere drin sind."

Der folgende Tag, 16. September 1989, steht allerdings auch für Wolfgang unter einem schlechten Stern. „Am I only dreaming?", fragt er sich hellwach, als er an guten Griffen vom Stand weg hangelt. Plötzlich stürzt er, fällt 15 Meter ins Seil und schlägt auf einem kleinen Vorsprung auf. Ein stechender Schmerz fährt durch sein linkes Sprunggelenk. „Im selben Moment bin ich stinkwütend auf mich selbst, auf meine Unvorsichtigkeit. Jetzt mache ich kurzen Prozess, denke ich, und muss feststellen, dass nichts mehr geht. Das Bein ist nicht mehr belastbar." Als Wolfgang Wochen später daheim in Franken zum Arzt geht, lautet die Diagnose: Innenbandabriss. Ans Weiterklettern ist zunächst nicht mehr zu denken. Wolfgang, Christof und Kurt seilen ab zur Sonnenterrasse.

Während Wolfgang am folgenden Tag im Hochlager sein Fußgelenk kühlt, überführen Christof und Kurt „Am I only dreaming?" in die Realität. Eine aalglatte, von Wasser überronnene Granitplatte trennt sie von einem Felsband – „I believe it's meant to be, darling". Kurt hat keine Trittleiter dabei. Aus dünnen Reepschnüren knüpft er sich Schlingen, in denen er drei Stunden lang steht, um sieben Bohrhaken zu setzen. Die Schlingen schnüren das Blut ab, die Fußsohlen schmerzen. Ihm ist eisig kalt, als er den nächsten Stand einrichtet. Die Wandmitte ist erreicht. Kurt und Christof gleiten an Fixseilen hinab zu Wolfgang. Der ist immer noch bewegungsunfähig. Da Milan und Christof in wenigen Tagen die Heimreise antreten müssen, ent-

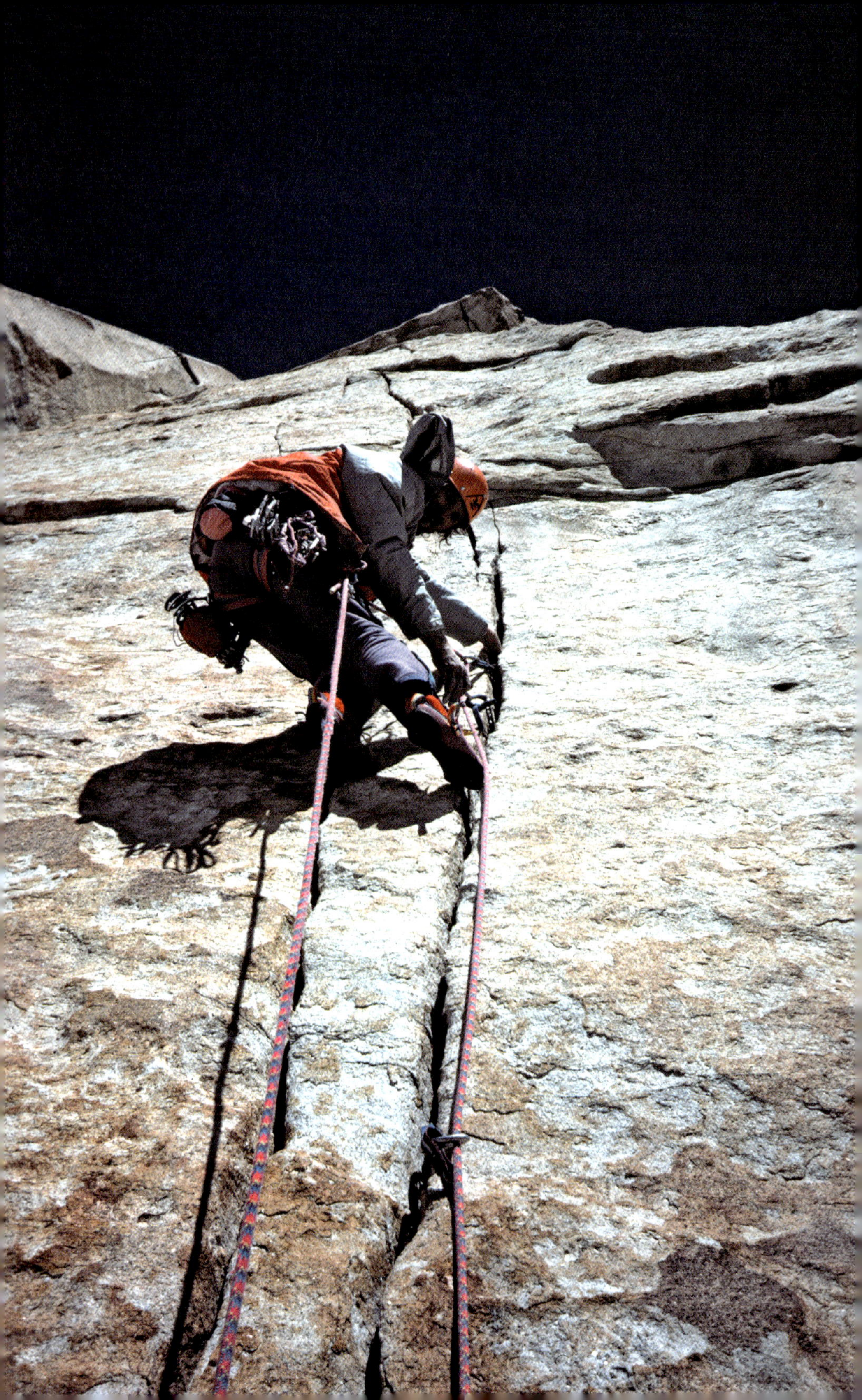

scheiden sich die beiden gesund Gebliebenen für ein „Jetzt oder Nie". Am nächsten Morgen steigen sie mit Steigklemmen 400 Meter an ihren Fixseilen auf und queren anschließend nach rechts in die „Slowenenroute". Die Risse, die Kurt vom Vorjahr her kennt, sind komplett vereist, doch er klettert wie eine Maschine. Immer wieder stürzt er ins Seil, aufgeben will er nicht. „Kurt war an dem Tag wie eine Katze mit sieben Leben", erinnert sich Christof. Am Nachmittag des 18. September 1989 erreichen die beiden den Gipfel des Trango Tower.

Das Timing ist perfekt. Noch in der Nacht seilt Christof zurück zum Wandfuß und steigt ab ins Basislager, wo bereits die Träger warten. Einen Tag später verlässt er mit Milan den Dunge-Gletscher. Auf der Sonnenterrasse, erinnert sich Wolfgang, „hat er mir noch einen straffen Tapeverband mit Placeboeffekt angelegt. Kurt, der Superkumpel, überlässt die Entscheidung ‚Was nun?' vollkommen dem verletzten Bein. Ich bin dankbar, dass er keinerlei Druck ausübt. Aber wir wissen beide: Es muss sein!" Es fehlen über 200 Meter, bis sich die senkrechte Südwand des Trango Tower vor dem Gipfelplateau neigt, und einige Seillängen im unteren Wandteil wollen auch noch freigeklettert werden. Vier Aspirin lindern den Schmerz so weit, dass Wolfgang in seine Plastikschuhe kommt. Zumindest jümaren – mit Steigklemmen an den Fixseilen aufsteigen – kann er. Denn die „Eternal Flame" will weiter geschürt werden. Auf „You belong with me" folgt „Say my name", die Crux der gesamten Route, anschließend dringt „Sunshine through the rain". Noch einmal abseilen, noch einmal satt essen, noch einmal schlafen.

Kurt ist nun sechs Tage in Folge ohne Rast unterwegs. Eigentlich ist er fix und fertig, aber der Gipfel ist nah und das Wetter hält. „A whole life so lonely" und „Ease the pain" müssen technisch geklettert werden. Kurt stürzt und enthäutet sich am rauen Granit die Finger der rechten Hand. In kurzer Zeit ist der Fels mit Blut verschmiert. Trotzdem versucht er, „I don't want to loose this feeling" frei zu klettern. Den Körper so weit es geht gestreckt, erreicht er einen Untergriff, sucht verzweifelt nach einem Tritt, „fünf Meter über Wolfgang hängend, ein Klemmkeil ist meine einzige Sicherung! Plopp, fällt sie aus dem Riss heraus. Die Aussichten sind bedrohlich – ein Zehn-Meter-Sturz, Faktor zwei. Die rechte Hand ertastet einen Riss, ‚Friend 1,5' jagt mir durch den Kopf. In Sekundenschnelle lege ich den Friend, ohne zu sehen wo, klinke das Seil, stürze – der Friend hält! Mit zwei von vier Segmenten … Das war knapp." Wolfgang mit einem kaputten Fuß, Kurt verletzt im Seil

Und bitte ja nicht die Finger verbrennen, Kurt! Die Erstbegeher benennen jede Seillänge nach einer Liedzeile aus „Eternal Flame".

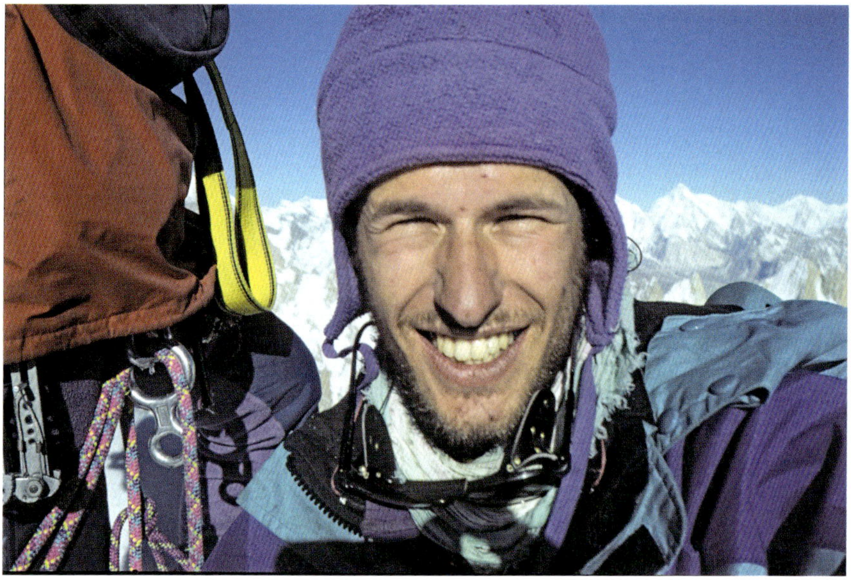

Trango Tower zum Zweiten: Ein Jahr nach dem ersten Erfolg steht Kurt Albert mit Christof Stiegler erneut auf dem Gipfel.

hängend, auf 6000 Meter Höhe – das wäre eine Katastrophe gewesen. Kurt kehrt zum Stand zurück, zieht das Seil ab. Leise vor sich hin murmelnd wirft er sich vor, zu viel riskiert zu haben. Dann steigt er wieder in die Seillänge ein. Der zweite Anlauf klappt. Kurt ist nicht nachtragend. Auch nicht dem Schicksal gegenüber. Ein paar Stunden später steht er zum dritten Mal auf dem Gipfel des Trango Tower. Wolfgang schildert den Gipfelerfolg mit den Worten: „Kein kräftiger Schulterschlag, keine Sektkorken. Wir sind so fertig und schauen uns bloß an. Wir zwei, wie begossene Pudel stehen wir da und dürfen das gemeinsam erleben, den Höhepunkt."

Für Kurt ist die Erstbegehung der „Eternal Flame" – 35 Seillängen, davon elf im achten und zwei im neunten Schwierigkeitsgrad – der Start in ein neues Bergsteigerleben. „Meine Reisen zu den Trango-Türmen änderten meine Sicht aufs Klettern", schreibt er 2005 in dem Text „As free as can be" für die Ausgabe 11 der Zeitschrift „Alpinist". „Seitdem suche ich nach kompletten Abenteuern, im Sinne eines vollständigen Rotpunkts. Ich will diese Idee auf die Big Walls fern der Zivilisation ausdehnen. Dort, wo der Anmarsch und die Rückkehr ähnliche Herausforderungen wie das Klettern selbst bieten."

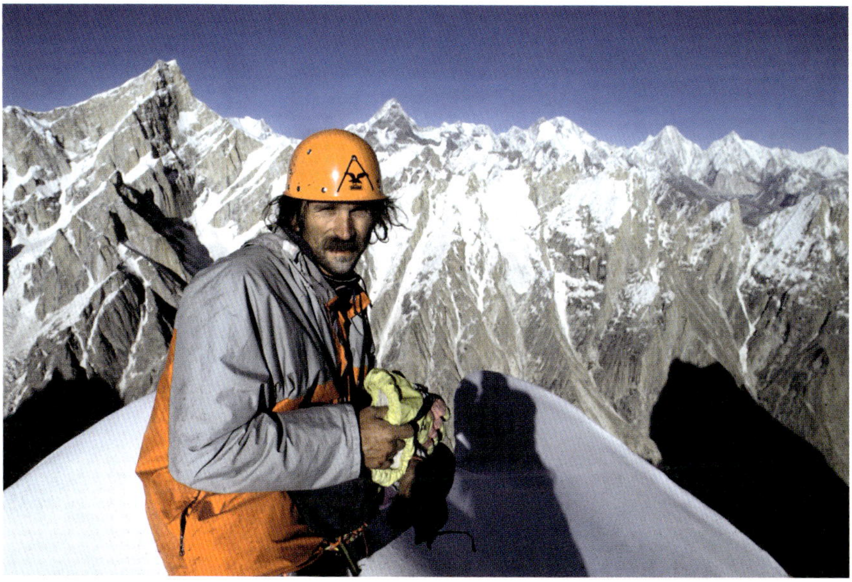

Trango Tower zum Dritten: Trotz Wolfgang Güllichs Verletzung vollendet Kurt Albert die Erstbegehung von „Eternal Flame".

Auch der Trango Tower bleibt in den folgenden Jahrzehnten Schauplatz großer Abenteuer. Sehr zu seinem Bedauern gelang Kurt die freie Begehung von „Eternal Flame" nicht zur Gänze – deshalb übte die Route noch auf die nächste Generation großen Reiz aus. 2003 befreien Denis Burdet, Nicolas Zambretti und Toni Arbones zwei der vier technisch erstbegangenen Seillängen. 2005 findet das baskische Brüderpaar Iker und Eneko Pou eine freie Variante zur Bohrhakenleiter in der zehnten Seillänge: „I believe it's meant to be, darling" bewerten sie mit dem Schwierigkeitsgrad X-. Die komplette Rotpunkt-Begehung von „Eternal Flame" gelingt Alexander und Thomas Huber schließlich 2009 mithilfe einer Drei-Seillängen-Variante im unteren Wandteil. Damit vollenden die bayerischen Bergsteiger zwei Jahrzehnte nach der Erstbegehung die visionäre Idee von Kurt und Wolfgang. Im Magazin „klettern" erinnert sich Alexander an den Gipfeltag: „Um uns die Gipfel des höchsten Gebirges der Welt, in uns ein großes Erlebnis. Es klingt wie ein Rocksong, der vor genau 20 Jahren von unseren großen Idolen Wolfgang Güllich und Kurt Albert in den Granit gemeißelt wurde. Ein Rock'n'Roll-Medley mitten im wilden Karakorum."

In seinem wohnlichen Zuhause in Baden-Baden zeigt mir Christof Stiegler Dias von der Trango-Tower-Expedition. Er hat sie seit Jahren nicht mehr angesehen und sie sind komplett durcheinander. Es ist ein bisschen wie Würfelspielen – man weiß nie, was als Nächstes kommt. Für Christof wird der Abend zu einer Zeitreise. Das Schöne dabei ist: Mit jedem Dia wird seine Erinnerung lebendiger, und immer bleibt sie wohlwollend. Als habe es tatsächlich keine Misstöne während der Expedition gegeben, oder zumindest keine, die einer Erwähnung wert wären. „Die Reisen mit Kurt waren die besten. Es gab immer was zu lachen. Aber man darf Kurt nicht unterschätzen. Er selbst wollte sich nicht zu tief in Freundschaften involvieren lassen. Vielleicht hat er sich vor seinen Gefühlen gefürchtet. Zumindest hat er sie nie geäußert. Aber zugleich war er sehr sensibel, er hatte für Stimmungen sehr gute Antennen."

In seinem Kleiderschrank bewahrt Christof ein lila Salewa-Longsleeve auf, das Kurt ihm nach der Trango-Expedition geschenkt hat. Es ist gut 30 Jahre alt. Kurt, sagt Christof, „war ein Monolith. Eine Mischung aus Kletterer, Unterhalter, Trampel und modernem Philosoph – aber vor allem war er immer verlässlich." Und dann sagt er noch einen Satz, der vielleicht auf viele Menschen ebenso zutrifft wie auf ihn selbst: „Ich habe Kurt wahrscheinlich nicht beeinflusst, aber er mich ganz sicher."

Sieben

Eine andere Ästhetik

Er lachte. Dafür bin ich stark und nicht so leicht umzuwerfen. Ich bin ruhelos, aber nicht zu entwurzeln. So war es denn auch.

Ilija Trojanow,
„Der Weltensammler"

Heinz Zak gewinnt, Kurt hat das Nachsehen. Eine Stunde lang haben beide versucht, ein Seilgeländer zwischen ihrem Ufer und dem Felsturm zu spannen, der wie Excalibur mitten im dunkeltrüben Teich steckt. Kurt stochert mit einem zwei Meter langen Bambusrohr herum. An dessen Spitze hat er einen Friend gebunden, den er samt Seil im einzigen Querriss des steinernen Schwertes verankern will. Heinz probiert, mittels eines Lassos einen Felszacken einzufangen – er ist als Erster erfolgreich. Flugs ist eine provisorische Brücke installiert. Und Kurt hangelt knapp über der Wasseroberfläche zum Einstieg eines gut acht Meter hohen Boulders, den er „Geschenk Gottes" nennt.

Vor ein paar Tagen haben sich Kurt, Wolfgang Güllich, Ingrid Reitenspieß – inzwischen die Freundin von Thomas Düll – und der Tiroler Fotograf Heinz Zak in Hongkong getroffen. Für Kurt beginnt die letzte Episode einer Reise, die ihn 1986 nach Ende seines Referendariats über Fontainebleau, das Yosemite Valley und die australischen Klettergebiete Mount Arapiles und Grampians nach China führt. Anfang November fliegen die vier Kletterer über Guangzhou nach Kunming, Hauptstadt der Provinz Yunnan im Südwesten des Landes. In der „Stadt des Frühlings", oder weniger poetisch: In der boomenden Industriestadt „übernachten wir in einem Dreckshotel", schreibt Kurt in seinen Kalender. Das Reisebudget ist knapp. Heinz arbeitet an seinem Bildband „High Life – Sportklettern weltweit", der 1987 erscheint, ein ästhetisches Manifest des jungen Sportkletterns. Das Kapitel über Klettermöglichkeiten in China fehlt noch. Da Heinz im Vorfeld der Reise keine Informationen findet, sucht er die Ziele anhand von Fotografien in Reiseführern und -zeitschriften aus. Erster Stopp: Shilin, etwa 120 Kilometer südöstlich von Kunming, wo hunderte ebenso scharfkantige wie gutgriffige Kalkskulpturen einen bizarren „Steinwald" formen.

Seit drei Tagen spielen sich die Kletterer an den Felsen. Einige sind mit meterhohen Kalligraphien verziert. „Zaghaft", notiert Kurt, sind sie anfangs. „Abwartend testen wir die Reaktionen der Menschen." Mitte der 1980er-Jahre sind Touristen in China ein seltener Anblick. Zumal, wenn sie in kurzen Hosen oder engen Leggings in zehn, elf, zwölf Meter Höhe an graugelben Felsen herumturnen. Sobald Kurt, Wolfgang, Ingrid und Heinz durch den „Steinwald" wandern, folgt ihnen eine Schar Chinesen. Viele tragen die graue Mao-Uniform, die in der Volksrepublik China jahrzehntelang Individualität nivelliert. Kurts Sorge, sein Tun könnte Anstoß erregen, erweist sich als unbegründet. „Bei spektakulären Kletteraktionen versammeln sich hunderte von neugierigen Chinesen. Unser Publikum ist stets dankbar und belohnt uns mit Applaus und nach oben gehaltenem Daumen – man packt mich an der Hand und führt mich erneut zum Einstieg. Ein nicht enden wollender Kreislauf, in dem irgendwann nur noch die Flucht hilft …"

Als Kurt das „Geschenk Gottes", seinen Boulder über dem Schwertteich, für Fotoaufnahmen ein zweites Mal klettert, bricht unvermittelt ein Griff aus. Heinz, hinter der Kamera, hält den Atem an – niemand weiß, ob im Wasser spitze Felstürme lauern. Kurt landet glücklich, „und ich plumpse in den wohl größten Spucknapf Chinas". Wieder am Ufer, sieht er aus wie ein begossener Pudel. Die kurze Hose und das rote Leibchen kleben patschnass am Körper. Hinter ihm winken chinesische Unfallzeugen lachend in Heinz' Objektiv.

Von Kunming fliegen Kurt und seine Freunde nach Beijing, reisen weiter an die Chinesische Mauer. Die Granitfelsen an ihrem Fuß entpuppen sich als „senkrechte Kiesgrube". Kurt und Wolfgang lassen sich im Touristenshop inspirieren: In T-Shirts mit dem Aufdruck „I climbed the Great Wall" beginnen sie den „längsten Boulderquergang der Welt. 5000 Kilometer hin und 5000 Kilometer auf der anderen Seite zurück." Die Kletterer fahren mit dem Zug – 36 Stunden lang – nach Guilin am Westufer des Li-Flusses. Die Karstkegel an dessen Ufern wurden von chinesischen Malern und Dichtern über Jahrhunderte hinweg gezeichnet und besungen. Auch für Heinz, den Fotografen, sind sie eine Entdeckung – für Heinz, den Kletterer, dagegen eine Enttäuschung. Selbst in senkrechten Wänden wuchert die Vegetation. Die Reisenden leihen sich Fahrräder aus, auf denen sie entlang von Reis- und Zuckerrohrfeldern die Umgebung erkunden. Am 27. November gibt es einen „Zwischenfall mit Fahrrädern. Weil verboten geparkt, wird uns die Luft abgelassen." Doch auch dieses „Kommunikationsproblem lösen wir mittels der Dreierkombination von ‚phrasebook', viel Geduld und der theaterreifen Pantomimik von Heinz". Es folgt ein Abstecher auf die im südchinesischen Meer gelegene Tropeninsel Hainan – Ingrid, Wolfgang, Heinz und Kurt bouldern am Strand. Im Dezember 1986 fliegen sie über Hongkong, Manila, Bangkok und Karatschi zurück nach Frankfurt. Ein halbes Jahr lang war Kurt unterwegs.

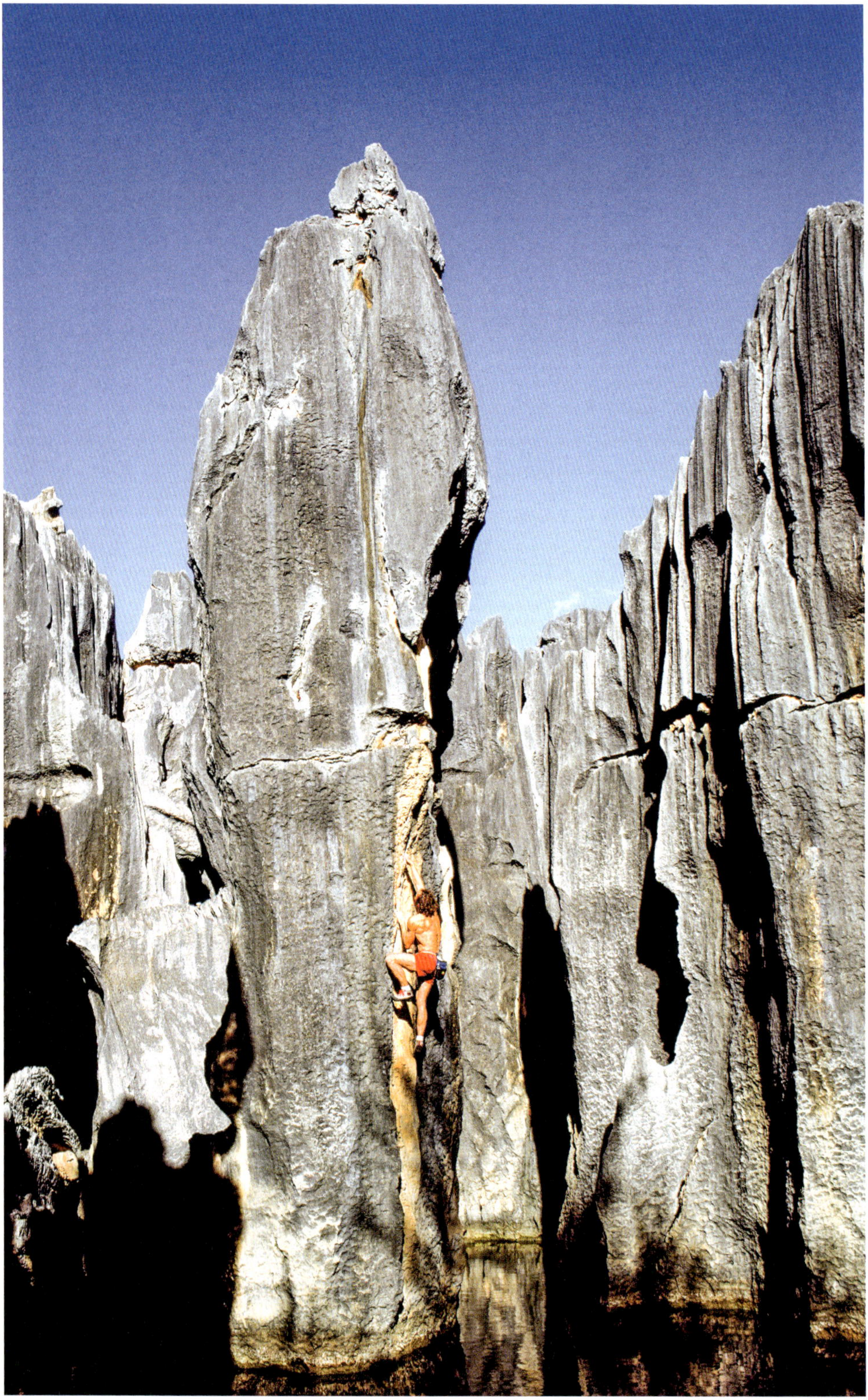

Mosaikstein #9

Nach ihrer Erstbegehung von „Eternal Flame" am Trango Tower reisen Wolfgang Güllich und Kurt ein zweites Mal nach China. Da die Reisefreiheit in Folge des Tian'anmen-Massakers vom 4. Juni 1989 stark eingeschränkt ist, ändern die beiden Kletterer spontan ihre Pläne: Über Hongkong und Bangkok fliegen sie nach Phuket in der Andamanensee vor der thailändischen Westküste. Vom Hörensagen wissen sie, dass auf der Insel Ko Phi Phi erste Kletterrouten erschlossen wurden. Allerdings ist es nicht Wolfgangs Jahr: In der Route „Happy Banana" bricht ein Griff aus, er stürzt fünf Meter auf ein Band, eine Bohrhakenlasche reißt, Wolfgang fällt noch tiefer. „Ich befürchte das Schlimmste", schreibt Kurt, „aber Wolfgang reagiert noch und ich lasse ihn ab – er ist total blutverschmiert". Früher als geplant tritt er die Heimreise an. Kurt genießt noch eine Woche Strandleben.

Die Fotografien, die Heinz in China gelingen, finden internationale Aufmerksamkeit. Magazine in Europa, Asien und Nordamerika veröffentlichen seine Bilder. Die spanische Zeitschrift „Desnivel" hebt Kurt und das „Geschenk Gottes" auf den Titel. Fünf Jahre sind inzwischen vergangen, seit das „Internationale Klettertreffen" in Konstein das Sportklettern einer breiten Öffentlichkeit bekannt gemacht hat. Seitdem steigern die Protagonisten der jungen Sportart kontinuierlich ihr Leistungsniveau. Und sie verändern und prägen das Image des Kletterns – in der Folge auch das des Alpinismus – für immer. Weil die neue Praxis auch auf neue Art präsentiert wird.

Seitdem einzelne Pioniere gegen Mitte des 19. Jahrhunderts mit Unmengen an fotografischem Gepäck ins Gebirge vordrangen, war Bergfotografie vor allem Landschaftsfotografie. Die Alpen waren eine unbekannte Welt, ein Geheimnisraum, gefüllt mit abstrusen Vorstellungen, Ängsten und Wunschträumen. Daheim, in den Tälern, brannte man darauf, Bilder dieser unergründlichen Räume zu sehen. Menschen waren auf diesen Bildern kaum zu finden – und wenn, dann nur, weil sie beiläufig geknipst oder heldisch in Pose gesetzt wurden. Das änderte sich erst, als Kletterer zu Fotografen wurden, ausgestattet mit den erforderlichen Kenntnissen, um sich gemeinsam mit ihren Modellen in der Vertikalen zu bewegen. In der zweiten Hälfte des 20. Jahrhunderts wurde Berg- zu Bergsportfotografie.

Einer, der diese Entwicklung stark prägt, ist Reinhard Karl. Er besitzt die alpinistischen Fähigkeiten, um am Frêneypfeiler des Mont Blanc, in der K2-

Kurt Albert findet ein „Geschenk Gottes" im „Steinwald" von Shilin.

Südwand, in „The Nose" am El Capitan auf den Auslöser zu drücken. Und er nimmt seine Kamera nicht nur bei Sonnenschein, sondern auch bei Eiseskälte und im Schneesturm aus der Fototasche. Seine Bilder sind keine Schönfotografie mehr, sondern ein Konzentrat der nicht immer schönen Wirklichkeit. Damit greift Reinhard eine Entwicklung auf, die sich in anderen Bereichen seiner Kunst längst vollzogen hat: „Während die Bergfotografie jahrzehntelang stillstand, hat sich die ‚normale Fotografie' zu Kreativität, Spontaneität, zu subjektiver Vorstellung und Aussage entwickelt. Mit immer neuen Ideen und Technik versuchen die Fotografen, ihre Ideen und Vorstellungen von den Objekten und den Menschen zum Ausdruck zu bringen. Dahin sollte sich die Bergfotografie entwickeln: von den schönen zu den neuen Bildern."

In seiner Ausgabe vom 9. August 1979 räumt das Reportagemagazin „Stern" den Fotografien Reinhard Karls aus dem Yosemite Valley sechs Doppelseiten ein. Unter dem etwas dümmlichen Titel „Die Amis gehen die Wände hoch" sieht und liest ein Millionenpublikum, wie moderne Kletterer unterwegs sind, und wie sie ihre Vorstellung eines unabhängigen Lebens auch im Tal verwirklichen. Reinhards Bilder geben dem Betrachter das Gefühl, dabei zu sein: am Stand zu hängen, im Portaledge zu schlafen, an einem der Granitblöcke in Camp 4 zu bouldern. Das hat nichts Heroisches an sich, aber auch nichts mit Luis-Trenker-Romantik zu tun. Diese Bilder fangen den Lebensstil einer Generation ein, die anders ist und denkt als die Altvorderen – und die dies auch zeigen will. Für die Jungen ist das Klettern keine Auseinandersetzung auf Leben und Tod mehr. Das Bergsteigen ist um eine sportliche Variante bereichert, deren Akteure große Kletterschwierigkeiten bei möglichst geringem Risiko meistern wollen. Die Beschreibung wurde so oft zitiert, dass sie einem schwer über die Lippen geht, aber sie trifft zu: Das Sportklettern ist ein Spiel mit der Schwerkraft. Den Spielern dient Äußerliches als Code ihrer Zugehörigkeit. Sie tragen schmal geschnittene Kletterschuhe statt zwiegenähten Bergstiefeln, Shorts statt Bundhosen, Trägershirts statt rotkarierten Hemden, Stirnband statt Tirolerhut. So unterscheidet man sich, und so erkennt man einander. Die Szene zelebriert nicht nur ihre Leistungen, sondern auch eine hippe Ästhetik – deren Einfluss auf Mode und Lifestyle, wer hätte das gedacht, heute größer ist als umgekehrt. Kletterer gelten nicht mehr als altbacken. Sie sind jetzt cool.

Entscheidend beeinflusst wird diese Entwicklung durch eine Riege junger Fotografen, die, inspiriert von Reinhard Karl, mit dem und für das Sportklettern eine eigene Bildsprache entwickeln. Heinz Zak, Uli Wiesmeier, Gerd Heidorn, Peter Mathis und andere sind selbst leidenschaftliche Kletterer und verstehen es, ihre Protagonisten in Szene zu setzen. In den Mittelpunkt ihrer Bilder rückt der kletternde Mensch. Gipfel, Felsen, Landschaften werden zu schmückendem Beiwerk. Die Fotografien entstehen mitten im Geschehen und sind doch bis ins Detail durchdacht. Position und Positur des Kletterers, sein Outfit, seine Bewegung, die Balance zwischen Statik und Dynamik, die Steilheit der Wand und die Tiefe des Raumes fügen sich zu Kletterkompositionen. Die vertikalen Inszenierungen sind auch stark körperlich geprägt. Nackte Oberkörper, definierte Muskelgruppen, knappe Höschen und enge Tops sind en vogue. In den Augen alpiner Traditionswächter ist die neue Ästhetik ein Tabubruch. Die jungen Akteure vergewissern sich mit ihrer Hilfe, dass sie anders, besonders sind – oder sich zumindest dafür halten.

An einem Frühlingstag 1981 seilt sich der Nürnberger Fotograf Thomas Ballenberger an einem gelben Fixseil etwa fünf Meter in die Platten der Oberen Gößweinsteiner Wände ab. „Balli“, wie seine Freunde ihn nennen, gehört zu jener Riege junger Fotografen, die das Sportklettern bekannt machen. Er dokumentiert das Geschehen in der Fränkischen Schweiz ebenso wie in den Klettergebieten der Welt. Oft und gerne ist er mit zwei der kreativsten Kletterer der 1980er-Jahre unterwegs: Wolfgang Güllich und Kurt Albert.

Letzterer hat vor ein paar Wochen die erste Rotkreis-Begehung seiner Route „Sautanz“ geschafft. Balli brennt darauf, etwas Neues zu schaffen, die Kletterfotografie weiterzubringen, mit Herzblut und Kalkül. Die Zeit dafür ist reif, und Kurt wie immer begeistert dabei, wenn es darum geht, neue Ideen umzusetzen. An einem zweiten Fixseil, etwas über und hinter Balli, hängt Thomas Düll, genannt „Baulder“ – weil er das englische „Boulder“ sozusagen fränkisch ausspricht. Balli fotografiert mit einer schweren, unhandlichen Mamiya RZ67, einer Mittelformatkamera. Der Rollfilm, den er einlegt, hat nur zehn Bilder. Einen Belichtungsmesser hat er nicht dabei.

Thomas Düll hält den Blitz samt Lichtwanne, über ein Kabel mit dem Fotoapparat verbunden. Mit einer Polaroid-Kamera und Lichtempfindlichkeit 100 ASA macht Balli ein paar Probeaufnahmen, um zu sehen, ob die Belichtung hinkommt. Dann wird es ernst. Zehn Mal klettert Kurt die Schlüsselstelle des „Sautanzes“, dann ist das Bild im Kasten. Als Balli die Dias vom Entwicklungslabor abholt, weiß er sofort: Das ist es! Sein Foto ist besser geworden, als er es sich selbst vorstellen konnte. Weil er eingefangen hat, was der französische Fotograf Henri Cartier-Bresson den „moment décisif" nannte: jenen entscheidenden Augenblick, der das Geschehen festhält und zugleich mehr über einen Menschen, eine Situation, die Hintergründe der Geschichte erzählt als jeder andere. Kurt in EBs, roten Socken und roter Turnhose, den blauen Magnesiabeutel vorne um die Hüfte hängend, das rechte Bein eingedreht, links hält er eine schmale Leiste, der rechte Arm ist gestreckt, die Finger greifen ein Zweifingerloch, der Blick konzentriert nach oben gerichtet – Ballis Bild aus dem „Sautanz" ist eine Ikone des frühen Sportkletterns.

Es wird zum Titelbild der Erstausgabe des Magazins „Boulder", das Balli 1981 zusammen mit Hans Diefenbach herausgibt. Die Redaktion der legendären Zeitschrift befindet sich, wie könnte es anders sein, im Keller der Moselstraße 7 in Oberschöllenbach – über Wochen hinweg hallen die Anschläge einer mechanischen Schreibmaschine durch die Zimmer des „Hotels Frankenjura". In einem Nachruf über den 2019 verstorbenen Hans Diefenbach schreibt sein Weggefährte Jochem Becker: „Er ging konsequent keinem geregelten Leben nach; Arbeit oder Jobs dienten allein der Finanzierung einer freien und bohemienhaften Lebensweise ohne irgendwelche Abhängigkeiten. Dieses erreichte er durch absolute Sparsamkeit und minimalem Konsum. Mit Thomas Ballenberger als Mitherausgeber des berühmten Magazins ‚Boulder' lief Hans Anfang der 1980er-Jahre zu Höchstform auf. Die geballte Fülle an sorgsam recherchierten Informationen eines Heftes hätte gut für mehrere Ausgaben ausgereicht. In seiner ‚Redaktion' liefen die Fäden zusammen und oft telefonierte er mit irgendwelchen ‚Größen' aus der Szene. In diese Zeit fällt sein bekannter running gag: ‚Dann kommst du auch ins Heft …' Eine ironische Anspielung, wenn er irgendwas von einem wollte. Zum Beispiel gesichert oder chauffiert zu werden – er selbst besaß keinen Führerschein."

Das Experiment „Boulder" endet 1981 bereits nach drei Ausgaben – die alpine Szene honoriert die Leidenschaft und Leidensbereitschaft derer nicht, die sich über das reine Tun hinaus mit dem Klettern und Bergsteigen auseinandersetzen. „Boulder" ist aufwändig recherchiert und mit Liebe gemacht. Aber es wird zu wenig gekauft.

Kurt im „Sautanz" (IX-): Thomas Ballenbergers Aufnahme wird zum Cover des Magazins „Boulder 1" und inspiriert eine Generation junger Kletterer.

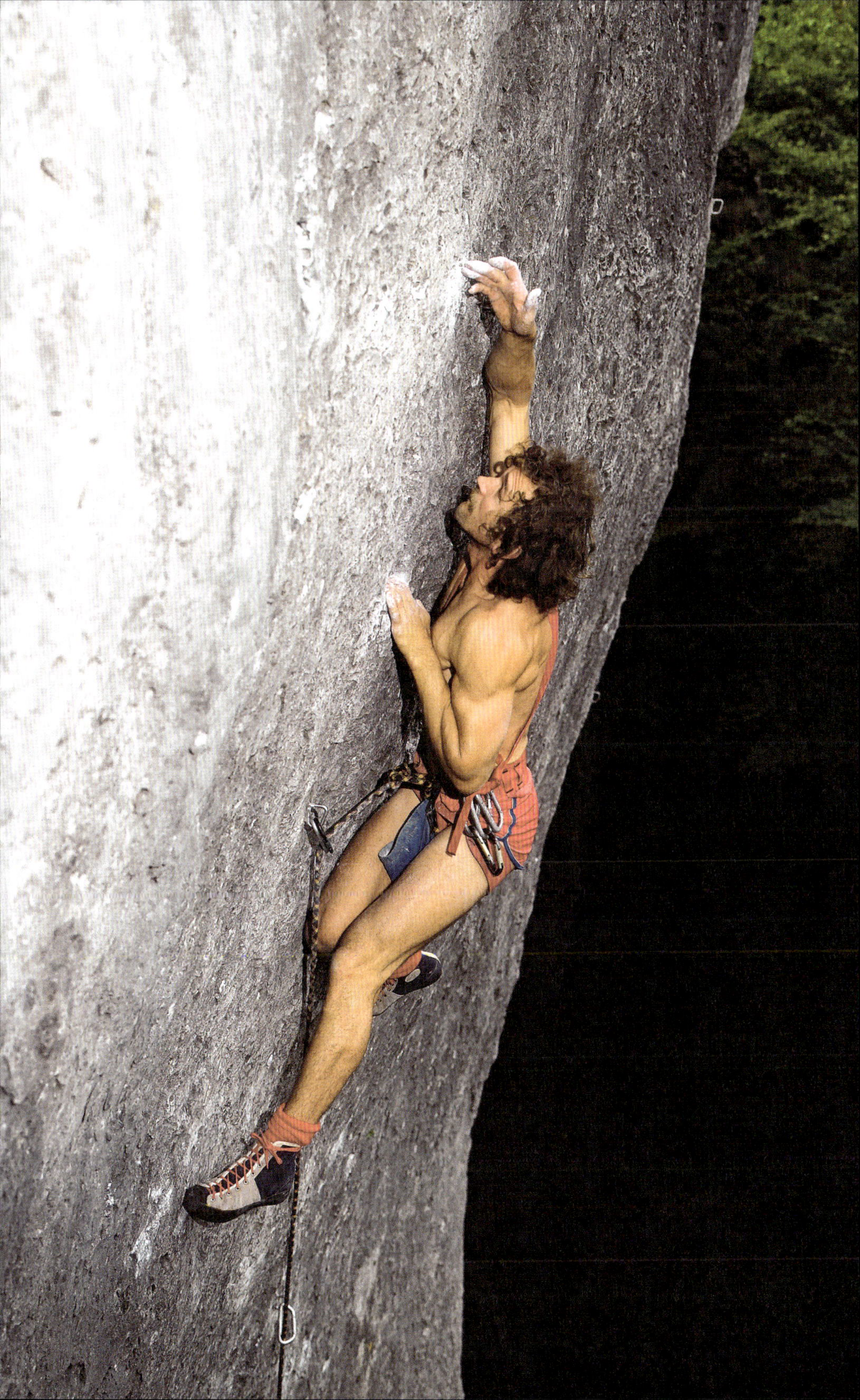

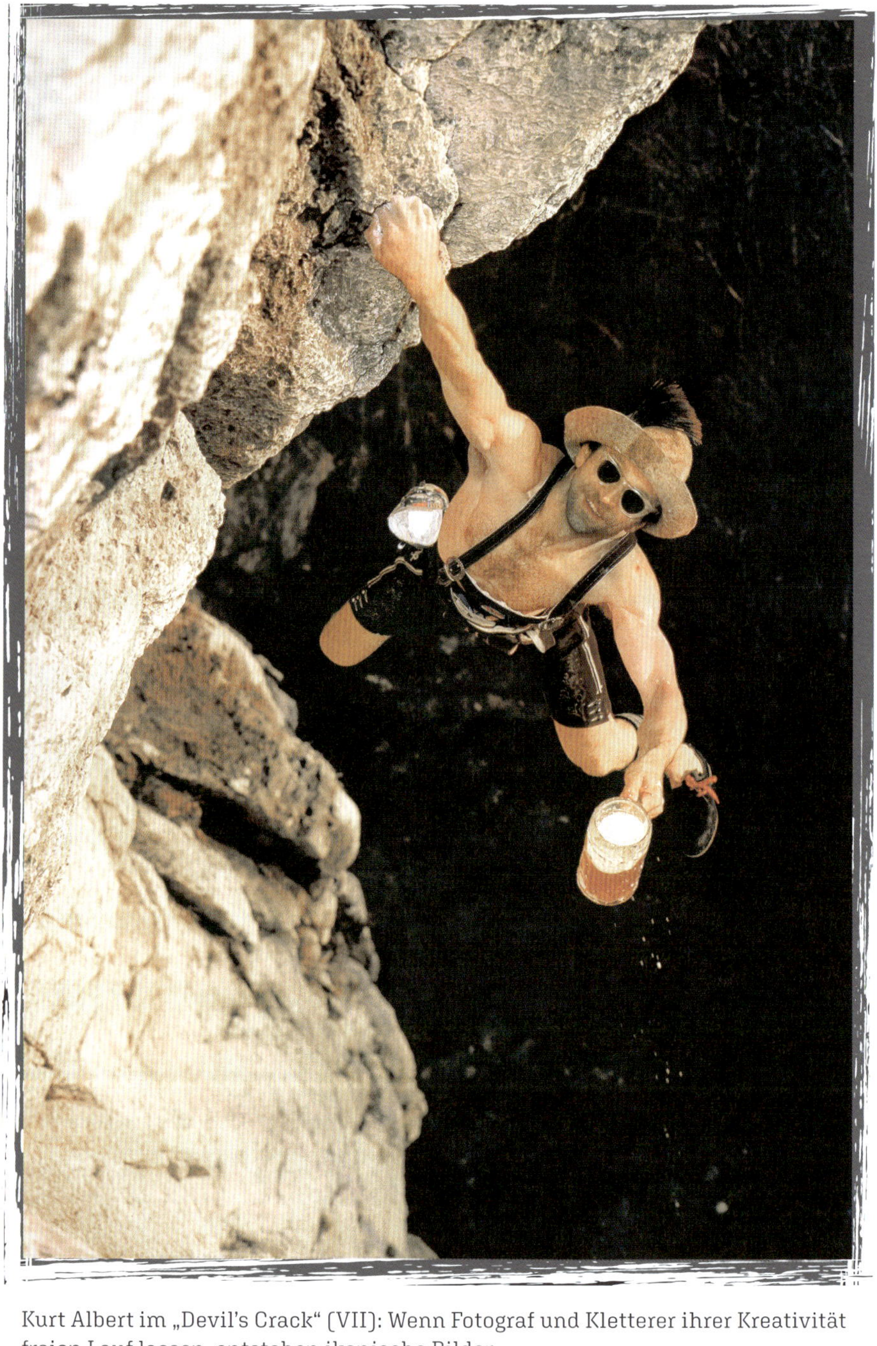

Kurt Albert im „Devil's Crack" (VII): Wenn Fotograf und Kletterer ihrer Kreativität freien Lauf lassen, entstehen ikonische Bilder.

Mosaikstein #10

Langsam wird Kurt den Pfeiler hinuntergelassen, über den der „Devil's Crack" auf den Röthelfels führt. 1976, vor acht Jahren, hat er die Route erstbegangen. „Zum überhängenden Riss. Kurz nach rechts (Haken) und am weit überhängenden Faustriss zu Ausstieg", so ist die Linie in Oskar Bühlers „Kletterführer für den Frankenjura" beschrieben. Kurt trägt eine dunkelbraune, weiß bestickte Lederhose, passende Hosenträger, schwarze Haferlschuhe mit roten Schnürsenkeln, Sonnenbrille und einen Filzhut samt Gamsbart. Um die Hüfte hat er eine Bandschlinge gebunden, in der Hosentasche einen Karabiner versteckt, mit dem er sich in gut 15 Meter Höhe am Haken fixiert. Am Ausstieg der Route füllt Thomas „Balli" Ballenberger zwei Flaschen Bier in einen Maßkrug, bis es gescheit schäumt. In einem Zehn-Liter-Eimer lässt er die Maß hinab zu Kurt. Der hat sich bereits vom Haken gelöst, nimmt den Maßkrug mit der Linken aus dem Eimer und hängt sich am gestreckten rechten Arm an einen handgroßen Griff. „Mann, ist der Krug schwer", sagt Kurt, und schon dreht es den Körper aus der Idealposition. „Kurt, häng dich raus, streck den Arm, weiter, weiter!", schreit Balli von oben. Einen kurzen Moment lang lächelt Kurt, ein paar Spritzer Bierschaum vermitteln Dynamik, dann geht ihm die Kraft aus. Schnell wird der Eimer wieder abgelassen, Maßkrug hinein, in den Haken eingehängt, in Sicherheit. „Das war gar nicht so ohne, ein echter Stunt", erzählt Balli. „Drei Mal haben wir das gemacht. Dann habe ich gesagt, es reicht. Das war mir zu gefährlich." Kurt solo im „Devil's Crack", in bayerischer Tracht, den Maßkrug gestemmt. Vermutlich gibt es kaum ein anderes Kletterfoto, das weltweit so bekannt ist wie dieses.

Einem dicken Daumen gleich ragt Great Ormes Head vor der nordwalisischen Küste in die Irische See. Aus dem Städtchen Llandudno führt ein Marine Drive um die Halbinsel, oberhalb und unterhalb säumen langgezogene Kalksteinklippen die Straße. Das ist Pen Trwyn, eines der ältesten Klettergebiete Großbritanniens. Seit Jahresbeginn 1983 leben Jerry Moffatt und eine Handvoll Gleichgesinnter in Parisella's Cave: einer staubigen, nach Schafdreck stinkenden Höhle, benannt nach dem Café, in dem sich die Kletterer mit Hilfsarbeiten das Frühstück verdienen. Ähnlich wie im deutschen Frankenjura wetteifern die Jungen in Pen Trwyn darum, alte Technorouten frei zu klettern. Jerry feiert einen Erfolg nach dem anderen. Als er Anfang September die „Masterclass" (französisch 8a) eröffnet, haben sich am Wandfuß viele Zuschauer versammelt. Unter ihnen ist Wolfgang Güllich.

Ein paar Tage später treffen sich die beiden Kletterer zufällig im Peak District wieder. Sanfte Hügelketten verlieren sich im Nebel, ihre Kämme gespickt mit Sandsteinfelsen, die sich wie die Rückenplatten eines Stegosaurus aneinanderreihen. Jerry stammt aus Sheffield, die einstige Stahlmetropole liegt ganz in der Nähe. Kürzlich ist ihm die Erstausgabe des Magazins „Boulder" in die Hände gefallen, und er ist fasziniert von Thomas Ballenbergers Kletterfotos. Nie zuvor hat er ähnliche Aufnahmen gesehen.

„Bei uns seilt kein Mensch ab, um ein Bild zu machen", sagt er. „Das ist Hardcore-Porno."

„Das Bild ist von Kurt in ‚Sautanz', im Frankenjura", entgegnet Wolfgang.

„Da muss ich unbedingt mal hin."

„Wir fahren heute Mittag heim."

„Kann ich mitkommen?"

Jerry hat keinen festen Wohnsitz, seit drei Jahren zieht er von einem Klettergebiet ins nächste. Sein ganzes Hab und Gut steckt in einem roten Rucksack. Wolfgang transportiert in seinem alten VW Golf bereits drei Passagiere samt Gepäck. Sorry, wir sind voll, würden die meisten Menschen wohl sagen. Aber Wolfgang ist ein feiner Kerl, freundlich und bescheiden.

„Klar", antwortet er, „quetsch dich ins Auto, wir nehmen dich mit".

1978 schicken Jerry Moffatts Eltern ihren Sohn auf das St. David's College in der Nähe von Llandudno. Jerry ist 15 Jahre alt, in der Schule tut er sich schwer, Ärzte diagnostizieren Legasthenie. Die Privatschule bietet ihren Schülern zahlreiche Sportarten an, unter anderem auch Klettern. Jerry ist sofort begeistert und stürzt sich ins Training. Bis heute kennt er die Grifffolgen der Quergänge auswendig, die er am Gemäuer des im 17. Jahrhundert erbauten Schulgebäudes hin- und herklettert. Wenn es regnet, zieht er sich in die Bibliothek zurück, die reichlich mit Abenteuer- und Bergliteratur bestückt ist. Eines Tages findet er dort, versteckt hinter einem Stapel Klettermagazinen, Pat Aments John-Gill-Biographie „Master of Rock", die Bibel des Boulderns. Jerry verschlingt das Buch in einem Rutsch. Die Lektüre verändert sein Leben.

Nach einem Jahr verlässt er das St. David's College und kehrt einer klassischen Karriere den Rücken. Jerry will eine „crag rat" werden – sein Leben ganz den Felsen widmen. Obwohl das Klettern auf den Britischen Inseln eine lange Tradition hat, gilt es als Zeitvertreib einiger freakiger Außenseiter. Mit dem schicken Outdoor-Lebensstil von heute hat es nichts gemein. Monatelang haust Jerry in Tom's Roof, einer feuchten Höhle im Klettergebiet Stoney Middleton, und ernährt sich von Weißbrot mit Ketchup. Keiner der Kletterer hat ein Auto. Wer irgendwohin will, trampt oder geht zu Fuß. Einige Jahre lebt Jerry von Gelegenheitsjobs und staatlicher Hilfe. Anfang der 1980er-Jahre steckt Großbritannien in einer tiefen Rezession, die Zahl der Arbeitslosen steigt unter der Regierung Margaret Thatchers von einer auf drei Millionen Menschen. Hunderttausende Jugendliche sind „on the dole". Sie beziehen Arbeitslosengeld, das die Eiserne Lady großzügig verteilt, um die Perspektivlosen ruhigzustellen und sozialen Unruhen vorzubeugen. Jerry nimmt „the dole" dankbar mit. Er nützt seine freie Zeit und sein Talent, um extrem schwierige und gefährliche Tradrouten, Kletterrouten, die selbst abgesichert werden müssen, zu begehen. Mit seinen Free Solos riskiert er Kopf und Kragen. Er bouldert wie ein Besessener. Und ist so ambitioniert und ehrgeizig, dass er bald zu den besten Kletterern der Welt zählt.

Heute lebt Jerry, 57, in einem großen Einfamilienhaus mit rot-brauner Klinkerfassade im Zentrum Sheffields, glücklich verheiratet und Vater zweier Teenager. Die Kletterschuhe hat er bereits 2002 an den Nagel gehängt. Seine Leidenschaft gilt schönen Autos, schnellen Motorrädern, der Jagd und dem Surfen. Im April 2019 reißt ihn ein Beach Break auf der Kanareninsel Lanzarote von seinem Surfboard und klatscht ihn Kopf voraus auf den Strand. Jerry bricht sich den siebten Halswirbel, ist monatelang in Therapie und macht seitdem „alles, was ich kann, in der Hoffnung, ein glücklicher alter Mann zu werden". Das klingt ziemlich abgeklärt. Doch sobald Jerry über seine eindrucksvolle Kletterkarriere zu sprechen beginnt, kehrt in jede Faser seines Körpers Begeisterung zurück. Mit Händen und Füßen imitiert er die Schlüsselzüge seiner schwierigsten Routen, „Liquid Amber" (französisch 8c+) in Pen Trwyn und „Evolution" (französisch 8c) in Raven Tor. Triumphierend freut er sich über seinen Sieg beim World Cup im heimischen Leeds 1989. Über einen der Höhepunkte seiner erstaunlichen Karriere, die Erstbegehung von „The Ace" im Peak District im Jahr 2000, sagt er: „Sollte irgendwann einmal jemand wissen wollen, wie schwer ich damals klettern konnte, kann er die Griffe von ‚The Ace' anfassen. Unsere Erstbegehungen sind da für immer, und durch sie kann jeder das Klettern verstehen. Das ist etwas, das dir niemand wegnehmen kann."

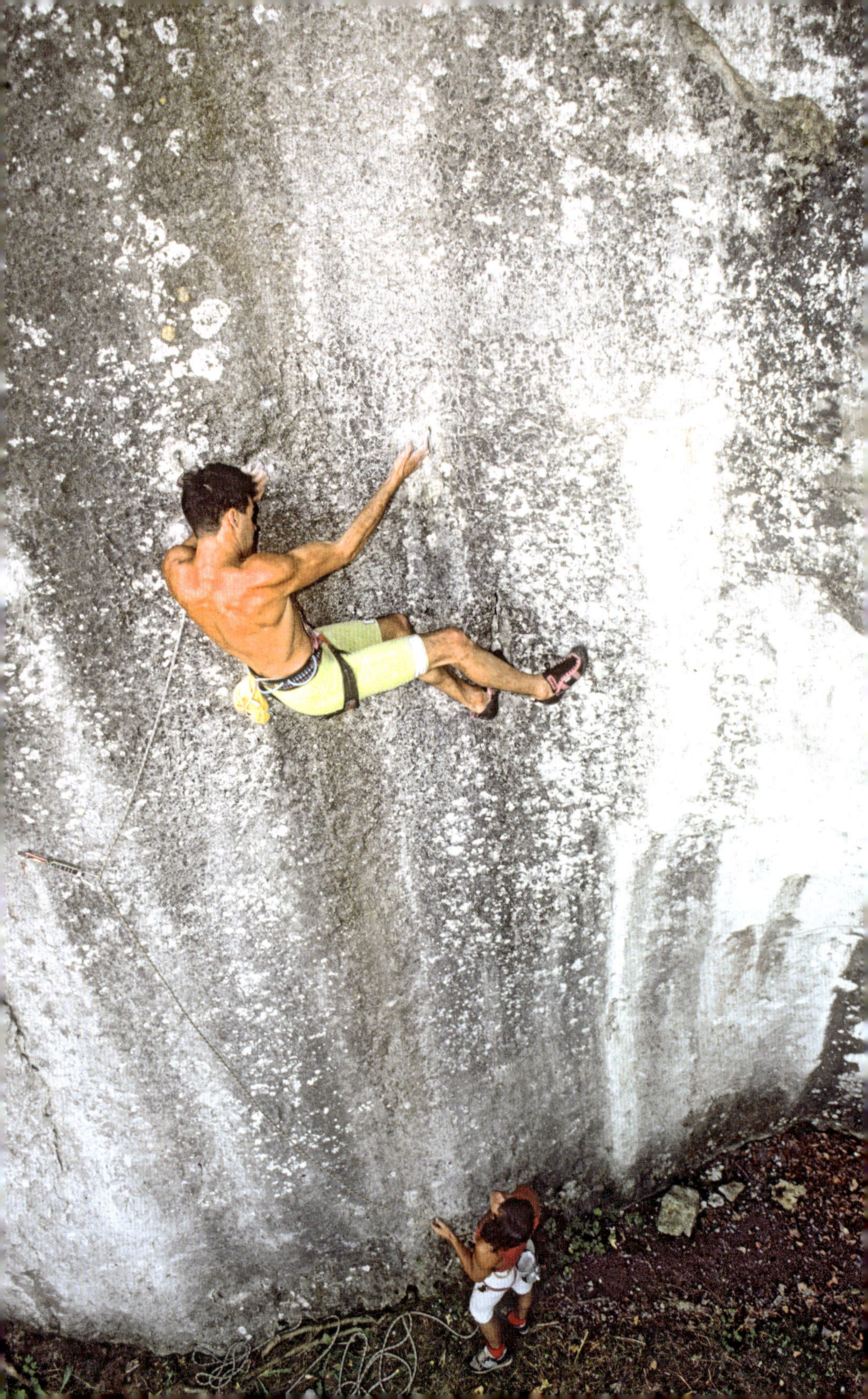

Gegen acht Uhr morgens am 9. September 1983, nach gut 20 Stunden Fahrt, parkt Wolfgang Güllich seinen VW Golf in der Moselstraße 7, Oberschöllenbach. Jerry schält sich aus dem Rücksitz und stolpert ins Haus. In der warmen Küche sitzen Kim Carrigan, Louise Shepherd, Ingrid Reitenspieß und Kurt, der mit einem Kaffeelöffel in seiner Tasse herumrührt. Jerry erkennt „the enormous German" sofort, das Titelbild des „Boulder"-Magazins vor Augen. „Hi, mate", grüßt Kim mit breitem australischen Akzent. Kurt rührt immer noch in seinem Kaffee, schweigend, den Blick auf Jerry gerichtet. Dann grinst er, nimmt den silbernen Löffel aus der Tasse, greift ihn mit der Faust und hält die bauchige Seite vor Jerrys Nase.

„Hei, schau in dein komisches Gesicht!"

Jerry stutzt und blickt in sein Spiegelbild: ein kleiner Kopf mit einer riesigen Nase. Die ganze Küche lacht, inklusive Jerry. Das ist der berühmte Kurt Albert! Die beiden Männer mögen sich sofort.

Jerry fühlt sich wie im siebten Himmel, komplett übermüdet und aufgedreht zugleich. Er sitzt mit einigen der besten Kletterer der Welt an einem Tisch. Es gibt Kaffee, frisches Gebäck, die Aussicht auf ein warmes Bett – und Kim Carrigan fragt ihn, ob er gleich mitkommen wolle an die Gößweinsteiner Wände! Jerry ist von der Fahrt noch schwummrig, aber er weiß, dass er den „Sautanz" unbedingt probieren will, warum nicht gleich? Der Form halber macht er ein paar Aufwärmübungen, dann fragt er Kim, ob er einen Versuch machen dürfe. Der Australier hat für seine Rotpunkt-Begehung drei Tage benötigt, weniger als jeder andere zuvor. Jerry steigt ein, kämpft wie ein Löwe, fällt fast aus jedem Griff. Und schafft es irgendwie zum Ausstieg. Sautanz im ersten Versuch. Onsight. Kims trockener Kommentar: „Ich glaube nicht, dass du mit den Routen hier Probleme haben wirst."

In den folgenden beiden Wochen klettert Jerry den Frankenjura in Grund und Boden. Viele schwierige Wege meistert er im ersten Versuch. Er lernt Wolfgang „Flipper" Fietz kennen. Die beiden Kletterer teilen eine Obsession für John Gill und das Bouldern. Der Brite bewundert den Franken, seitdem er ein Foto von dessen Muskelbergen gesehen hat. Einen schwierigen Boulder in Stoney Middleton, der entlang von Untergriffen quert, nennt Jerry 1982 „Flipper Traverse". Flipper nimmt Jerry mit ans Eldorado-Massiv, direkt oberhalb des Spielplatzes von Obertrubach. Er hat dort eine Route eingebohrt – acht Meter hoch, vier Haken, weit überhängend –, die er „Ekel" nennt. Noch hat er nicht alle Kletterzüge geschafft. Jerry muss sich zwar an

Jerry Moffatt gelingt 1983 die erste Rotpunkt-Begehung von „The Face" (X-) am Schellneckpfeiler.

den Haken ausruhen, doch die Züge gelingen ihm auf Anhieb. Flipper ist außer sich. Wie Rumpelstilzchen rennt er am Wandfuß im Kreis herum und ruft: „Oh my God. Das ist crazy! Das ist crazy!" Für Flipper ist die Route damit vollendet. Ein paar Tage später kehrt Jerry ins Eldorado zurück und klettert „Ekel" Rotpunkt – die erste Route im Schwierigkeitsgrad IX+ in Deutschland. Als er Flipper davon erzählt, zuckt dieser nur mit den Schultern. „Ekel" ist in seinen Augen längst erledigt.

Jerry ist auf dem Zenit seines Könnens. Einen Tag, bevor er nach Südfrankreich fliegt – er soll dort für ein Katalogshooting des Münchner Unternehmens „Sport Scheck" vor der Kamera posieren –, gelingt ihm am Schellneckpfeiler im Unteren Altmühltal die Erstbegehung von „The Face". Eine der ersten Routen weltweit im Schwierigkeitsgrad X- ist Realität. Und Wolfgang Güllich wird von den Leistungen seines britischen Besuchs derart angestachelt, dass er fortan das Zepter im Frankenjura übernimmt. Mit „Kanal im Rücken" (X) an der Kastlwand im südlichen Frankenjura klettert er 1984 den ersten glatten Zehner. „Kaum Zeit zum Atmen" (X-) an der Luisenwand wird 1985 eine Hommage an Reinhard Karl. Ein Jahr später schaltet Wolfgang am Rabenfels den „Ghettoblaster" (X/X+) ein. 1987 wird die „Wallstreet" (XI-) am Krottenseer Turm zum Schwierigsten, was bis dato geklettert wurde. Und am 14. September 1991 – Expeditionen ins Karakorumgebirge und nach Patagonien haben Wolfgangs sportlichen Ehrgeiz nicht gestillt – zeigt er sich mit „Action Directe" (XI) am Waldkopf auf dem Höhepunkt seiner Leistungsfähigkeit.

Mosaikstein #11

Die Kletterszene ist klein, Klettergebiete gibt es wenige, man trifft sich immer wieder. Im Frühling 1984 ist Jerry Moffatt mit dem jungen Ben Moon im südfranzösischen Buoux, als Wolfgang Güllich auftaucht. Der nimmt die beiden abgebrannten Briten mit in die Verdon-Schlucht, wo Jerry die französischen Topstars mit seinen Onsight-Begehungen ebenso schockt wie ein Jahr zuvor seine fränkischen Freunde. Irgendwann erscheint auch Kurt in La Palud. Er hat ein 200-Meter-Statikseil dabei, an dem er Jerry und Ben – mit ein paar Meter Abstand ins Seil eingebunden – vom Schluchtrand in die Tiefe ablässt. „Eine gefühlte Ewigkeit", erinnert sich Jerry, „ging es abwärts, keine Kontrolle. Spannend. Und dann konnten wir an einem Stück wieder hinaufklettern. Ohne Pause, endlos lange."

Seitdem er das St. David's College in Wales verlassen hat, klettert oder trainiert Jerry Moffat an fast jedem Tag des Jahres, sieben Jahre lang. Im Herbst 1985 fordert sein Körper Tribut. Der chronische Schmerz in beiden Ellenbogen wird so stark, dass er kaum noch einen Griff oder die Klimmzugstange halten kann. Der Engländer fällt in ein tiefes Loch: keine Reisen, keine Projekte, kein Ziel und die Motivation gleich null. Jerry hat das Gefühl, den Fokus verloren zu haben. Um sich abzulenken, kauft er sich von seinem ersten Ersparten – Fernsehauftritte haben ihm etwas Geld eingebracht – ein Motorrad, übt darauf und besteht den Führerscheintest. Die nächste Maschine wird eine Moto Guzzi. Jerry muss nicht mehr am Straßenrand stehen und den Daumen raushalten.

Weil er dem tristen Nichtstun in Sheffield entkommen will, beschließt Jerry im Spätherbst 1985, seine Freunde in Oberschöllenbach zu besuchen. Am Nachmittag setzt er sich auf sein Motorrad, am folgenden Morgen kommt er im Frankenjura an. Kurt und Wolfgang empfangen ihn herzlich. Jerry bleibt die kommenden fünf Monate im „Hotel Frankenjura". Um sich etwas Geld zu verdienen, arbeitet er bei Norbert Sandner in dessen Nürnberger Sportgeschäft „Erdenkäufer & Falk". An ein paar Vormittagen pro Woche montiert Jerry Skibindungen, wachst Beläge und schleift Kanten. Norbert hat weder davor noch danach so viele Reklamationen. An den Wochenenden bietet er seinen Kunden Skiausflüge in die Alpen an – Jerry und Kurt, der eine seiner regelmäßigen Kletterauszeiten nimmt, fahren oft mit. An einem Januarwochenende 1986 gehen sie mit Norbert Sandner auf Skitour in die Kitzbüheler Alpen. Mit dabei sind Otto Wiedemann und Hans Engl – „Hans Engl, ich meine, was für ein Held!", sagt Jerry. Der Zimmerer aus dem bayerischen Oberland stieg im Herbst 1978 ohne Flaschensauerstoff auf den Mount Everest. Nach Reinhold Messner und Peter Habeler als dritter Mensch überhaupt, und ohne jegliches Tamtam. So sind Jerry und Kurt mit drei staatlich geprüften Berg- und Skiführern unterwegs. „Ich wusste nicht wirklich, was ich tat. Ich bin ja vorher nie auf Skitour gewesen." Auf dem Gipfel angekommen, sagt Norbert: „Schau, Jerry, so macht man das ...", fährt los und ist weg. „Kurt und ich haben uns den Berg hinuntergestürzt. Abends waren wir komplett zerstört." Als die Gruppe am nächsten Morgen wieder loszieht, lassen sich Kurt und Jerry langsam zurückfallen – bis sie unbemerkt umdrehen können.

Den restlichen Winter über sind die beiden fast jedes Wochenende auf Skitour. Jerry ist immer knapp bei Kasse und muss sparen, auch beim Essen.

Als er sich während der Heimfahrt einmal ein Schinkensandwich leistet, isst er es so langsam wie möglich, will es bis zum letzten Bissen genießen, „denn der ist immer der beste". Und Kurt: Schnappt Jerry das Brot aus der Hand und verschlingt es. Jerry flippt aus, Kurt muss ihm auf der Stelle ein neues Sandwich kaufen.

Wenn es nicht gerade ums Essen geht, sind die beiden ein Herz und eine Seele. Da der Brite noch nie Auto gefahren ist, schlägt Kurt ihm mitten im Winter vor: „Komm, ich zeige dir, wie's geht." Es schneit, die schmalen, kurvigen Landstraßen der Fränkischen Schweiz sind schneebedeckt und glatt. Jerrys erste Fahrstunde geht eine Zeit lang gut, dann setzt er Kurts Opel Kadett B in den Graben. „Das war typisch Kurt. Er fragt: ‚Was ist das Verrückteste, das wir tun können?' – ‚Okay, Jerry, lass uns Autofahren!'"

Mosaikstein #12

Selbst kein Kind von Traurigkeit, forsch und immer einen kessen Spruch auf den Lippen, ist Jerry ein großer Freund von Kurts Scherzen – die nicht immer alle lustig finden. Vor allem nicht, wenn sie selbst zum Opfer einer seiner Streiche werden. „Als Kurt in Sheffield zu Besuch war, irgendwann in den 1990er-Jahren, wollten wir spät noch in einen Club gehen. Kurt zögerte erst, aber es war ja Kurt, und natürlich kam er doch mit. Im Club stand er zwischen den ganzen Posern und wusste nicht so recht, was er tun sollte. Dann hat er blitzschnell das Bier irgendeines Typs auf den Kopf gestellt. Bierdeckel oben drauf, festgehalten und das Glas umgedreht. Der Typ nimmt sein Glas, ohne hinzuschauen, und schüttet sich das ganze Bier auf die Schuhe. Mir war das so peinlich, ich wollte im Boden versinken." Kurt lacht sich kaputt, dann entschuldigt er sich überschwänglich. Zum Streit kommt es nicht. „Kurt hatte nie eine Auseinandersetzung, nie. Er hat sich nie mit jemand gestritten, geschweige denn geprügelt. Es gab nichts Aggressives an ihm, gar nichts."

Zwei Jahre nach seinem ersten längeren Aufenthalt im Frankenjura quartiert sich Jerry erneut in Oberschöllenbach ein. An den Ellenbogen ist er inzwischen operiert worden, er klettert wieder, und das auf extrem hohem Niveau. Quasi den ganzen Winter lang trainieren Kurt und Jerry am Campusboard, das im gleichnamigen Nürnberger Fitnesscenter installiert ist. Jerry ist begeistert von den Möglichkeiten, die das Board bietet, und modifiziert es mit ganz schmalen sowie abgerundeten Griffleisten. Als er 1991 in Sheffield mit „The Foundry“ die erste Kletterhalle Großbritanniens eröffnet, integriert er natürlich ein Campusboard. Heute hängen Trainingsboards verschiedener Ausführung in Klettererhaushalten rund um den Globus.

Bevor Kurt im Sommer 1988 auf Expedition zu den Trango-Türmen aufbricht, verbringt er viel Zeit mit Jerry. Im Februar fahren sie zusammen nach Buoux. Die Abfahrt verzögert sich, weil Kurt noch zur zweifachen Zahnwurzelbehandlung muss. „O Gott, O Gott ... wieder zwei Zähne tot. Nach vier Spritzen habe ich das Gefühl, ein Goldhamster ohne Unterkiefer zu sein.“ In Buoux haben die Brüder Antoine und Marc Le Menestrel 1986 mit „La Rage de Vivre“ und „Le Minimum“ (beide französisch 8b+) die bis dato schwierigsten Kletterrouten Frankreichs erschlossen. Der breite Felsriegel gilt als eines der besten Klettergebiete weltweit, berühmt und berüchtigt für aalglatte Platten, Fingerlöcher und weite Bohrhakenabstände. Die meisten schwierigen Routen sind senkrecht bis leicht überhängend, haben hanebüchene Einzelstellen und erfordern zugleich enorme Ausdauerkraft. Fast alle Spitzenkletterer jener Jahre halten strenge Diät, um Projekte am obersten Rand des Leistungsspektrums zu realisieren. Wenig essen ist das große Ding. Jerry nimmt fast nichts zu sich, und Kurt, der sonst immer Hunger hat, für den fränkisches Schäufele und Leberkässemmeln Grundnahrungsmittel sind –, Kurt nimmt sich ein Beispiel. Salat, Gemüse, Müsli. Er beginnt zu fasten. In seinem Taschenkalender listet er Nahrungsmittel und ihren Brennwert auf:

125 gr. Joghurt (0 % Fett) 45 kcal
100 gr. Müsli 60 kcal
ohne Dotter 10 kcal
1/2 Bier 225 kcal.
1 Scheibe Vollkornbrot 195 kcal
1 Ei 60 kcal
Orange 80 kcal
Karotte 10 kcal

Als Kurt und Jerry während der Fahrt in Chamonix Zwischenstopp machen, hält Kurt, 183 Zentimeter groß, muskulös, seine tägliche Ration fest:

1/2 L O-Saft
1 x Bouillon mit Ei
2 x Vollkornbrot
1 x Salat
1 x Bier

Die Situation ist absurd, erinnert sich Jerry: „Kurt wollte sich, wie ich, von 1500 Kilokalorien pro Tag ernähren. Aber er war viel größer und breiter! Und er wurde so dünn und schwach, dass er kaum noch zu den Einstiegen gekommen ist." Kurt sieht das ganz anders. In Buoux angekommen, schreibt er in seinen Kalender: „Habe mich jetzt schon gut an zuckerlos und 1500 kcal gewöhnt. Ich vermisse nichts: ein ganz neues Essbewusstsein. Wer hätte gedacht, dass dies in irgendeiner Welt möglich wäre, geschweige denn in dieser!" Immerhin zeitigt das Hungern Erfolg: Mit „Rêve de Papillon" (französisch 8a) gelingt Kurt die schwierigste Route seiner Karriere. Anschließend gibt er die Diät wieder auf. Es bleibt die einzige in seinem Leben. Lakonisch resümiert er: „Wenn Zigaretten Kalorien hätten, wäre ich jetzt Nichtraucher." Das Rauchen ganz aufzugeben, will ihm übrigens nie ganz gelingen: „Mein Leben ist", sagt er, „eine Kette gebrochener Vorsätze".

Ferne Länder besuchen, neue Klettergebiete entdecken, dabei alle fünfe gerade sein und den Dingen ihren Lauf lassen, das ist genau nach Kurts Geschmack. Als Jerry Moffatt ihn im Frühling 1992 anruft und von der Idee erzählt, nach Indien zu reisen, muss Kurt nicht lange überlegen. Natürlich ist er dabei. Jerry hat sich von Paul Pritchard, einem exzellenten britischen Kletterer und Herzblutabenteurer, einige Fotos zeigen lassen. Paul ist kürzlich in Indien gewesen und hat dort auch Hampi besucht. Das Dorf liegt östlich des Touristenmagnets Goa, im Herzen des Bundesstaates Karnataka, an der Grenze zu Andhra Pradesh. Unter Reisenden, Pilgern und Händlern war es jahrhundertelang als Vijayanagara, Stadt des Sieges, und als eines der reichsten der südindischen Königreiche bekannt. Entlang der Ufer des Tungabhadra River und zwischen Matanga Hill im Süden und Anjenadri Hill im Norden erstreckt sich ein Plateau, das über und über mit goldgelben Granitblöcken bedeckt ist. Ein Paradies für Boulderer, die zwischen Hindu-Heiligtümern und traditionell bewirtschafteten Feldern ein Stück nahezu unberührter Wildnis finden.

Mit von der Partie ist auch Jerrys Landsmann Johnny Dawes – ein ganz eigener Charakter mit ganz eigenem Blick auf die Welt. Johnny ist der Meinung, dass ein banaler Charterflug nach Goa und die unkomplizierte Weiterfahrt mit dem Bus keine richtige Indien-Erfahrung böten. Er plädiert dafür, nach Mumbai zu fliegen und für die knapp 800 Kilometer bis Hampi den Zug zu nehmen. Kurt hat nichts dagegen, erinnert sich Jerry, im Gegenteil. „Er war ‚happy go lucky', wollte immer vorwärts, er war voller Energie und rastlos. Er war der weitest gereiste Mensch, den ich kannte. Er war ja überall, und an vielen Orten unter den ersten Kletterern. Ein wahrer Entdecker und doch immer bescheiden. Er gab nie mit seinen Reisen an. Dabei gibt es nicht so viele, die über Jahrzehnte hinweg so gefährliche Abenteuer erleben."

In Hampi ziehen die drei Kletterer jeden Morgen bei Sonnenaufgang los, um die besten Boulderblöcke zu finden. Es gibt tausende in der Umgebung. Sobald Kurt, Jerry und Johnny ihr Spiel beginnen, sind sie von einer Menge Inder umringt. Als Kurt eines Tages eine steile, anstrengende Linie mit großen Auflegern probiert, fällt er ausgepumpt ab. Einer der Zuseher – ein schmaler, dünner Mann, der neben Kurt wirkt wie ein Strichmännchen –, blickt auf dessen beeindruckend großen Bizeps, umfasst ihn mit beiden Händen, drückt zu und sagt: „Very big power." Der Mann hat einen Freund dabei, beide wollen einen Boulder probieren. Der erste Kandidat ist flink und agil, und mit etwas Unterstützung steht er bald auf dem Felsblock. Der zweite ist weniger sportlich und schafft es erst, als sein Freund ihm ein Tuch hinablässt, an dem er sich hochziehen kann. Jubel und Händeklatschen. Erst dann wird den Männern bewusst, dass sie nicht wieder abklettern können. Einer der beiden beauftragt seinen Sohn, eine Leiter aus dem Dorf zu holen.

An den Tempelruinen rund um Hampi finden die Kletterer zahlreiche Reliefs aus dem Ramayana, eine der beiden großen altindischen, mythologischen Erzählungen. Oft dargestellt ist Hanuman, der Affengott, dessen Geburtsort in Hampi vermutet wird. Wie Kurt später in seinen legendären Diavorträgen erzählt, „wohnen zahlreiche Mitglieder seines Volkes bis heute in den Felsen". In seinem Text „Affentanz" schreibt er: „Schon zu Hause hatten wir gehört, dass in Hampi Affen an den Felsen herumklettern, und jetzt waren wir natürlich neugierig, was die Jungs an Dynamik und Fußtechnik draufhaben. Wir entdeckten einen Felsen, an dem sie sich jeden Abend kurz vor Sonnenuntergang versammelten. Tagsüber waren sie damit beschäftigt, Futter von Touristen zu erbetteln. Doch eine Stunde vor Dunkelheit, kurz vor Bettruhe, fühlten sie sich offenbar zu virtuosen Solo- und Bouldersessions inspiriert. Für uns war das, was wir beobachten durften, einmalig! ZEN! Zuschauen, entspannen, nachdenken. Im Vergleich zu den wahren Helden des Klettersports wirkte selbst unser Großmeister Jerry Moffatt wie ein kümmerlicher Stümper! Allein Zeuge dieser zehnminütigen Bouldervorstellung zu sein, war es wert, die weite Reise nach Indien zu unternehmen. Da wurden

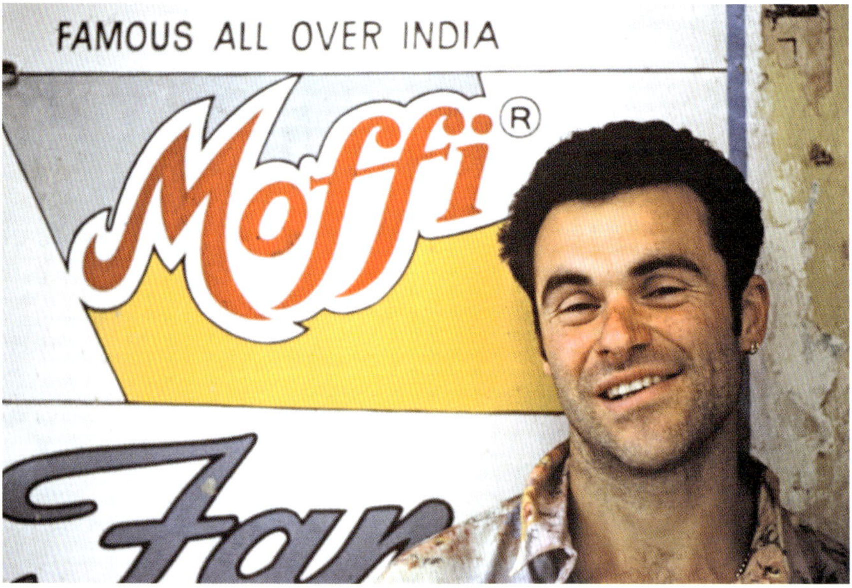

Trotz seines Ruhms auf dem indischen Subkontinent unerkannt, reist Jerry Moffatt 1992 zu den Granitblöcken von Hampi.

Obwohl selbst ein Kindskopf, verfolgt Kurt Albert etwas irritiert die Albereien des kongenialen Briten Johnny Dawes.

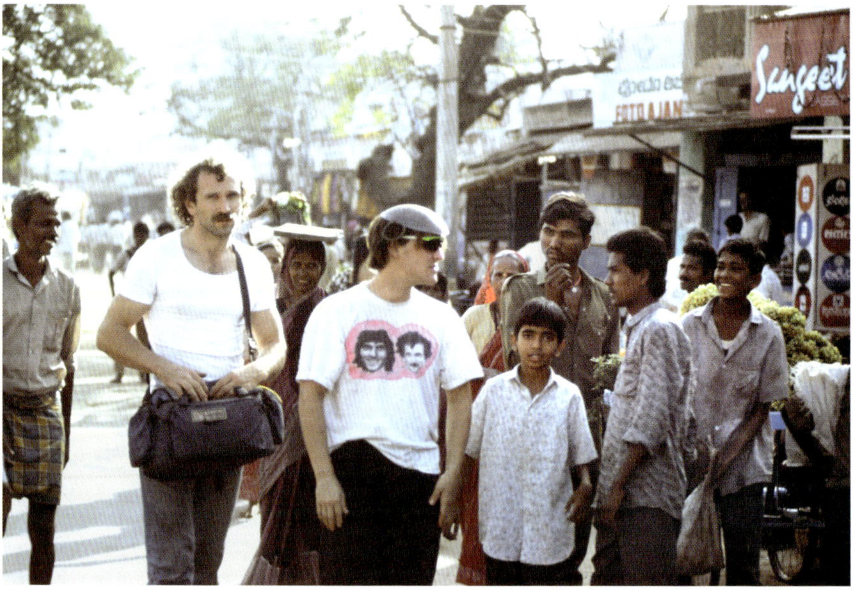

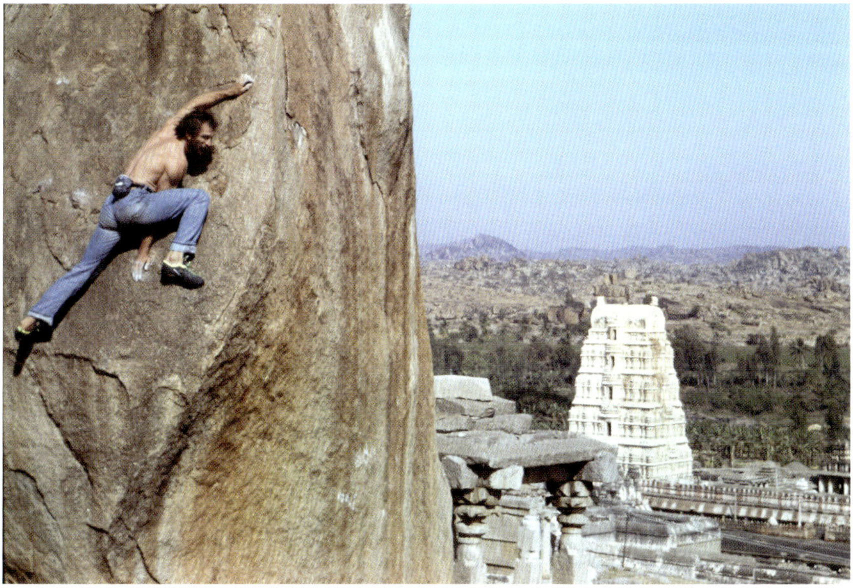

Kurt Albert spielt sich an einem der unzähligen Granitstreusel, die den Tungabhadra River im südindischen Bundesstaat Karnataka säumen.

Die Nachfahren des Affengottes Hanuman, dessen Geburtsort in Hampi vermutet wird, sammeln sich jeden Abend zum Spiel an den Felsen.

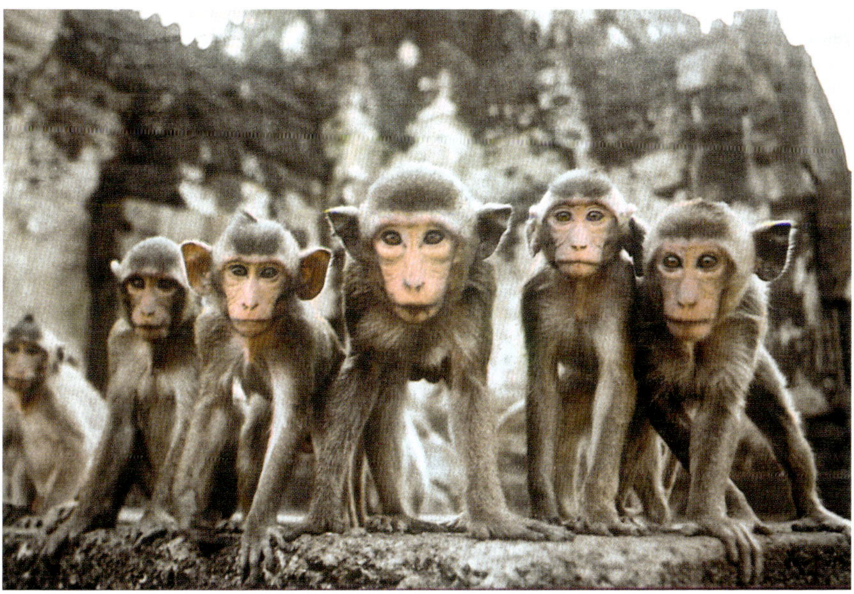

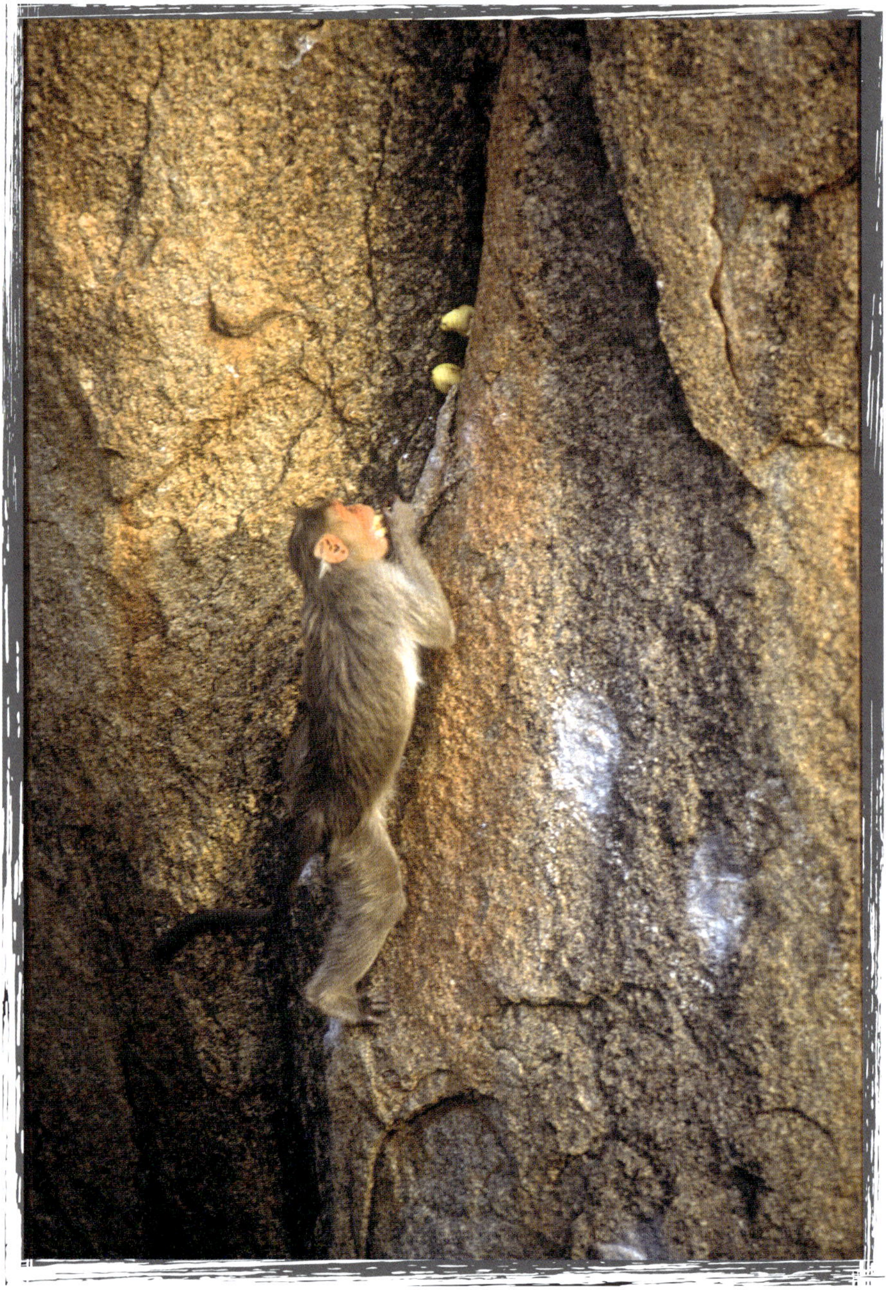

Um die Kletterkünste der Affen beobachten zu können, platziert Kurt Albert Bananenstücke in einem Fingerriss.

grifflose Überhänge mittels Doppeldynamos über die dreifache Körperlänge hinweg übersprungen und anschließend einfingrig nach oben durchgestützt. Für diese Burschen gewöhnlicher Alltag – für uns Bewegungselemente aus der Zukunft des Klettersports?

Eine Affenmutter übersprang mit ihrem Baby, das sich am Bauch festklammerte, eine über fünf Meter breite Schlucht in rund 15 Meter Höhe, landete an einer Fingerleiste in senkrechter Wand und vollendete locker den Aufstieg. Das Treiben der Affen erfolgte ausschließlich zum Selbstzweck, rein aus Spieltrieb heraus, ohne den Lockruf der berühmten Banane! Solo im oberen neunten Schwierigkeitsgrad jagten sie sich gegenseitig durch die Wand.

Wir hatten einige Tage zuvor einen Fingerriss entdeckt, etwa zehn Meter hoch, im neunten Schwierigkeitsgrad, den wir im Toprope durchstiegen. Diesen Abend kehrten wir mit einer Rucksackladung Bananen und der Hoffnung, auf Affen zu treffen, zurück. Unser Plan war, Bananenstücke entlang des Risses zu platzieren, um die Klemmtechnik der Affen zu erforschen. Wir mussten nicht lange warten, bis das Boulderteam eintraf. Während mir ein Einzelkämpfer von hinten ein Bündel Bananen entriss, waren andere damit beschäftigt, unseren Riss kopfüber abzuklettern und dabei – nur an den Zehen hängend – die Bananenstücke zu verspeisen. Als alles abgeräumt war, entschlossen sich einige der Affen, den rechts davon (und jenseits menschlicher Bewertungsmaßstäbe) liegenden Überhang direkt zu durchsteigen.

Es war großartig zu sehen, dass sich die Affen bewegten wie wir selbst, dass sie auch gepumpt und müde wurden, dass sie ihre persönlichen Grenzbereiche ausloteten und Spaß dabei hatten, dass sie aus unsicheren Stellungen wieder abkletterten und die Arme ausschüttelten, regenerierten. Wir glaubten sogar zu erkennen, dass Kletterbewegungen antizipiert wurden. Ein Affenbaby versuchte verzweifelt, den anderen nachzueifern und die ersten Züge des Überhangs zu klettern. Immer wieder probierte es, immer wieder stürzte es ab. Ich wette, dass es schließlich nach einer Ausrede suchte – zu geringe Reichweite vielleicht."

Jerry und Kurt reisen auch gemeinsam ins kalifornische Yosemite Valley. Im Frühling 1991 treffen sie sich dort mit Ron Kauk – „besser kann es nicht mehr werden", schreibt Jerry in seiner Biografie „Revelations". 1993 sind Kurt und er wieder vor Ort, diesmal mit einem Masterplan – der ersten freien Begehung von „The Nose“ am El Capitan. Warren Harding, Wayne Merry und George Whitmore durchstiegen 1958 nach langen Tagen der Vorbereitung erstmals diese 1000-Meter-Linie. Insgesamt verbrachte Harding – mit verschiedenen Partnern – 45 Tage in der Wand. 1975 gelang es Jim Bridwell, John Long und Bill Westbay, die 34 Seillängen von „The Nose“ an einem Tag zu klettern. Kurt kennt die Route von seiner Begehung mit Norbert Sandner, damals, 1977. Inzwischen geistert die Idee, „The Nose“ eine freie Begehung abzuringen, durch viele Klettererköpfe. Kurt und Jerry haben jede Menge Ausrüstung und kilometerweise Fixseile dabei. Doch sie gestehen sich bald ein, dass sie keine Vollblut-Big-Wall-Experten sind, und gewöhnen sich lieber an das komfortable Leben eines Nachmittagsboulderers im Camp 4.

Vor allem Jerry ist hauptsächlich am Bouldern interessiert. Bereits vor einigen Jahren hat er ein maximalkräftiges Vier-Züge-Problem am Wine Boulder mitten im Camp 4 entdeckt. Die Lösung dieses Boulders verlangt ihm alles ab. Eine Woche lang ernährt er sich, ohnehin schon kein Gramm Fett am Körper, ausschließlich von Salat. Täglich läuft er zwei Stunden, um so viel Gewicht wie möglich zu reduzieren. Nach zwei Ruhetagen ist es so weit. Jerry schafft die Züge und nennt sein Werk „The Dominator“ – es ist das wohl schwierigste Boulderproblem der Zeit. Ein Jahr später wird es von seinem Landsmann Ben Moon wiederholt. Danach dauert es knapp zehn Jahre, bis der Spitzenkletterer Chris Sharma es als Dritter schafft, die Züge aneinanderzureihen.

Geplagt von schlechtem Gewissen gegenüber ihren Sponsoren, denen sie ein Prestigeobjekt schmackhaft gemacht haben, beschließen Kurt und Jerry, wenigstens irgendwie durch „The Nose“ zu klettern. Kann ja nicht so schwierig sein, es an einem Tag zu schaffen. Um drei Uhr morgens steigen die beiden ein. Gegen Mittag ist es so heiß, dass die Zunge am Gaumen festklebt. Am frühen Nachmittag nicken beide an ihrem jeweiligen Standplatz ein. Im oberen Wanddrittel verhängt sich ein Seil. Um es zu bergen, schneiden sie es in der Mitte durch. Für einen Pendelquergang muss Kurt sich an einem alten Haken abseilen, der nur auf Zug belastet hält. Kommt der Haken, wird es ein Horrorsturz. Aber Kurt zögert nicht, „okay, ich mache das“. Er ist immer der Erste, wenn es darum geht, Risiken in Kauf zu nehmen. Kurz unterhalb des Ausstiegs wird es dunkel. Jerry lässt seine Stirnlampe fallen. Lediglich leicht bekleidet müssen die Kletterer auf dem Gipfelplateau des El Capitan eine kalte Nacht aussitzen. Um sich warm zu halten, macht Jerry stundenlang Strecksprünge. Kurt dagegen ist ein begnadeter Schläfer – er lehnt sich an einen Felsblock und schnarcht binnen weniger Minuten. „The Nose" ist der erste und einzige Big Wall, den Jerry jemals macht. Noch im selben Jahr gelingt der US-Amerikanerin Lynn Hill die erste freie Begehung der Route. Die Schwierigkeiten erreichen den unteren elften Grad. Lynns Kommentar „It goes, boys!" wird – nicht nur im Yosemite Valley – zum geflügelten Wort.

Am Küchentisch in Jerrys Sheffielder Wohnhaus vergehen die Stunden wie im Flug. Zehn Jahre nach Kurts Tod prostet Jerry seinem Freund jedes Mal zu, wenn er ein Weißbier trinkt. Der Engländer erzählt nicht nur von Kurt, er erweckt ihre gemeinsame Zeit zum Leben. Mit Händen und Füßen gestikulierend, ahmt er den Bruder im Geiste nach. Den treuherzigen Seehundblick über dem dichten Schnauzer. Wie Kurt verlegen die Hände im Schoß vergräbt, wenn ihn eine Frau anspricht. Wie er auf dem Beifahrersitz flätzt, die Rückenlehne nach hinten gekurbelt, die Füße auf der Konsole, ein Weißbier in der Hand. Wie er, übermüdet und ausgekühlt, im Schneesturm am Arlberg vor Kälte zittert. Begeistert wie ein Kind zeigt Jerry mir die Taschenspielertricks, mit denen Kurt Tischrunden zum Lachen und alte Freunde zur Verzweiflung bringen konnte: Er reicht mir Unterteller samt Kaffeetasse. Als ich den Teller greife, kippt die Tasse, etwas Flüssigkeit schwappt über. Reflexartig greife ich danach, doch Jerry hält sie an einem durch den Henkel gesteckten Kaffeelöffel fest. Dann versteckt er eine Streichholzschachtel unter der Tischdecke, um sein Glas halb drauf und damit schief zu stellen. Oft klappt der Trick – genauso oft kippt Kurts Bier auf die Hosen seines Tischnachbarn.

Einmal sitzt Kurt nach einem Tag auf der Internationalen Sportartikelmesse in München in größerer Runde beim Abendessen. Sponsorenvertreter sind dabei, Public-Relations-Manager, Einkäufer und Einzelhändler, Journalisten. Nachdem Kurt seinen Nachtisch verspeist hat, klaubt er eine Geldmünze aus der Hosentasche und presst sie sich an die Stirn. Er beugt sich nach vorne, tippt sich leicht auf den Hinterkopf, die Münze fällt ab, Kurt fängt sie mit einem Glas auf. Gelächter am Tisch. Ob er es auch mal probieren wolle, fragt Kurt einen der Anzugträger. Aber klar! Er drückt dem Freiwilligen die Münze an die Stirn. Als dieser versucht, sie abzuklopfen, passiert nichts. Immer fester tappt sich der Mann gegen den Kopf. Die Runde amüsiert sich köstlich. Als sich der Proband schließlich an die Stirn greift, um die

Münze abzunehmen, klebt dort – nichts. Der Trick: Presst man eine Münze lange und fest genug in die Haut, nimmt sie aber gleich wieder ab, bleibt das Gefühl, das Geldstück klebe noch immer.

„Kurt", sagt Jerry, „war ein besonderer Mensch. Einen wie ihn gibt es kein zweites Mal."

Acht

Freundschaft

Wenn Dich Dinge quälen,
so sind nicht diese es, die Dich stören,
sondern Dein Urteil über sie.

Mark Aurel
„Selbstbetrachtungen“

Am 27. November 1990 stehen fünf Männer in der Abfertigungshalle des Nürnberger Flughafens. Sie schwitzen gehörig, eingepackt in Faserpelzpullover und Funktionsjacken, an den Füßen Plastikbergschuhe. Ihr Handgepäck ist schwer, voller Karabiner, Haken, Klemmkeile, Eisausrüstung und Seile. Zu viel wäre sonst das Übergepäck, und vor allem zu teuer. Als die Männer zum Security-Check kommen, werden die Beamten der Fluggastkontrolle nervös: Steigeisen und Eisbeile müssen raus aus den Rucksäcken, sie kommen ins Aufgabegepäck. Schließlich sitzen Kurt Albert, Bernd Arnold, Norbert Bätz, Peter Dittrich und Wolfgang Güllich im Flugzeug. Über Buenos Aires fliegen sie nach Rio Gallegos an der Atlantikküste, Hauptstadt der argentinischen Provinz Santa Cruz. „Auf einer Linie aus dem Nichts vorbei am Nichts ins Nichts" – so der Schriftsteller Mempo Giardinelli über die Straßen der patagonischen Pampa – fahren sie über die Grenze nach Chile, in die Hafenstadt Puerto Natales am Última Esperanza Fjord. „Dort kaufen wir in drei Supermärkten ein", schreibt Kurt in sein Tagebuch. „‚Salami-Taktik' – erst probieren, dann entscheiden, dann Regal leer räumen. Lässt sich auch auf Käse und Kekse anwenden."

Zwei Wochen später sitzt er in einer aus Baumstämmen und Plastikplanen zusammengeschusterten Hütte im Parque Nacional Torres del Paine. Leise dringt das Rauschen des Rio Ascensio an sein Ohr. In kurzen Abständen fauchen Windböen durch das schützende Wäldchen aus Kiefern, Canelo-Bäumen und Magellan-Südbuchen. In der Hütte: Erinnerungstafeln, Gipfelskulpturen, ein hölzernes Telefon mit beweglicher Wählscheibe und Hörer – geschnitzt von Bergsteigern, die wochen- und monatelang auf schönes Wetter warteten. Irgendjemand hat einen Spruch in den Tisch geritzt: „Du siehst Dinge und fragst ‚Warum', aber ich träume von Dingen, die es nie gab – vielleicht nie geben wird – und sage: ‚Warum nicht'?" Kurt schreibt, das kommt so gut wie nie vor, über seine Gefühle: „Immer wieder kommen Touristen vorbei, viele übernachten in unserem Basislager. Man trifft Menschen, die einem sehr sympathisch sind, für einen halben Tag und sieht sie dann nie wieder, was mich oft traurig stimmt. Nur ein paar schöne Erinnerungen bleiben."

Zwei Klettertage konnten Kurt und seine Gefährten bisher in den Versuch investieren, eine Neuroute durch die Ostwand des Torre Central zu finden. 1200 Meter erhebt sich dieser schlanke Obelisk über den Torre-Gletscher, weithin sichtbar aus allen Richtungen. Die Briten Chris Bonington und Don

Whillans wetteiferten 1963 wochenlang mit einer italienischen Expedition um die Erstbesteigung des Turmes – sie gewannen mit einem halben Tag Vorsprung. Die steile Ostwand blieb unangetastet, bis südafrikanische Kletterer im südlichen Sommer 1973/74 die „South African Route“ (VII/A4) erstbegehen konnten. „Wenn du Wanderer bist“, schreibt Kurt, „versetzt dich der Torre Central in dreidimensionales Staunen. Aber wenn du Bergsteiger bist, den Berg greifen willst, verschwindet er im 150 Stundenkilometer schnellen Schneesturm. Wir sind Bergsteiger, leider. Unser Dilemma sind die fast pausenlos anpeitschenden Schlechtwetterfronten. Das Barometer scheint schneller umzuspringen als die Schwanzspitze eines glücklichen Dackels. Jede Wetterprognose ist lächerlich. Nur Südwind verspricht gutes Wetter ohne Wind und Wolken, aber auch nur kurz, zwei bis drei Tage, nicht länger. Eine Woche schönes Wetter wäre ein patagonisches Wunder.“

Kurt denkt viel zu rational, um an Wunder zu glauben. Was soll man sich ärgern? Warum hadern? Nutzt eh nichts. Lieber konzentriert er sich auf Probleme der Logik. Auf der ersten Seite seiner patagonischen Aufzeichnungen zitiert er das Paradox des Epimenides. Der Philosoph, der im fünften Jahrhundert vor Christus auf Kreta und in Athen lebte, gilt als Urheber eines bekannten Aphorismus: „Epimenides, der Kreter, sagt: Alle Kreter sind Lügner.“ Der Satz und die gedanklichen Verrenkungen, die er auszulösen vermag, faszinieren Kurt. Vermutlich stößt er auf Epimenides’ Variante des Lügner-Paradoxons in seinem Lieblingsbuch, dem 850-Seiten-Wälzer „Gödel, Escher, Bach – ein Endloses Geflochtenes Band“ des Physikers und Informatikers Douglas R. Hofstadter. Das 1980 mit dem Pulitzer-Preis ausgezeichnete Buch hat Kurt auch auf Expeditionen im Gepäck.

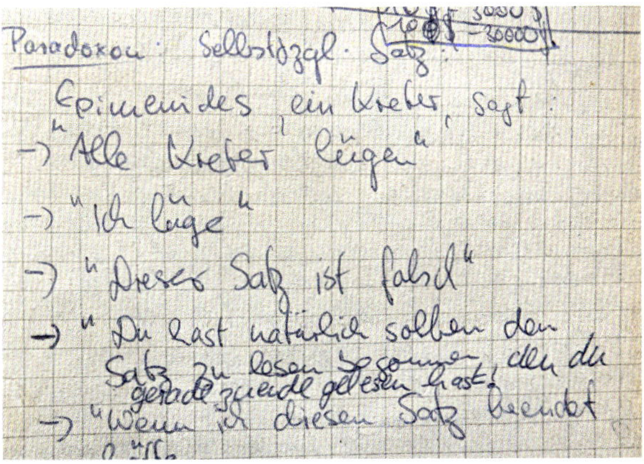
Paradoxon: Selbstbezgl. Satz:
Epimenides, ein Kreter, sagt:
→ „Alle Kreter lügen“
→ „Ich lüge“
→ „Dieser Satz ist falsch“
→ „Du hast natürlich soeben den Satz zu lesen begonnen, den du gerade zuende gelesen hast!
→ „Wenn ich diesen Satz beendet

Kurt Albert notiert das Paradox des Epimenides in sein patagonisches Tagebuch.

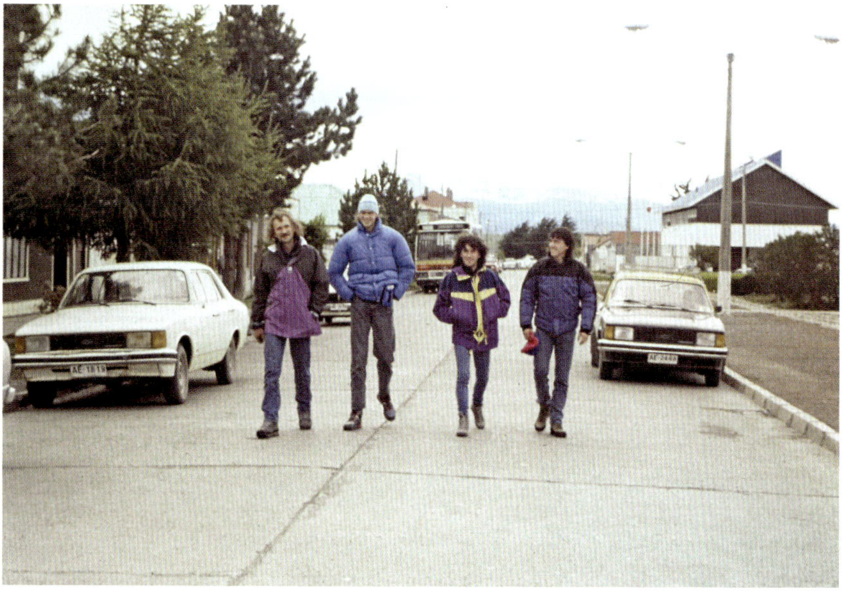

Kurt Albert, Peter Dittrich, Norbert Bätz und Wolfgang Güllich (v. l.) spazieren durch die chilenische Hafenstadt Puerto Natales.

Auf Packpferden bringen die Kletterer ihr Gepäck durch den Parque Nacional Torres del Paine zum Basislager am Rio Ascensio.

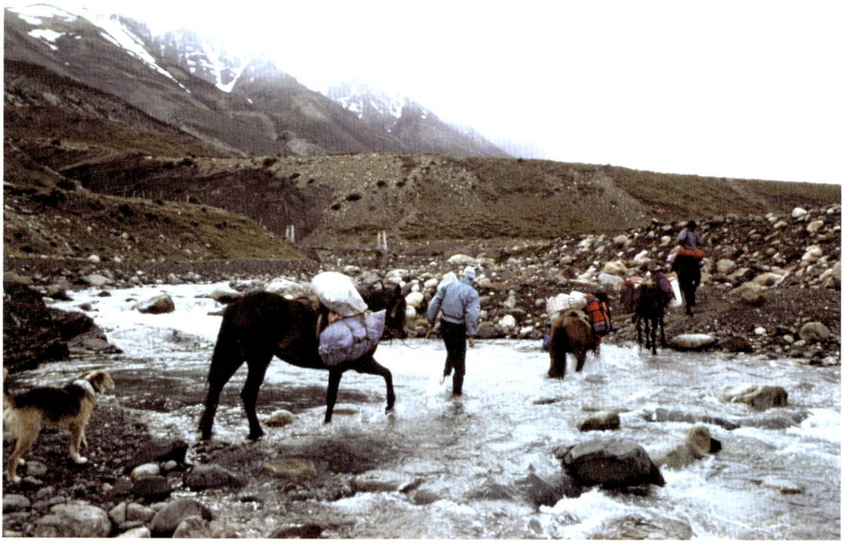

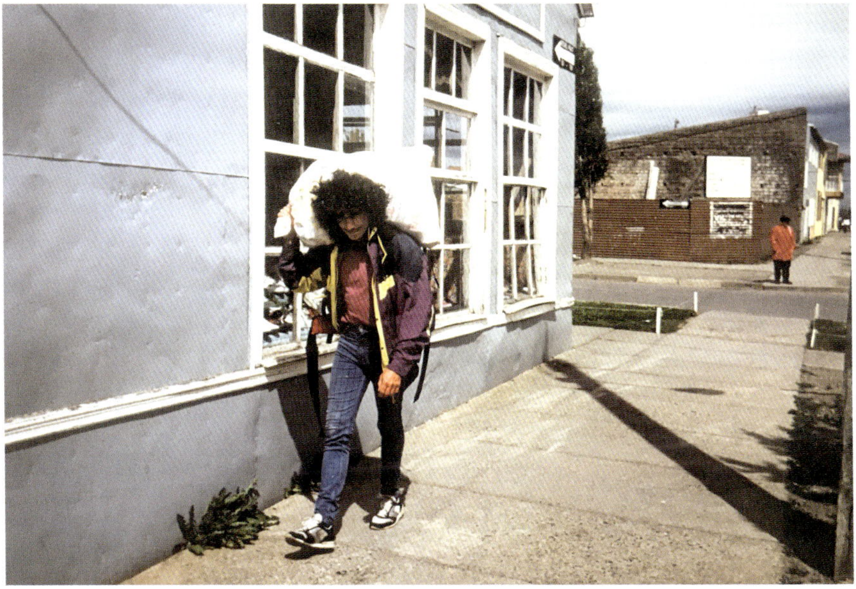

Salami-Taktik: Erst probieren, dann entscheiden, dann Regal leer räumen. Norbert Bätz trägt die schwere Last des Einkaufs.

Ein entrückter Kurt Albert erfreut sich am Walkman an den Violinkonzerten über „Vier Jahreszeiten" von Antonio Vivaldi.

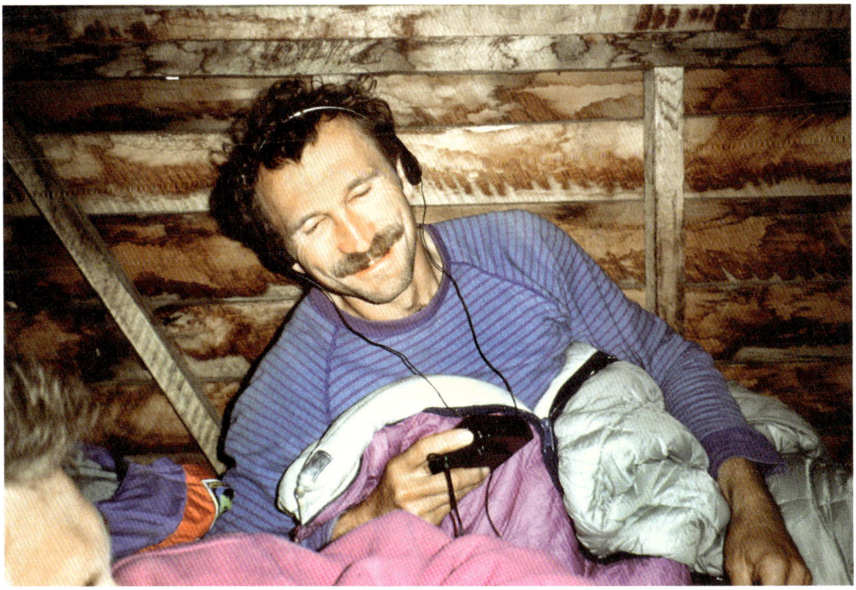

Hofstadter nennt das Epimenides-Paradox eine „seltsame Schleife". Diese können nur von Systemen geflochten werden, die über sich selbst und ihre Entscheidungen nachdenken – und so „den Kern unseres Bewusstseins und unseres unbezähmbaren ‚Ich-Gefühls'" bilden. Ganz im Geist der frühen 1980er-Jahre, in denen die ersten Personal Computer für Aufbruchseuphorie ins digitale Zeitalter sorgen, betrachtet der US-Amerikaner seltsame Schleifen als Schlüssel zur Erschaffung Künstlicher Intelligenz (KI). Man müsse dazu lediglich „lange Reihen von Regeln und strengen Formalismen zusammenstellen, die den unbeweglichen Maschinen sagen, wie beweglich sie sind". So würde der Unterschied zwischen „beseelt und unbeseelt" bedeutungslos.

Der Glaube, dass KI simpel zu programmieren sei, mutet heute naiv an. Faszinierend aber bleibt, wie Hofstadter seine Theorie der seltsamen Schleifen anhand zweier Beispiele aus der Sphäre der Kunst veranschaulicht. Anhand von Johann Sebastian Bachs „Musikalischem Opfer" erklärt er, dass die Kompositionsprinzipien Kanon und Fuge – die mehrstimmigen Möglichkeiten, ein musikalisches Thema gegen sich selbst zu spielen – vertonte seltsame Schleifen seien. Und er gibt diesen mit den optischen Täuschungen und perspektivischen Verwirrbildern des niederländischen Malers M.C. Escher bildlich Ausdruck.

Kurt gefällt vor allem Hofstadters Auseinandersetzung mit der Arbeit des Wiener Mathematikers Kurt Gödel. Dieser bewies in den 1930er-Jahren mit seinen „Unvollständigkeitssätzen", dass Mathematik kein widerspruchsfreies System ist. Damit stellte er eine Wissenschaft auf den Kopf, deren Vertreter bis dato der Meinung waren, sie lasse sich vollständig auf ein paar Axiomen aufbauen, auf wenigen als wahr vorausgesetzten Grundsätzen. Die beiden Mathematiker Bertrand Russell und Alfred North Whitehead hatten dies in ihrem zwischen 1910 und 1913 erschienenen Werk „Principia Mathematica" postuliert. Gödel pulverisierte diese Auffassung, indem er zeigte, dass nicht jede mathematische Aussage mit den Mitteln der Mathematik nachgewiesen werden kann.

Für Mathematiker ist dies zum Haare raufen, denn es konfrontiert sie mit der Möglichkeit, dass wahre Annahmen innerhalb des Axiomensystems nicht beweisbar sein könnten. Dass also, anders gesagt, zwischen Wahrheit und Beweis eine Lücke klaffen könnte. Die Methode, derer sich Gödel bediente, ist kompliziert und für Laien kaum verständlich, weshalb Kurt sich sicher sein durfte, seine Lektüre nicht mit den Expeditionskollegen teilen zu

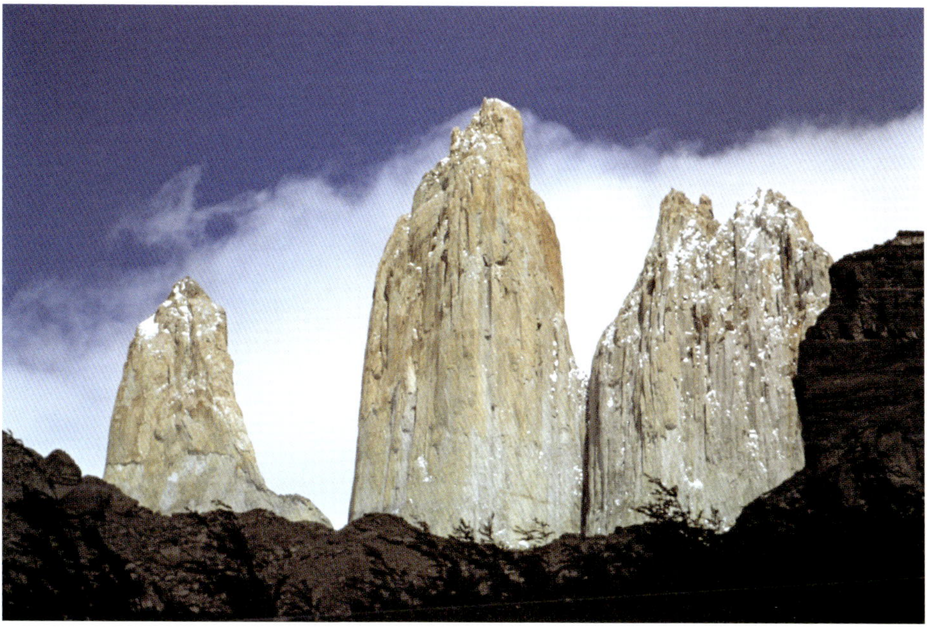

Dreiklang aus Granit: Torre Sur und Torre Norte schließen den Torre Central mit seiner 1200 Meter hohen Ostwand in die Mitte.

müssen. Kurz gesagt: Gödel hatte eine Möglichkeit ersonnen, mittels Primzahlcodierung mathematische Aussagen über mathematische Aussagen zu treffen. Umgangssprachlich lässt sich Gödels „Unvollständigkeitssatz" so übersetzen: „Diese Aussage kann nicht mithilfe mathematischer Axiome bewiesen werden." Ist der Satz falsch, kann er also bewiesen werden, würde dies bedeuten, er ist richtig, denn eine beweisbare Aussage muss richtig sein. Nun kann ein Satz aber nicht falsch und richtig zugleich sein. Das wäre ein Widerspruch, und den kann es laut den „Principia Mathematica" nicht geben. Die Aussage kann also nicht falsch sein. Sie muss wahr sein, denn es gibt in der Mathematik, anders als in sprachlicher Logik, nur wahr oder falsch. Wenn die Aussage aber richtig ist, bedeutet dies: Es gibt wahre Aussagen, die nicht mit mathematischen Axiomen bewiesen werden können. Gödel hatte mit den Mitteln der Mathematik die Grundannahme der Mathematik widerlegt. Er hatte eine seltsame Schleife geschaffen. Damit trug der 1940 in die USA emigrierte Mathematiker, in Hofstadters Worten, „das Paradox des Epimenides geradezu ins Herz der ‚Principia Mathematica' hinein".

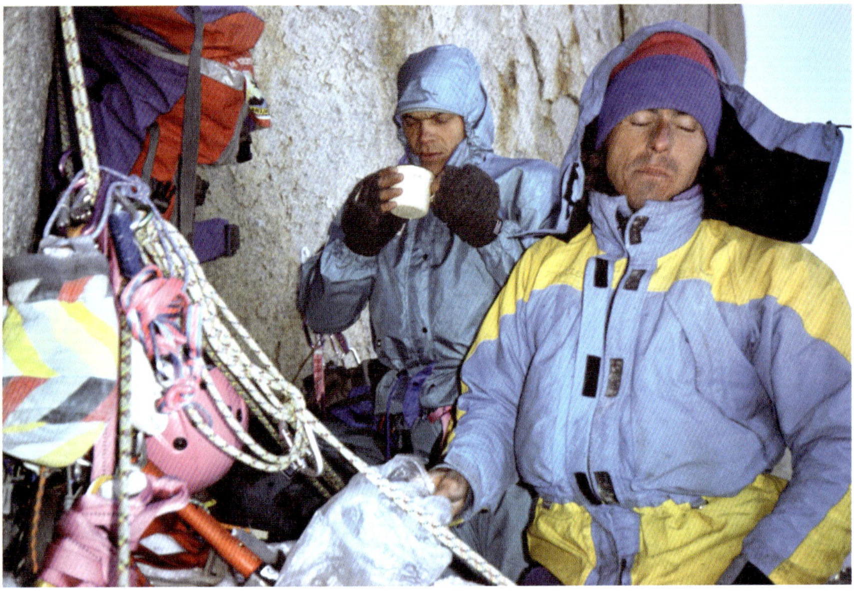

Während Peter Dittrich in seiner Tasse nach einem Rest Kaffee sucht, scheint Wolfgang Güllich des Biwakessens schon überdrüssig geworden zu sein.

„Kurt!“ Wolfgang Güllich, gerade noch in Sten Nadolnys Meisterwerk „Die Entdeckung der Langsamkeit“ vertieft, ist aus seinem Zelt und in die Hütte gekommen. „Hei, Kurt! Hörst du mich?“ Wolfgang klopft seinem Freund auf die Schulter und holt ihn aus der abstrakten Welt der Mathematik zurück auf den Boden der Tatsachen. „Wir müssen reden.“ Peter Dittrich sitzt schon auf einer Holzbank. Bernd Arnold stellt den Kassettenrekorder ab, aus dem Antonio Vivaldis „Vier Jahreszeiten“ ertönten. Norbert Bätz legt das Schnitzmesser beiseite, mit dem er an einem Modell des Torre Central arbeitet.

Um Erschöpfung vorzubeugen, treibt die Expedition ihre Route in alternierenden Teams voran. Am Vortag kletterten Wolfgang und Norbert auf der projektierten Linie rechts der „South African Route“. Sie hatten gerade 20 Meter geschafft, als sich über ihnen sofagroße Felsbrocken lösten, links und rechts aufschlugen und mit lautem Getöse das Einstiegseisfeld spickten. Ein kurzer Blickkontakt genügte, und die beiden Kletterer seilten ab. Tief nagten sich Angst und Schrecken in ihre Gedanken. Wolfgang und Norbert sind enttäuscht und skeptisch zugleich – so brüchig, so gefährlich hatten sie sich die

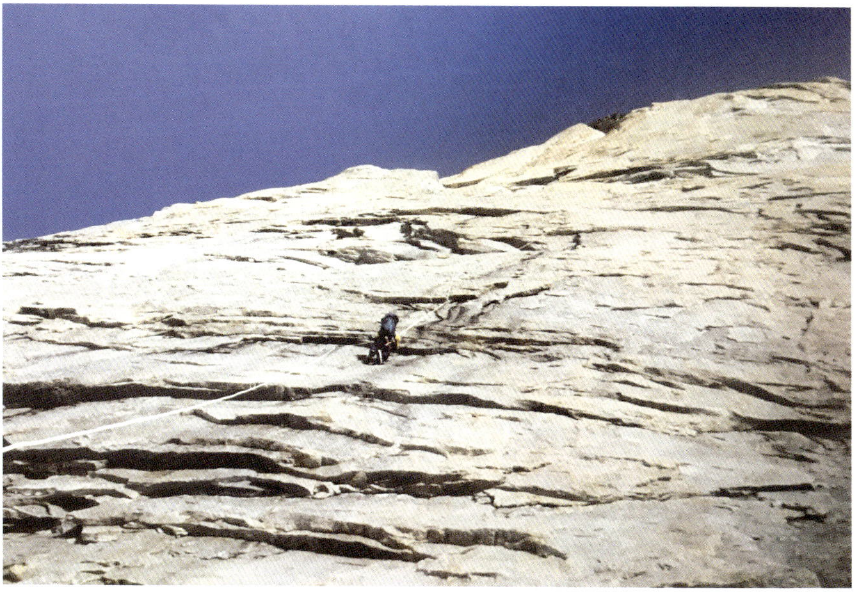

Nachdem sich die geplante Route als sehr steinschlaggefährdet erweist, gehen Kurt Albert und Bernd Arnold Mitte Dezember 1990 eine neue Linie an.

Ostwand nicht vorgestellt! Wolfgang findet den Plan, den die Gruppe gefasst hat, grenzwertig, verantwortungslos. Er ist frisch verliebt und nicht bereit, in Patagonien sein Leben zu riskieren. „Wenn der Fels so bleibt", sagt er, „brechen wir ab."

Peter Dittrich, mit 26 der Youngster der Expedition, sieht sich nicht dazu berufen mitzureden. Er respektiert die Erfahrung der Älteren. Norbert ist zu höflich, zu zurückhaltend, um lautstark vorzupreschen. Bernd dagegen hat eine klare Meinung: „Der Weg nach Hause führt nur über den Gipfel." Das klingt unnahbar, rücksichtslos. Aber man kann Bernd verstehen. Ihm bedeutet die Reise nach Südamerika wahrscheinlich mehr als seinen Freunden, die, in Westdeutschland aufgewachsen, ihr ganzes Leben lang reisen konnten, wohin sie wollten. Bei ihm ist das anders. Er hat erfahren, was Unfreiheit ist. Unter der Rubrik „Mit Seil und Karabinerhaken in fremden Klettergefilden unterwegs" erscheinen zwischen 1. Dezember 1990 und 24. Februar 1991 zehn Artikel in der Sächsischen Zeitung. Wenn Bernd nach Puerto Natales kommt – die Kletterer müssen dort regelmäßig Lebensmittelnachschub einkaufen –, gibt er telefonisch seine Artikel durch. Für die Ausgabe vom 1./2.

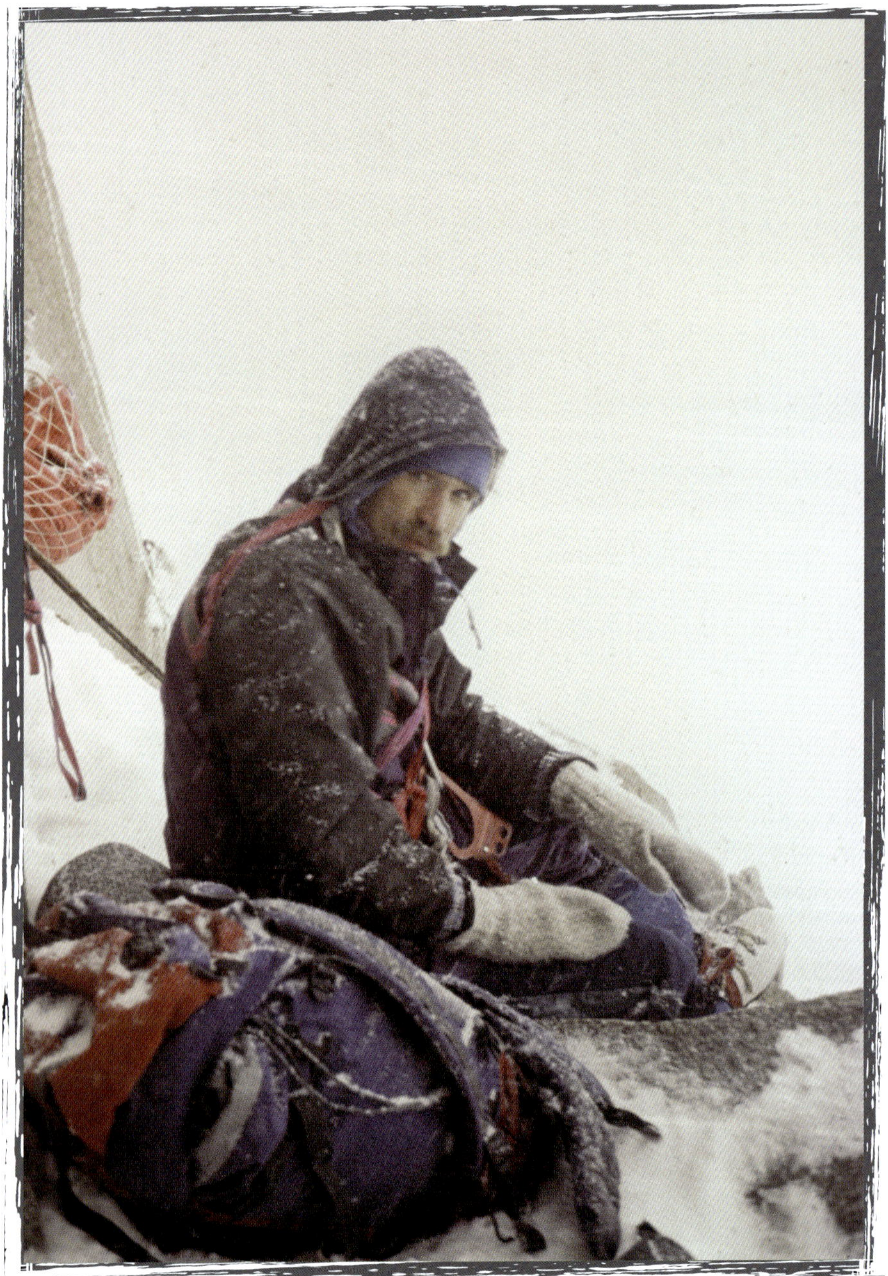

Da helfen auch die guten Schladminger Walk-Handschuhe nichts:
Kurt Albert fasst im Pfeilerbiwak den Rückzug ins Auge.

Dezember 1990 schreibt er: „Viele Leser werden möglicherweise denken: Gibt es in der gegenwärtigen Situation in den fünf neuen Bundesländern nichts Wichtigeres zu tun, als zu langen und kostspieligen Unternehmen in fremde Gefilde aufzubrechen? Ich sage: Die Zeit des Wartens war lang, zu lang. Viele Erlebnismöglichkeiten sind für Generationen unwiederbringlich verloren. Deshalb bedeutet diese Expedition nach Chile für mich auch, ein Stück meiner Jugend zurückzuholen." Entsprechend zielstrebig, manche sagen: engstirnig, ist Bernd am Berg unterwegs.

Kurt hält sich aus der Diskussion raus, wie fast immer. Vielleicht schätzt er Bernd zu sehr, um ihm zu widersprechen. Vielleicht will er einfach keinen Streit. Kurt scheut Auseinandersetzungen. Anders als Wolfgang, der jederzeit für eine Diskussion zu haben und sehr meinungsstark ist, ist Kurt extrem tolerant – so lange man nichts von ihm erwartet, was er nicht tun mag oder kann. Mit ihm zu streiten, ist unmöglich. Aber meistens auch nicht nötig. Kurt geht immer respektvoll mit anderen um, seien es Freunde oder nicht. Er lästert nicht, schimpft kaum und scheut sich, jemandem seine Meinung ins Gesicht zu sagen. Das kann er einfach nicht. Er ist nicht opportunistisch – wenn ihm eine Meinung, eine Entscheidung, ein Gespräch nicht entspricht, verschließt er sich. Kurt will Harmonie. Und ist bereit, dafür mit seinen Gedanken hinterm Berg zu halten.

In sein Patagonien-Tagebuch notiert er einen Rat des US-amerikanischen Psychologen Ray Hyman, der in seiner Jugend als Magier und Wahrsager arbeitete, um sich später skeptisch mit pseudo- und parawissenschaftlichen Phänomenen auseinanderzusetzen: „Um bei jemandem gut anzukommen, sagen Sie ihm, was er hören will. Er möchte etwas über sich selbst hören – sagen Sie ihm etwas über ihn selbst. Aber sagen Sie nicht das, was Sie für wahr halten. Sagen Sie niemals die Wahrheit. Sagen Sie ihm lieber das, wovon er gerne hätte, dass es die Wahrheit wäre." Wer Kurts Verhalten verstehen will, könnte in diesem Absatz einen Schlüssel finden. Und die Erklärung dafür, warum er die Diskussion um Routenwahl und Risiko den anderen überlässt. Statt Reden zu halten, lässt Kurt lieber Taten sprechen.

Am 12. Dezember 1990 baut er mit Bernd die angebrachten Fixseile ab. Kurt wird „von einer Nassschneelawine total gebadet". Die Kletterer nehmen nun eine andere, „gigantische Linie" ins Visier: Von einem dreieckigen Dach unterhalb der Gipfelzone ziehen Risse direkt abwärts zu einem markanten, schneebedeckten Pfeiler in etwa 500 Meter Wandhöhe, mitten durch die Ostwand. Ohne Zweifel die großzügigste Option – und vielleicht sogar frei kletterbar! Doch wie so oft währt die Vorfreude nur kurz. Bald verwandelt sie sich in eine seltsame Schicksalsergebenheit: „Die folgenden Wochen", schreibt Kurt, „bescheren uns einen Rückschlag nach dem anderen. Immer wieder spielt die patagonische Realität mit uns Katz und Maus: Steinlawinen, vereister Fels, stundenlanges Sichern am Standplatz bei zunehmender Unterkühlung. Die Wand zermürbt uns – Einsatz und Belohnung stehen in zunehmend ungleichem Verhältnis."

Der Pfeilerkopf nach Seillänge 13 ist die strategische Schlüsselstelle. Unterhalb sind die Kletterer ständig von Steinschlag bedroht. Als Kurt, Bernd und Peter kurz vor Weihnachten 1990 wieder mal am Wandfuß stehen, ist der Einstieg mit Geröll und Felsbrocken übersät. Schwefelgeruch hängt in der Luft. Den Freunden wird mulmig. Was, wenn der Steinschlag die Fixseile beschädigt hat, an denen sie aufsteigen wollen? Von unten können sie das nicht beurteilen – aber wenn sie hinauf wollen zu ihrem Umkehrpunkt, müssen sie den Seilen ihr Leben anvertrauen. Kurt klinkt als Erster seine Steigklemmen ins Fixseil. Die erste, zweite, dritte Seillänge, alles geht gut. Etwa 300 Meter Wandhöhe haben die Kletterer erreicht. „Von Bernd mit einem Extraseil gesichert, schiebe ich die Steigklemmen höher und höher. Überall haben Steinsalven helle, staubige Flecken auf dem Granit hinterlassen. Ich mache mich ganz leicht, atme ruhig, bewege mich im Zeitlupentempo. Nur noch drei Meter bis zum sicheren Stand … Ich sehe, dass das Fixseil, an dem ich gerade 30 Meter aufgestiegen bin, angerissen ist. Der Seilmantel ist zerfetzt. Mein Gewicht hängt an ein paar Litzen. Schon sehe ich mich 60 Meter abstürzen und gegen den Fels knallen. Fatal. Wie in Trance löst sich die rechte Hand von der Steigklemme und sucht am Fels Halt, um das Fixseil zu entlasten. Die linke Steigklemme schiebe ich über den Anriss … Untergangsstimmung. Ich bin ganz ruhig. Um mich herum ist alles ruhig. Aber mit einer rätselhaften Gewalt geladen. Welche Rolle spielen Gott oder das Schicksal oder das Glück in diesem Drehbuch? Am Stand angekommen, sehe ich: Wo das nächste Fixseil sein sollte, ist keines mehr. Zerfasert schwingt es weit rechts über unseren Köpfen. Plötzlich zerschneidet ein pfeifender Ton die Stille. Peter wird knapp von einem Felsblock verfehlt. Wir brauchen noch einige Stunden, um in riskanter Kletterei die Fixseilverbindung wiederherzustellen, bevor wir endlich aus der Steinschlagzone abseilen können. Mit den Nerven bin ich am Ende."

Ein paar Tage später erreichen die Kletterer den Pfeilerkopf. Ein zweites Mal bauen Kurt und Bernd die Fixseilstrecke um. „Am 26. und 27. Dezember 1990 bringen wir's hinter uns. 17 Stunden sind wir unterwegs, um 600 Meter Seil und die gesamte Kletterausrüstung auf den Pfeilerkopf zu bringen. Von dort verlegen wir die Fixseile über kompakten, steilen und relativ steinschlagsicheren Granit bis zum Gletscher hinunter. Das ganze Team atmet auf."

Vom Pfeilerkopf startend, erreichen Kurt und Bernd kurz vor Silvester die nächste Rissspur. „Unsere Hoffnung, genießend hinaufzuturnen, ist schnell verflogen. ‚Offwidth' heißt das Schreckenswort – ein Riss, der zu breit ist, um die Schulter darin zu verklemmen, aber zu schmal, um ihn stemmend oder spreizend zu klettern. Und wie soll ich ihn absichern? Der Riss ist zu breit für unser größtes Klemmgerät. Nur Bohrhaken ermöglichen eine Sicherung. Doch wie soll ich die anbringen? Für Hammer und Meißel benötige ich zwei Hände! Zufällig habe ich zuhause unseren ‚Big Brother' ins Reisegepäck geworfen – eine auf bis zu 30 Zentimeter verlängerbare Aluröhre. Sie könnte uns retten: An der verklemmten Röhre hängend, kann ich ein Bohrloch schlagen. Alle sechs bis zehn Meter eines. Das dauert. Sieben Stunden hängt Bernd im Schlingenstand, ich schaffe zwei Seillängen. Dann bin ich komplett erschöpft, meine Unterarme krampfen. Wir seilen ab. Im Basislager verschlafe ich zum ersten Mal in meinem Leben den Jahreswechsel."

Zwei Tage später „kehren Peter und Bernd aus Puerto Natales zurück mit zwei Sack voller Essen (100 Tafeln Schokolade)". 37 Flaschen Ballantine's, Blended Scotch Whisky, mit Tee verdünnt, leeren die fünf Männer bis Ende Januar 1991. Im Basislager beschäftigt sich Kurt damit, „alle Möglichkeiten herauszufinden, das ‚Haus vom Nikolaus' zu zeichnen – ein fürwahr interessantes topologisches Problem, dessen 84 Lösungen nun unsere Hüttenwand zieren". Norbert schnitzt vor dem wärmenden Kaminfeuer immer noch an einem meterhohen Abbild des Torre Central. Voller Hingabe kratzt er die Verschneidung unter dem großen Dach aus. Peter glaubt fest daran, dass der Sand im Flussbett des Rio Ascensio goldhaltig ist. Nach etlichen Tagen erfolglosen Waschens kühlt sein Goldfieber wieder ab. Dafür wälzt er riesige Felsblöcke vor dem Lager zusammen: Jetzt will er eine Sauna bauen. Der Zeitvertreib erwachsener Männer.

„‚We need your help!' Verzweifelte Schreie reißen uns aus dem beinahe schon alltäglichen Trott. Miha aus Slowenien stürmt in unser Lager. Sein

Freund Marko, mit dem er flussaufwärts auf gutes Wetter für einen Versuch am Fortress wartet, hat sich beim Holzmachen mit der Machete ins Knie gehackt. Wir eilen sofort zu ihrem Camp. Bis auf Peter – er rennt in der Rekordzeit von 37 Minuten hinunter zur Estancia Paine und organisiert Tragpferde sowie den Weitertransport per Krankenwagen. Zum ersten Mal arbeiten wir alle gemeinsam an einem Ziel: Miha, Tom, Marc, Allan, John, Hans aus den USA und unser Team, alle helfen mit. Die slowenisch-amerikanisch-deutsche Rettungsaktion klappt wie geschmiert. In drei Stunden schleppen wir Marko auf einer aus Baumästen und Abfallsäcken gebastelten Trage durch den dichten Wald in unser Lager, wo bereits die Pferde warten …"

Am 16. Januar 1991 verfolgt Kurt in einem Café in Puerto Natales die Nachrichten des chilenischen Fernsehens. Der Bildschirm ist wie ein Fenster, das den Blick aus dem Mikrokosmos Torre Central auf die Welt ermöglicht. Erstaunlich scheint es und doch wieder nicht, dass das Leben draußen weitergegangen ist. Eine Koalition unter militärischer Führung der USA beginnt mit der „Operation Desert Storm" den Angriff auf Irak. Monatelang hält der Zweite Golfkrieg die Welt in Atem und verändert die politische Ordnung im Mittleren Osten nachhaltig. „‚Guerra!' – welch erschreckendes Wort", schreibt Kurt in sein Tagebuch. „Krieg ist ausgebrochen. USA bombardiert Bagdad." Zurück im Basislager kann Kurt nicht einschlafen. Die Gedanken daran, was in der wirklichen Welt passiert, vermischen sich mit der Angst ums eigene Leben. Zu hoch ist das Risiko, das die Kletterer eingehen, noch dazu aus eigenem Antrieb und in selbst auferlegter Isolation. „Wenn man in schlaflosen Nächten gute Ideen hat, dann ist Schlaflosigkeit etwas Schönes. Meine ist ekelhaft. Immer wieder spule ich das Erlebte ab: vorwärts, rückwärts und mit jeder Menge Standbilder. Ich kann den Vorfall mit den Fixseilen nicht vergessen. Schon wieder hängen sie viel zu lange in der Wand, vom Wind gepeitscht und von Granitkanten aufgescheuert. Die Gefahr eines Seilrisses lässt sich nicht wegdiskutieren."

Um drei Uhr früh am 22. Januar 1991 „erlöst mich das schrille Piepsen von Bernds Wecker aus meinen Phantasien. Nun müssen Taten folgen. Wir wollen endlich zum Gipfel. Unser Aufbruch ist ein Verzweiflungsakt. Am folgenden Tag um 22 Uhr stehen wir auf dem Gipfelgrat. Im Nebel sehen wir nur wenige Meter. Die Dämmerung zwingt uns zur Abseilfahrt. 600 Meter tiefer, auf dem Pfeilerkopf, liegt die Biwakausrüstung. Alle Anstrengungen, jedes Risiko, all die vergeblichen Mühen, jeder Streit und jeder Zweifel rückt

Wolfgang Güllich führt über glatte Platten und vereiste Risse in den oberen Wandteil von „Riders on the Storm".

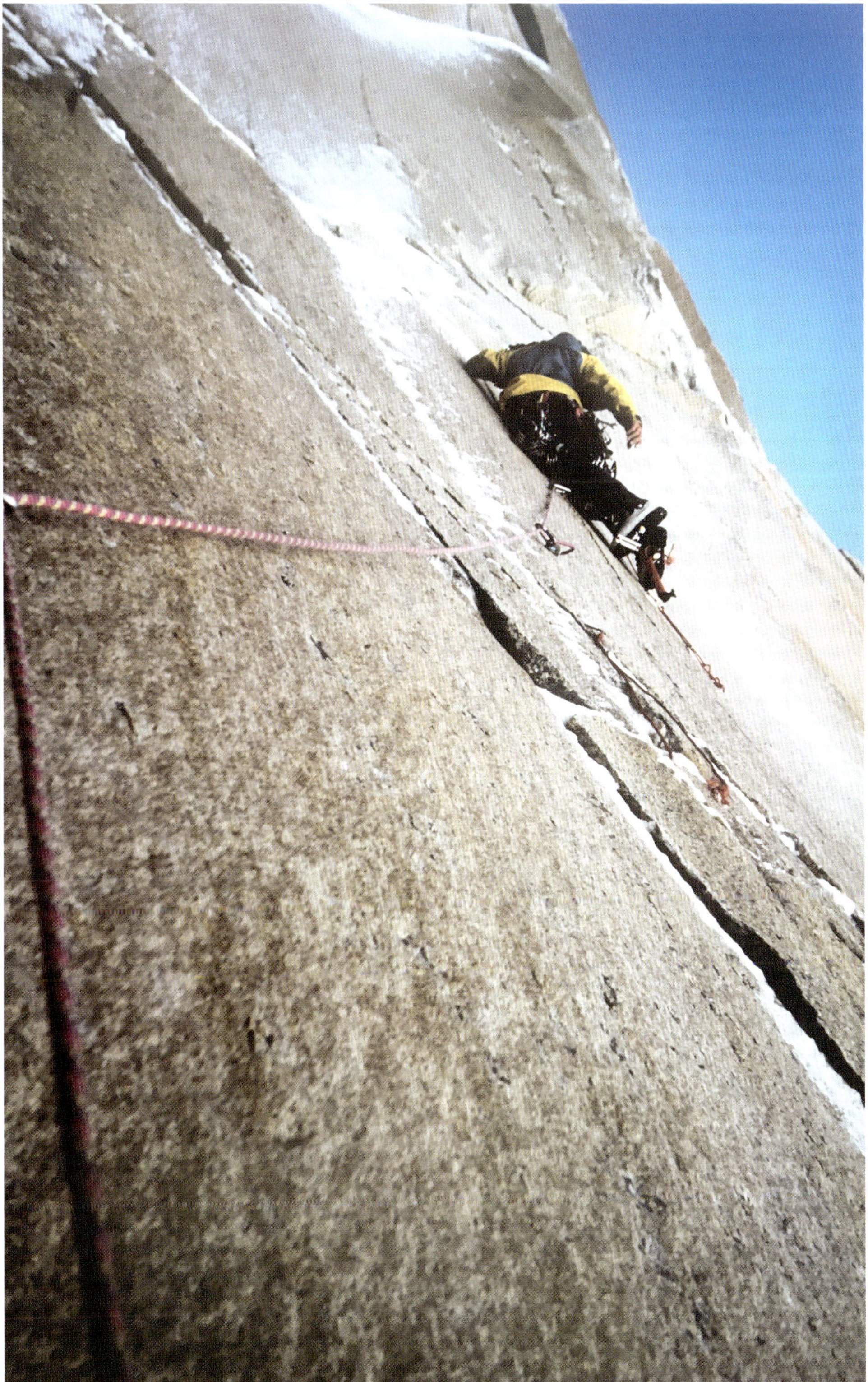

in anderes Licht. Endlich dürfen wir von einer Erstbegehung sprechen. Endlich haben wir uns von den Fesseln befreit, die wir uns selbst angelegt haben.

Fünf Tage später, am 28. Januar 1991, treibt uns das Ideal einer frei gekletterten Erstbegehung erneut in die Wand. Das Wetter ist vom Feinsten! Ein Abschiedsgeschenk? Um acht Uhr steigen wir ein. Im Pfeilerbiwak, 600 Meter über uns, wird Team 2 von den ersten Sonnenstrahlen geweckt. Wolfgang, Norbert und Peter standen gestern auf dem Gipfel. Heutige Aufgabe ist, möglichst viele Freikletterseillängen zu pflücken. Es ist windstill, warm und sonnig. Die Ostwand ist reif. Wir genießen die Plattenkletterei, wo wir vor wenigen Tagen noch Steigeisen und Eisgeräte benötigten. Steile Fingerrisse, Verschneidungen und kompakte Granitplatten treiben uns in einen wahren Kletterrausch.

Unsere Ausrüstung ist mager bestückt: Nur sieben Bohrhaken und ein paar Felshaken sind übrig geblieben. Lange Durststrecken ohne Sicherungspunkte, bei Kletterschwierigkeiten im VII. und VIII. Grad, sind die Folge. Zehn Meter über der letzten Sicherung, an einem fragwürdigen Cliff hängend, meißle ich das letzte Bohrloch. Während Bernd und ich voll in unserer Arbeit aufgehen, seilen Wolfgang, Norbert und Peter mit prallen Rucksäcken ab. Von weitem gratulieren sie mir zum Geburtstag. Zwischen uns segeln, nur 20 Meter entfernt, zwei Kondore. Wolfgang ist es gelungen, den 25-Meter-Riss oberhalb des Pfeilerkopfes, die anschließende Verschneidung und das große Dreiecksdach frei zu durchsteigen. Schwierigkeitsgrad IX-!

Um 17 Uhr erreichen Bernd und ich den Pfeilerkopf. Wir räumen auf, dann sagen wir unserem Pfeiler für immer adieu. Der letzte Tag in der Wand hat uns fast ein wenig verhöhnt: Kletterstellen, die uns Tage oder Wochen zuvor über Stunden hinweg das Letzte abverlangten, klettern wir jetzt spielend in wenigen Minuten. Die Gipfelzone oberhalb des Dreiecksdaches ist vollständig abgetaut. Heute wäre alles ein Klacks. Doch so ist das Bergsteigerleben in Patagonien: Man fühlt sich ständig betrogen. Und auch irgendwie bestraft.

Mit einem letzten Blick auf unsere Route ziehe ich eine Bilanz der vergangenen zwei Monate: 15 Klettertage, 1200 Höhenmeter, 36 Seillängen, Kletterschwierigkeiten bis IX, stellenweise A3. Den Namen der Tour entlehnen wir einem Song von The Doors: ‚Riders on the Storm' – treffender kann man es nicht ausdrücken."

Abgesehen von allem, was das Bergsteigen und Klettern selbst betrifft, und abgesehen von allem, was Kurt sonst noch begeistert – Mathematik,

Kurt Albert klemmt und stemmt sich durch das Dreiecksdach, das in freier Kletterei mit IX- bewertet wird.

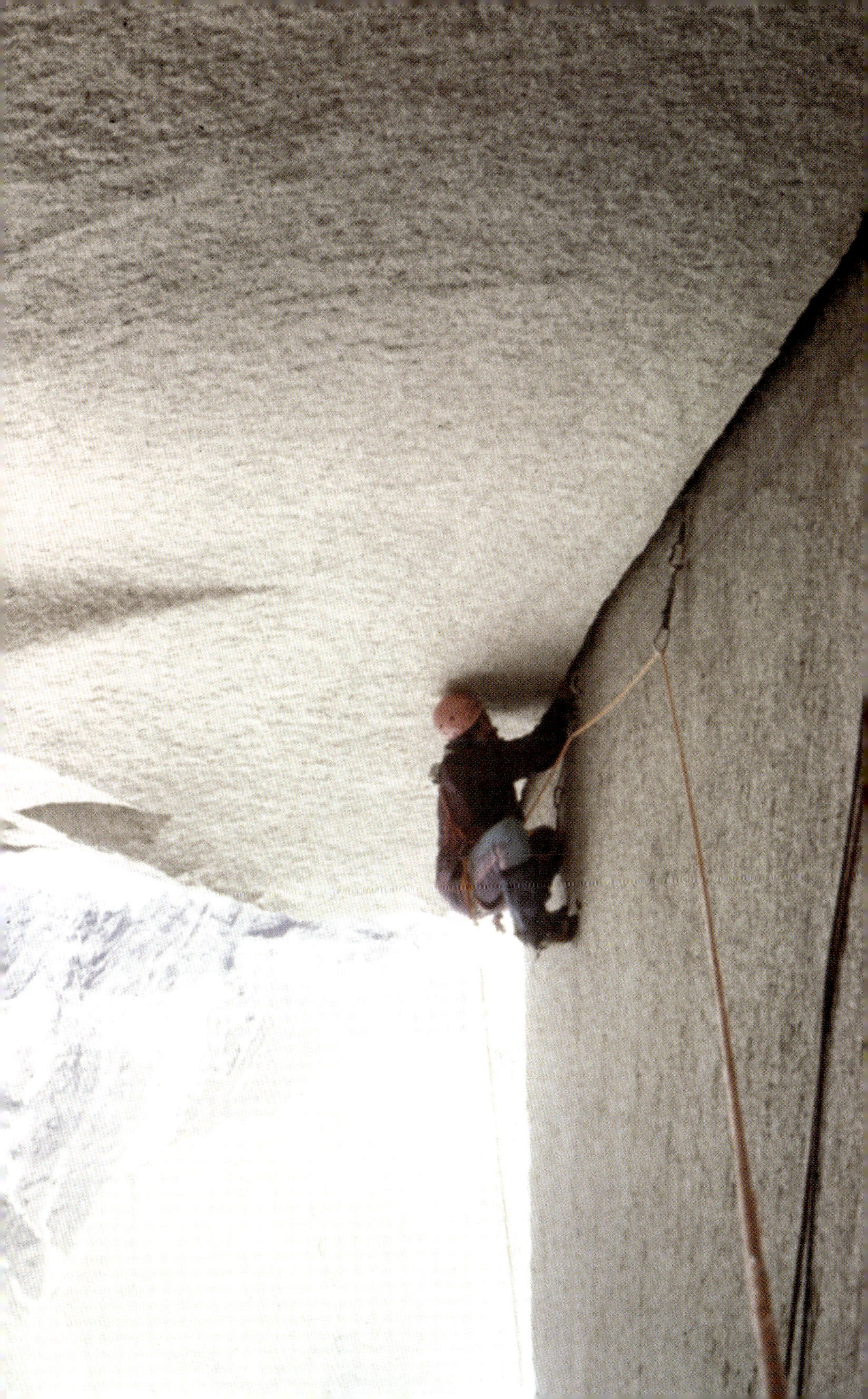

Musik, seine Reisen – ist er eher ein phlegmatischer Mensch. Seine Erfolge zu vermarkten, ist ihm lästig. Über seine Abenteuer zu schreiben, mag er nicht. Zu wenig Belohnung für zu viele Mühen. Kurt ist ein, wenngleich begabter, Autor wider Willen. Es ist deshalb ganz interessant, einen Blick auf die Entstehungsgeschichte des Textes „Riders on the Storm" zu werfen, mit dem Kurt ein Kapitel seines geplanten, aber nicht realisierten Buches füllen wollte. In seinem Nachlass findet sich neben dem handschriftlichen Original ein ausgedrucktes, gleichlautend überschriebenes Manuskript, als dessen Autoren Wolfgang Güllich und Kurt Albert zeichnen. In Berg '92, Alpenvereinsjahrbuch Band 116, ist dieser Text auf den Seiten 167 bis 174 abgedruckt. Als Verfasser ist dort aber nur Wolfgang Güllich angegeben. Auch im 2006 von Tilmann Hepp und Thomas Ballenberger herausgegebenen Bild-Textband „Wolfgang Güllich – Klettern heißt frei sein" fehlt der Verweis auf eine Mitautorenschaft Alberts.

Ob Wolfgang und Kurt zusammen kreativ waren, ob sie sich gegenseitig die Bälle zuspielten, ob der eine vom anderen abschrieb oder ob sie sich Textbausteine großzügig überließen, ist nicht zu rekonstruieren. Vermutlich reichte die Zweckgemeinschaft Güllich-Albert über gemeinsames bergsportliches Tun hinaus: Wieso soll man das Erlebte nicht zusammen beschreiben, wo man doch das Beschriebene zusammen erlebt hat? Kurts und Wolfgangs „Riders on the Storm" gleichen sich jedenfalls in ganzen Abschnitten. So lautet der erste Satz in Kurts Aufsatz: „Heutzutage hat fast jeder ambitionierte Bergsteiger das Problem, zu spät auf der Welt zu sein, um als Erster auf irgendwelchen lohnenden Gipfeln zu stehen." Wolfgang schreibt: „Heutzutage hat fast jeder ambitionierte Bergsteiger ein Problem: das Handicap der späten Geburt." Klingt eleganter und – mit der ironischen Anspielung auf Helmut Kohls umstrittene Formulierung von der „Gnade der späten Geburt" – auch weltgewandter als Kurts Eröffnung. Die Quintessenz bleibt die gleiche.

Geistige Nähe offenbart sich auch im Textende. Güllich lässt seinen Bericht etwas frivol in der argentinischen Hauptstadt enden: „Nach über zweimonatigem Leben in der Wildnis wäre es beim ‚rubbernecking' in Buenos Aires fast doch noch passiert – das tragische Ende unserer Expedition. Quietschende Autoreifen beim überwältigenden Anblick leicht bekleideter argentinischer Schönheiten." Zwar wird dieser Schluss in den internationalen Magazinen, die Kurts Textversion veröffentlichen, gestrichen. Im handschriftlichen Manuskript dagegen ist er vorhanden; ebenso in der Word-Datei, die Kurt für seine Autobiografie angelegt hat. Dem „Leben in der Wildnis“ zieht Kurt das „Leben im Wald“ als Kontrastraum zur städtischen Reizüberflutung vor – ansonsten ist der Absatz wortgleich.

In Kurts Unterlagen finden sich auch Kopien der Artikelserie, die Bernd Arnold aus Patagonien an die Sächsische Zeitung in Dresden übermittelt. In Inhalt und Aufbau ähneln Bernds Texte den „Riders on the Storm“ in Kurts Version sehr – und Wolfgangs übrigens auch. Durchaus möglich also, dass sich die beiden Jüngeren beim sorgfältigen, des Schreibens mächtigen Arnold bedienten. In den Kopien sind ganze Absätze mit gelbem Textmarker angezeichnet, vermutlich von Kurt selbst.

Eine Anekdote, die Bernd festhält, verschweigt Kurt allerdings, vielleicht bewusst, vielleicht auch nicht: Während eines Rückzugs aus der Ostwand des Torre Central beäugt Bernd skeptisch Kurts „Methode, schwere Schuhe an den Schnürsenkeln im Karabiner zu befestigen. Mit Vorsicht löse ich diesen Karabiner vom Bohrhaken, da – ein Schreck, der Knoten hat sich gelöst. Ein Schuh fällt direkt in den offenen Rucksack, der andere über die Wand, schlägt mehrmals an, der Innenschuh löst sich. Beide Schuhteile liegen nun auf dem Gletscher.“ Und Kurt hängt in 400 Meter Wandhöhe ohne festes Schuhwerk, lediglich mit Kletterschuhen, am Standplatz. Zurück am Wandfuß suchen Bernd und Peter Dittrich zwischen Gletscherspalten Kurts Schuh, während dieser „zur Untätigkeit verurteilt“ am Einstieg wartet. Nach langer Suche finden die beiden schließlich den Außenschuh, der Innenschuh bleibt verschollen. „Und eins ist sicher“, resümiert Bernd, „am Schnürsenkel befestigt Kurt niemals mehr seine Plastikstiefel“.

Ebenso unerwähnt bleibt in Kurts Text, dass Norbert Bätz die Expedition bereits vor Erreichen des Gipfels abbrechen muss. Eine Wunde am Fuß hat sich so böse infiziert, dass er nicht mehr auftreten kann. Norbert fliegt Mitte Januar nach Buenos Aires, wo er auf seine Freunde wartet. Peter Dittrich betont, dass der Erfolg der Expedition eine Teamleistung war. „Deswegen haben wir gesagt, dass der ‚Bätzl‘ mit auf dem Gipfel war. Er hat geschuftet wie ein Ackergaul.“ Und genauso viel wie alle anderen zur Erstbegehung beigetragen. Bernd hält sich in seinen Berichten an die Tatsachen. Als Wolfgang und Peter am 27. Januar 1991, vier Tage nach Kurt und Bernd, den Gipfel des Torre Central erreichen, ist Norbert nicht mehr dabei: „Er ist der Pechvogel unserer Gruppe. Er, der Wolfgang bei zahlreichen Versuchen unterstützend zur Seite stand, musste leider abreisen." Vielleicht spielt dies für Kurt keine Rolle, weil für ihn die Route und nicht deren Erschließer im Vordergrund stehen. Vielleicht will er seinem Freund einfach nur Nachfragen ersparen, die dessen Enttäuschung wieder und wieder hätten lebendig werden lassen können. Wie dem auch sei – für eine korrekte Geschichtsschreibung fühlt sich Kurt jedenfalls nicht verantwortlich.

„Riders on the Storm" wurde bis heute nur fünf Mal wiederholt, eine komplett freie Begehung ist noch nicht gelungen. 2006 scheiterten Nicolas und Olivier Favresse, Mike Lecomte und Sean Villanueva knapp an dieser Aufgabe. Ines Papert, Mayan Smith-Gobat und Thomas Senf stellten sich der Herausforderung 2016. Nachdem das Trio die Route komplett geklettert hatte, begann es, eine Fünf-Seillängen-Variante im unteren Wanddrittel sowie die schwierigsten Stellen der Originalroute frei zu klettern. Ein Plan, der teilweise aufging, aber aufgrund des schlechter werdenden Wetters nicht vollendet werden konnte. 2017 versuchte sich Smith-Gobat, begleitet von Brette Harrington und Drew Smith, erneut an „Riders on the Storm". Das patagonische Wetter gestattete Smith-Gobat und Harrington jedoch nur einen Versuch in den Schlüsselpassagen der Route, so dass das Team unverrichteter Dinge abreisen musste.

„Into this house we're born / Into this world we're thrown ..." Vor 30 Jahren erstbegangen, bleibt „Riders on the Storm" bis heute unvollendet. Wer fügt die nächste Strophe hinzu?

Ein Duft von Vanille, Veilchenwurzel und Lakritze, süßlich insgesamt, entströmt Bernd Arnolds Pfeife und füllt die helle Flucht seines Arbeitszimmers. Wo die Obere Straße den Marktplatz von Hohnstein streift, bewohnt Bernd den ersten Stock der 1721 erbauten Stadtapotheke. Hell gestrichen ist das Gemäuer des Erdgeschosses. Bernds Tochter Heike führt hier ihr Geschäft, „Bergsport Arnold". Sorgsam wurde das Fachwerk der Obergeschosse restauriert, gestützt von hölzernen Andreaskreuzen. Die Faschen der Sprossenfenster sind hellblau gestrichen, das steile Satteldach im Biberschwanzmuster gedeckt. In diesem Haus ist alles echt. Bernd zeigt auf einen Kalksteinbrocken, auf den ein Rotpunkt gemalt ist. „Ein Original aus dem Frankenjura."

74 Jahre alt ist Bernd. Ein bisschen krumm kommt er daher. Ein Körper merkt sich die Belastungen, die ihm jahrzehntelang zugemutet wurden. Jetzt revanchiert er sich, ohne Bernds Zufriedenheit mit sich und dem Leben ganz

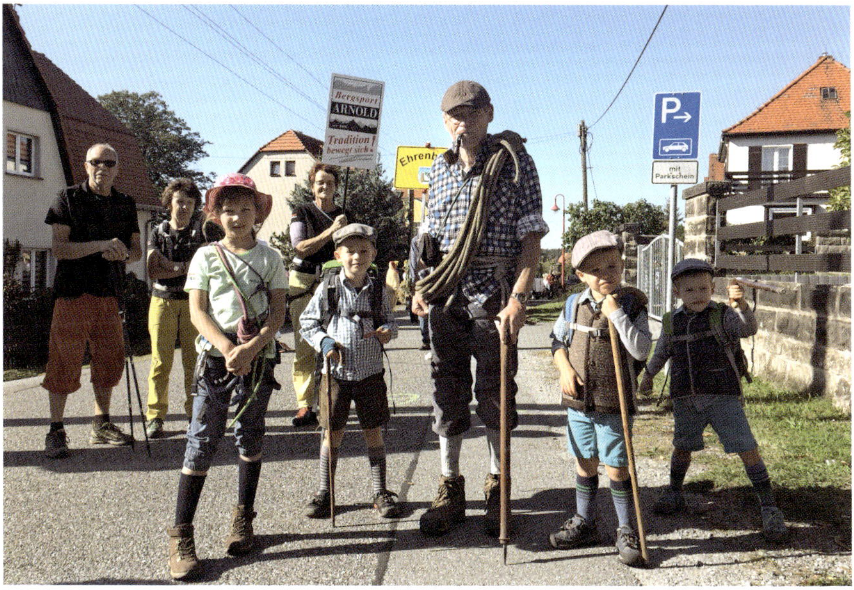

Bernd Arnold, 74, umringt von den Enkelkindern Johanna, Robert, Edgar und Kurt. Seine Frau Christine hält im Hintergrund die Fahne hoch.

allgemein tangieren zu können. Seine Tochter Heike hat vier Kinder, mit denen Opa Bernd viel Zeit verbringt. Draußen, in den Wäldern über dem Elbufer, an den Sandsteinfelsen. Einer der drei Buben heißt Kurt. „Er", sagt Bernd und meint den großen Kurt, seinen besten Freund, „ist jetzt wieder dabei".

Die Expedition ins Karakorumgebirge 1988, der Unfall am Fuße des Great Trango Tower, die Stunden mit Kurt in der Spalte, dessen Sorge und Zureden, die Rettung aus Lebensgefahr – diese Geschehnisse haben Bernd und Kurt einander nahegebracht. „Eine menschliche Wärme", erzählt Bernd, „ist damals entstanden. Mein Unfall war ein Schlüsselerlebnis, der Beginn unserer Freundschaft. Es dauerte aber noch lange, bis ich ihn geknackt hatte. Kurt war ein Mensch, der sich nur scheibchenweise erschlossen hat." Gut möglich, dass dies auch einer gewissen Scheu geschuldet ist, kaum merklich, aber da. Denn Bernd ist für Kurt nicht irgendjemand. Seitdem er 1973 zum ersten Mal das Elbsandsteingebirge besucht hat, bewundert er den sieben Jahre älteren Kletterpionier. Bernd ist Kurts Idol. Und ein Idol, das umarmt man nicht einfach so. Weil man Respekt vor ihm hat, und weil man es nicht verlieren will. Vielleicht konnte nur eine extreme Erfahrung, ein Beinahetod und dessen Bezeugen, die Distanz verringern. Und aus gegenseitiger Achtung Freundschaft wachsen lassen.

Über viele Jahre hinweg, in denen sie gemeinsam in aller Herren Länder unterwegs sind, lernen Bernd und Kurt sich immer besser kennen. Sie sind ja ganz unterschiedlich, allein körperlich. „Wir kamen daher wie David und Goliath", sagt Bernd. „Er war ein Fels von Mann. Ich war kleiner und schwächer, aber dafür feiner ziseliert." Dass sich hinter der kräftigen Fassade ein ernsthafter, tiefsinniger Mensch versteckt, der einen weichen Kern hat und die leisen Töne schätzt, merkt Bernd sehr bald. Dass die Clownerie, die Kurt hegt und pflegt, auch sein Schutz ist, wird Bernd erst nach und nach bewusst. „Kurt hat sich nicht grundlos zum Kaspar gemacht. Er hat sich hinter einer Maske versteckt." Und Bernd fügt hinzu: „In unserem Umgang miteinander gab es das nicht." Ein ehrlicheres Zeichen für Kurts Vertrauen in ihre Freundschaft gibt es nicht.

Nachdem sie zwei Reisen – 1988 nach Pakistan und 1990/91 nach Patagonien – gemeinsam unternommen haben, starten Kurt und Bernd im Januar 1993 zu ihrer dritten, ja was? Expedition? Nein, diese Unternehmung ist keine Expedition. Heinrich Barth, der große Afrikaforscher, der war auf Expedition, als er 1850 in Tripolis aufbrach, ein Jahr später den Tschadsee am Südrand der Sahara erreichte und als Muslim verkleidet weiter ins sagenumwobene Timbuktu reiste, wobei er unterwegs vermutlich als erster Europäer das Felsmassiv sah, das als „Hand der Fatima" bekannt wurde. Sechs Jahre nach seinem Aufbruch kehrte Barth, reich an Begegnungen, geografischem Wissen, Kenntnissen über den afrikanischen Islam und das Leben der Fulbe und Songhai, nach Europa zurück. Wissend um die Leistungen Barths und anderer Vorgänger, wissend um die Entbehrungen und Gefahren, die diese auf sich genommen haben, kommen Kurt und Bernd gar nicht erst auf die Idee, ihren Ausflug nach Mali eine „Expedition" zu nennen. „Kletterreise" dagegen scheint ihnen der passendere Ausdruck. Erfrischend zurückhaltend klingt dies in einer Zeit, in der jede Urlaubsfahrt als letztes großes Abenteuer verkauft wird.

Bernd hat die „Hand der Fatima" 1987 auf Fotos gesehen, „bei einem der damals so begehrenswerten Aufenthalte in Westdeutschland. Der Funke, der von der Faszination solcher Vorstellung auszugehen vermag, hatte

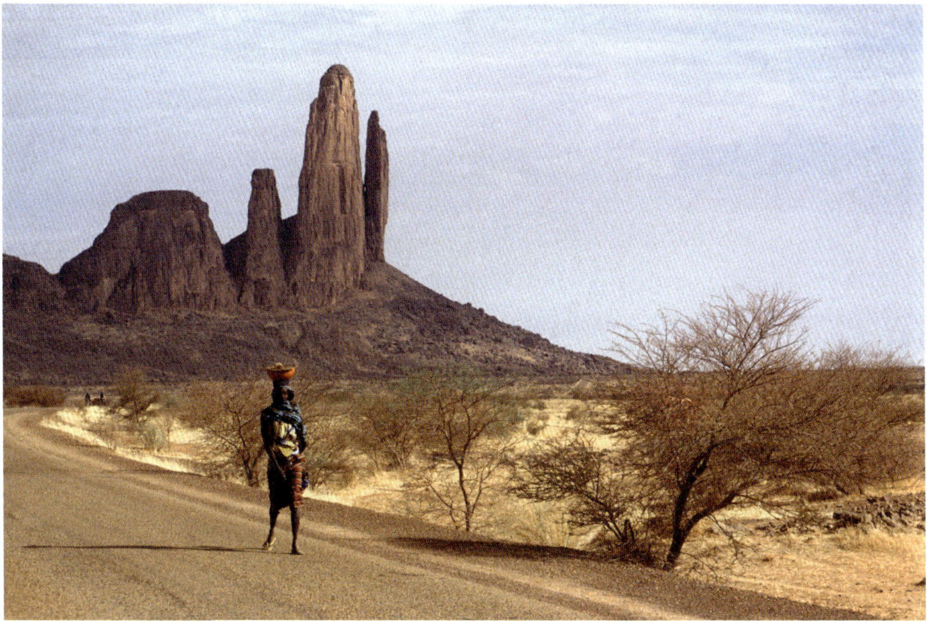

Aus der Sahelzone in der malischen Provinz Mopti erheben sich Kaga Tondo und die 400 Meter hohe Säule des Kaga Pamari.

gezündet. Doch damals gab es für dieses Ziel, zumindest für mich, unüberwindbare Hindernisse, die da hießen: deutscher Gesamtzustand, Finanzierung, begeisterte Partner." Einige Jahre später haben sich die Umstände zum Besseren gewendet, und in Kurt hat Bernd einen kongenialen Begleiter gefunden. Sie wollen an einem Traumberg klettern: dem Kaga Tondo. Mit ihrer 600 Meter hohen, lotrechten Südwand ist diese Quarzitsäule der Chef unter den Felstürmen, die im Norden Malis aus der tellerflachen Sahelzone herausragen. Kurz entschlossen rufen die Kletterer bei der deutschen Botschaft in Mali an. Die Auslandsgesandten versichern, dass die politische Situation in der Gegend um Hombori entspannt sei, und zerstreuen damit letzte Bedenken gegen ein afrikanisches Abenteuer. Elf Tage später landen Bernd und Kurt in der Hauptstadt Bamako. Es ist höchste Zeit, denn schon Ende Februar kann es unerträglich heiß werden. Die beiden Abenteurer mieten einen Peugeot 505, in dem sie Bamako verlassen. Selber fahren dürfen sie nicht. Ihr Chauffeur Lambert erweist sich als zuverlässiger Lotse durch den afrikanischen Alltag.

Er übernimmt auch den Einkauf, denn für ihn kosten Lebensmittel und alles, was man sonst noch braucht, nur die Hälfte. Touristen werden in Mali so gut es geht geschröpft. Kurt berechnet seine Ausgaben nur noch in „Diavortragseinheiten. 3200 Mark = 1 Diavortrag." Die Reisenden werden Nutznießer eines deutschen Entwicklungshilfeprojekts: Die Straße von Bamako nach Gao führt direkt am Kaga Tondo vorbei und ist komplett asphaltiert. Bamako–Ségou–San–Mopti–Douentza heißen die Stationen auf der 1200 Kilometer langen Fahrt, die Lambert in knapp drei Tagen zurücklegt. Das 4000-Einwohner-Dorf Hombori wird zum Stützpunkt. Dort treffen Kurt und Bernd auf Abdraman. Der Angehörige des Songhai-Volkes beeindruckt sie mit Erzählungen „von Rebellen und militanten Tuareg, die uns den Hals abschneiden würden. Und mit den Worten ‚Jeder Besucher von Hombori braucht einen Guide!' ernennt er sich selbst zu unserem. Im Schutze seines Hauses zelten wir auf einer Betonplattform."

Nach ein paar Tagen vor Ort begegnen die Deutschen Salvador Campillo. Der Erstbesteiger des Kaga Pamari stammt aus Barcelona. Das Leben in Afrika faszinierte ihn so sehr, dass er geblieben ist. Mit seiner einheimischen Frau und dem gemeinsamen Sohn lebt er im kleinen Dorf Daari unterhalb des Kaga Tondo. Salvador weiß über alles Bescheid. Mit ihm zusammen begehen Kurt und Bernd gegen Ende ihrer Reise die 30 Seillängen am Nordpfeiler des Kaga Tondo. Am Gipfel zeigt er den Besuchern ein historisches Beweisstück: ein altes Tongefäß. Salvador fand heraus, dass Ousmane Zindo vom Stamm der Fulbe vor etwa 100 Jahren den Berg mehrmals bestieg, barfuß und ohne Seil. Nur ein paar Holzprügel verklemmte er in überhängenden Rissen. Free Solo im Auf- und Abstieg! Man kann sich die ungläubigen Blicke der französischen „Erstbesteiger" vorstellen, als sie 1978 am Gipfel ankamen – und Zindos Tongefäß vorfanden.

Während sie in dem Blockfeld am Fuß der großen Felstürme sportklettern, wandern die Blicke Kurts und Bernds immer wieder hinauf zur unberührten Südostwand des Kaga Pamari. Die 400 Meter hohe Säule, vom höheren Kaga Tondo durch eine tiefe Scharte getrennt, lässt sie nicht mehr los. Rissadern versprechen eine Durchstiegsmöglichkeit. Dazwischen glatter Fels, steil, und unbezwingbar? Kurt und Bernd sind optimistisch. Bald stehen sie am Einstieg, und es geht gleich voll zur Sache. Schwer beladen mit Hammer, Haken und Klemmkeilen hangeln sie einen überhängenden Fingerriss empor. Zumindest läuft man in Mali nicht Gefahr, einem Wettersturz ent-

Kritisch beobachtet versucht sich Kurt Albert an einer der Sportklettereien nahe des Dorfes Hombori.

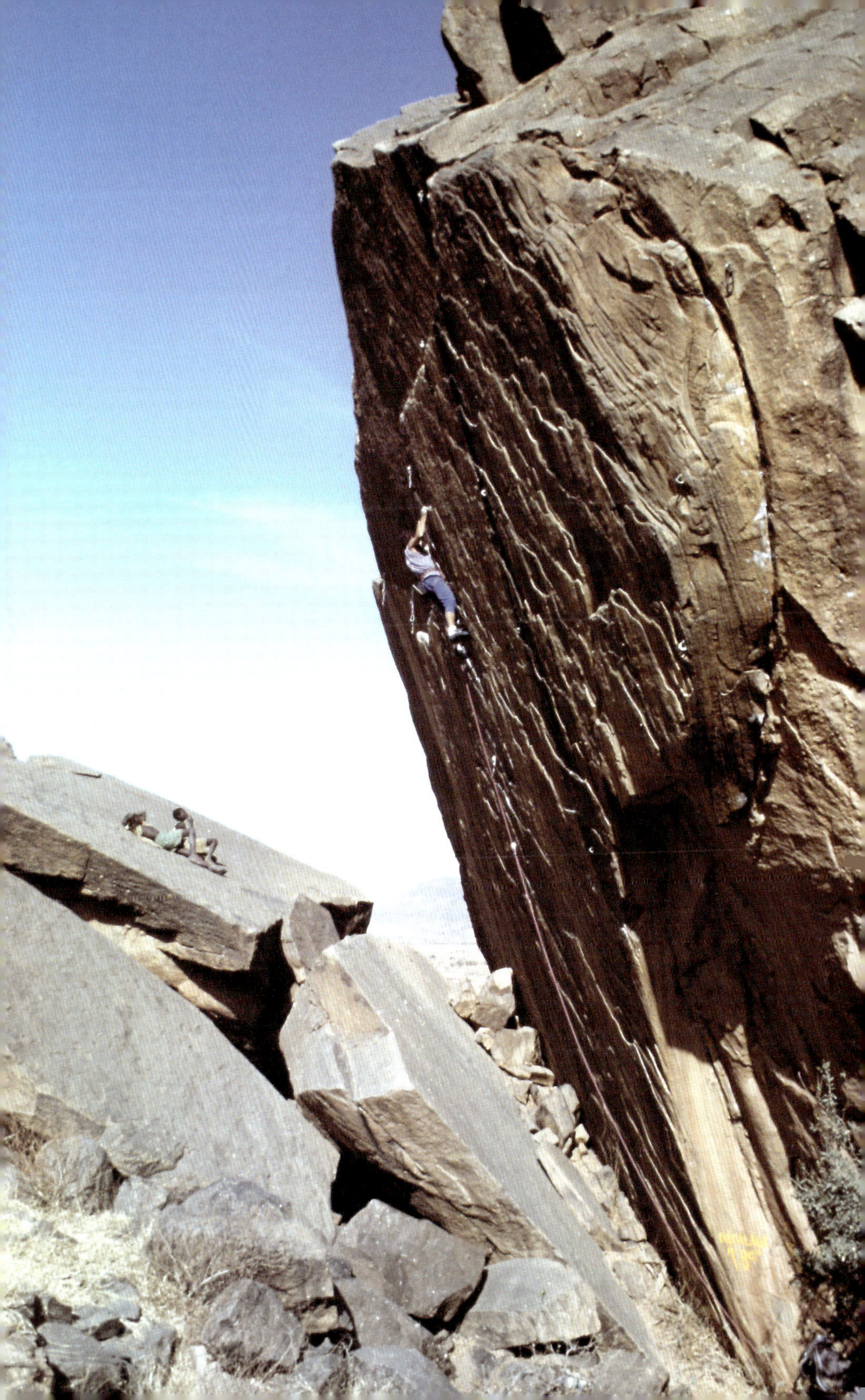

eilen zu müssen. Dafür stellen die Kletterer schnell fest, wer die wahren Gegner sind: Hitze, Durst und der harte Quarzit, der das Setzen von Bohrhaken extrem mühsam macht.

Nach fünf Tagen haben sie 200 Meter Fixseile installiert. Die Hitze ist gnadenlos. Kurt ist dran mit dem Vorstieg, und der Berg offenbart ihm wieder einmal die Diskrepanz zwischen Wunsch und Wirklichkeit. Das Klettern wird zu purem Masochismus. Der Fels ist mehrere Millimeter dick verklebt mit feinstem Sand, von Wüstenstürmen angepresst. Nach stundenlangem Putzen im vertikalen Dreck erreicht Kurt den nächsten Standplatz, den er mit zwei Bohrhaken ausstattet. Das bedeutet über eine Stunde lang Hämmern bei sengender Hitze. Für ein Bohrloch klopft er zehn Bohrkronen platt. Die Zweifel wachsen. Was will ich hier?

Kurt versucht krampfhaft, sich „mit etwas Küchenphilosophie zu motivieren: Selbstknechtung, um danach wieder das normale Leben schätzen zu lernen? Wie war das mit Schopenhauers Diktum des positiven Schmerzes? ‚Nur was sich unserem Willen entgegenstellt, nehmen wir unmittelbar und intensiv wahr.‘ Das ist es doch, was wir wollten, intensiv leben. Der Kaga Pamari erweist sich heute als idealer Willensbrecher. Du hast es so gewollt, sage ich mir. Also Zähne zusammenbeißen und weiter."

Ein kurzer Quergang führt ins „Abflussrohr", einen 40 Meter langen, überhängenden Handriss. Das Klettererherz frohlockt – bis die Euphorie in einer dicken Schicht Geierkot begraben wird, die den Riss füllt. Entnervt wühlt sich Kurt durch die Kloake hinauf. „Dann kriege ich noch einen Vogel – einen toten! Zehn Meter über Bernd hänge ich am Handklemmer, als ich knapp über meinem rechten Daumen Federn und die Kralle eines Geiers aus dem Spalt ragen sehe. Der Schnabel des verendeten Tieres zeigt direkt in mein Gesicht. Verwesungsgeruch. Ein Würgereiz zwingt zu schnellem Handeln: tief durchatmen, Luft anhalten, die linke Hand höher verklemmen, rein in die Scheiße und möglichst schnell drüber! Aber die Stelle ist schwer, meine Linke rutscht aus der weichen Materie und mir geht die Luft aus. Pestgestank umhüllt mich. Aus, vorbei, jetzt reicht's! Rückzug. Nichts wie runter zum Standplatz, das Unternehmen ‚Südostwand des Kacka Pamari‘ ist für mich beendet. Vergebens versuche ich, Bernds gut gelauntem Blick standzuhalten, und weiß schon im Ansatz, dass ich verlieren werde. Bernd ist gnadenlos: ‚Kurt, da müssen wir durch. In Patagonien waren es Sturm und Eis, hier sind es Sand und Vogelkacke.‘ Wo er recht hat, hat er recht. Nur ein klein bisschen Zögern von seiner Seite hätte genügt und ich wäre abgeseilt.

Zum Glück habe ich meine big-wall-bewährten ‚Red Steer'-Lederhandschuhe mitgebracht. Also rein ins Vergnügen! Mit einem Halstuch um Mund und Nase überwinde ich die Hürde. Tatsächlich macht es jetzt fast Spaß, denn der Reibungskoeffizient von Red Steer auf Marabu-Kacke ist faszinierend und garantiert größer eins. Die Hand klemmt wie ein Schraubstock. Wahnsinn! Wie eine Kakerlake, die aus einem Abflussrohr kriecht, erreiche ich den nächsten Standplatz. Danke, Bernd, für diesen Motivationskick! ‚Nur der Mut, Unbekanntes erleben zu wollen, bringt uns Eindrücke und Erfahrungen, die unser Leben bereichern und unseren körperlichen und seelischen Horizont erweitern.' So in etwa lautet das Credo meines Freundes, und als ich daran denke, lache ich laut und hemmungslos in die Wüstenweite. Nein, Bernd, dieser Dank ist wirklich ernst gemeint! Um Widrigkeiten solcher Art zu überwinden, bedarf es eines Gefährten wie Bernd Arnold. Ich kenne jedenfalls nur wenige Kumpels, die sprichwörtlich mit mir ‚durch die Scheiße gehen'."

Nach einigen Finger- und Handrissen aus dem Bilderbuch zwingt der kompakte Fels die Kletterer zu einem Pendelquergang in drei Etappen, hinüber zur nächsten Rissfolge. Im Wettlauf mit der Dunkelheit erreichen sie ihren Horst, einen zwei mal zwei Meter großen Absatz auf einem Pfeilerkopf. Biwak. Kurt schreibt: „Nun hocken wir wie zwei Riesengeier in unserem Nest – fehlt nur noch, dass wir ein Ei legen. Wir genießen unser romantisches Himmelbett. Zwölf Stunden lang in Gesellschaft schwarzer Fledermäuse, die auf uns herunterpinkeln. So schön, dass es reine Verschwendung wäre, die Augen zu schließen. Im Morgenlicht müssen wir uns beeilen, denn es bleiben noch 100 Meter Kletterei und ein Liter Wasser.

Beim Schlagen des letzten unserer 39 Bohrhaken, mitten im Abschlussdach, ziehe ich drei Friends in Serie aus dem glattpolierten Gestein. Mit einem dreifachen ‚Oh! Oh! Oha!' sause ich durch die Luft. Vier Meter unter mir ein kleiner Klemmkeil. Er hält, zum Glück. Beim nächsten Anlauf klappt es. Wir sind oben, wir sind geschafft und wir sind froh!" Ihre Route nennen Kurt und Bernd „Wonangaba Maby: Du hast es so gewollt".

Zurück in Hohnstein fasst Bernd das Abenteuer Mali in ebenso nüchternen wie vielsagenden Sätzen zusammen: „Vor drei Wochen noch standen Kurt und ich nach sechstägigem Bemühen auf dem schlanken Gipfel des Ka-

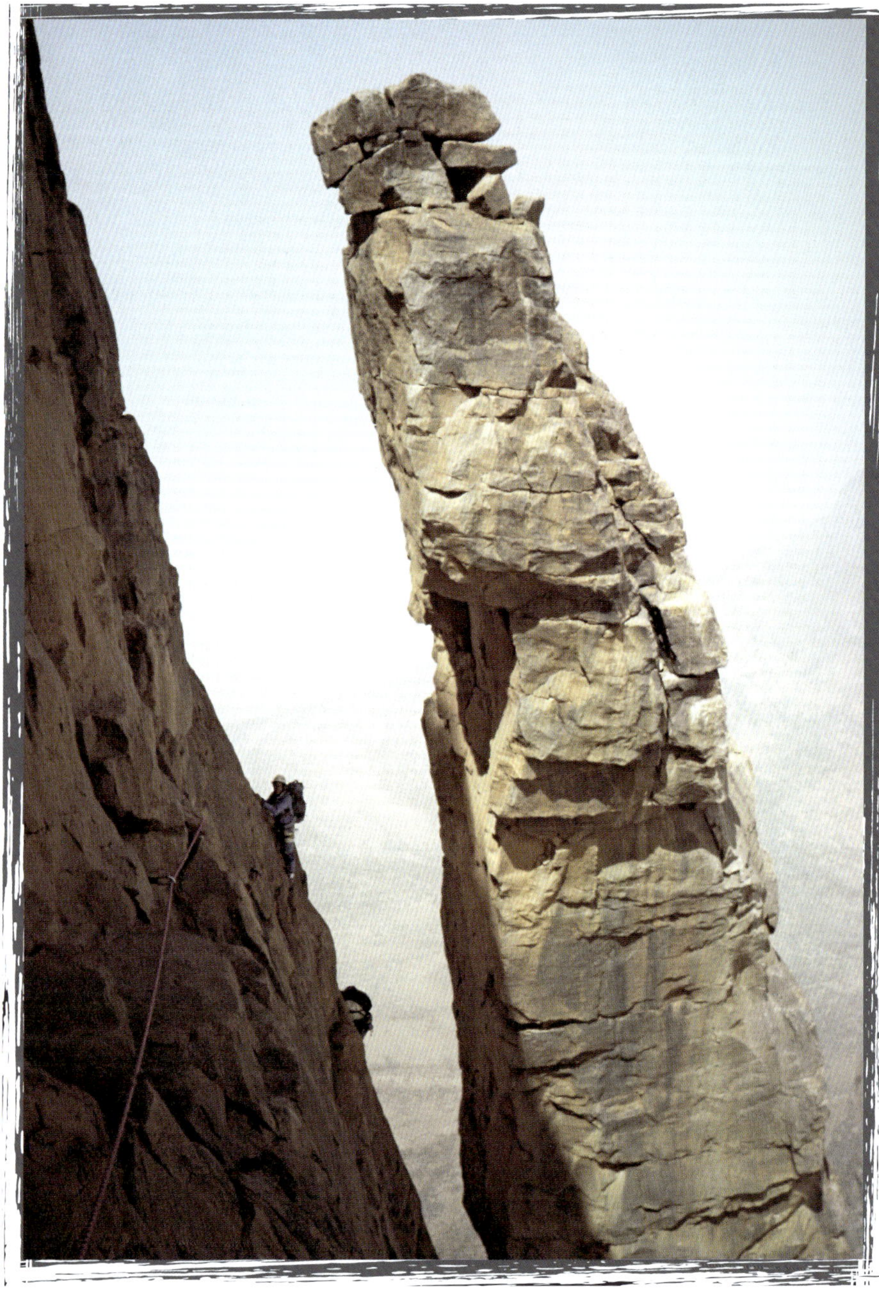

Mit dem Spanier Salvador Campillo erschließen Bernd Arnold und Kurt Albert nach ihrer Erstbegehung von „Wonangaba Maby“ neue Routen am Tafelberg Naomi.

ga Pamari. Vor zwei Wochen noch coachten wir uns gegenseitig im Blocklabyrinth zu Füßen der Felsriesen. Vor acht Tagen noch durchstreiften wir als Sonnenhut-Touristen das Dogon-Land. Vor vier Tagen noch mussten wir, beim Klettern in der Peripherie von Bamako, den Angriff eines kampflustigen Bienenschwarmes abwehren. Und jetzt sitze ich wieder in meinem Mansardenzimmer in Hohnstein in der Sächsischen Schweiz. Durch das matte Glas der angelaufenen Doppelfenster schaue ich hinunter auf die kleine Stadt. So bedeckt mit Schnee, wie sie gerade ist, erscheint sie mir noch verschlafener als sonst. War es doch auch diese Lethargie, durch die Kälte des Winters noch verstärkt, die mich forttrieb. Kälte, die Gelenke und Motivation einfrieren lässt, die dich unters Hallendach, an den Trainingsbalken oder in wärmere Gefilde treibt. Während ich mich an die sonnenumfluteten Felstürme Westafrikas flüchtete und mir wenig Sorgen zu machen versuchte, wuchs in meinem Arbeitszimmer ein Berg aus Briefen und anderer Post. Sein Abtragen wird zum Eintauchen ins Alltägliche – eben wieder daheim."

Lange halten es weder Bernd noch Kurt zuhause aus. Ihre Reise nach Mali ist der Auftakt zu einer Tour de Force, die sie in den kommenden Jahren rund um den Globus führt, in wilde Landschaften und zu entlegenen Gipfeln. Obwohl beide weltweit bekannt sind, ihre Leistungen im und für den Bergsport über jeden Zweifel erhaben, obwohl sie über natürliche Autorität verfügen und aus alldem gewiss Kapital schlagen könnten, sind sie in aller Stille, ohne Reporter und Fotografen, ohne Filmteam und vor allem ohne jegliche Verpflichtung unterwegs. „Wir haben einfach unsere Privatreisen unternommen", sagt Bernd. „Deshalb waren wir niemand Rechenschaft schuldig, und wir mussten niemand etwas vormachen." Die Fränkische und Sächsische Schweiz werden zu Durchgangsstationen. Kurt und Bernd sind moderne Nomaden – Mitglieder eines alpinen Jetsets, der im Jahresverlauf von einem exklusiven Ort zum nächsten reist, immer auf der Suche nach unberührtem Fels und ästhetischen Gipfeln.

Im Dezember 1993 fliegen Kurt und Bernd – wie schon vor drei Jahren – über Buenos Aires nach Rio Gallegos. Wieder haben sie zu viel Gepäck dabei, weshalb Kurt sich ein Kletterseil um Bauch und Brust wickelt: „Ca. fünf Kilo – spare elf Dollar = 18 Mark". Über El Calafate fahren die beiden Freunde nach El Chaltén. Die kleine Siedlung am Ende der staubigen Straße gibt es erst seit acht Jahren. Ein paar bunte Häuser verteilen sich am Ufer des

Rio de las Vueltas, als hätte der liebe Gott eine Handvoll roter, grüner und blauer Würfel auf die Ebene am Rand des Parque Nacional de los Glaciares gerollt. Wenn der Wind in den Bergen die Wolken verbläst, ragen hinter den grünbraunen Hängen des Loma del Pliegue Tumbado die Spitzen von Cerro Torre, Aguja Poincenot und Fitz Roy hervor. Kurt wird sich in diese Landschaft verlieben und in den folgenden Jahren immer wieder kommen. Der erste Besuch ist kurz. Etwa drei Wochen lang bemühen sich Kurt und Bernd erfolglos um die erste Wiederholung der 1992 von den Schweizern Kaspar Ochsner und Michal Pitelka erschlossenen Route „El Corazon" (VII/A2) in der Ostwand des Fitz Roy (3441 m). Kurz vor dem Jahreswechsel brechen sie ab. Nächster Stopp: Rio de Janeiro.

„Barfuß durch den Sand der Copacabana, über sonnengebräunte Leiber hinweg zum Zuckerhut. 396 Meter über dem Meer, 1817 von der Engländerin Henrietta Carstairs ersterstiegen", schreibt Bernd in seinem Text „Auf der Treppe zum Himmel". Der Kontrast zu den sturmumtosten Gipfeln Patagoniens könnte nicht größer sein. Am Pão de Açúcar klettern Bernd und Kurt durch die „Italienerroute" (VI+) und treffen am Ausstieg auf einheimische Kletterer. Eliseu und Elisabeth Frechous erkennen Kurt sofort. Sie haben ihn auf einem Foto gesehen: in Lederhose, einen Maßkrug in der Hand, solo im „Devil's Crack". Das Pärchen lädt die Besucher in ihre Heimatstadt São Bento do Sapucai ein, nördlich von São Paulo am Fuß der Sierra da Mantiquiera. Markant erhebt sich über den Hügelketten der Gipfel des Pedra do Bau. 2000 Meter hoch, 200 Meter hohe Wände nach allen Seiten, 600 Meter lang, 20 Meter breit der Gipfelgrat. Wie ein Schiff, das in einem grünen Meer gestrandet ist. Mehr noch als die Kletterei begeistert Bernd und Kurt die Gastfreundschaft von Eliseu und Elisabeth. „Die wunderbare Zeit ist ihr Verdienst", schreibt Bernd, „denn sie öffneten sich uns, ließen uns in ihre Familie, Gedanken und Berge eindringen. Durch unser Interesse erhielten sie die Möglichkeit des Sichmitteilens. Ein einfacher, aber nicht mehr alltäglicher Prozess, der alle Beteiligten zu einer wunderbaren Harmonie führt."

Die letzte Etappe der Südamerikareise ist Venezuela. Auch in dieses Land wird Kurt noch oft zurückkehren – Ergebnis eines Vorgangs, den Bernd so beschreibt: „Lange Reisen, über Zeiträume und Entfernungen hinweg, entwickeln eine Eigendynamik, der du ausgeliefert bist. Zufälle, Kleinigkeiten, oftmals nur Momente werden aufgenommen, graben sich ein oder verblassen wieder. Gefährten, die auftauchen wie Scheinwerfer auf der nächtlichen

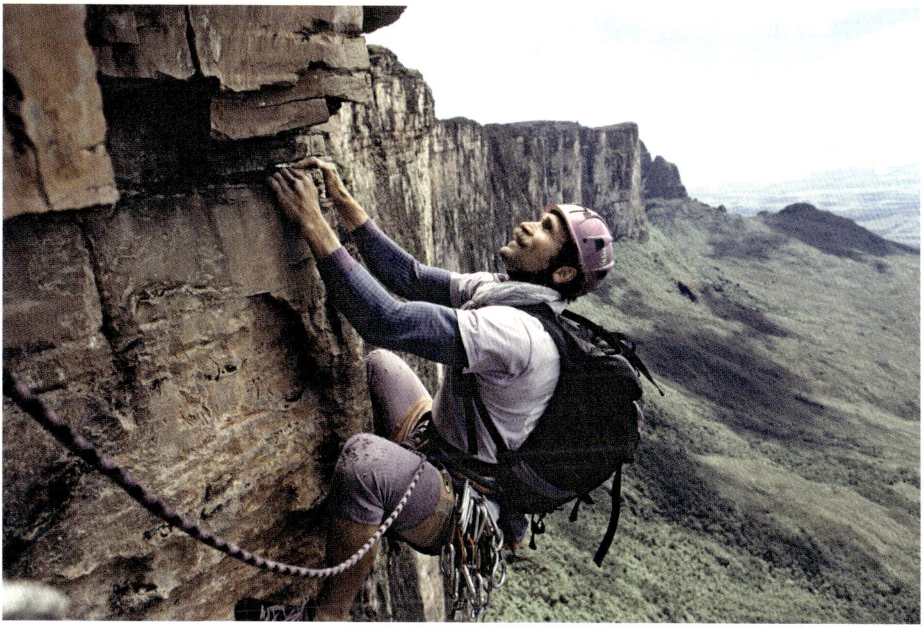

Eine „Stairway to Heaven“ führt Kurt Albert und Bernd Arnold auf den Tafelberg Roraima in der venezolanischen Gran Sabana.

Autobahn, bringen Licht und vergehen im Dunkel. Sie reihen sich auf wie kostbare Perlen an einer Schnur. Ihr Wert wird mitunter erst zuhause oder noch viel später, während neuerlicher Ausfahrten, erkennbar. Was dir bleibt, weißt du nie.“ Mit der Erstbegehung von „Stairway to Heaven“ (IX) am Südwestpfeiler des Tafelberges Roraima im Gepäck fliegen Bernd und Kurt Ende Januar 1994 nach Deutschland zurück. Ihr Reisefieber ist längst nicht gestillt.

Vor der Metzgerei El Chalténs, in der es auch Konservendosen, Nudeln, Mehl, Zucker und ab und zu Gemüse gibt, stehen zwei Männer. Sie tragen orangene und blaue Faserpelzjacken, sind unrasiert und insgesamt etwas struppig. In ihrer Mitte halten sie ein Plakat. Schwarze Schrift auf weißem Grund, der Refrain eines Frank-Zander-Schlagers, Platz sieben der deutschen Single-Charts, nicht ganz korrekt zitiert: „Jetzt kommt Kurt, ohne Helm u. Gurt“. Es ist der 27. Dezember 1994. Chris Semmel, Dirk Groeger, Michael Wärthl, Jochen Haase, Milan Sykora und ich warten seit Anfang des Monats auf gutes Wetter. Heute sind Chris und Dirk aus unserem Basislager am Rio Blanco

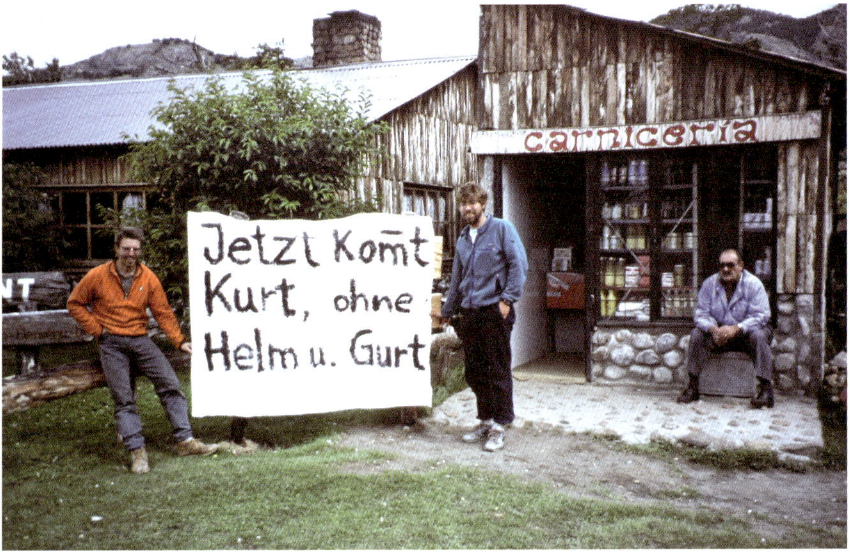

Chris Semmel (l.) und Dirk Groeger bilden ein Empfangskomitee für Kurt Albert, dessen Kletterausrüstung während der Reise ins patagonische El Chaltén verloren ging.

nach El Chaltén gegangen, um Vorräte nachzukaufen. In „The Wall", der einzigen Bar des Ortes, erfahren sie, dass Kurt Albert und Bernd Arnold mit dem Nachmittagsbus aus El Calafate kommen. Kurts Kletterausrüstung – diese Nachricht eilt ihnen nach El Chaltén voraus –, ist an irgendeinem Flughafen liegen geblieben. Als er aus dem Bus steigt und das Transparent sieht, lacht er lauthals auf. Seine Laune ist wiederhergestellt.

Ich kenne Bernd, seitdem ich ihn nach seinem Unfall am Great Trango Tower 1988 im Münchner „Klinikum rechts der Isar" besucht habe. Kurt traf ich schon etwas früher. Am 3. Mai 1987 klettere ich mit ein paar Freunden am Hartelstein im Frankenjura. Kurt und Wolfgang Güllich sind auch da. Kurt fragt, ob wir ihnen einen Satz Klemmkeile leihen könnten. Ich bin völlig verdutzt. Erst kurz zuvor hatte ich einen Diavortrag der beiden im Münchner Alpinen Museum gesehen, und anschließend, voll motiviert, zwei Griffleisten an einen Bindebalken im Speicher meines Elternhauses geschraubt. Ich bin 16 Jahre alt – Kurt und Wolfgang sind meine Helden. Und jetzt, jetzt wollen sie Material. Von mir! Das glaube ich nicht.

Kurt und ich, stellen wir einige Jahre später fest, teilen die Leidenschaft für Patagonien. Für die ganz reale Wildnis, die Gipfel, die Magellanwälder, die Flussläufe und Seen, das Inlandeis – ebenso wie für den Mythos Patagonien, den der dänische Siedler Andreas Madsen Anfang des 20. Jahrhunderts in die Worte meißelte: „Das war die Welt der Träume meiner Kindheit: Raum ohne Grenzen und Land ohne Herren." Dass wir zum Jahreswechsel 1994/95 zur gleichen Zeit am gleichen Ort sind, ist Zufall. Vor gut einem Jahr seilten Kurt und Bernd aus der Route „El Corazon" am Fitz Roy ab und entdeckten dabei weiter links eine Reihe filigraner Risse und markanter Verschneidungen – noch nie von eines Menschen Hand berührt. Heuer wollen sie dort, zusammen mit Lutz Richter und Jörg Gerschel, eine neue Linie erschließen. Wir dagegen wählen den Weg durch das Herz, „El Corazon", einen grauen Felsausbruch im oberen Drittel der Ostwand.

In den kommenden Wochen teilen wir uns mit Kurt, Bernd, Lutz und Jörg die aus Totholz erbauten Hütten am Rio Blanco. Während draußen eine Windböe nach der anderen anrollt, dröhnend wie ein Güterzug, sitzen wir ums offene Feuer. Der Abzug funktioniert nur halbwegs, und das Raucharoma mischt sich mit dem Geruch von Socken, Funktionsbekleidung und Innenschuhen, die zum Trocknen an der Leine hängen. In die Holzbalken geschnitzt sind die Namen derer, die schon hier waren: Casimiro Ferrari, Renato Casarotto, Kaspar Ochsner, Michel Piola, John Middendorf, Conrad Anker. Die älteste Schnitzerei, die ich finde, datiert auf 1972. Da war ich drei Jahre alt.

Nochmal 20 Jahre früher erreichten Lionel Terray und Guido Magnone als Erste den Gipfel des Fitz Roy, 3441 Meter hoch. „Chaltén", rauchender Berg – so nannten die Tehuelche, Ureinwohner des patagonischen Graslandes, den hoch aufragenden Gipfel, dessen Spitze meist von Wolken umhüllt ist. Auch der Geologe Francisco „Perito" Moreno, der im Auftrag der argentinischen Grenzziehungskommission in den 1870er-Jahren die Andenkordillere erforschte, hielt die Granitnadel noch für einen Vulkan. „Da der Name ‚Chaltén', den ihm die Eingeborenen gegeben hatten, auch für viele andere Berge verwendet wurde", schrieb Moreno in seinen Erinnerungen, „erlaubte ich mir, ihn ‚Fitz Roy' zu taufen – ein Zeichen des Dankes, den die Argentinier jenem weisen und energischen Admiral schulden …" Der britische Hydrograf und Meteorologe Robert Fitz Roy war Kapitän des Forschungsschiffes „Beagle", auf dem Charles Darwin zwischen 1831 und 1836 die Welt umsegelte – zusammen erkundeten die Männer die Ödnis zwischen Atlantik und Anden und trugen damit zur Erforschung Patagoniens bei.

Ich bewundere Kurts stoische Ruhe. Jeder hat im Basislager irgendeine Beschäftigung: Holz sammeln, Holz hacken, Feuer machen, Kuchen backen, kochen, abspülen, rasieren. Kurt dagegen liegt im Zelt und bewegt sich nur, wenn es etwas zu essen gibt. Ansonsten liest er, spielt mit dem Zauberwürfel, löst Denksportaufgaben und Rätsel. Seitenweise hat er die ausgedruckt. „Was ist sauber vor und schmutzig nach dem Waschen?" – „Maria ist 24 Jahre alt. Sie ist damit doppelt so alt wie Anna war, als Maria so alt war, wie Anna jetzt ist. Wie alt ist Anna?" – „Heißt es die, der oder das gerade Kurve?" – „Peters Mutter hat drei Söhne: Tick, Trick und ?" – „Das Doppelte + die Hälfte + ein Viertel + 1 = 100" – Und ewig so weiter. Da kann man sich schon beschäftigen. Es ist ja auch niemand sauer, weil Kurt nichts tut. Vermutlich würde nur wenigen Menschen dieses Verhalten verziehen. Kurt schon, weil jeder weiß, dass er so ist, wie er ist, und dass das gut ist. Wenn das Barometer noch tiefer sinkt als tief, schreibt er Liedtexte in sein Tagebuch: „Die Ballade vom Pfeifer" von Reinhard Mey. Oder „Heute hier, morgen dort" von Hannes Wader, die melancholische Hymne all derer, die wissen, was Reiseblues ist.

Seit Beginn der argentinischen Weihnachtsferien sind im Parque Nacional de los Glaciares viele Wanderer unterwegs. Auf ihrem Weg hinauf zur Laguna de los Tres passieren sie unser Basislager, und wir müssen einen seltsamen Eindruck machen. Manche Trekker bleiben stehen und beobachten uns aus der Distanz, als wären wir Affen im Zoo. Einige fotografieren uns, ungefragt. Es ist seltsam, die Perspektive des Beobachteten erdulden zu müssen – eine Erfahrung am eigenen Leib. Am ersten Weihnachtsfeiertag marschiere ich hinunter nach El Chaltén, um zuhause anzurufen. Bei Don Rodolfo Guerra kaufe ich frisch gebackenes Brot. Der kleine, untersetzte Mann aus der Provinz Neuquén ist ein Freund von Kurt. Seit Mitte der 1980er-Jahre transportiert er mit seinen Lastpferden die Ausrüstung der Alpinisten in die Basislager am Fuß der Berge. Nie trägt er etwas anderes als die schwarzen „bombachas", die weiten Hosen der argentinischen Gauchos, dazu Hemd, Halstuch, einen einst schwarzen, inzwischen ausgeblichenen Hut und zwei Messer im Gürtel: „hoja", die Klinge, und „facón", das Jagdmesser. Etwas müde sieht er immer aus, doch wie seine blauen Augen blitzen! Er gibt mir eine Lammkeule mit, die wir über dem Feuer grillen. Dazu ein paar Dosen Quilmes Cristal – es gibt schlechtere Biere.

Als das Wetter endlich schön wird, hasten alle hinauf zum Paso Superior. Gute sechs Stunden dauert das, es hat viel geschneit, wir spuren durch

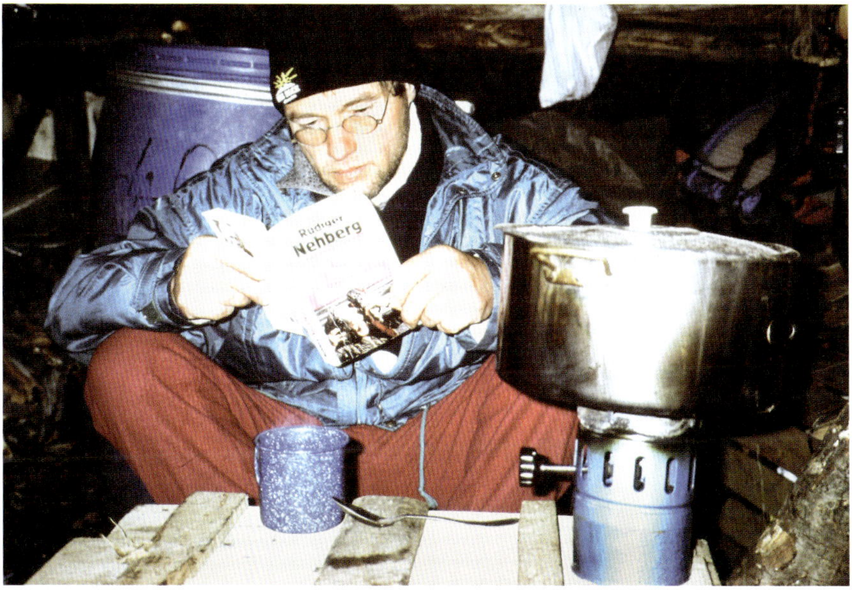

Mit der Biografie des Survival-Experten Rüdiger Nehberg stimmt sich Bernd Arnold auf unwirtlichere Zeiten ein.

Im Basislager am Rio Blanco messen Jörg Gerschel und Kurt Albert ihre Fähigkeiten in einer Streit-Patience.

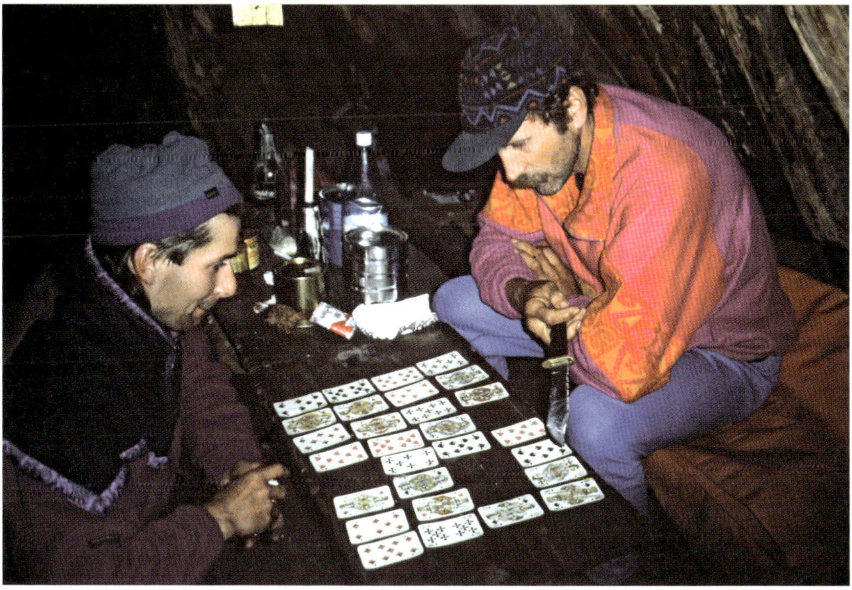

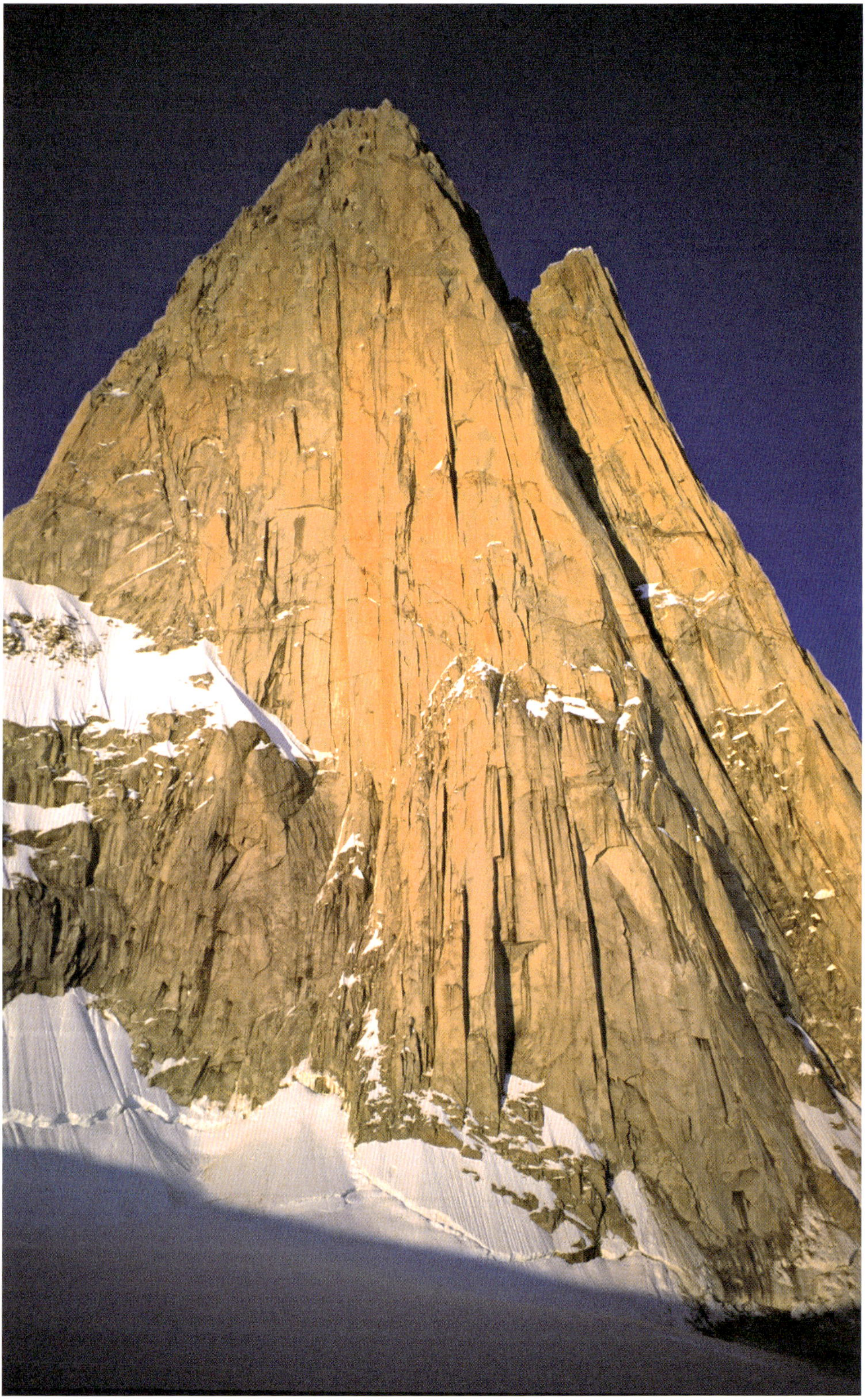

knietiefen Neuschnee. Ein letzter steiler Eishang, um einen Felspfeiler herum, und wie aus dem Nichts erwachsen steht gegenüber des Eissattels die 1300 Meter hohe Ostwand des Fitz Roy. Der Anblick ist ein K.-o.-Schlag. Eine schönere Wand kann es kaum geben, doch gleichzeitig hat sie etwas Hartes, Brutales, so dass es dir den Magen zusammenzieht. Wie anziehend diese Wand ist, wie abstoßend zugleich. Und da willst du wirklich hinauf? Kurt und Bernd scheint sich diese Frage nicht zu stellen. Souverän spulen sie ihr Programm ab. Rucksäcke abladen, hinein in die Schneehöhle. Jede Gruppe hat ihre eigene, im Lauf der Wochen werden sie immer geräumiger. Dulce de Leche – Karamellcreme –, Salami und Pumpernickel haben wir in unserem Kühlschrank deponiert. Henkersmahlzeit, denke ich.

Es ist noch dunkel, als Michi Wärthl und ich am folgenden Morgen an unseren Fixseilen aufsteigen. Armdick sind sie mit Eis ummantelt. Ständig rutschen die Steigklemmen durch, weil ihr Mechanismus nicht greift. Ich habe Angst. Nackte Angst, und auch der vorgeschobene Prusikknoten kann mich nicht beruhigen. Auf Höhe des „Aquarian Roof", unter dem wir bei schönem Wetter von Schmelzwasser geduscht werden, blicke ich hinüber zu Bernd und Kurt. Einer Maschine gleich klemmt dieser sich einen leicht überhängenden Handriss hinauf. Es ist beeindruckend, wie schnell er ist. Kein Zaudern, kein Zögern. Jeder Meter das Ergebnis jahrzehntelanger Erfahrung.

Nach Stunden erreichen wir den höchsten Punkt der Fixseilstrecke. Ich nehme mir vor, das nicht mehr als zwei, höchstens drei Mal noch zu machen. Auf mich warten Menschen. In den „Monogramm Cracks" klettere ich halb technisch, halb frei empor. Zögerlich vertraue ich der Reibung nassen Granits. Ein Pendelquergang an einem Klemmkeil, der nächste Riss. Ein Schneerutsch geht über mich herunter, eiskalt rinnt es mir den Rücken hinab. Als ich in der Trittleiter ausrutsche, schlage ich mir den großen Zeh blau. Die Wand ist zu hoch für mich. Oder ich bin zu langsam für sie. Erleichtert klinke ich den gebohrten Standhaken ein, verbinde ihn mit zwei Klemmkeilen und einem Friend. Mittels Flaschenzug ziehen wir die kleine weiße Tonne mit dem roten Deckel zu uns herauf, in der Kletter- und Biwakausrüstung verstaut sind. Das haben wir von Kurt abgeschaut – die Tonne ist viel leichter nachzuholen als die trägen Materialsäcke, die an jeder Felskante hängen bleiben.

In der Sächsischen Zeitung vom 7. April 1995 veröffentlicht Bernd einen Text mit der Überschrift „Patagonien gehört dem fauchenden Sturm allein".

Ihr Anblick ist ein K.-o.-Schlag: die 1300 Meter hohe Ostwand des Fitz Roy (3441 m).

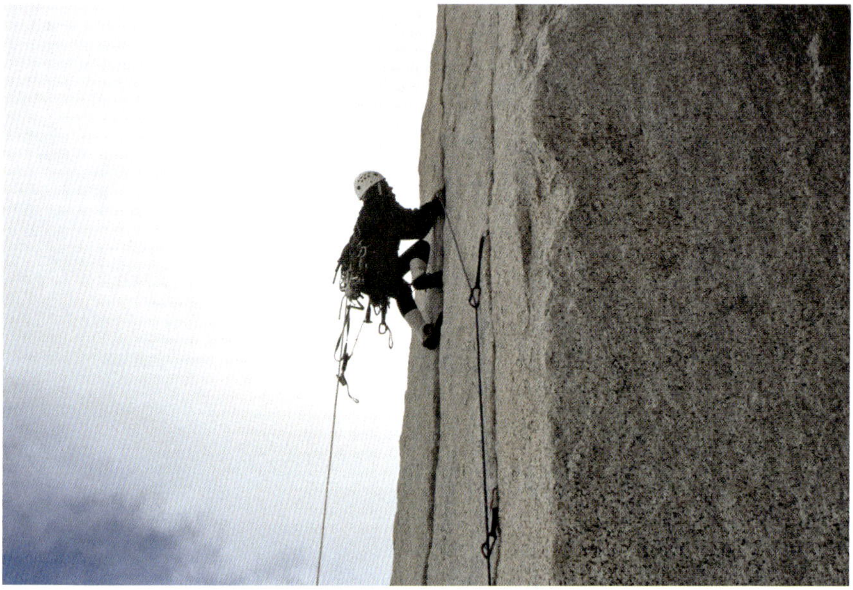

„Riss bedeutet leben, Handriss länger leben.“ Bernd Arnold überträgt das sächsische Credo in die Ostwand des Fitz Roy.

„So kalt, wie es aussieht, ist es gar nicht.“ Kälter als vier Grad wird es in einer Schneehöhle nicht.

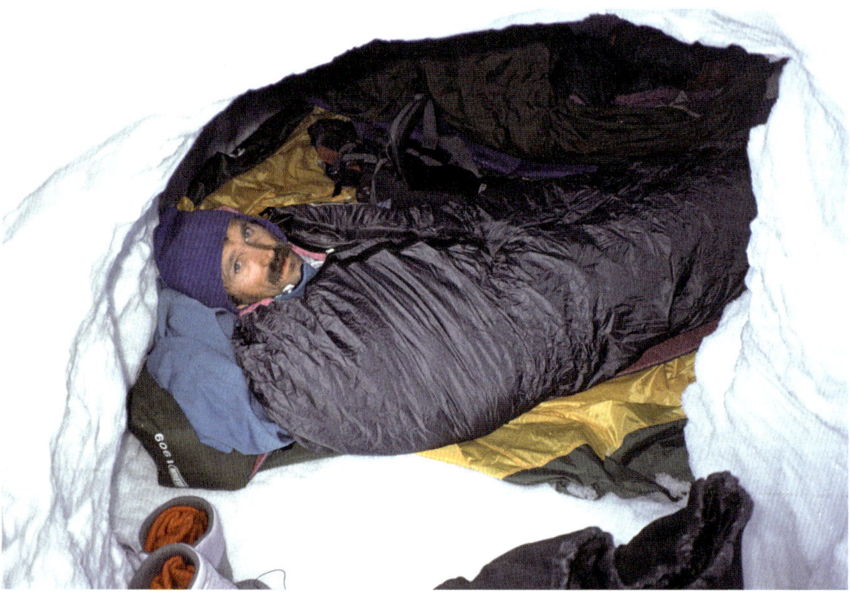

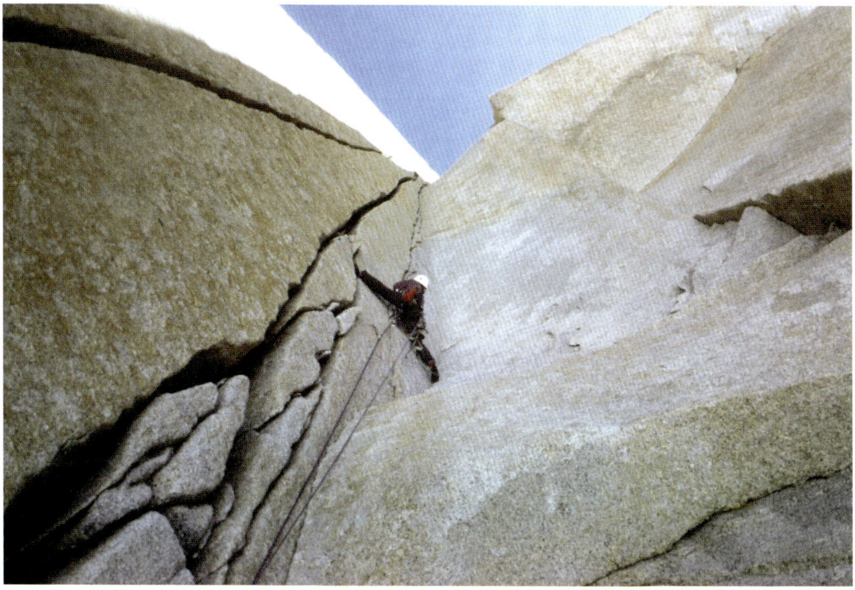

„Mehr dehnen", antwortete Kurt Albert auf die Frage, was er gern anders machen würde. Scheint gar nicht nötig zu sein.

„Und dann macht ein einzelner Stein alles zunichte." Am linken Knie verletzt, muss Bernd Arnold auf die letzten Seillängen von „Royal Flush" verzichten.

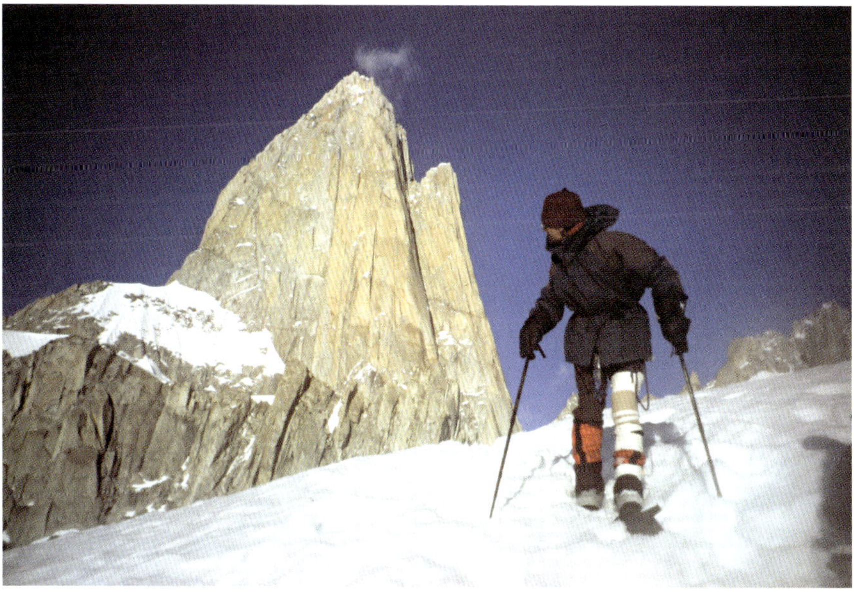

Darin schreibt er über die Zeit, die wir gemeinsam, aber gut 200 Meter getrennt voneinander, in der Wand verbringen: „Diese Tage sind nicht der Kletterhimmel. Die Risse sind im Inneren stark vereist. Da heißt es Zähne zusammenbeißen und über den Kampf an Höhe gewinnen." Bernd und Kurt, unterstützt von Lutz und Jörg, können das. Wir dagegen sind zu schwach. Oder nicht hart genug, uns selbst gegenüber. Michi und ich biwakieren auf dem „Central Tower" in Wandmitte. Mit der Dämmerung verschmelzen tief unter uns das Türkisblau des Lago Viedma und das helle Braun der Pampa zu einer grenzenlose Weite. Im Dunkeln funkelt einsam das Licht einer Estancia. Gar nicht so weit weg, kommt mir vor, und doch ein anderer Stern. Wir leben in parallelen Universen.

Am nächsten Morgen seilen Michi und ich im Schneesturm ab. Es ist genug. Wir fliegen heim.

Mosaikstein #13

In der Zeitschrift „Klettern", Ausgabe 1/1996, wird ein Foto veröffentlicht, das Kurt in „einem der härtesten Eisrisse der chilenischen Anden zeigt: ‚Magnum', WI 9+, am Fitz Langnese im Gelateria-Gebiet". Die Neuroute zeichne sich durch schwierige und leicht überhängende Kletterei aus. Tatsächlich verklemmt Kurt seine Finger in einem nahezu parallelen Spalt, aus dem bläuliches Gletschereis schimmert. Die patagonische Kälte habe die Begehung der 30 Meter langen Route begünstigt, „weil meine Finger im Riss immer wieder festfroren, wodurch sich unerwartete und willkommene Ruhepositionen ergaben". Dreht man das Foto um 180 Grad, wird der Trick klar: Kurt liegt bäuchlings auf horizontalem Eis und lacht in Bernd Arnolds Kamera. Der Effekt ist münchhausenesk – die Idee so typisch Kurt, mehr geht nicht.

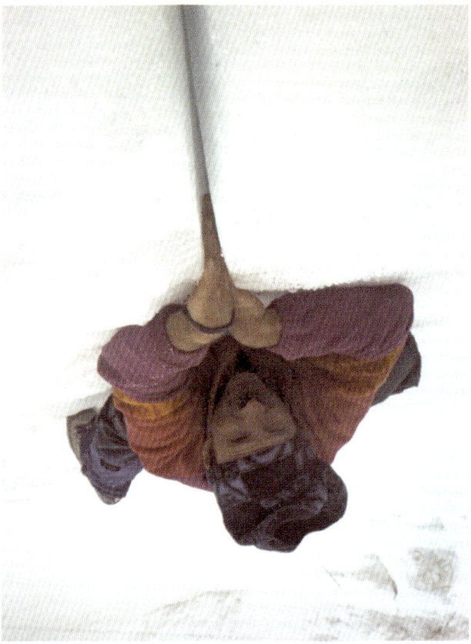

Am 18. Januar 1995, die Arbeiten in der Fitz-Roy-Ostwand ruhen gerade, stürzt der US-Amerikaner Michael Tiska in der Brecha de los Italianos – auf

dem Weg der Erstbesteiger – 300 Meter ab. Er ist schwer verletzt und bewusstlos. Einen Tag später sind Kurt, Bernd, Lutz, Jörg und weitere Helfer über 15 Stunden unterwegs, um den Mann aus New York auf einer provisorischen Bahre über den Rio-Blanco-Gletscher, den Paso Superior und die Laguna de los Tres nach El Chaltén zu transportieren. Michael wird zwei Monate im Koma liegen, aber fast vollständig genesen. Sein Kletterpartner Soames Flowerree schreibt am 8. September 1995 einen Brief an Kurt: „Ich werde nie vergessen, wie ihr durch den Nebel über den Gletscher kamt. Ich dachte, wir würden Mike nie runterkriegen. Es hatte etwas ‚Messianisches', als ihr auftauchtet. Ich weiß nicht, wie wir es ohne eure Hilfe geschafft hätten."

Die vier Bergsteiger stehen kurz vor Vollendung ihrer Erstbegehung. Zwei Seillängen noch, dann trifft ihre Linie auf die Linie von „El Corazon". „Da passiert es – ein Schlag auf mein linkes Knie", erinnert sich Bernd. „Fassungslos betaste ich die gefühllose Stelle. Ein Stein hat mich getroffen. Eine unendliche Weite um mich herum, und dann macht ein einzelner Stein alles zunichte. In meine Bestürzung mischt sich ohnmächtige Wut. Da ist etwas an mir kaputtgegangen. Unten am Gletscher ist es Gewissheit: Laufen unmöglich, Blut pulst aus der Wunde. Es dauert noch Stunden, bis ich mich mit dem Glück im Unglück anfreunde. Es hätte mich doch noch viel schlimmer treffen können. Das Ende der Tour, die Verbindungsseillängen zu ‚El Corazon', besorgen die Freunde."

Oberhalb des „Herzens" treffen die beiden Routen zusammen. Kurt, Lutz und Jörg verzichten darauf, die letzten 300 Meter zum Gipfel zu klettern. In sechs Wochen waren sie 14 Tage in der Wand. Jeder Standplatz ist mit drei Bohrhaken ausgestattet. Bis auf fünf Meter – einen mit Wassereis gefüllten Riss – klettert Kurt 1000 Meter frei. Ihre Erstbegehung nennen die Bergsteiger „Royal Flush" – nach dem besten Blatt beim Pokern, sagt Kurt, „weil das Bergsteigen in Patagonien ein Glücksspiel ist". Für ihn ist die Neuroute am Fitz Roy „eine meiner schönsten und herausforderndsten Erfahrungen im Alpinklettern!" In einem Brief an Hubert Adams Carter, der 35 Jahre lang das renommierte „American Alpine Journal" herausgibt – ein jährlich erscheinendes Konvolut aller wichtigen Erstbesteigungen und -begehungen weltweit –, schreibt Kurt: „Unser Ziel war, eine schöne Route mit komfortablen Standplätzen und guter Absicherung zu erschließen, die bei guten Verhältnissen Lust auf freies Klettern macht. Viele der besten Linien weltweit werden nicht wiederholt, weil sie schlecht oder gar nicht abgesichert sind."

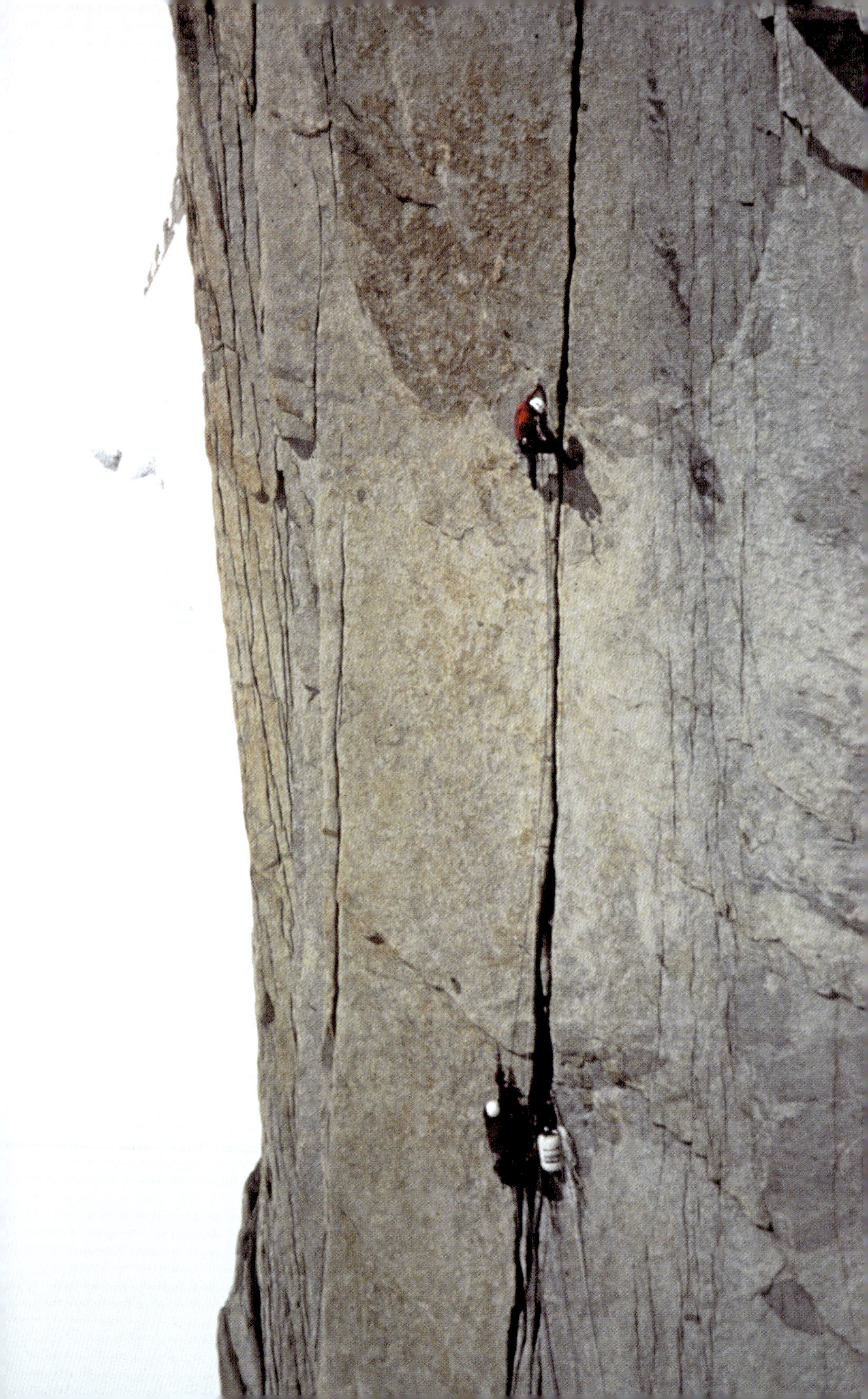

Bis heute gilt „Royal Flush“ als eine der ästhetischsten Linien Patagoniens. Doch nicht alle heißen Kurts Erstbegehungsstil gut. Einer seiner Kritiker ist Rolando Garibotti. Der Italo-Argentinier, der seine Zeit zwischen El Chaltén und Innsbruck aufteilt, ist einer der besten Kenner Patagoniens. Kaum einer weiß so viel über die Erschließungsgeschichte, wenige haben die alpinistische Gegenwart zwischen Cerro Torre und Fitz Roy so stark geprägt. In seinem Gebietsführer „Patagonia Vertical“, den er in jahrelanger akribischer Arbeit recherchiert hat, schreibt Rolo, „Royal Flush“ sei eine „überwältigende Linie in bestem Fels“. Gleichzeitig merkt er naserümpfend an: „Die meisten der 120 Bohrhaken dienen der Bequemlichkeit und stecken neben perfekten Rissen, sie sollen Wiederholer ermutigen.“ In einem Beitrag für das „American Alpine Journal“ argumentiert er, dass die Kletterei dadurch in handliche Abschnitte portioniert werde – und die Höhe der Wand als Bestandteil der Herausforderung ausgeschaltet.

In dieselbe Kerbe schlägt Ian Parnell, einer der profiliertesten britischen Alpinisten. Der Autor und Filmemacher schreibt in seinem Beitrag „By fair means – A History of Big-Wall Free Climbing“ für das Magazin „Alpinist“ im Sommer 2003: „Kurt Albert war eine der treibenden Kräfte des Big-Wall-Freikletterns rund um den Globus, doch seine Erstbegehungen wurden auch heftig kritisiert. Das lag vor allem daran, dass er seine Routen ‚wiederholerfreundlich‘ hinterlassen wollte, indem er Bohrhaken an den Ständen und vielen Schlüsselstellen setzte, selbst wenn natürliche Sicherungsmittel Platz gefunden hätten. (...) Die heftigsten Kontroversen gab es in Patagonien, wo Kurt und seine Gefährten drei Wege an drei verschiedenen Gipfeln im Fitz-Roy-Massiv eröffneten ...“

Die zweite dieser Linien – „El Condorito“ (IX) – finden Kurt, Bernd und Egbert Dozekal im Februar 1998 in der Südwand der Aguja St. Exupéry. Benannt ist der Gipfel nach dem französischen Flieger und Schriftsteller Antoine de Saint-Exupéry (1900–1944), der zwischen 1929 und 1931 die „Aeropostal Argentina“, die argentinische Luftpost, leitete. Sein Buch „Wind, Sand und Sterne“ erzählt von jenen Jahren, in denen sein Freund Henry Guillaumet (1902–1940) die Anden 393 Mal überflog, um die Verbindung zwischen den Menschen aufrechtzuerhalten. „Er verbreitete Zuversicht um sich wie eine Lampe Licht, der Kamerad, der die besten Flugzeiten für Postflüge über die Anden und den Südatlantik unterbot.“ Dritter im Bunde der Flieger war Jean

„Es ist beeindruckend, wie schnell er ist.“ Aus der benachbarten „El Corazon“ fotografiert Michi Wärthl Kurt Albert in „Royal Flush“.

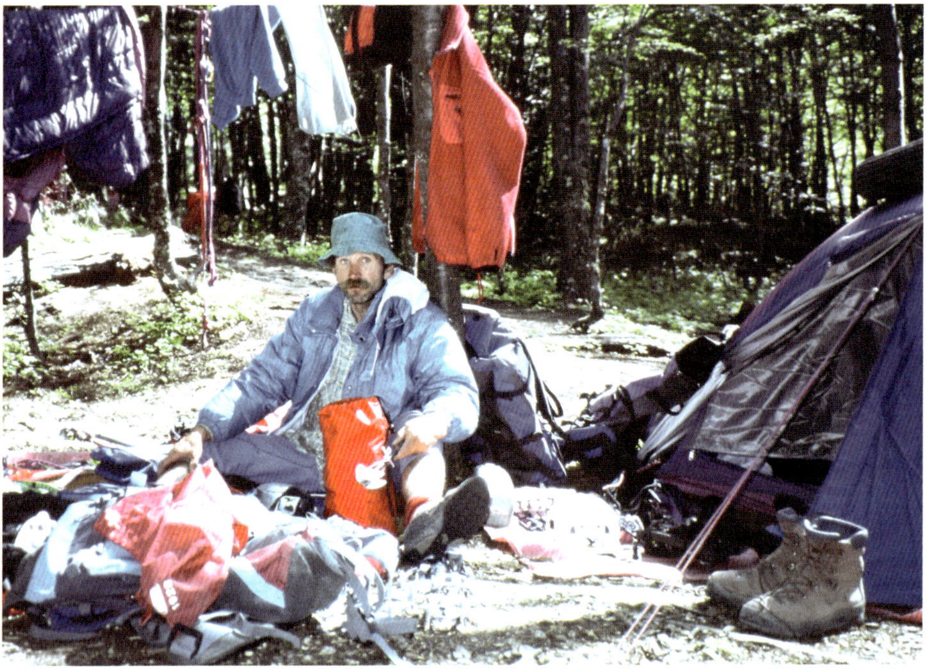

„Fünf Mal Patagonien. Acht Monate Selbstknechterei und Zermürbungspädagogik." Und trotzdem kommt Kurt Albert immer wieder.

Mermoz (1901–1936), der als Erster den Südatlantik überquerte und später in diesen Meeren mit seinem Wasserflugzeug „Kreuz des Südens" abstürzte. „Man gab ihm ein Flugzeug mit nur 5200 Metern Gipfelhöhe. Aber die Kordilleren der Anden ragen 7000 Meter hoch. Mermoz flog los, um Durchschlüpfe zu finden. Nach dem Sand bot er dem Gebirge die Stirn, er trotzte den Bergen, die im Wind ihre Schneeschärpe flattern lassen, er fürchtete sich auch nicht vor dem unheildrohenden Schwund der Farben angesichts des Sturms, er stellte sich den Wirbeln, die so hart stoßen, dass sie den Flieger zum Kampf bis aufs Messer nötigen, wenn sie ihn zwischen zwei Steinwänden packen."

Ganz so erleben auch Kletterer die Berge Patagoniens. Nach allen drei Fliegern, die die Distanzen Südamerikas durch ihren Wagemut schrumpfen ließen, sind Gipfel benannt.

Schon ein Jahr später „ist es wieder soweit. Für Bernd und mich ist es bereits das fünfte Mal. Wir dürfen uns ‚alte patagonische Hasen' nennen.

Zusammen sind wir 96 Jahre alt – und in zwei Jahren feiern wir unser 100-jähriges Patagonien-Jubiläum!?" Seine inzwischen reiche Erfahrung befreit Kurt nicht von „negativen Gedanken, die mir bei solchen Brachialaktionen immer im Kopf herumschwirren, die Psyche belasten und den Körper schwächen. Was will ich eigentlich schon wieder hier? Der mathematische Teil meines Gehirns macht die Bilanz, die nicht positiv ausfällt. Fünf mal Patagonien. Acht Monate Selbstknechterei und Zermürbungspädagogik, die Anstrengung und Erfolg selten ins rechte Licht rücken = 30 Klettertage + zwölf Kilometer kräfteraubender Aufstieg mit den Steigklemmen, verbunden mit 25-maliger Plackerei hoch zum Paso Superior. Und das alles kostete mich 30.000 DM. Führt man die Rechnung weiter, so bleibt mir unterm Strich ein Klettertag pro Woche (meistens 2–3 Seillängen im Sturm). Für diesen Klettertag bezahle ich 1000 DM, muß ca. 1.500 Höhenmeter (4 Std.) zum Berg und 400 Höhenmeter mit Steigklemmen das Fixseil hinauf – und das alles freiwillig!"

Trotz dieser ernüchternden Rechnung können Kurt und Bernd im Januar 1999 eine weitere Erstbegehung auf der Habenseite ihrer patagonischen Bilanz verbuchen. In der Ostwand der Aguja Mermoz erschließen sie mit „Vela y Viento" (IX-) eine ihrer schönsten Neutouren. Kurt schreibt: „Bei entsprechenden Wand- und Witterungsverhältnissen sollte es möglich sein, die Route im Alpinstil (ohne Fixseile) in ein bis zwei Tagen zu wiederholen, und zwar ausschließlich mit Klemmkeilen. Dieses Ergebnis rechtfertigt unseren Materialaufwand. Mit in die Wand kamen Bohrmaschine, 100 Bohrhaken, 500 Meter Fixseil. (...) Am Gipfel sitzen wir im 100-Stundenkilometer-Sturm im Windschatten eines Blocks und genießen Whisky und Zigarillo. Dann sanieren wir noch die Abseilstelle vom Gipfelblock mit einem soliden Bohrhaken, der neben zwei vermoderten Holzkeilen und einem rostigen Haken glänzende Geborgenheit ausstrahlt. Viele Unfälle – vielleicht die meisten – in Patagonien passieren beim Abseilen ..."

Die Textstelle ist eine der ganz wenigen, in denen Kurt sein Vorgehen rechtfertigt. Diskussionen um Erstbegehungsstil und Kletterethik interessieren ihn nicht besonders. Leben und leben lassen, so lautet sein Credo, auch am Berg. „Das ist eben unser Stil", schreibt er über Bohrhaken in seinen Big Walls, „und es ist mir unbegreiflich, dass man immer wieder auf Leute trifft, die sich über diese Bohrhaken aufregen, meist ohne die Route überhaupt geklettert zu haben – geschweige denn frei." Eher Irritation denn Zorn, eher

Fassungslosigkeit denn Konfliktbereitschaft spricht aus diesen wenigen Sätzen. Kurt gehört nicht zu denen, die lautstark und pointiert, auch öffentlich und zu jeder Gelegenheit, ihre Meinung vertreten. Kurt ist kein Programmatiker. Selbst seinen Rotpunkt betrachtet er nicht als Konzept, geschweige denn als Philosophie – sondern als eine unter vielen Möglichkeiten, der Lust am Klettern nachzugeben.

Mag sein, dass es ihm schlicht zu anstrengend ist, dass er lieber seine Ruhe hat. Jedenfalls kommt es nicht oft vor, dass Kurt sich mit einer klaren Meinung positioniert. Tut er es doch, dann ist sein Standpunkt mit Bedacht gewählt, und dann lässt er sich auch nicht leicht davon abbringen. Meistens geht es dabei um seine sportlichen Leistungen, auf die Kurt verständlicherweise stolz ist. Allgemein gültige Aussagen, in sich geschlossene Entwürfe, gar Theoriegebäude gibt es von Kurt nicht. Wenn er sich äußert, dann vergisst er nie den Hinweis, dass lediglich er selbst dies so sehe. In einem Porträt für die Zeitschrift „Berge“, das zu Kurts 40. Geburtstag erscheint, zitiert ihn Autor Lutz Bormann mit den Worten: „Ich bin nicht der Anstandswauwau, der öffentlich sagt, wer wie klettert oder klettern sollte. Diese Haltung ist lächerlich. Dieses Engstirnige, Verbissene, da ziehe ich mich lieber zurück.“

Nach seiner fünften Patagonienreise spricht Kurt perfekt Spanisch. Seitenweise sind seine Tagebücher gefüllt mit Vokabeln, die er sich selbst beibringt. Patagonien, „in unseren Augen ein Ende, das man nicht sehen will, eine leere Größe, eine Wohnstatt für Mysterien“, so Mempo Giardinelli, wird einer von Kurts Lebensmittelpunkten. In Land, Menschen und Sprache hat er eine zweite Heimat gefunden. Im Basislager am Fuße des Fitz Roy kann Kurt sein, ohne Verpflichtungen erfüllen, ohne Schriftverkehr erledigen, ohne TÜV-Termine wahrnehmen oder die Steuererklärung abgeben zu müssen. So wie es früher war, in seiner Jugend, in der Fränkischen Schweiz, und wie es dort kaum mehr möglich ist – weil die meisten seiner Freunde und Gefährten eingespannt sind im Netz des Alltäglichen. Was soll ihn dort also halten? In Patagonien ist Kurt auf das Leben zurückgeworfen, das er liebt. Das vom Tageslauf, vom Wetter und vom Wind strukturiert wird. Ein einfaches Leben, ohne Luxus, ohne Aufwand. Ein Leben, das man nicht führt. Sondern seinen Lauf lässt.

Neun

Neue Wege

Was sich selbst aussetzt
und in der Prüfung bewährt hat,
gewinnt unangemaßte Autorität.

Peter Sloterdijk
„Du musst dein Leben ändern“

Am frühen Morgen des 29. August 1992 steht Wolfgang Güllich dem Moderator der Sendung „Rucksackradio" im Bayerischen Rundfunk Rede und Antwort. Um vier Uhr ist er aufgestanden, um rechtzeitig aus der Fränkischen Schweiz nach München zu kommen. Ernst Vogts erste Frage lautet: „Braucht man als Sportkletterer auch einen Schutzengel?" Wolfgang antwortet ruhig, leicht näselnd, mit Pfälzer Zungenschlag, die Müdigkeit in seiner Stimme kaum verbergend: „Ein Schutzengel kann nie schaden." Direkt nach dem Interview steuert er seinen dunklen BMW über die A9 zurück Richtung Nürnberg, nach Hause, zu seiner Frau Annette – die beiden haben knapp ein Jahr zuvor geheiratet. Um 7 Uhr 50 kommt der BMW bei Kilometer 463,6 von der Fahrbahn ab, rutscht die Böschung entlang und prallt gegen die Umrandung eines Regenauffangbeckens. Vermutlich ist Wolfgang hinter dem Steuer seines Autos eingeschlafen. Er stirbt zwei Tage später, am 31. August 1992, um 9.55 Uhr, aufgrund seiner Hirnverletzungen.

Beerdigt wird Wolfgang acht Tage nach seinem Tod auf dem Friedhof von Obertrubach, im Herzen der Fränkischen Schweiz. In der Kirche läuft „Riders on the Storm" von The Doors. Zahlreiche Freunde, die meisten darunter Kletterer, sind gekommen. Kurt Albert fehlt. Er ist in den USA unterwegs. Als Norbert Sandner ihn im Yosemite Valley anruft und erzählt, dass Wolfgang gestorben sei, sagt Kurt, er käme nicht zur Beerdigung. Das nütze dem Freund jetzt auch nichts mehr.

Vermutlich verbirgt Kurt hinter kühlem Pragmatismus große Trauer. Kurt ist so. Aus seinem Inneren dringt nur sehr selten was nach außen. Seine Entscheidung folgt in diesem Fall rationaler Analyse, einer Kosten-Nutzen-Rechnung. Alles andere behält er für sich: die Erschütterung, den Zorn über den viel zu frühen Tod, die Ohnmacht angesichts dessen Sinnlosigkeit. Und auch die Einsicht in die Endgültigkeit der Dinge. Die beiden Männer werden keine Chance mehr haben, sich wieder einander anzunähern. Denn aus der anfänglichen Freundschaft zwischen Wolfgang und Kurt war eine Zweckgemeinschaft geworden.

Erstaunlich ist das nicht, wenn zwei starke Charaktere über einen Zeitraum von zehn Jahren zusammen leben, gemeinsam klettern und im Team um die Welt reisen. Da geht man sich schon mal auf die Nerven, auch wenn man den anderen als Herzensmensch schätzt – als jemand, der dieselbe Leidenschaft teilt, dieselben Werte, dieselbe Meinung darüber, was wichtig ist im Leben und was nicht. Bernd Arnold, der Kurt so gut kannte wie wenige andere Menschen, betrachtet das Verhältnis zwischen ihm und Wolfgang als Konstrukt einer Idealisierung – die bereits begann, als die Zeitschrift „Alpin" das Duo Güllich-Albert als „Seilschaft des Jahres 1981" bezeichnete: „Es heißt ja immer ‚Kurt und Wolfgang', als wären sie unzertrennlich gewesen. Aber die zwei waren keine Kumpels. Sie haben voneinander profitiert. Im Rückblick wird das gern verklärt."

Norbert Bätz, der mit beiden Kletterern gut befreundet war, wundert sich nicht, dass zwischen Kurt und Wolfgang ein gewisser Abstand herrschte, nicht nur altersbedingt. In ihrer Art zu sprechen, und damit auch in ihrer Art zu denken, sind sie sehr unterschiedlich. Wolfgang doziert gern, verteidigt seine Meinung kompromisslos und stellt jede Aussage auf den Prüfstand. Kurt ist toleranter, lässt auch andere Ansichten gelten, nimmt die Dinge weniger ernst. Deutlich werden die gegensätzlichen Denkwelten in der Reportage „Den Fels im Griff", die Regisseur Hans Henn 1986 für die ZDF-Sendung „Sport-Spiegel" dreht. In dem Filmdokument aus der Frühzeit des Sportkletterns werden die beiden Protagonisten mit dem Satz beschrieben: „Ihr ganzes Leben ist darauf abgestellt, ihre persönliche Kunstform aus Turnen und Akrobatik mit ihrem Sportgerät Fels zu vervollkommnen." Kurt und Wolfgang bouldern in den Buttermilks, einem Blockgelände am Ostrand der kalifornischen Sierra Nevada, die Kamera begleitet sie beim Free-Solo-Klettern im Yosemite Valley. Auf die Frage nach dem Sinn ihres Tuns antwortet Kurt: „Seitdem ich klettere, hat es mich gereizt, etwas zu machen, was nicht normal ist." Wolfgang dagegen urteilt, so der Sprecher des Films, differenzierter: „Die besondere Motivation kann beim Klettern entweder die Herausforderung der Schwierigkeitsstufe eines Weges sein, oder der Bekanntheitsgrad einer Tour, oder sich mit anderen Kletterern vergleichen zu wollen." Unterschiedlicher kann man eine Frage nicht beantworten.

Nach dem Tod Wolfgang Güllichs löst sich die Wohngemeinschaft in Oberschöllenbach auf. Das „Hotel Frankenjura" macht dicht. Norbert und Ute Sandner haben ein Grundstück in Kalchreuth gekauft, etwa 15 Kilometer westlich von Erlangen, auf dem sie ein Haus bauen. Der Bauplatz daneben gehört Wolfgang und Annette – sie wollten ihr Haus etwas weiter oben am Hang errichten. Die beiden Neubauten hätten sich nicht gegenseitig die Sonne weggenommen. Auch Norbert Bätz und Mia Bowden finden ein neues Zuhause, in Gleisenhofen, nahe dran an den Felsen der Fränkischen Schweiz.

Kurt hat in diesen familiären Konstellationen keinen Platz. Er zieht nach Streitberg im Wiesenttal, wo Peter Dittrich in der „Villa Marie“ wohnt. 1899 erbaute der Nürnberger Unternehmer Ignaz Bing (1840–1918) das stattliche Haus am Rande des Dorfplatzes und benannte es nach seiner jüngsten Tochter, dem vierten von sechs Kindern. Mit seinem Bruder Adolf gründete er 1865 die „Bing Werke“, die neben metallenen Küchenutensilien bald auch Blechspielzeug herstellten. Zu Beginn des 20. Jahrhunderts galten die Bing Werke als eines der größten Spielzeugunternehmen weltweit. Der Unternehmer, Philanthrop, Poet und Naturliebhaber Bing ließ in Streitberg Wasserleitungen und Straßenbeleuchtung bauen. 1905 entdeckte er die nach ihm benannte Binghöhle – eine natürliche Karsthöhle, die seit 1906 besichtigt werden kann.

Peter Dittrich nimmt erstmals 1979 von Kurt Notiz, als dieser einen Kletterkurs am Zehnerstein im Trubachtal gibt: In Birkenstock-Sandalen balanciert er über die Leitplanke der Staatsstraße 2260 und referiert dabei über das Leben eines Feuersalamanders, den er am selben Tag gesehen hat. Mit Kurt, Wolfgang, Bernd Arnold und Norbert Bätz reist Peter 1990 nach Patagonien, wo dem Team die Erstbegehung von „Riders on the Storm“ am Torre Central in der Paine-Gruppe gelingt. In der Villa Marie wohnen nur Kletterer: der Franke Stefan Koch und das belgische Ausnahmetalent Arnould t'Kint, von dem niemand weiß, dass er dem belgischen Adelsgeschlecht t'Kint de Roodenbeke angehört und 24 Vornamen hat. Das Haus wird so etwas wie der legitime Nachfolger des „Hotels Frankenjura“. Die internationale Szene gibt sich die Türklinke in die Hand: Lynn Hill und Ron Kauk aus den USA, Isabel Patissier aus Frankreich, der Zillertaler Gerhard Hörhager, die noch sehr jungen Huber-Brüder Thomas und Alexander aus Traunstein und Yuji Hirayama aus Japan – dem 1999 als Erstem die Onsight-Begehung einer Route im Schwierigkeitsgrad XI- gelingt.

Im dörflichen Streitberg sorgt das rege Treiben rund um die Villa Marie natürlich für Aufsehen. Derartiges sind die Menschen nicht gewohnt. Bodenständige Franken und flippige Weltreisende müssen sich erst einmal annähern, dann löst sich die anfängliche Skepsis schnell in Wohlgefallen auf. Kurt hat sowieso keine Berührungsängste, weil er die Menschen nicht danach beurteilt, was, sondern wer sie sind. Ob jemand klettert oder nicht, ist ihm egal. Er lernt den 14 Jahre jüngeren Alexander Knauer kennen – einen der „Kirchturmglotzer“, so nennt Kurt die Dorfbewohner unsentimental ironisch. Obwohl unter dem Streitberger Schild aufgewachsen, dessen mächtige Talseite über rostroten Giebeldächern thront, hat Alex mit Klettern nichts am Hut. Das ändert sich schnell. Unter Kurts Fittichen wird er, klein, drahtig und leicht, zu einem sehr guten Seilzweiten und zu einem von Kurts regelmäßigen Begleitern. Zusammen fahren sie immer wieder nach Fontainebleau. Das Bouldergebiet vor den Toren von Paris ist Kurts „Märchenland". Die Fahrt von Streitberg nach Frankreich gerät allerdings oft zur Geisterbahnfahrt. „Kurt hat während des Autofahrens immer Spanisch gelernt", erinnert sich Alex, „mit seinen Karteikarten. Auf der Fahrt döse ich auf dem Beifahrersitz so vor mich hin. Als ich aufwache, sehe ich den Kurt nicht mehr. Mitten auf der Autobahn! Er kniet halb im Fußraum, hält das Lenkrad in einer Hand, und sammelt mit der anderen seine Karten auf, die ihm runtergefallen sind ..." Für Kurt, weit gereist und an hohen Wänden erprobt, sind die Ausflüge nach Fontainebleau wie Kurzurlaube. Das Bouldern an den Sandsteinblöcken versetzt ihn zurück zu den Ursprüngen – zu den Nachmittagen im Nürnberger Burggraben und am Schmausenbuck. Klettern um des Kletterns willen, in reiner, spielerischer Form.

„Mit Kurt war es immer lustig. Egal, wo wir waren", erzählt Alex. „Er war zu jedem Blödsinn aufgelegt. Einmal waren wir in einer Disco in Forchheim. Kurt stand nahe an den Boxen, und weil ihm die Bässe zu laut wurden, pulte er das weiche Mehl aus seiner Bratwurstsemmel und rollte es zwischen den Fingern zu kleinen Kugeln. Die steckte er sich in die Ohren, als Lärmschutz. Am nächsten Tag rief er mich an. Er lag mit Schnorchel in der Badewanne und hoffte, dass sich seine Ohrstöpsel auflösten. Funktionierte aber nicht. Ich sollte kommen und sie mit einem Schraubenzieher entfernen. Habe ihn aber dann doch lieber zum Hals-Nasen-Ohren-Arzt gefahren. Dort sagte er zur Ärztin, ihm steckten Semmeln in den Ohren. Als wäre dies das Normalste der Welt." Und nach einer kurzen Pause fügt Alex hinzu: „Der Kurt war ganz besonders. Den kannst du mit niemand anderem vergleichen. Ich kenne keinen Menschen, der so ist, wie der Kurt war."

Wie soll es so jemanden auch nochmal geben? Einen erwachsenen Mann, der mit einem Strohhalm kleine Stücke einer Pampelmuse ansaugt, um sie an die Decke zu blasen – mitten im Restaurant. Der im Yosemite Valley mit einem Kletterer um fünf Dollar wettet, er könne ihm ein Bier in die Hose schütten, ohne dass diese nass werde. Als der andere einschlägt, zieht Kurt an dessen Hosenbund, kippt den Inhalt seines Glases hinein und drückt

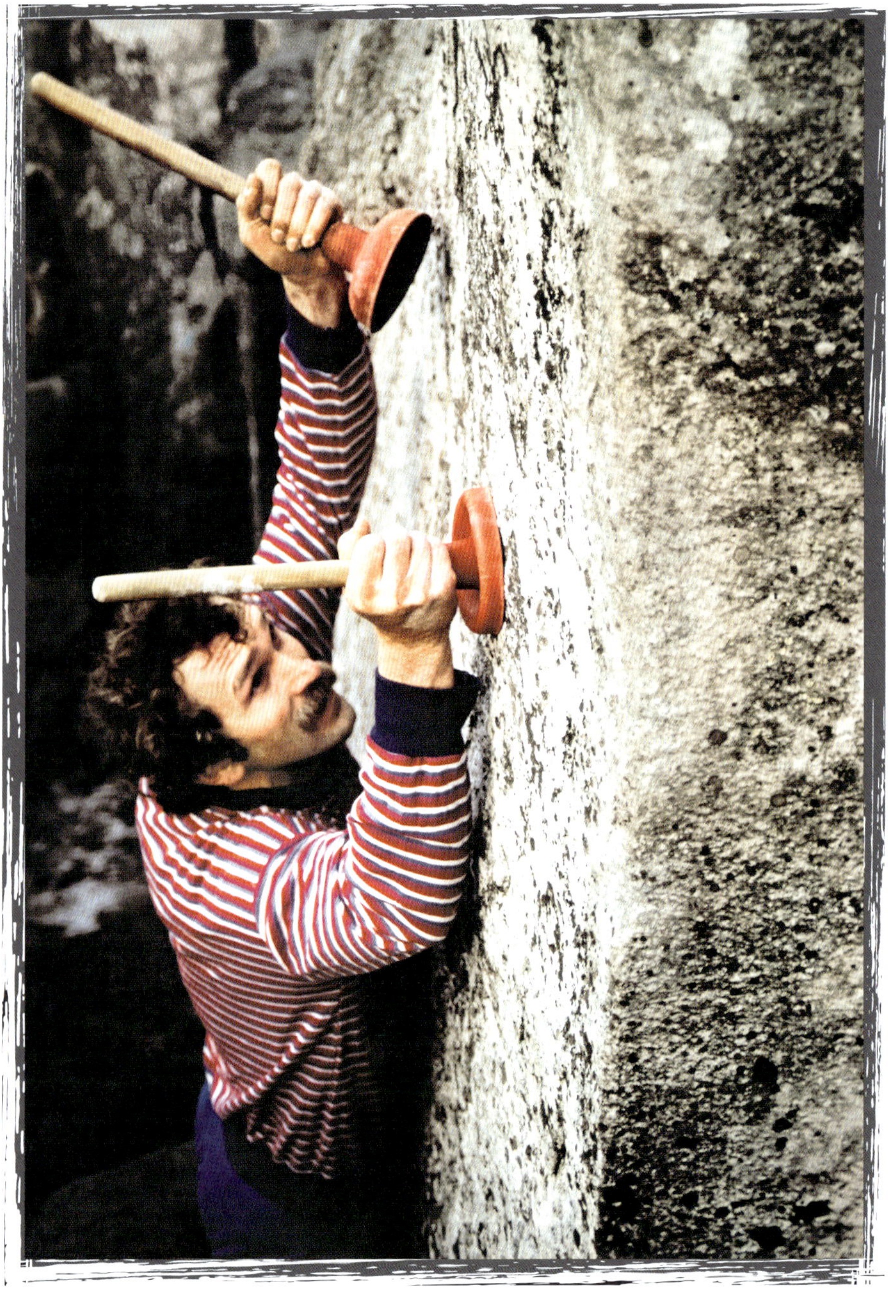

Wie soll es so jemanden nochmal geben? Kurt Albert betrachtet sich selbst nicht als Sportler, sondern als Spieler. Die Regeln bestimmt er selbst.

dem konsternierten Kerl, ohne das Gesicht zu verziehen, einen Fünf-Dollar-Schein in die Hand. Während eines Heimflugs aus den USA steckt eine Flugbegleiterin Kurt diskret einen Zettel zu, auf dem die Bitte steht, er möge seine Schuhe wieder anziehen, andere Fluggäste hätten sich über den Geruch beschwert. Kurt erzählt diese Geschichte selbst immer wieder. Zum Amüsement anderer und zu seinem eigenen. Eitel ist er nicht.

Seine innere Unabhängigkeit bewahrt Kurt davor, dem Reiz materieller Werte zu erliegen. Viele Dinge, die anderen Menschen Statussymbol sind, bleiben Kurt unwichtig. Autos etwa müssen günstig sein und funktionieren. Der VW Käfer, der Opel Kadett B und seine anderen Karren sind reine Fortbewegungsmittel. Als in seinem Opel das Wasser steht, weil es hineinregnet, bohrt Kurt kurzerhand Löcher in den Unterboden. Wer auf dem Beifahrersitz Platz nimmt, muss die Knie anziehen, weil der Fußraum voller Müll ist: Erdnussschalen, Pizzakartons, Kaffeebecher, Werbeprospekte, alles durcheinander. Als sein Freund Holger Heuber, mit dem er viele Expeditionen macht, einmal die Beifahrertür öffnet, schnauzt Kurt ihn an:

„Pass auf, dass nichts rausfällt!"

„Was ist denn mit dir los?", fragt Holger.

„Da liegt noch irgendwo ein Scheck vom letzten Diavortrag", antwortet Kurt. 1000 Mark, unter Essensresten verschüttet.

Nicht nur einmal vergisst Kurt, beim Parken die Handbremse anzuziehen. Holger erinnert sich: „Kurt rief mich an und fragte, ob ich ihm meine Mastercard leihen könne. Er wollte einen Flug nach Spanien buchen. Klar, sagte ich, aber warum er nicht seine nehme? Da sagt er: ‚Das ist eine blöde Geschichte. Mir haben sie den Geldbeutel geklaut.' Was passiert ist: Kurt kam vom Klettern und parkte vor der Bäckerei Wirth in Egloffstein, da geht es leicht bergab. Als er im Laden steht, sieht er sein Auto davonrollen. Handbremse vergessen. Kurt rennt raus, lässt die Tüten fallen und stemmt sich gegen den VW Golf. Weil er ihn nicht stoppen kann, reißt er die Beifahrertür auf und springt rein. Da rumst das Auto schon gegen einen Baum. Kurt hat aber nicht nur die Semmeln fallen lassen, sondern auch sein Portemonnaie. In dem Moment kommt ein Mercedes angefahren, die Tür klappt auf, eine Frauenhand greift nach dem Geldbeutel und fährt weiter. Auto kaputt, Geld weg." Und Kurt stellt seine Lieblingsfrage: „Warum muss so was immer mir passieren?"

Ich habe mich schon zu seinen Lebzeiten und immer wieder während der Arbeit an seiner Biografie gefragt, ob Kurt, der Clown, und damit das Unberechenbare, Anarchische, auch das Verletzende ein Teil seines Wesens war. Oder ob Kurt sich einer Maskerade bediente: Um sich zu schützen vielleicht, ein irgendwie unsicheres, verletzliches Ich ganz tief in ihm drin? Möglicherweise ist dieser Gedanke zu kompliziert. Kurt, das ist sicher, will niemandem Böses. Er nimmt für eine Pointe aber auch in Kauf, dass Menschen bloßgestellt oder zumindest bekleckert werden. Er provoziert gern. Reizt Grenzen aus. Probiert, wie weit er gehen kann. Übel nimmt ihm das keiner. Weil Kurt sich selbst nicht so ernst nimmt, und weil er über sich genauso lachen kann wie über andere. „Ach der Kurt, so ist er halt!" Sagen die Menschen, die ihm vertraut sind. Und diejenigen, die ihn nur vom Hörensagen kennen, sagen das auch, weil sich die Geschichten von und mit Kurt überall verbreiten und weitererzählt werden. Das muss man erst mal schaffen: schon zu Lebzeiten ehrfürchtig bewundert und zugleich stets mit Nachsicht behandelt zu werden, von allen respektiert und zugleich von jedem gemocht. Wie das geht? Ich glaube, dass Kurt spielte: mit der Welt, den Menschen, mit dem eigenen Ich. Er war so frei. Und spielte nach seinen eigenen Regeln, immer mit offenen Karten, immer ehrlich und glaubwürdig. Kurt führte niemand hinters Licht und er verstellte sich nicht. Spielend und spielerisch nahm Kurt dem Leben die Schwere. Deshalb spielten die Menschen gern mit. Und deshalb lieben sie ihn. Bis heute.

Eine illustre Truppe hat sich am 30. Juni 1994 am Check-in-Schalter der Iceland Air im Münchner Flughafen versammelt. Kurt freut sich auf sein nächstes Abenteuer: eine Erstbegehung in der Westwand des Ulamertorsuaq, der den Tasermiut-Fjord um 1858 Meter überragt, nur 80 Kilometer entfernt vom Kap Farvel, der Südspitze Grönlands. Der Schotte Ben Masterson will dort einen Kindheitstraum verwirklichen. Einmal nach Grönland! Helmut Gargitter aus Südtirol hat eine offene Rechnung zu begleichen. Knapp ein Jahr zuvor musste er am Ulamertorsuaq frühzeitig umdrehen, da zwei von zwei Kletterhämmern gebrochen waren. Nochmal soll ihm und seinem Landsmann Walter Obergolser das nicht passieren: Prophylaktisch haben sie zehn Stück im Gepäck. Außerdem dabei ist Didi Langen, bei Sport Scheck im Management tätig. Und sein Freund Stefan Glowacz, der nach dem Abschied aus der Wettkampfszene sein Glück an fernen Bergen versuchen will. Fehlt nur noch „Pater" Hans-Martin Götz, Ex-Theologiestudent, jetzt Businessman und Big-Wall-Geheimwaffe – er ist kurzfristig verhindert und will nachkommen.

Um die Männer herum steht eine gute halbe Tonne Übergepäck, hinter dem Schalter sitzt eine Angestellte der Fluglinie. Unbestechlich ihr Blick. Während Kurt sich, obwohl zum Expeditionsleiter erkoren, dezent im Hintergrund hält, geht Stefan in die Offensive. Eine wichtige Rolle spielt dabei sein Filmteam, das grundsätzlich alles filmt und deshalb auch den Abflug. Offenbar fühlt sich die Dame vom langhaarigen Abenteurer ebenso wie von der Kamera geschmeichelt und fällt auf Stefans Bluff herein. „Werbefilm!", erklärt dieser, „alles mit Iceland Air abgesprochen und genehmigt. Das Übergewicht geht in Ordnung!" Tatsächlich kommt die Gruppe ohne Aufpreis durch. Dank Stefan wurden soeben 6000 Mark gespart.

Für den 29-jährigen Garmisch-Partenkirchener ist die Reise nach Grönland das erste Abenteuer dieser Art. Dass er mit von der Partie ist, war nicht unbedingt zu erwarten. Denn in der Öffentlichkeit gelten Stefan Glowacz und Kurt Albert seit Mitte der 1980er-Jahre als Vertreter unterschiedlicher Weltanschauungen, zumindest was den Sport betrifft. Auf der einen Seite steht die Oberschöllenbacher Wohngemeinschaft Güllich-Albert, deren Definition des Kletterns über den reinen Leistungsvergleich hinausgeht. Zwar betreiben sie Spitzensport, sehen aber Aspekte wie Lebensstil, Reisen, Abenteuer, Kreativität, Selbstverwirklichung und Freiheit als wesentliche Bestandteile ihres Tuns. Die andere Seite repräsentiert ein junger und smarter, ebenso talentierter wie ehrgeiziger Kletterer, der keinen Hehl daraus macht, dass er vor allem im gerade aufkommenden Wettkampfklettern – das den herkömmlichen Prinzipien des Hochleistungssports folgt – die Möglichkeit sieht, seinen Lebensunterhalt zu verdienen.

Erste alpine Erfahrungen sammelte Stefan im Wettersteingebirge. Der wilde Kessel des Oberreintals wird zu seinem „kleinen Paradies". Schon bald trainiert Stefan wie ein Besessener, seinen Vorbildern Wolfgang und Kurt nacheifernd, und wird zu einem der besten Kletterer der Zeit. Als sich 1985 die Möglichkeit bietet, sein eigenes mit dem Können seiner Idole zu messen, zögert Stefan nicht lange. Im Valle Stretta, westlich von Turin, nahe dem Ort Bardonecchia, findet der erste Kletterwettkampf überhaupt statt: „Sport Roccia". Jeder, der in der Szene Rang und Namen hat, ist angereist: Patrick Edlinger, Didier Raboutou, Jacky Godoffe, Heinz Mariacher, Maurizio Zanolla, Ron Kauk, Ben Moon, alle sind da. Hunderte Zuschauer sitzen dicht gedrängt in einer Geröllhalde am Fuß der Felsen. Nur einzelne Lärchen bieten Schutz vor der brütenden Sonne. Die technisch anspruchsvolle Kletterei im senkrechten, glatten Kalk liegt Stefan. Das Publikum in seinem Rücken beflügelt ihn. Stefan gewinnt.

In seiner Brust schlagen nun zwei Herzen. Er ist fasziniert von dem Lebensstil, den die Klettergrößen pflegen. Gleichzeitig wittert er aber auch eine einmalige Chance. Die Alternativen sind klar: Entweder arbeitet der gelernte Werkzeugmacher weiter hinter Milchglasfenstern, den Geruch von Eisenspänen und Maschinenöl in der Nase. Oder er wird Profi. Eine leichte Entscheidung. Stefan will nicht nur für, sondern auch von seiner Leidenschaft leben. 1987, 1988 und 1992 gewinnt er den Lead-Wettkampf des „Rockmaster" in Arco, vielleicht der wichtigste internationale Kletterwettkampf. 1993 wird er Vize-Weltmeister. Sein Aussehen, sein Auftreten und sein Geschäftssinn bringen ihm die Rolle des jungen Draufgängers Martin Sedlmair in Werner Herzogs Spielfilm „Schrei aus Stein" und lukrative Sponsorenverträge ein. Und weil er nicht nur das Klettern selbst, sondern auch das Drumherum professionell angeht, will er „dieses Spiel mitspielen".

Wolfgang und Kurt, erzählt Stefan, „fanden das nicht so toll. Mich hat das frustriert. Ich dachte, ihr seid so coole, weltoffene Typen, warum könnt ihr nicht jeden sein Leben leben lassen?" Vor allem Wolfgang Güllichs zur Schau getragene Lässigkeit hat ihre Grenzen, erfährt Stefan, sobald jemand den Begriff des Lässigen anders definiert. Klettern und Kommerz, das geht in Wolfgangs Augen gar nicht. Stefan dagegen fragt sich: „Muss ein Kletterer ein Dirtbag sein, der den ganzen Sommer lang im Freien schläft, sich nicht duscht und stinkt wie ein Molch? Mir wurde der Eindruck vermittelt, ich würde die gesamte Kletterphilosophie verleugnen, weil ich nicht so lebte, wie ein Kletterer zu leben habe." Die Diskussionen über Sinn und Unsinn von Kletterwettkämpfen, über die Kommerzialisierung des Sportkletterns und seine Entwicklung zum Breitensport werden über alpine Medien und in direkter Konfrontation geführt. „Die Kompromisslosigkeit, mit der die Oberschöllenbacher ihre Freiheit verteidigten", sagt Stefan, „machte sie selbst zu Spießern, die keine Toleranz gegenüber Andersdenkenden zeigten."

Auf der Internationalen Sportartikelmesse (ISPO) in München kommt es 1985 fast zum Handgemenge. Stefan hat die Güllich-Route „Kanal im Rücken" (X) wiederholt. Einen Tag vor der Begehung ist er den leichten Einstiegsriss emporgestiegen, aber wieder abgeklettert, weil die Route nass war. „Das hatte für mich keine Bedeutung. Ich hatte die schwierigen Stellen ja nicht mal berührt." Am nächsten Tag ist Stefan erfolgreich und verkündet

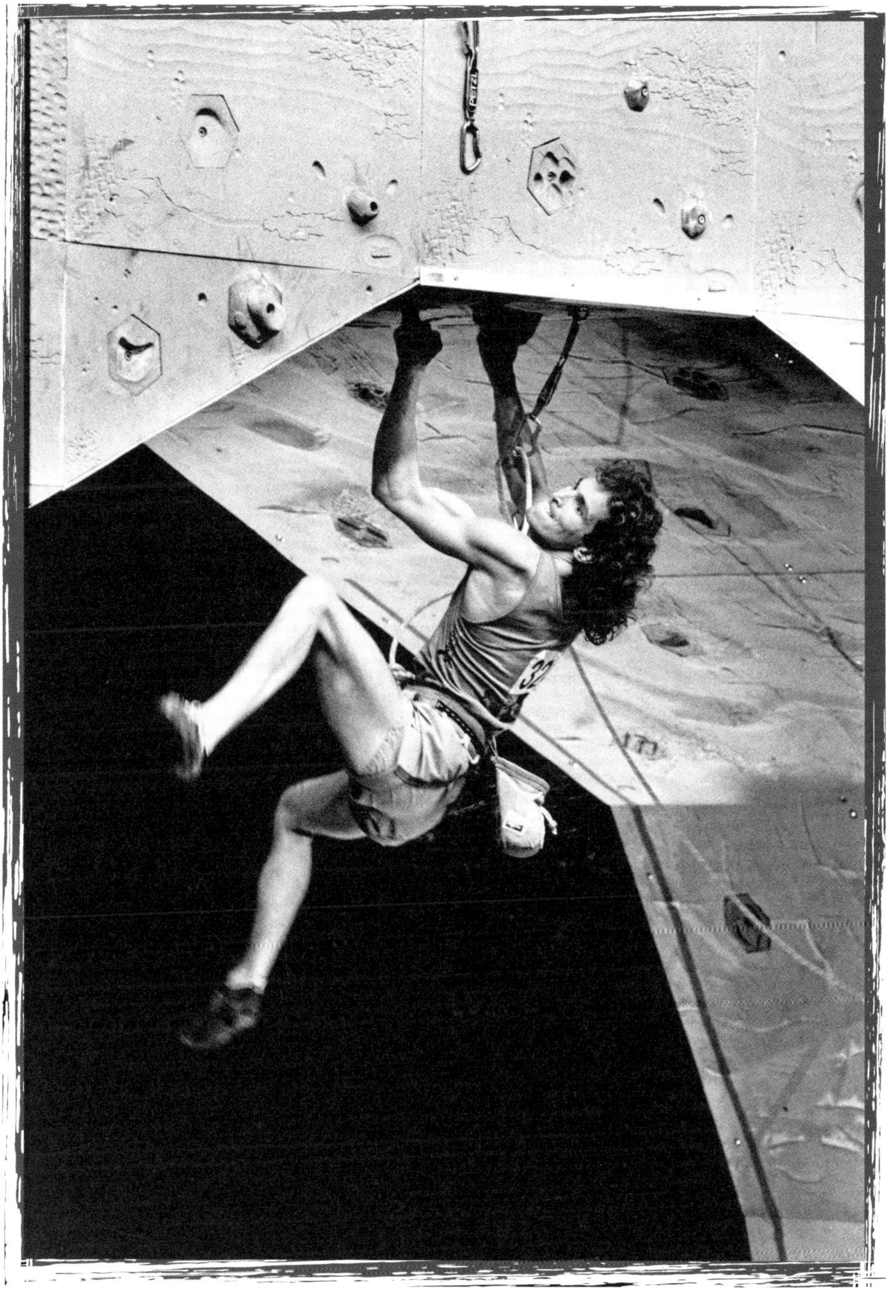

Der Sieg beim Frankencup im Nürnberger Messezentrum 1989 reiht sich ein in Stefan Glowacz' erfolgreiche Wettkampfkarriere.

via Printmedien, er habe einen der schwierigsten Wege der Zeit in nur einem Tag geklettert. Wolfgang wirft ihm daraufhin vor, nicht die Wahrheit zu erzählen. „Auf der ISPO hat er mich so zusammengefaltet, dass ich durch einen Türschlitz gepasst hätte." Stefan hat seine Lektion gelernt: In Zukunft wird er das Vollbrachte stets genauestens schildern, ohne Details wegzulassen oder Dinge zu beschönigen. Und seien sie noch so nebensächlich.

Trotz Meinungsverschiedenheiten zwischen Wolfgang und Stefan – Kurt sieht das alles sowieso nicht so eng –, steht das Klettern an sich immer im Vordergrund. Jeder der drei Kletterer ist Manns genug, das Können der anderen anzuerkennen. Sie verabreden, nach Ende von Stefans Wettkampfkarriere zusammen auf Expedition zu gehen. Dazu kommt es nicht. Wolfgang Güllichs Unfalltod macht die gemeinsamen Pläne zunichte. Stattdessen begleitet Stefan den elf Jahre älteren Kurt Albert 1994 nach Grönland. Erstmals bei Kurts Unternehmungen ist am Ulamertorsuaq auch ein Fotograf dabei. Gerhard Heidorn, genannt Gerd, zählt seit Mitte der 1970er-Jahre zur Kletterszene im Ith, einem 22 Kilometer langen Mittelgebirgszug in Niedersachsen. Schon während seines Biologiestudiums arbeitet er als Fotojournalist für die Hannoversche Allgemeine Zeitung und die Nachrichtenagentur Reuters. Mit 27 macht er die Fotografie zu seinem Beruf. Drei Jahre später, 1980, nach einem längeren Aufenthalt im Yosemite Valley, beginnt er, Kletterer nicht nur während ihres Tuns abzulichten, sondern sie in Szene zu setzen – bei schönem Licht, aus ungewöhnlicher Perspektive, in auffälliger Pose, oft in Schwarzweiß. Mit Kurt ist Gerd in den 1980er-Jahren immer wieder im Frankenjura unterwegs. Allerdings nicht immer mit gutem Gefühl: „Ich habe mich nicht gut aufgehoben gefühlt, wenn Kurt mich sicherte." Zu groß ist Gerd das Risiko, dass sein Seilpartner eines seiner gefürchteten Experimente durchführen könnte. Wie viel Schlappseil kann ich dem Vorsteiger geben? Welche Faktoren muss ich einbeziehen? Gewicht? Größe? Seildehnung? Beschleunigung? Und schon stürzt der Vorsteiger deutlich weiter, als nötig gewesen wäre.

Drei Wochen haben die Bergsteiger schon am Tasermiut-Fjord verbracht. In der Westwand des Ulamertorsuaq herrscht Hochbetrieb. Der inzwischen angereiste „Pater" Hans-Martin Götz und Ben Masterson suchen 100 Meter unterhalb des Gipfels die schönste Linie Richtung Ausstieg. Unter ihnen bemühen sich Stefan Glowacz und Didi Langen, die technisch erschlossenen Seillängen frei zu klettern. Am 14. Juli 1994 notiert Kurt in sein Tagebuch:

„Didi und Stefan machen Doktorarbeit. 1 Tag (!) für eine halbe freie Seillänge.“ Gerd Heidorn fotografiert die beiden Kletterer im Auftrag des Magazins „Fit for Fun“. Stefan hat das arrangiert, weshalb er von Kurt mit mildem Spott „Werbekaspar“ genannt wird. Sollte er größeren Unmut empfinden, äußert Kurt ihn nicht. „Er hätte sich nie beschwert“, glaubt Gerd. „Selbst wenn es ihn gestört hätte, dass ein Fotograf dabei ist.“

Heli Gargitter, Walter Obergolser und Kurt sitzen unterdessen im Basislager und beobachten mit dem Fernglas das Geschehen in der Wand. Kurt schreibt: „Für Pater heißt es ‚Alles oder nichts!‘. Seine Zeit in Grönland läuft ab, und wie ein Irrer malträtiert er den massigen, grauen Felskoloss mit der Bohrmaschine – als wäre er Kapitän Ahab persönlich und unsere Route ‚Moby Dick‘.“ Um 22.30 Uhr schließlich stehen Pater und Ben erschöpft, aber mit breitem Grinsen, am höchsten Punkt des Ulamertorsuaq. Während Stefan, Didi und Gerd in der Wand biwakieren, wird es für die beiden Gipfelsieger recht ungemütlich. Es ist eiskalt und windig, dennoch bleiben sie am Gipfel, um nicht vor lauter Erschöpfung beim Abseilen einen kapitalen Fehler zu machen.

„Uns aber sticht jetzt endgültig der Hafer! Um 23 Uhr stürmen Heli, Walter und ich zum Beginn der Fixseilkette, die jetzt über 1000 Meter bis zum Gipfelplateau reicht. Vertikal-Jogging nennt sich dieser Sport. Um 1.30 Uhr reißen wir die Schlafenden im Biwak aus ihren Träumen. Kommentar Stefan: ‚Dieses Hotel wird nicht mehr gebucht.‘ Um 3.30 Uhr morgens stehe ich verdutzt am Gipfel. Wo sind Pater und Ben? Im fahlen Licht suche ich das Plateau ab und finde zwei Rucksäcke, in einer Spalte verklemmt. Auf einmal bewegen sie sich, und ich lasse einen lauten Jodler raus. Zu fünft verbringen wir noch einige Stunden in warmen Schlafsäcken am Gipfel und genießen die schönste Aussicht auf Erden: Hinüber zum Ketil und auf das Inlandeis, das wie eine weiße Wolke in den Tasermiut-Fjord quillt. Schließlich rutschen wir wieder am Fixseil hinunter, mit glühenden Abseilachtern vorbei am ‚Freeclimbing-Team‘. Weil das Wetter schlecht wird, steigen Didi und Stefan noch am gleichen Tag mit Steigklemmen zum Gipfel.

Doch genug ist nicht genug. Noch steht uns eine Freikletteraktion bevor. Vier Wochen nach unserer Ankunft steigen wir wieder in die Wand und befreien alle Seillängen bis auf eine: Sie wollen wir als Symbol des Unmöglichen bewahrt wissen, obwohl eine freie Umgehung rechtsherum möglich erscheint. Aber was soll’s, wir sind schon viel zu lange hier. Also nun bitte keine

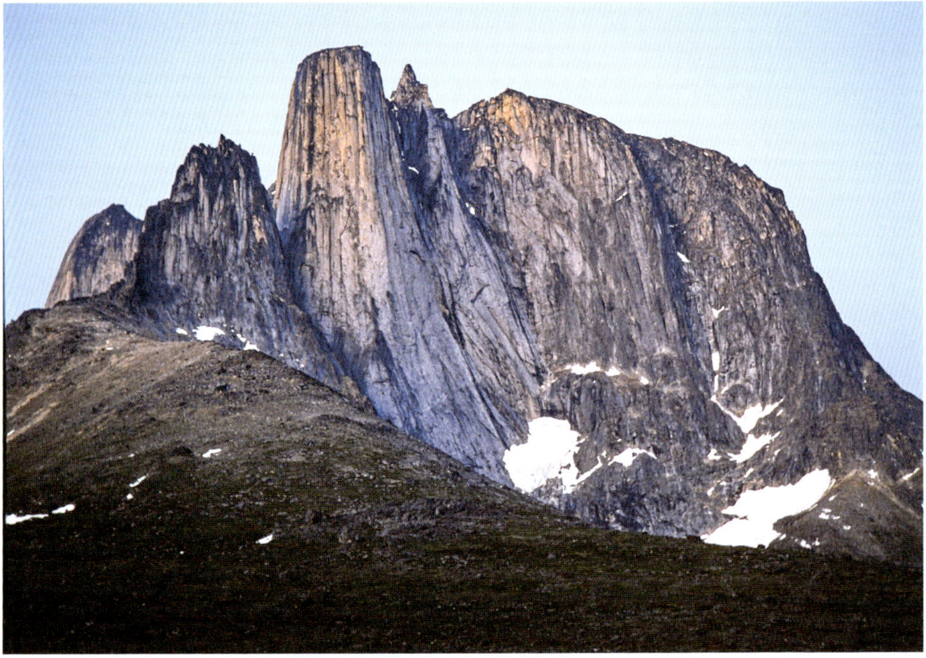

In der Westwand des Ulamertorsuaq geht Kurt Albert und Stefan Glowacz „Moby Dick“ ins Netz. Auf Grönland lernen sich die Kletterer kennen und schätzen.

Dogmatik.“ Vier Jahre nach der Erstbegehung wird „Moby Dick“, der Kurt und Mitstreitern noch mit einigen technischen Hilfsmitteln ins Netz gegangen war, vollständig befreit. Mit enorm großem Einsatz gelingt den Slowaken Dušan Beránek, Ivan Doskocil und Vlado Linek die Rotpunkt-Begehung aller 31 Seillängen.

Einige Jahre nach ihrer ersten gemeinsamen Expedition sagt Kurt in einem Interview, er habe Stefan in Grönland „erst richtig kennengelernt“. Sein Eindruck muss gut gewesen sein, denn bereits im Jahr drauf gehen die beiden erneut gemeinsam auf Tour. Stefan benötigt nur ein kurzes Telefongespräch, um Kurt von einem neuen Plan zu überzeugen: Mit dem Kanu durch die Wildnis der kanadischen Mackenzie Mountains zu paddeln, um im sagenumwobenen „Cirque of the Unclimbables“ eine Erstbegehung zu machen. Die Idee für diese Kanada-Kanu-Kletter-Kombination stammt von Stefans Freund Leo Reitzner. Auch Fotograf Gerd Heidorn ist wieder dabei. Zu viert in zwei Booten, das sei die ideale Besetzung, sagt Stefan.

Kurt ist gerade erst aus Patagonien zurückgekehrt, wo ihm mit Bernd Arnold am Fitz Roy die Neuroute „Royal Flush" gelungen ist, „ein wahrer Superlativ, die schönste Linie der Welt! Ein Unternehmen, das mich psychisch und physisch zermürbt hat. Und jetzt? Eigentlich will ich mich ausruhen, mich dem Sportklettern in der Fränkischen Schweiz widmen. Doch in meinen Ohren klingt es wie Musik: Lotus Flower Tower! Schon stecke ich gedanklich mitten im nächsten Abenteuer ..." Leo ist aufgefallen, dass sich bis dato sämtliche Bergsteiger mit Wasserflugzeug oder Hubschrauber in den „Cirque of the Unclimbables" einfliegen ließen. Er schlägt vor, das abgelegene Gebiet im Norden Kanadas auf dem Landweg aus eigener Kraft zu erreichen – und dabei auf logistische Hintertürchen wie Materialdepots oder Lebensmitteldrops zu verzichten.

Mehrere Quadratmeter Kartenmaterial sind nötig, um Leos Plan zu verbildlichen. Die einzige Verkehrsader durch den undurchdringlichen Busch der Northwest Territories ist der legendäre South Nahanni River, ein unter Kanuten beliebtes Wildwasser. Von dessen Quellseen, den Moose Ponds, sind es rund 250 Kilometer Flussstrecke bis zum „Cirque of the Unclimbables". Der Aufstieg vom Anlegeplatz zum Basislager dauert etwa vier Tage. Für die Erstbegehung werden zehn Tage berechnet. Anschließend folgen der Rückmarsch zum South Nahanni und weitere knapp 400 Kilometer Flusslauf, bis die kleine Siedlung Nahanni Butte erreicht wird. Der Plan hört sich gut an, in der Theorie.

Was den vier Männern nicht bewusst ist: Der selten gewählte „Overland Approach" zum South Nahanni River gilt unter kanadischen Busch- und Wildwasserexperten als gnadenlose Selbstknechtung. Ganz abgesehen davon hat keiner der vier unerschrockenen Abenteurer eine Ahnung vom Wildwasserfahren. Sie wollen aufblasbare Schlauchkanadier mitnehmen. Dieser Bootstyp gilt als enorm schwimmfähig, nicht kaputt zu kriegen, etwas schwerfällig zwar, aber auch gutmütig und kaum zu kentern. Außerdem lässt er sich weitaus besser tragen als feste Kanadier. Die ersten Fahrversuche auf der Loisach im Werdenfelser Land sind ein sprichwörtlicher Sprung ins kalte Wasser – sie enden mit vielen Schwimmeinlagen und verlorenen Paddeln. Völlig naiv stürzen sich Stefan, Kurt, Leo und Gerd in Stromschnellen, Walzen und Kehrwasser. Erst die Ratschläge von Kanulegende Hans Memminger (1936–2009) helfen ihnen, die Boote einigermaßen zu beherrschen. Hans muss es wissen: Er befuhr als erster Kajakfahrer die berühmt-berüchtigte Nordwestpassage.

Wann immer es geht, oft mehrmals in der Woche, sind Kurt und Kollegen auf Flüssen unterwegs. Sogar in den Augsburger Eiskanal, erbaut für die Slalom-Wettbewerbe der Olympischen Sommerspiele 1972, wagen sie sich – auch wenn ihre Auftritte eher peinlich geraten. Doch das größte Risiko der Expedition werden die Wildwasserpassagen auf dem South Nahanni River sein. So viel ist klar. Und dafür wollen sich die Männer wappnen.

In Whitehorse am Yukon River beginnt schließlich das Abenteuer. Beim Probepacken im Hotelflur verschaffen sich Stefan und Kurt einen letzten Überblick und die Gewissheit: zu viel Gewicht! Also reduzieren sie die Kletterausrüstung nochmals, sogar die Überzelte bleiben zurück. Den Hauptteil der Lebensmittelvorräte bilden 50 Kilo Simpert-Reiter-Trockennahrung. 50 Kilo klingt nicht schlecht, doch die Kalorienbilanz ist mau – nach 16 Tagen gäbe es nichts mehr zu essen. Also wird die Verpflegung mit kalorienhaltigen Produkten ergänzt: zehn Kilo Erdnussbutter, Salami, Nüsse, Schokolade. Macht 300 Kilo Ausrüstung, die in zwei Boote verstaut werden muss.

29. Juni 1995
Mit dem Jeep erreichen die Männer nach 1000 Kilometer Fahrt auf der gottverlassenen Canol Road – einst in die Wildnis gebaut, um eine Pipeline zu installieren – Brücke Nr. 2 am Macmillan River. „Good luck, guys!", verabschiedet sich der Chauffeur. In ihrem Buch „Rivers of the Yukon" schreiben Ken Madsen und Graham Wilson über die „Overland Route to the Nahanni River": „Rapids Class: III–IV. Distance: 50 miles to Moose Ponds. Duration: 6–8 days to reach the Nahanni." So nüchtern das klingt, so bildlich rücken die Ortsmarken auf der Landkarte die Wildnis ins rechte Licht: Broken Skull River, Headless Valley, Deadmen Valley, Hell's Gate … Kurt wird ehrfürchtig, und tatsächlich geht es gleich nach dem Einsetzen der voll beladenen Boote richtig zur Sache: Wildwasser bis zum oberen III. Grad. Das klingt nicht sonderlich schwierig, doch die Wildwasser-Schwierigkeitstabelle der International Canoe Federation reicht von WW I nur bis WW VI, und die Ziffern geben die Komplexität der Materie nur begrenzt wieder. Das niedrige, verblockte Wasser verlangt höchste Konzentration. Die Gefahr zu kentern ist groß, denn oft verkeilen sich die Kanadier zwischen Felsen. Stefan und Gerd haben ihr Boot gut im Griff. Die Kombination Leo vorne (mit weißem Helm) und Kurt hinten (die schwarze Mütze locker auf dem Kopf) erweist sich jedoch als anfällig. Einer hat mehr Angst als der andere.

Nach fünf Stunden Paddeln richten die Bergsteiger auf einer Sandbank ihr Biwak her. Doch Ausruhen ist nicht. Stechmücken stürzen sich in Schwärmen auf die Männer. Dicke, schwarze Monster, die es schaffen, durch Faserpelz und Neopren zu stechen. Am schlimmsten erwischt es Leo: Er verbrennt versehentlich sein Moskitonetz über dem Feuer. Zwei Tage versucht er, ohne den Gesichtsschutz auszukommen. Schließlich ist er derart zerstochen, sein Gesicht so geschwollen, dass er kaum noch wiederzukennen ist. Aus dem Netzinnenfutter von Kurts Shorts und einer abnehmbaren Kapuze fummelt er sich ein Provisorium zurecht. Abends ist er von den Attacken blutrünstiger Biester so erschöpft, dass die anderen sein Zelt aufbauen müssen.

30. Juni 1995
Kurt schreibt: „Heute müssen wir unsere 150 Kilogramm schweren Boote eine acht Kilometer lange Wildwasserpassage flussaufwärts ziehen. Bis zur Hüfte im fünf Grad kalten Wasser watend, kämpfen wir mit den Stromschnellen. Im glitschigen Flussbett zerrt sich Stefan die Bänder am Sprunggelenk. Das eiskalte Wasser lindert den Schmerz, doch abends im Biwak schwillt der Fuß bedrohlich an. Aber es hilft nichts, wir müssen weiter: Einer läuft voraus, einer hält das Boot, dann ziehen wir es gemeinsam gegen die Strömung. Immer wieder von vorne. Zwölf Stunden lang kämpfen wir wie die Lachse im reißenden Fluß, dann erreichen wir schließlich unser Tagesziel, den ersten See.“

1. Juli 1995
Der Vortag fordert seinen Tribut. Die vier Männer schlafen lange. Zeit hat hier keine Bedeutung. Ruhepausen diktieren den Rhythmus, und hell ist es auf 65 Grad nördlicher Breite sowieso Tag und Nacht. Doch den müden Körpern ist keine Erholung vergönnt. Am Ende des ersten Sees wartet eine fünf Kilometer lange Tragepassage durch Sumpf und dichtes Buschwerk. Ein Abschnitt, den die Kanada-Neulinge völlig unterschätzt haben. Dreimal müssen sie die Strecke bewältigen, beladen mit 30 Kilo schweren Ruck- und Packsäcken, deren Gurte in die Schultern schneiden. Zum Schluss sind noch die Boote dran: Je zwei Männer tragen einen knallroten Kanadier über den Köpfen. Es sieht aus, als trieben die Boote herrenlos durch immergrünen Sumpf. Zwölf Stunden dauert die Schufterei. Abends ist Kurt zu müde, um zu kochen. Im Zelt isst er eine Handvoll Nüsse und ein Stück Salami.

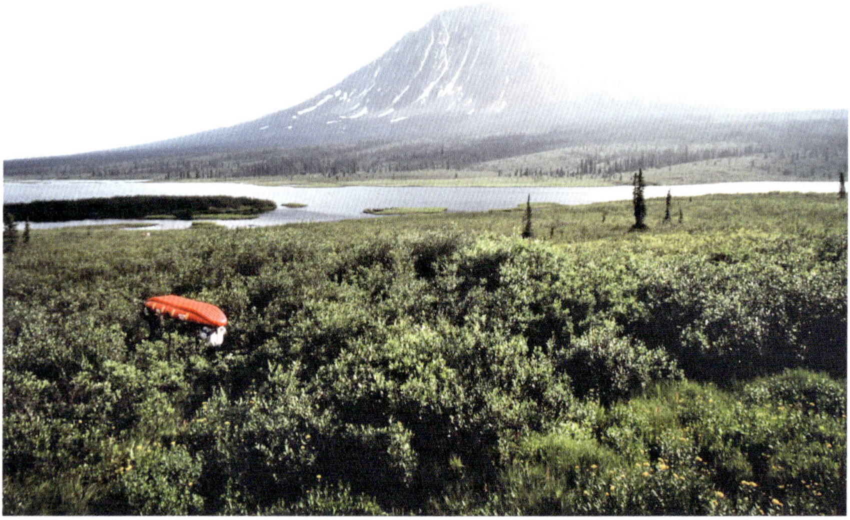

Die Overland Route: Auf dem Weg zu den Moose Ponds müssen die Boote getragen werden. Drei Mal fünf Kilometer durch Buschwerk und Sumpf.

Zu den Fairy Meadows: Vom Anlegeplatz schleppen die Männer zwei Tage lang ihre Ausrüstung ins Basislager.

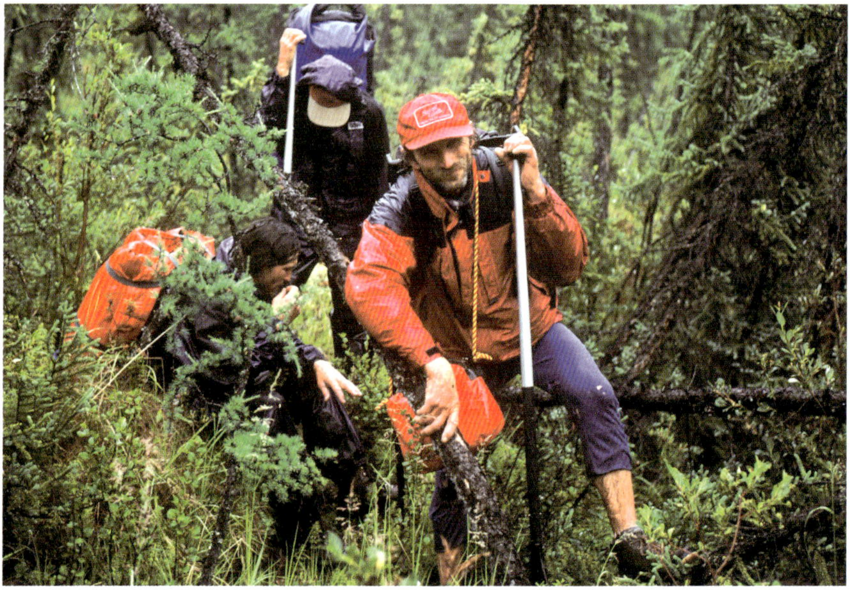

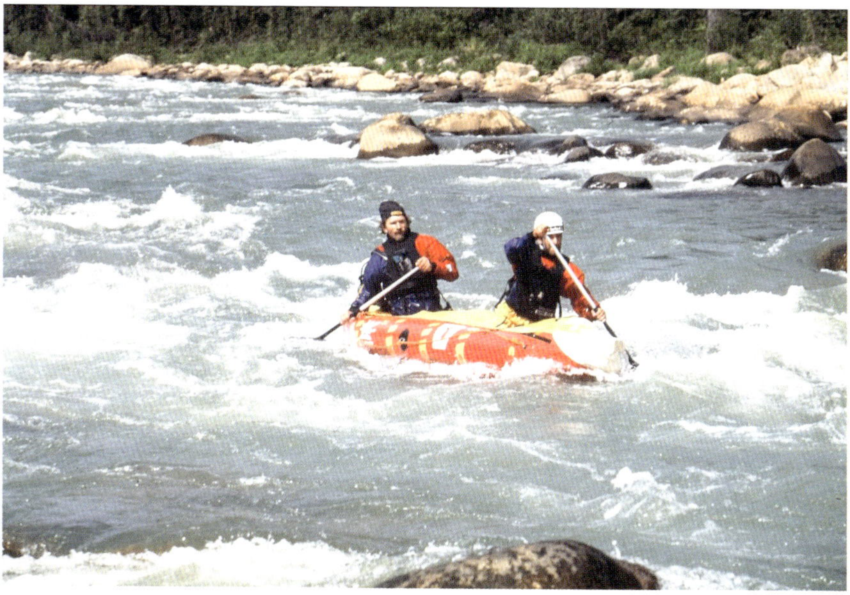

Der Nahanni River: Wenn es stressig wird, verwechselt Steuermann Kurt rechts und links. Die Stromschnellen werden so nicht ungefährlicher.

Im Cirque of the Unclimbables: Der Lotus Flower Tower ist zu weit entfernt. Stattdessen führt „Fitzcarraldo“ auf den Mount Harrison Smith.

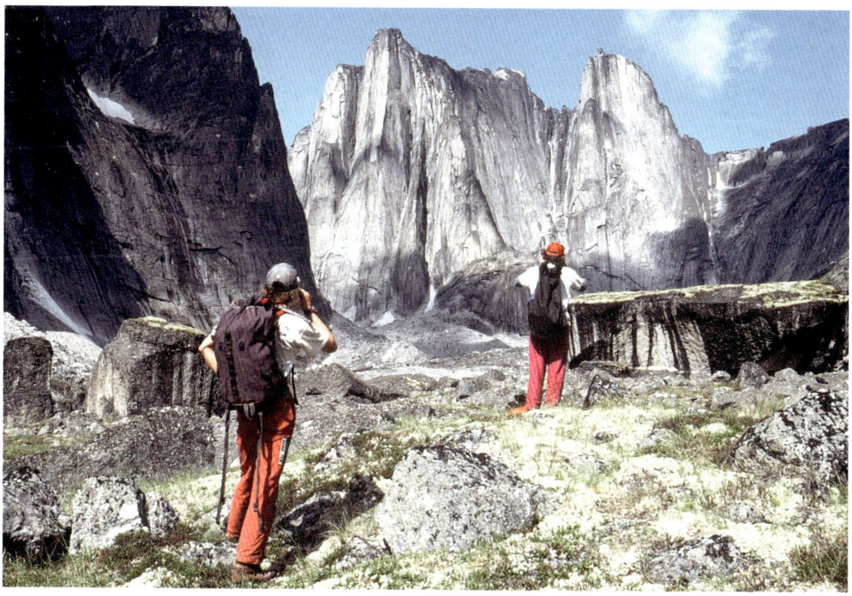

2.–5. Juli 1995
Tag für Tag zerren, paddeln und schleppen Stefan, Gerd, Leo und Kurt bis zur Erschöpfung. Wie in Trance bewegen sie sich vorwärts. Die menschenleere Landschaft registrieren sie nur noch am Rande. Gleichmut regiert. Es gibt nur einen Gedanken: weiter! Essen dient allein der Deckung des Kalorienbedarfs. Kurt: „Die Erdnussbutter stopfen wir mit der bloßen Hand in den Mund. Die Aufgaben, die noch vor uns liegen, überfordern meine Vorstellungskraft: Wie sollen wir das bloß schaffen? Ich setze mir Teilziele, um die Motivation aufrechtzuerhalten: das nächste Sumpfloch, das durchquert werden muss. Der nächste Biberdamm, über den wir die Boote zerren müssen. Die nächste Anhöhe, die nächste Lichtung. Irgendwann erreichen wir schließlich die Moose Ponds. Nur dank der Datumsanzeige auf Stefans Uhr wissen wir, dass wir bereits acht Tage unterwegs sind."

6.–7. Juli 1995
Der South Nahanni schlängelt sich schmal und schilfbewachsen durch eine Wiesenlandschaft, und die Männer genießen es, ohne Anstrengung dahinzugleiten. Noch mäandert der Fluss in sämtliche Himmelsrichtungen. Einen Tag später wird das Wasser wild. Gefälle und Wasservolumen nehmen zu, das Bächlein schwillt an zu einem reißenden Fluss. Wieder ist voller Einsatz gefragt. „Bevor wir in die Schlüsselpassagen einfahren, legen wir an und diskutieren den günstigsten Weg durch die Stromschnellen. Unser Team harmoniert glänzend – wenn man davon absieht, dass ich, hinten im Boot als Steuermann sitzend, in Stresssituationen links und rechts verwechsle. Leo ist schier am Verzweifeln."

8.–10. Juli 1995
Der South Nahanni wird immer breiter und tiefer. Die anspruchsvollsten Wildwasserpassagen liegen hinter dem Team. Die Männer verbinden ihre Boote mit Holzstangen zu einem Katamaran. So können sie nicht mehr kentern, ihren Nerven ist etwas Ruhe vergönnt. Als wären sie Schiffbrüchige, treiben sie durchs Wasser. Es ist kalt und regnet immer häufiger. Kurt ist besorgt: „Immer wieder rechnen wir unseren verbleibenden Proviant durch. Schon jetzt wissen wir, dass wir während der letzten Tage unserer Reise nichts mehr zu essen haben werden. Den nötigen Kalorienbedarf können wir mit den verbliebenen Tagesrationen nicht mehr decken. Der Hunger quält

uns jetzt schon. Wir müssen uns beeilen, den Zeitplan straffen. Ausgekühlt und vom Hunger gequält erreichen wir die Mündung des Brintnell Creek, wo der Aufstieg zum Basislager im Cirque of the Unclimbables beginnt. Es ist bereits 23 Uhr, trotzdem entschließen wir uns, die ersten Gepäckladungen zum 15 Kilometer entfernten Glacier Lake zu tragen. Auch eines der Boote müssen wir mitschleppen, damit wir den acht Kilometer langen See überqueren können. Irgendwann wird auch diese Nacht vorüber sein. Auf dem Weg zurück zum Fluss fallen wir über saftige Himbeeren her."

Kurt Alberts Versuch, dieses Abenteuer zu beschreiben, muss man große Anerkennung zollen. In jeder Zeile ist zu spüren, wie beeindruckt der Expeditionsbergsteiger gewesen sein muss. Gleichzeitig ist seinem schreiberischen Unterfangen die Mühsal anzumerken, mit der ein nüchterner Charakter das kaum Nachvollziehbare, das Einmalige in Worte zu fassen versucht. Albert ist kein Mann des Pathos und der Ausschweifung. Er sieht die Dinge, wie sie sind, mit stoischem Gleichmut.

Wie unterschiedlich man von 28 Tagen Wildnis erzählen kann, macht ein Blick in Stefan Glowacz' Aufsatz „Das große Fressen" deutlich, dem fünften Kapitel seines Buches „On the Rocks". Der Genuss der „saftigen Himbeeren", dem Kurt eine Zeile widmet, wird bei Stefan zur epischen Schilderung: „Schon von weitem sah ich sie leuchten, rot, fett, fleischig. Eine Fata Morgana? Konnte es möglich sein, dass der Hunger mich halluzinieren ließ? Aber ich sah sie doch leibhaftig vor mir. Dicke Dinger, leuchtend rote Schwellkörper mitten im saftigen Blattgrün, zu schön, um wahr zu sein. ... Für einen Augenblick ertappte ich mich bei dem Gedanken, den anderen könnte diese sagenhafte, das Schlaraffenland beschwörende Entdeckung entgangen sein, und die Ernte bliebe mir vorbehalten, mir allein. Und gleich schämte ich mich für diesen Anflug kreatürlicher Gier. Aber dann sah ich, dass auch die Gefährten lüstern die Nasenflügel blähten und zielstrebig ihre Schritte beschleunigten, um nur ja rechtzeitig diese unglaublich üppige Futterstelle zu erreichen, bevor sie sich in Luft auflöste. Oder leer gefuttert war. Wer zuerst kommt, kaut zuerst! Wir fielen über die Himbeersträucher her wie die Tiere und weideten sie regelrecht ab, grunzend, schmatzend. Was uns zwischen die Finger kam, wurde ins Mahlwerk unserer Zähne gestopft, Beeren, Blätter, Stengel, Raupen, einfach alles."

So schildert jeder seine eigene Wahrheit über ein Unterfangen, das sowohl Kurt als auch Stefan mit dem Vorhaben des fiktiven Opernliebhabers

Brian Sweeney Fitzgerald aus Werner Herzogs Film „Fitzcarraldo" vergleichen, der einen Flussdampfer über einen Bergrücken im Amazonasbecken transportieren lässt.

11.–13. Juli 1995
Mittags tragen die Männer die zweite Last hinauf zum See. Am späten Abend überqueren sie zu viert in einem völlig überladenen Boot den Glacier Lake. Den ganzen Tag hat es geregnet. Nebel steigt auf, es ist gespenstisch. Verkrampft und eng zusammengepfercht versuchen sie, beim Paddeln das labile Gleichgewicht zu halten. Vom gegenüberliegenden Seeufer aus heißt es nochmals zwei Tage lang Material schleppen, dann sind endlich die Fairy Meadows erreicht. Kurt hat schon lange aufgehört, sich zu fragen, was er hier eigentlich tut und was er will. Hunger und Müdigkeit verlangsamen die Gedanken.

14.–17. Juli 1995
Im saftigen Grün des Basislagers kommen alle ein wenig zur Ruhe. Kurt ist völlig unterzuckert: „Jede Bewegung wird zur Qual, die Gelenke schmerzen", notiert er in der für ihn typischen drastischen Verknappung. Stefans Körper schwillt an. In seinen Füßen bildet sich so viel Wasser, dass er kaum mehr in die Kletterschuhe hineinkommt. Die Nahrungsmittel werden immer kärger, die Zeit drängt. Der Plan einer Erstbegehung am Mount Proboscis wird verworfen – der liegt zwei weitere Tage entfernt. Viel zu weit. Stattdessen konzentrieren die Kletterer ihre Restenergie auf den 700 Meter hohen Nordostpfeiler des Mount Harrison Smith. Der Einstieg ist nur eine Viertelstunde entfernt. Ein feines Risssystem zieht gerade zum Gipfel. Der Großteil der Kletterei ist gut mit Klemmkeilen abzusichern. Kurt: „Schon am folgenden Tag klettern wir drei Seillängen und lassen eine Fixseilstrecke zurück. Als Haulbag dient wieder mal meine altbewährte Plastiktonne – wie geölt flutscht sie über den rauen Granit. Hunger! Im Basislager gibt es zahlreiche Erdhörnchen und fette Murmeltiere, die um unsere Lagerstätte schleichen. Wenn die Tierchen wüssten, dass wir mindestens ebenso hungrig sind wie sie."

Hunger zu haben ist ein Gefühl, das Kurt nur schwer ertragen kann. Es ist das Schlimmste für ihn, ein Grauen. Im Basislager zettelt er eine sophistische Diskussion über die Jagd auf Murmeltiere an. Was wäre, fragt er, wenn ich einen Stein würfe und dieser träfe zufällig das Murmeltier? Dann würde es

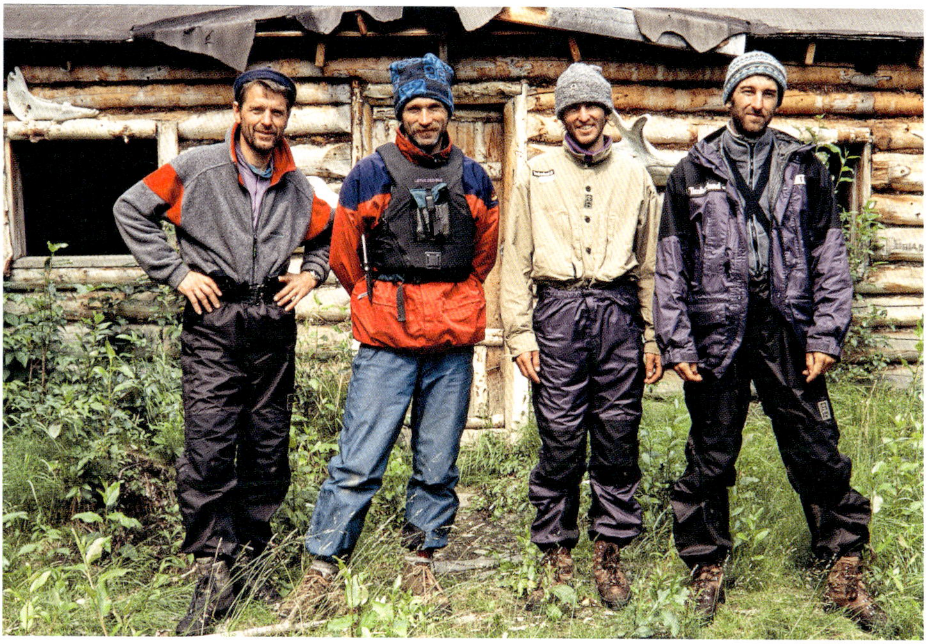

Ausgehungert kommen Gerd Heidorn, Kurt Albert, Stefan Glowacz und Leo Reitzner (v. l.) nach 28 Tagen in Nahanni Butte an. Bis der Lebensmittelladen öffnet, dauert es noch zwei Stunden.

wahrscheinlich gegrillt und gegessen, ist die einhellige Meinung. Und wenn ich den Stein nun gezielt auf das Pelztier werfen würde? Das wäre Vorsatz. Und würden wir es dann essen? Und was wäre der Unterschied? Die Debatte um das fiktive Jagdopfer geht so weit, bis Gerd Heidorn fragt: Und was wäre, wenn der geworfene Stein zufällig Stefan treffen würde? Würden wir den auch essen? Kurt mustert den Freund lange und kritisch, dann antwortet er: „Der ist zu mager."

Am folgenden Tag steigen die vier Männer an den Fixseilen auf. Sie haben Biwakausrüstung, Kocher, Verpflegung und Wasser für drei Tage dabei. Jeder Standplatz wird mit zwei Bohrhaken ausgerüstet, um einen sicheren Rückzug zu gewährleisten. Für Kurt – im Gegensatz zum Kanufahren – alles Routinearbeit. Alles schon hundertmal gemacht. Aber aufgepasst, im Zustand der Erschöpfung lauert Gefahr! Eine Sekunde unachtsam und das Unglück passiert. Immer wieder zwingt sich Kurt, jeden Handgriff doppelt zu überdenken. Die Kletterei bis zum Grad VIII+ ist anspruchsvoll, aber alle Passagen sind frei kletterbar. Das Team muss sich beeilen, denn das Wetter ist zweifelhaft. Für einen zweiten Versuch hätten die Kletterer weder Zeit noch Kraft. Um Mitternacht erreichen sie einen Biwakplatz auf einem abschüssigen Grasband, kochen eine dünne Suppe und warten auf den Morgen. Schlaf gibt es kaum. Drei 60-Meter-Längen führen am folgenden Tag auf den Gipfel. Über den Glacier Lake blicken vier Augenpaare hinweg zum South Nahanni – ihren Weg zurück in die Zivilisation.

18.–22. Juli 1995
„Unsere Körper zwingen uns zu zwei Ruhetagen, dann drängt die Unternehmungslust die Erschöpfung beiseite. Heute muss es sein! In meinem Kopf spukt nur noch dieser Name: ‚Lotus Flower Tower', der in seiner ganzen Reinheit alle anderen Felsen überragt. Wahrscheinlich werden wir nie wieder hierher zurückkommen. Ein alter Klettertraum soll sich erfüllen. Über die klassische Südostwand, erstbegangen 1968 von Tom Frost, James McCarthy und Harthon Bill, klettern wir in acht Stunden zum Gipfel. Während wir abseilen, schlägt das Wetter um. So ein Glück! Am folgenden Tag hängen die Wolken tief in den Wänden, auf den Gipfeln hat es geschneit. Genau die richtige Zeit, um Adieu zu sagen. Da wir den Abstieg zum South Nahanni nicht zweimal zurücklegen wollen, laden wir alles Gepäck auf einmal auf und stolpern und torkeln – jeder mit über 40 Kilo auf dem Buckel – zum Fluss hinunter. Und immer noch kein Ende der Strapazen."

23.–27. Juli 1995
Noch liegen 400 Kilometer Flussstrecke vor den Abenteurern, die ihr Essen weiter rationieren müssen. Die Nahrungsmittel reichen für zwei bis drei Tage – bis Nahanni Butte ist es noch eine knappe Woche. Die letzte Tafel Schokolade wird Stück für Stück aufgeteilt. Sobald Gerd während des Essens fotografiert, fragt Kurt, ob er den Löffel noch einmal zum Mund führen soll. Der Trick funktioniert: Kurt bekommt immer etwas mehr als die anderen. „Beim Essen", erzählt Gerd, „war Kurt animalisch. Er nahm sich nicht absichtlich mehr als die anderen, aber er hielt sich auch nicht vornehm zurück. Ein Ozean an Mitgefühl war er in dieser Hinsicht nicht." Und auch nicht wählerisch. Essen ist Nahrungsaufnahme, Hauptsache viel. Trockennahrung, angerührt mit heißem Wasser, verschlingt Kurt, bevor sie lange genug gezogen hat. „Der Brei", sagt er, „kann auch im Magen weiterziehen".

Das Paddeln ist inzwischen Strafarbeit. Statt der geplanten 100 schaffen die Männer täglich nur 75 Flusskilometer. Es scheint, als ruderten sie auf der Stelle. Wie in Trance sehen sie Wälder und Wiesen vorbeiziehen. Erst ein immer lauter werdendes Rauschen weckt ihre Aufmerksamkeit wieder. Die „Virginia Falls" kündigen sich an. Als sie weiße Schaumkronen aufblitzen sehen, halten die Kanuten sich in der Nähe des Ufers. Etwas flussabwärts verwandelt sich die spiegelglatte Wasserfläche innerhalb weniger Meter in reißendes Wildwasser. Dort stürzt der South Nahanni knapp 100 Meter in die Tiefe. Ein letztes Mal müssen sie die Boote umtragen.

Kurt: „Abends treffen wir auf Kanuten, die gerade ihr Abendessen zubereiten. Essen im Überfluss! Aber zu betteln ist uns dann doch zu demütigend. Die Gruppe, die sich zu den Virginia Falls hat einfliegen lassen, interessiert sich für unser Unternehmen. ‚Do you stay tonight?' Ich antworte: ‚No time, we have to hurry, we are running out of food.' Das war der entscheidende Satz! Wenig später steht ein dampfender Topf Reis auf dem Tisch, dazu frisches Gemüse und Tortillas. Es ist wie Weihnachten. Das beste Essen seit vier Wochen. Jetzt können wir uns auf den nächsten Tag freuen. Über 200 Kilometer Wildwasser erwarten uns: die legendären ‚Four Canyons' des South Nahanni."

Der Fluss hat fast 1000 Meter tiefe Schluchten geschaffen. Die Wasserwucht ist enorm. Erst 60 Kilometer vor Nahanni Butte beruhigt sich der South Nahanni wieder und teilt sich in Hunderte von Haupt- und Seitenarmen, den „Splits". Paddelschlag um Paddelschlag, Stunde um Stunde. Eine letzte, unendlich erscheinende Gerade. Das Ziel. „Wir sind dreckig, wir sind nass, wir sind geschafft. Und wir sind glücklich. 28 Tage waren wir unterwegs. Jetzt fühlt es sich an, als erwachten wir aus einem langen Traum. Mühsam steigen wir aus unseren verschlammten Booten. Keiner der 70 Einwohner von Nahanni Butte nimmt Notiz von uns. Unser einziger Gedanke ist: essen. Wie hungrige Tiger schleichen wir zwei Stunden vor Öffnung um den Nahanni Store. Dann endlich geht die Tür auf. Jeder stopft seinen Korb voll – und hat ihn halb leer gegessen, bevor wir an der Kasse stehen. Ich stopfe gleich mal sieben Snickers hintereinander in mich hinein. Kurze Zeit später ist mir hundeelend. Alles, was wir hinuntergeschlungen haben, muss wieder hinaus, anschließend noch mehr hinein. Es ist barbarisch und unappetitlich, aber es geht nicht anders. Und schon nach zwei, drei Tagen glauben wir, alles sei nur halb so schlimm gewesen. Unsere Erstbegehung am Mount Harrison

Smith taufen wir nach dem gleichnamigen Film von Werner Herzog – ‚Fitzcarraldo'. Einen treffenderen Namen gibt es nicht."

Das Abenteuer Kanada ist für Kurt eine Wegscheide. Diese Reise, sagt er, spiegle die Essenz seines Tuns. 41 ist er inzwischen. Weltweit hat er Erfahrungen gesammelt, Wände erschlossen, Gipfel bestiegen. Das Extreme, in den Leben der meisten Menschen eine Episode, ist für Kurt Alltag geworden, der Rhythmus aus Aufbruch, Unterwegssein und Rückkehr monoton. Das Abenteuer droht zu Arbeit, das Außergewöhnliche zur Gewohnheit zu werden. Das kann es nicht sein. Kurt sucht nach neuer Inspiration und erkennt den Reigen an Möglichkeiten, den der „By fair means"-Gedanke eröffnet. Stefan Glowacz beschreibt diese Idee so: „Das Abenteuer in den Gegenden der Welt zu suchen, die auf der Kletterlandkarte als weiße – oder nahezu weiße – Flecken aufscheinen, in diese Regionen aufzubrechen, um dort eine Erstbegehung zu machen, das ist für mich die größte Verlockung. Die sportliche Leistung ist ein Teil des Ganzen. Der Einstieg in die Wand beginnt bereits an der Stelle, wo alle künstlich angelegten Wege enden. Hier ist meine Start- und Ziellinie, von hier aus breche ich auf, hierher kehre ich zurück, aus eigener Kraft. Der Gipfel markiert lediglich den Umkehrpunkt. So sieht in meinen Augen die Übertragung des ‚By fair means'-Gedankens auf das Expeditionsklettern aus." Kurt fasst sich kürzer: „Die ganze Verpackung ist wichtig, nicht nur der Berg." Das ist alpingeschichtlich zwar nichts Unbekanntes, eröffnet Kurt aber neue Horizonte. Es kann weitergehen.

Im November 1995 bricht er mit Bernd Arnold, Alexander Knauer, Holger Heuber und Gunda Frühwald nach Madagaskar auf. Es ist seine dritte große Reise in diesem Jahr. Die Deutschen sind die ersten Menschen, die im Andringitra-Gebirge klettern, einem Massiv vulkanischen Ursprungs im Südosten der Insel. Kurt und Bernd, dem eingespielten Duo vieler gemeinsamer Klettertage, gelingen zwei Erstbegehungen. Bernd fasst seine Erinnerungen in wenigen Sätzen zusammen: „Die Regenzeit hatte schon angefangen. Als wir nach der Erstbegehung von ‚Rain Boto' – auf Malagasy bedeutet das so viel wie ‚Vater der Hektik', eine Bezeichnung für Touristen – auf den Gipfel kamen, blühte es ringsherum. Wir fühlten uns wie in einem botanischen Garten. Das ging ganz tief, bei uns beiden. Da muss man nicht mehr viel reden. Das war eine Übereinstimmung im Fühlen, die großartig war." Und die es nicht oft gibt im Verhältnis zweier Menschen.

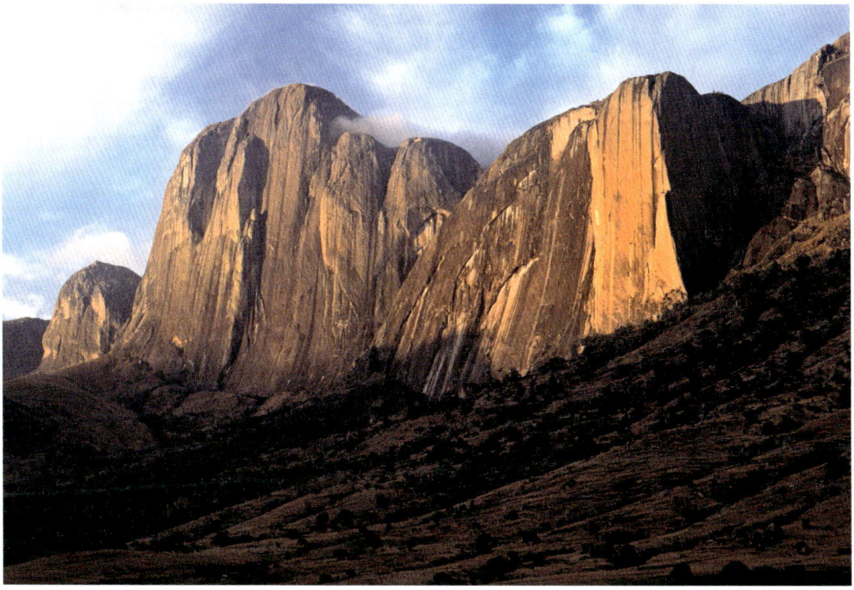

Noch hat kein Kletterer die Wände des Andringitra-Gebirges auf Madagaskar berührt. Kurt Albert und seine Freunde werden die Ersten sein.

„Rain Boto“, Vater der Hektik, nennen die Einheimischen Touristen. Kurt Albert beweist, dass er die Dinge auch gelassen angehen kann.

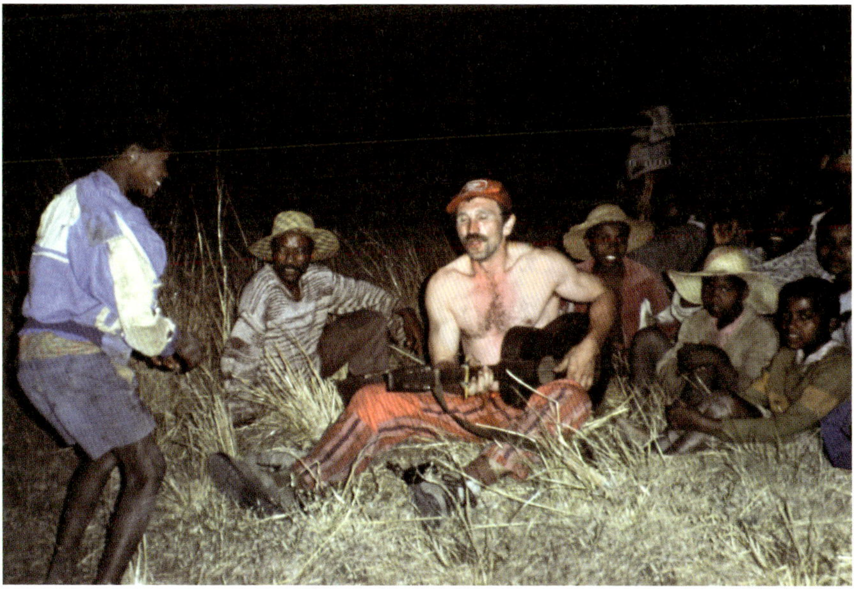

Es ist müßig, das Verhältnis Kurts zu seinen Kletterpartnern zu vergleichen. Die Rückschau fordert zwar das Bedürfnis nach Einordnung, Strukturierung, Sortierung heraus. Doch dem Impuls, Kurts Bergleben fein säuberlich in Abschnitte zu gliedern, den jeweiligen Seil- und Lebenspartner zugeordnet, will ich nicht nachgeben. Zu komplex ist nicht nur Kurts Biografie. Auch seinen Freunden und Gefährten täte man unrecht, weil sich Beziehungen im wirklichen Leben zeitlich oft überschneiden, stetig verändern und wechselseitig beeinflussen. Klar pflegt man während mancher Lebensphasen zu manchen Menschen eine innigere Beziehung als zu anderen, denen dann weniger Aufmerksamkeit zuteilwird. Was wiederum nicht heißt, dass sie vergessen wären. Vor allem nicht, wenn man viel zusammen erlebt hat, denn das Erlebte ist die Basis jeder tieferen Freundschaft.

In den letzten 15 Jahren seines Lebens ist Kurt oft mit Stefan Glowacz und Holger Heuber unterwegs. In einem Text mit dem Titel „Zurück zu den Ursprüngen", erschienen in Berg '95, Alpenvereinsjahrbuch Band 119, kündigt Stefan seine Abkehr vom Wettkampfklettern und seine Rückbesinnung auf abenteuerliche Spielarten des Bergsteigens an. Zwei Jahre später, nach ihrem Abenteuer am Mount Harrison Smith, bescheinigt ihm Kurt in Berg '97, Alpenvereinsjahrbuch Band 121, diesen Weg „bis heute bemerkenswert konsequent" zu gehen.

Ebenso sehr wie Kurt von Abenteuerlust und Fernweh geplagt und getrieben ist der Franke Holger Heuber. Er lernt Kurt 1979 am Rodenstein kennen, dem südlichen Nachbarn des Walberla, die sich gemeinsam wie ein Tafelberg 513 Meter hoch über dem Frankenjura erheben. Holger, 17-jährig, und sein Kletterpartner stehen in Bundhosen und Hemden am Fuß der Felsen. Sie sind noch ganz traditionell unterwegs, schließlich wollen sie richtige Bergsteiger sein: Ihr Klettermaterial hängt außen am Rucksack, an den Füßen tragen sie den schweren Hanwag „Super Friction", in ihre Routen steigen sie mit Trittleitern und Seilschwanz ein. Ehrfürchtig blicken sie hinauf in den „Frankenschnellweg" (VII+). Ein Seil hängt da von oben herab. Kurt Albert soll diese Linie vor gut einem Jahr erstmals Rotpunkt geklettert sein, haben sie gehört. „Unvorstellbar", denkt Holger. „Und dann kommt plötzlich ein Typ um die Ecke, in ausgelatschten Turnschuhen und Jeans, mit einer weißen Rossignol-Sporttasche, in der er seine Ausrüstung hat. Wir haben den erst gar nicht ernst genommen – bis er sich mit seiner Steigklemme in das Seil hängt und den ‚Frankenschnellweg' klettert."

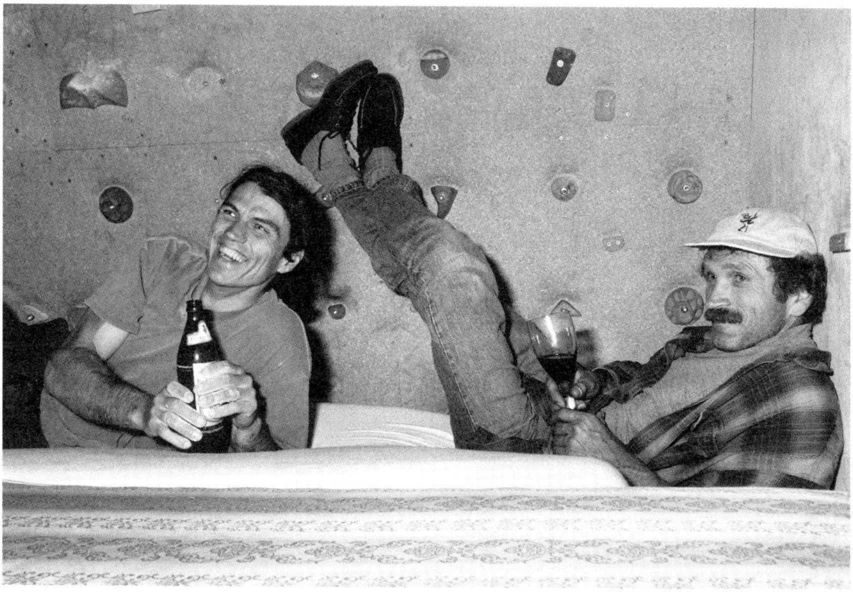

Kurt Albert hat das Training zugunsten eines Glases Rotwein ausgelassen. Holger Heuber hat immerhin seine Hände gechalkt.

In den folgenden Jahren begegnen sich Kurt und Holger, „der Pimpf", wie Kurt sagt, immer wieder an den Felsen der Fränkischen Schweiz. Die Kletterszene ist noch überschaubar, und jeder, der öfter unterwegs ist, gehört irgendwann dazu. „Kurt war schon Ende der 1970er-Jahre eine Erscheinung", erinnert sich Holger. „Man kannte ihn einfach." Auch Holger etabliert sich schnell in der fränkischen Vertikalgemeinde. Er ist vielseitig talentiert: Mit seinen Eltern, guten Wildwasserfahrern, hat er Kindheit und Jugend an Gebirgsflüssen verbracht und ist selbst ein exzellenter Paddler. Kletternd erobert er sich nach klassischem Beginn einen Schwierigkeitsgrad nach dem anderen, bis er im zehnten angelangt ist. Und er gehört Mitte der 1980er-Jahre zu den Ersten, die den jungen Gleitschirmsport ausprobieren und weiterentwickeln. Als Kurt ihn 1995 fragt, ob er mit nach Madagaskar wolle, zögert Holger nicht lange. Seitdem nimmt er sich im Erlanger „Rotpunkt-Sport" – das Klettergeschäft hat er 1986 eröffnet – regelmäßig Auszeiten für längere Kletterreisen.

Kurt, Stefan und Holger bilden ein Expeditionstrio mit klarer Aufgabenteilung. Der Älteste hat am meisten Erfahrung in großen Wänden. Er sieht die schönsten Linien. Hat ein Gefühl dafür, wie sich Risse, Verschneidungen, Überhänge und wenig strukturierte Wandpassagen zu einem Ganzen zusammenfügen lassen. In der Wahl seiner Ziele und Wege beweist er seinen Sinn für Ästhetik. „Eternal Flame", „Riders on the Storm" und „Royal Flush" zählen bis heute zu den „Magic Lines" des Kletterkosmos. Darüber hinaus hat Kurt immer eine durchdachte Antwort parat, wenn Entscheidungen getroffen werden müssen: Wie wird die Fixseilkette verlegt? Wo sind gute Biwakplätze? Wie kommen Ausrüstung und Verpflegung an den Einstieg und wie durch die Wand? Seine Energie und Einsatzbereitschaft sind schier unerschöpflich, sobald ihn ein Projekt begeistert. „Kurt konnte ewig malochen", sagt Holger. „Wenn er keine Lust auf etwas hatte, war er dafür der faulste Mensch, den es gab. Dann rührte er keinen Finger." Holger kümmert sich bei den Expeditionen um Ausrüstung und Logistik – er ist der Fachmann dafür, wie die Gruppe überhaupt zum Berg kommt, im Idealfall „by fair means". Ohne Stefan wiederum könnte das Trio seine langen und kostspieligen Abenteuer gar nicht unternehmen. Er ist der Mann für die Finanzierung und die mediale Vermarktung der Abenteuer. Ein Job, der Kurt zwar null interessiert, von dem aber natürlich auch er profitiert. So hat jeder seine Begabung und seinen Arbeitsbereich. Einer für alle, alle für einen.

Es ist eine Kunst, von Expeditionen nicht nur gesund, sondern auch in Freundschaft zurückzukommen. Wenn Menschen in schwierige, ausweglos scheinende Situationen geraten, kehrt sich ihr Innerstes nach außen und manchmal wünscht man sich, dieses nie gesehen zu haben. Bei Kurt, Stefan und Holger ist es anders. „Auch in extremen Situationen hatten wir immer Spaß", erinnert sich Holger. „Keiner hat sich zu ernst genommen. Niemand fühlte sich auf den Schlips getreten. Jeder nahm den anderen so, wie er ist." Ich bitte ihn, ganz ehrlich zu sein, die vermeintlich rosarote Brille abzunehmen und in sich hineinzuhorchen, aber Holger bleibt dabei: „Das ist wirklich verrückt: Aber es gab nie einen Streit, wenn wir zusammen unterwegs waren." Es überrascht mich nicht, dass Stefan in dieselbe Kerbe schlägt: „Die Expeditionen mit Kurt und Holger waren immer die besten. Immer die lustigsten, kurzweiligsten und ereignisreichsten. Mit Kurt unterwegs zu sein, war immer ein Ereignis. Es ist ein Geschenk, wenn sich jemand seine kindliche Freude an den Dingen so sehr erhalten kann. Auch wenn man sagt, Mensch Kurt, du benimmst dich wie ein Sechsjähriger … Aber so war er halt."

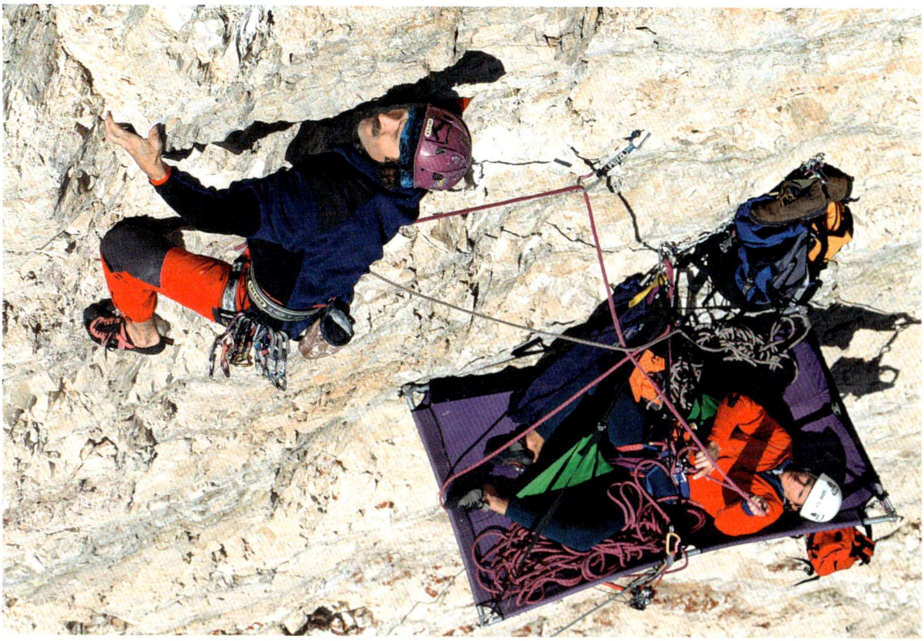

In der Südwand der Kleinen Zinne werfen Kurt Albert und Stefan Glowacz „Perlen vor die Säue". Bald sehen sie ein, dass „Gelbe Mauer" der Schönheit ihrer Linie besser entspricht.

Im Sommer 1996 eröffnen Kurt und Stefan die „Gelbe Mauer" (IX) in der Südwand der Kleinen Zinne. Am Einstieg stehend, die Köpfe in den Nacken gelegt, verschwimmt vor ihren Augen ein Ozean von gelbbraunem, überhängendem Dolomitgestein. „Vor jeder Erstbegehung", sagt Kurt, „gehört ein vernünftiger Bohrhaken an den Einstieg." Schon surrt die Akkubohrmaschine, flugs ist der erste Bohrhaken gesetzt. Bevor er einsteigt, fordert Kurt den Seilpartner auf, seinen Anseilknoten, einen „gesteckten Bulin", zu beurteilen.

„Und, was meinst, hält der?"

„Ja, schaut gut aus", antwortet Stefan.

„Tot", sagt Kurt. Und zieht an einem Seilstrang den Knoten auf. Es ist eine Lektion, die Stefan sich merkt. Elf schwierige Seillängen trotzen die beiden Kletterer der Wand ab. Jede ist gut gesichert, an den Standplätzen glänzen solide Bohrhaken. In den Dolomiten ist das ein ungewohntes Bild: Hier dominiert bis heute eine Kletterethik, deren Ideal der minimale Einsatz fixer Sicherungsanker ist. Die Tradition hat ihren eigenen Wert und wird von lokalen Kletterern bis heute gepflegt, vollkommen zu Recht. Kurt und Stefan kümmert das wenig. Sie nennen ihre Erstbegehung zunächst „Perlen vor die Säue", weil niemand ihre Herangehensweise zu schätzen scheint. Das ruft natürlich Ärger hervor und so wird aus der Provokation die „Gelbe Mauer" – die bis heute oft geklettert und von allen Wiederholern in höchsten Tönen gepriesen wird.

Die „Gelbe Mauer" ist Kurts letzte Erstbegehung in den Alpen. Seine Expeditionen zeichnen sich durch ihre „Gesamtherausforderung" aus, sagt Fotograf Gerd Heidorn. „Mut und Leidensfähigkeit waren dabei die wichtigsten Tugenden." 1997 paddeln Kurt, Stefan, Holger, Hans Martin „Pater" Götz, Jürgen „Plum" Knappe und Thomas Ulrich von Kulusuk an der Ostküste Grönlands zum ins Meer kalbenden Karale-Gletscher, ziehen ihre Boote samt Gepäck durch das vergletscherte Schweizerland zum Fuß des Tupilak, an dessen Südwestgrat sie das „Nordlicht" (VIII+) erstbegehen. Kurt kann die Eskimorolle inzwischen ganz gut. Bis zur Erschöpfung hat er sie auf der heimischen Wiesent geübt. Zwei Jahre später segelt er mit Stefan, Holger, Pater, Plum und Gerd Heidorn an Bord der „Santa Maria" von Ushuaia auf Feuerland über die Drake Passage zum Renard Tower, der auf der Antarktischen Halbinsel 900 Meter aus dem Ozean ragt. Die Überfahrt durch eines der stürmischsten Gewässer der Erde dauert eine gute Woche – bis auf Skipper Wolf Kloss sind alle an Bord permanent seekrank. Bei bis zu minus 20 Grad Kälte gelingt dem Team die Erstbegehung „Hart am Wind" (VIII+). Nach einer Woche in der Wand stehen die sechs Männer wartend am Ufer, in ihre Daunenjacken gehüllt. Über das Meerwasser ziehen Nebelschleier, dicke Schneeflocken verhindern die Sicht. Nach bangen Stunden schälen sich schemenhaft Mast, Segel und Rumpf der „Santa Maria" aus dem Dunst heraus. Die Männer jubeln – sie müssen nicht in der Antarktis überwintern. Sie kommen heim. Rechtzeitig zum Jahrtausendwechsel. Nur Kurt entschließt sich spontan, nach El Chaltén zu reisen. Das ist die Freiheit, die er sich nimmt.

Niemals zuvor sei jemand diese Strecke mit Kajaks gepaddelt, sagt man Kurt in Clyde River. Das 800-Seelen-Nest ist Ausgangspunkt aller Expeditionen auf Baffin Island. Die See zwischen der Inuitsiedlung und dem Ziel von Kurt, Stefan, Holger und Gerd ist rau. Und die Küste bildet keinerlei schützende Buchten, in denen man sicher an- und ablanden könnte. Doch das ist nicht das einzige Problem, dem die Männer im Sommer 2000 gegenüberstehen.

In den Monaten August und September, sagt man Kurt, seien viele hungrige Eisbären in den Fjorden auf Nahrungssuche. Ein Inuit hat Mitleid und leiht dem Team eine Waffe, eine Vorderschaftrepetierflinte Modell Winchester plus Munition. Just als der Jäger die Pumpgun erklärt, steigt 50 Meter entfernt ein Eisbär in aller Ruhe aus dem Meer, schaut sich um und schwimmt wieder davon. Die deutschen Besucher sind beeindruckt.

Es sind gewöhnlich kleine Turboprop-Maschinen, die Expeditionsteams in die Inuit-Siedlung Clyde River bringen, gelegen etwa auf halber Höhe der Ostküste von Baffin Island. Im April, wenn die meisten Kletterer auf der fünftgrößten Insel der Welt landen, zeigt das Thermometer noch bis zu minus 20 Grad Celsius. Dennoch spielen Kinder auf den vereisten Straßen Fußball, die Pelzkrägen ihrer Jacken geöffnet. Niemand trägt eine Mütze. Schließlich sei dies, sagen die Inuit, der Anfang des Frühlings. Etwa 900 Menschen leben in Clyde River, das auf Inuktitut, der Landessprache, Kanngiqtugaapik heißt, „hübsche kleine Bucht". Wie bunte Streichholzschachteln liegen ihre Häuser am Strand verteilt. Jenseits der Bucht, im Inselinneren, reihen sich sanft gewellte Hügelketten aneinander. Ab Ende September wächst Packeis über das Meer, im Sommer bricht es auf – drei Monate später gefriert es wieder. Schon bevor der Wikinger Leif Eriksson 1001 von Grönland aus Baffin Island erreichte, lebten die Inuit dieser Gegend als Nomaden in Iglus oder Zelten aus Seehundfell. Sie jagten Robben und Wale, fischten im Winter durch Löcher im Eis, verfolgten Karibuherden, die durch die arktische Tundra streiften. Ihren heutigen Namen erhielt die Insel nach dem britischen Entdecker William Baffin, der 1615 die Südküste entlang segelte. Ihm folgten wagemutige Kapitäne wie John Ross, William E. Parry, John Franklin und Roald Amundsen, die auf der Suche nach einem schiffbaren Weg durch das Eismeer auch die Küsten von Baffin Island erforschten. Im 19. Jahrhundert drangen immer mehr Walfänger in die Baffin Bay vor und trieben Handel mit den Inuit. Missionare folgten. Heute gibt es in Clyde River eine Schule, einen Supermarkt, ein Stadion, einen Gemeindesaal, eine anglikanische Kirche, eine Arztpraxis, ein Hotel und einen Flughafen.

Gewöhnlich machen sich die Kletterer im Frühling in Clyde River auf den Weg. Dann ist das Meer noch gefroren und die Felswände, die wie Orgelpfeifen aus dem Atlantik wachsen, lassen sich mit Motorschlitten erreichen. Das dauert je nach Wetterlage zwei bis sieben Tage. Im Sommer dagegen ist das Meer fast eisfrei. Damit ist auch der Rahmen für diese Expedition gesteckt:

Stefan Glowacz, Gerd Heidorn, Holger Heuber und Kurt Albert wollen ihr Ziel nördlich von Clyde River aus eigener Kraft mit dem Kajak erreichen.

Am Cape Christian, wo der Wind um die Überbleibsel einer Wetterstation pfeift, beladen die Männer ihre Boote. 500 Kilogramm Ausrüstung auf zwei Einer- und zwei Zweierkajaks verteilt. Sobald sie in See stechen, beginnt der Kampf mit den Elementen. Die Brandung rauscht unaufhörlich, Eisberge treiben im Wasser. Zum Glück ist das Meer ruhig; ein Schlechtwettereinbruch oder drehender Wind würde die aufgewühlte See zur Lebendfalle machen. Anzulanden wäre dann sehr gefährlich, wenn nicht unmöglich. Knapp eine Woche benötigen die vier Männer, um die Einfahrt in den Eglinton Fjord zu erreichen. 55 Kilometer Luftlinie haben sie geschafft – 55 statt der geplanten 100! Starker Seegang sowie ungünstige Strömungs- und Windverhältnisse machen es unmöglich, weiter nach Nordosten vorzudringen. Bei Gegenwind über das offene, raue Meer zu paddeln, ist dann doch zu gefährlich. Die Entscheidung, nach Westen abzubiegen, fällt leicht.

Der neue Plan erweist sich als Glücksfall. Völlig unerwartet finden Kurt, Holger, Stefan und Gerd ihren namenlosen Traumberg in einem Seitental, das Eglinton und Sam Ford Fjord verbindet. Der steile Granitzahn erhebt sich aus einem Gletscherbecken etwa 1000 Meter über dem Meeresspiegel und liegt zehn Kilometer im Landesinneren. Trotz des regnerischen Wetters sind alle begeistert. Zumal sich Eisbären angeblich nicht mehr als zwei Kilometer von der Küste entfernen. Zum ersten Mal nach sieben Tagen schlafen die Kletterer wieder gut und entspannt – und seltsam naiv.

Dass nach Seefahrern, Händlern und Geistlichen auch Bergsteiger ins Land der Inuit kommen, ist der Arbeit des amerikanischen Fotografen Eugene Fischer geschuldet. Dieser erkundete 1992 Baffin Island zu Fuß und per Flugzeug und berichtete: „Unter der Polarsonne liegt eine Insel, von der Zeit vergessen und von Menschen unberührt. Doppelt so groß wie Großbritannien, hütet dieser Riese des Nordens ein wundervolles Geheimnis. Auf 560 Kilometer ist die Küste Baffin Islands von wilden Fjorden und Gletschertälern geformt, die einige der höchsten und steilsten Felswände der Erde verstecken. (...) Es ist schier unglaublich, dass es in einem Zeitalter der Grenzenlosigkeit eine derartige, unerforschte Arena gibt, die auf die kommende Generation von Kletterern wartet."

Seit diese Zeilen geschrieben wurden, haben fast alle Kletterer, die in der internationalen Big-Wall-Szene einen Namen haben, ihre Spuren auf Baffin

Island hinterlassen. Charlie Porter stieg schon 1975 im Alleingang auf den Mount Asgard, an dem auch Alexander und Thomas Huber 2011 aktiv waren. Die spanische Techno-Expertin Silvia Vidal eröffnete eine Neutour am Turnweather Peak. Der US-Amerikaner Mark Synott besuchte mehrfach Sam Ford Fjord und Gibbs Fjord und verfasste den ersten Kletterführer der Insel. Sein Landsmann Mike Libecki, „National Geographic Abenteurer 2013", erschloss über Jahre hinweg im Alleingang und mit Partnern knapp ein Dutzend Neurouten in der Abgeschiedenheit der Baffin Bay. Der junge Hansjörg Auer, die baskischen Pou-Brüder, Nicolas Favresse ... Die Liste ließe sich fortsetzen. 2017 verbrachte der polnische Ausnahmealpinist Marek Raganowicz sieben Wochen allein bei bis zu minus 30 Grad Celsius in der Eiswüste, lebte 17 Tage am Stück in der Wand und vollendete zwei extrem schwierige Erstbegehungen. „Physisch bin ich wieder zuhause. Aber ich weiß nicht, wann ich wieder in die normale Welt zurückkehren werde. Was auf Baffin Island passiert ist, ist schwierig zu verstehen." So beschrieb Raganowicz seine Gemütsverfassung, nachdem er aus Baffin Island zurückgekehrt war. Wahrscheinlich ist dies der Grund, warum es die Abenteurer unter den Kletterern immer wieder auf die kanadische Insel zieht: Weil man dort der langen Geschichte der Entdeckungen ein kleines, aber neues Kapitel hinzufügen kann. Und sei es der Blick auf zuvor unbekannte innere Landschaften.

Die Winchester wird während den 25 Tagen auf dem Festland zum ständigen Begleiter Kurts und seiner Kameraden, denn fast jeden Tag begegnet ihnen ein Eisbär. Allzu aufdringliche Gesellen können sie mit Signalraketen oder Warnschüssen auf Distanz halten. Klar aber ist: Die weißen Riesen wollen ans Essen. Zwangsläufig wechseln sich Kurt, Stefan, Gerd und Holger mit nächtlichen Freiwachen ab: zwei Stunden Wache im Wechsel, sechs Stunden Schlaf pro Mann. Kurt, dessen Schnauzbart buschig wächst, sorgt sich im Schlafsack liegend um sein Äußeres: „Ich sehe aus wie eine Robbe." Robben sind die Leibspeise der Eisbären.

Nach drei Tagen Vorbereitung steigen Stefan, Holger und Gerd in die etwa 500 Meter hohe Ostwand ihres Gipfels ein. Kurt steigt ab zum Fjord, um weiteren Proviant und Brennstoff zu holen. Das Gewehr hat er nicht dabei – es liegt noch bei den Booten. Am Fuß des Berges, so der Gedanke, würde es ja nicht gebraucht. Signalraketen, ein Feuerzeug und eine gefüllte Benzinflasche geben Kurt das nötige Selbstvertrauen, das Camp zu verlassen. Als er am Meer ankommt, erschrickt er gewaltig: Im Umkreis von 200 Metern ver-

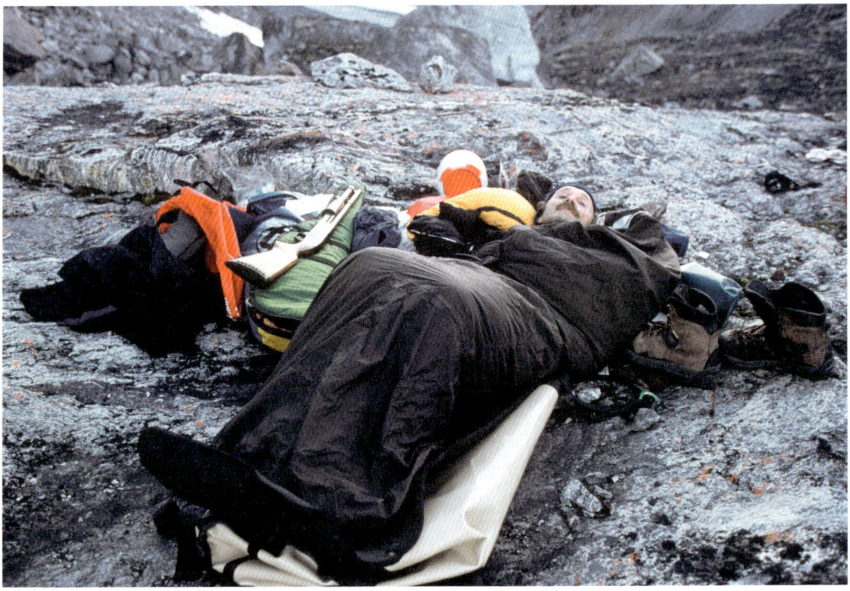

„Ich sehe aus wie eine Robbe.“ Vollkommen zu Recht sorgt sich Kurt Albert, von den Eisbären auf Baffin Island als Nahrungsangebot verstanden zu werden.

streuen sich Ausrüstungsteile, zerfetzte Wassersäcke und aufgerissene Nahrungsbeutel. Zwei Eisbären sind gerade dabei, die Boote zu knacken. Fast ein Drittel der Verpflegung ist bereits vernichtet. Sein Herz klopft bis zum Hals, Kurt lässt einen martialischen Tarzanschrei los. Die Bären trollen sich, vorerst. Aber immerhin kommt Kurt an die Pumpgun.

Zehn Stunden lang ist er beschäftigt, die verbleibenden 80 Kilogramm Verpflegung in drei Portionen aufzuteilen und weg von der Küste zu schleppen. Ein paar Kilometer entfernt liegt ein Granitfindling – seine glatten Wände können die Eisbären nicht erklimmen. Doch die Raubtiere lassen Kurt den ganzen Tag lang nicht aus den Augen. Geduldig lauernd beobachten sie ihn. Kurt glaubt, ihren Atem im Nacken zu spüren. „Spät abends komme ich schließlich zurück ins Basislager. Samt Gewehr zum Glück, denn Gerd, Holger und Stefan kauern in gebührendem Abstand zu unseren Zelten in den Steinen. Ah, eine Fotosession im Abendlicht, denke ich zunächst. Dann sehe auch ich den Bären, der gerade unser Camp aufräumt. Waffenlos mussten die drei seit zwei Stunden dem knapp drei Meter großen Riesen zusehen. Und hoffen, dass ich nicht im Zelt lag.“

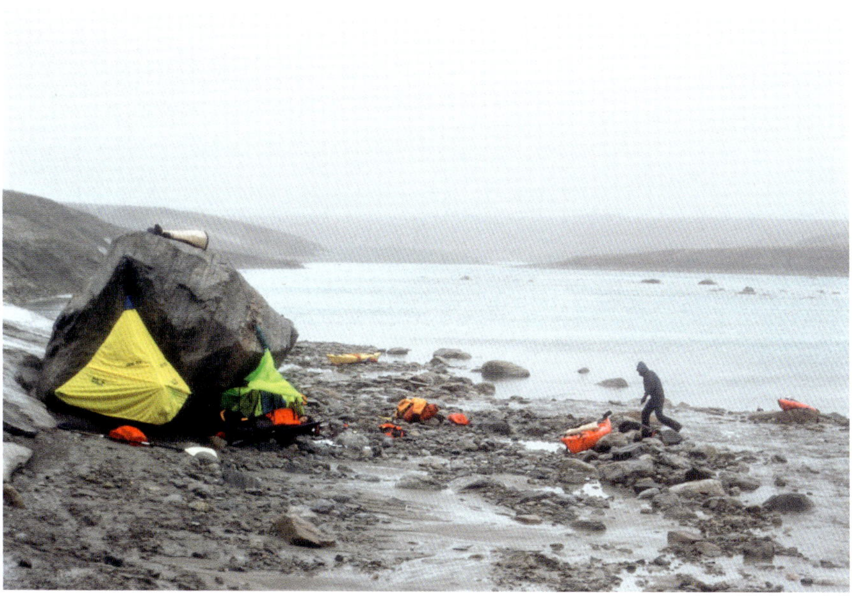

„Der schönste Platz ist im Kajak." Auf dem Rückweg über den Ayr Lake müssen die Kletterer biwakieren. Da der Boden durchnässt ist, schlafen sie in Portaledges.

Stefan erlebt die Szene so: „Als Holger, Gerd und ich ins Basislager zurückkehren, freuen wir uns auf eine heiße Suppe und ein paar Seiten in unseren Büchern. Doch vom Gletscher aus sehen wir ihn schon. Da sitzt er, ein riesiger Eisbär, und stopft sich unsere Simpert-Reiter-Nahrung genüsslich in den Rachen. Oder sind es die letzten Reste von Kurt? Die Fruchtschnitten packt er nicht mal aus. Zwischendurch wackelt unser neuer Mitbewohner in aller Seelenruhe zum Bach, da Trockennahrung ohne Flüssigkeit auch dem hartgesottensten Eisbären zu salzig ist. Auf dem Weg zurück in unsere Küche macht er noch kurz an unserem Zelt halt. Mit den Reißverschlüssen hat er es nicht so, er öffnet das Zelt auf seine Weise. Wir überlegen hin und her und entschließen uns, das Lager in weitem Bogen zu umgehen, um hoffentlich auf Kurt zu treffen. Der kommt uns bald abgekämpft entgegen. Mit Schrotflinte und Signalrakete in der Hand fühlen wir uns mutig genug, den ungebetenen Gast zu vertreiben." Die folgenden fünf Tage verbringen die Männer im bärensicheren Biwak am Wandfuß.

Über eine Freikletterroute im unteren IX. Schwierigkeitsgrad erreichen sie zu viert den Gipfel. Die vollendete Form des Turmes, die exzellente

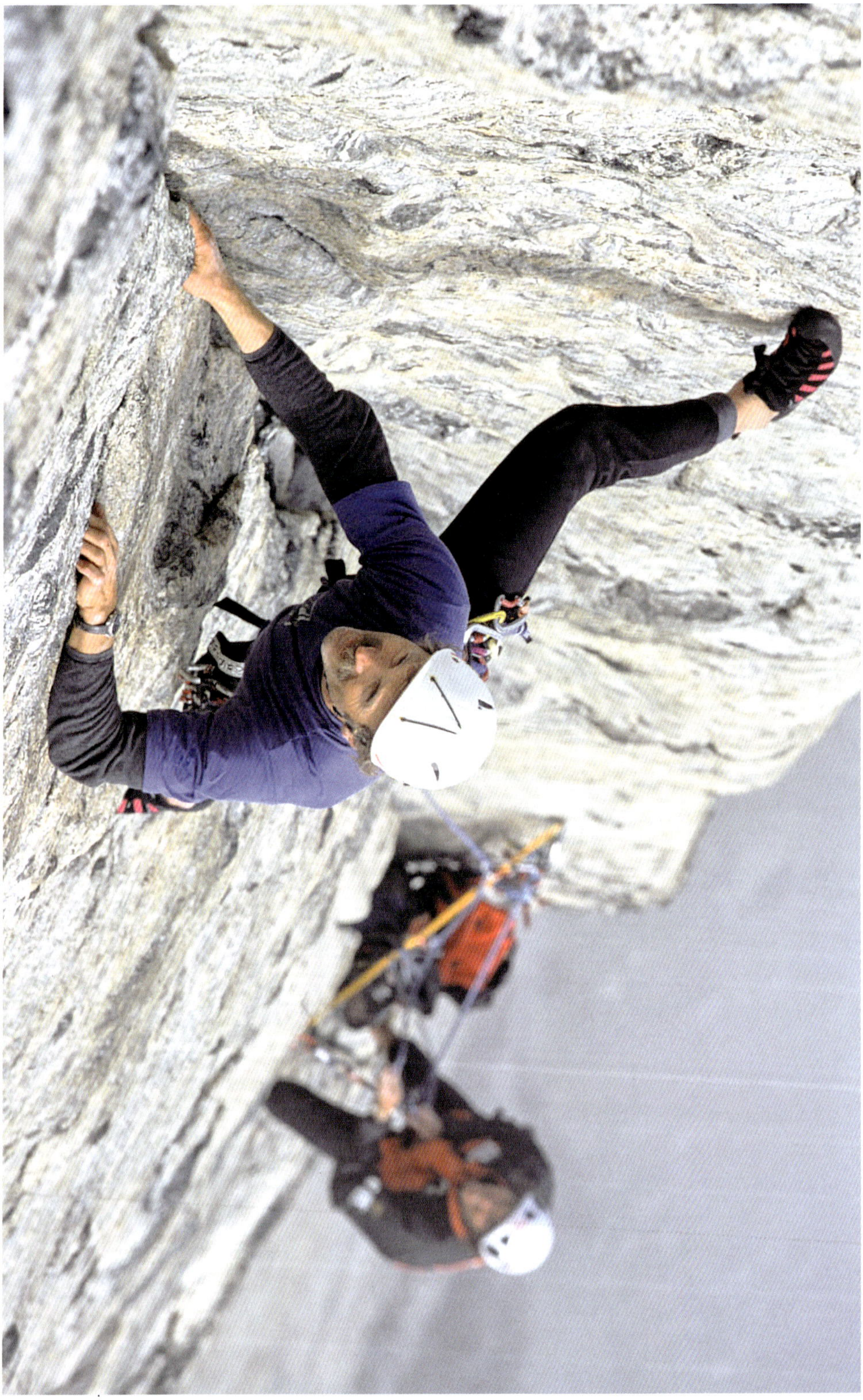

Felsqualität, die technisch anspruchsvolle und vielseitige Kletterei in wilder, menschenleerer Umgebung, das alles bewegt Holger spontan dazu, „meine schönste Route!“ auszurufen. Kurt sieht das Ergebnis nüchterner: „Leider ist die Tour doch ein wenig kurz: Schätze 450 Meter, aber die Kletterei und der Fels sind vom Feinsten.“ Obwohl sie nicht glauben, dass ihre Route viele Begehungen bekommen wird, richten Kurt und seine Gefährten sie „wiederholerfreundlich“ ein. Standplätze und heikle Kletterpassagen sind mit soliden Long-Life-Bohrhaken gesichert – „damit den ewigen Lästerern nicht der Gesprächsstoff ausgeht“, schreibt Kurt. Ihren Granitturm taufen die Männer „Polar Bear Spire“. Sie ahnen nicht, dass sich ihr Rückweg nach Clyde River zu einer Odyssee entwickeln wird.

Es regnet, ein Sturm zieht auf. Über das offene Meer zu paddeln, wäre viel zu gefährlich. Was tun? Holger studiert die Karte und hält es für möglich, über den Ayr Pass den südlich gelegenen Ayr Lake zu erreichen. An dessen östlichem Ende entspringt der Kogalu River, der nach 40 Kilometern wieder ins Meer mündet. Vier Tage schinden sich die Männer, um Boote und Ausrüstung zehn Kilometer über den Pass und hinunter zum See zu schleppen. Ein Härtetest für Mensch und Material: Schonungslos werden die Kajaks über Gletschereis und steile Geröllhänge gezerrt. Es schneit immer öfter. Der arktische Winter hält Einzug.

Über den Ayr Lake paddeln Kurt, Holger, Stefan und Gerd zum Ursprung des Kogalu River. Gegenwind peitscht ihnen ins Gesicht. Alles ist nass: Schlafsäcke, Kleidung, Biwaksäcke. Die Bergsteiger schlafen im schmatzend nassen Moos, zwischen ihnen schussbereit die Pumpgun, und sehnen den nächsten Morgen herbei. Denn der angenehmste Platz ist im Kajak. Am folgenden Tag spüren sie die erste Strömung im See, wenig später sehen sie die erste Stromschnelle des Kogalu River. Inzwischen regnet es unaufhörlich. Die Wolken sinken ebenso tief wie die Stimmung. Widerwillig akzeptiert das Team, nur eine Stunde vor der Mündung des Kogalu River erneut biwakieren zu müssen. Dort nämlich stünden zwei Schutzhütten der Inuit. Oasen der Behaglichkeit. Stattdessen verbringen die Männer die Nacht zitternd und durchnässt zehn Zentimeter über knöcheltiefem Schlamm. Ihre Portaledges hängen an einem drei Meter hohen Felsblock.

Der nächste Morgen beschert die ersehnte Erholung im Kogalu Camp und eine weitere Ernüchterung. Als Kurt um die letzte Flussbiegung paddelt, bietet sich ein erschreckender Anblick: „Die Brandung kracht mit ho-

„Die Kletterei und der Fels sind vom Feinsten.“ Kurt Albert genießt die Traumverschneidung in der Ostwand des Polar Bear Spire.

hen Brechern ans Ufer. Und dort wollen wir hinaus aufs Meer. Ein Alptraum, vor allem für Stefan und Gerd. Es gibt ja einen Zusammenhang zwischen objektiver und subjektiver Wellenhöhe. Für Holger, den Experten, bieten die Wellen ‚tolle Surfs'. Für Stefan und Gerd sind sie ‚riesige Monster'." Mit gutem Timing, die Wellen im rechten Winkel nehmend, könnte das Ablegen klappen. Dennoch sind die Gedanken genauso aufgewühlt wie das Wasser. Ist der Brandungsgürtel überwunden, könnte es unmöglich sein, wieder anzulanden. In diesem Fall müssten die Männer Tag und Nacht paddeln. 70 Kilometer ungeschützte Brandungsküste liegen zwischen der Mündung des Kogalu und Clyde River. Doch was tun, wenn das Wetter umschlägt, draußen auf dem Meer? In letzter Konsequenz hieße das wahrscheinlich: sterben.

Kurt schreibt: „Nach einem Ruhetag starten wir schließlich, oder versuchen es zumindest. Zuerst Holger und Stefan, später sollen Gerd und ich folgen. Stefan gerät sofort in Seenot. Eine Drei-Meter-Welle erwischt ihn volle Breitseite. Das beeindruckt ihn so, dass er gar nicht mehr an die Eskimorolle denkt. Stefan muss raus aus dem Boot. Und schwimmt weit draußen in drei Grad kaltem Wasser." Selbst beschreibt er diesen Moment so: „Laut brüllend erfasst die Welle mein Kajak, treibt es noch einige Sekunden vor sich her, bevor sie sich auf mich und das Boot wälzt. Mitsamt Boot werde ich herumgewirbelt. Schleudergang. Raus hier! Ich habe das Gefühl, eine Ewigkeit unter Wasser gedrückt zu sein, dabei sind es nur Sekunden. Das eiskalte Wasser dringt in die Gore-Tex-Kombi, läuft in die Schuhe. Trotz Schwimmweste fühle ich mich schwer wie Blei. Wir sind 300 Meter vom Ufer entfernt, viel zu weit zum Schwimmen. Ich spüre, wie meine Finger taub werden. Holger kommt angeschossen, als hätte er einen 100-PS-Außenborder am Kajak. Ich wälze mich vor ihm auf sein Boot und liege da wie eine tote Robbe, während er souverän mit Paddelstützen die Brecher auskontert."

Hilflos beobachten die Bergsteiger Stefans Boot, das ein Spielball der Wellen geworden ist. Eine halbe Stunde später wird es angeschwemmt. Ein zweiter Rasttag in der Inuithütte folgt. Bis die Männer um vier Uhr morgens von einem lauten Schlag geweckt werden. Ein Eisbär drischt mit einem einzigen Prankenhieb ein Loch in die verrammelte Tür. Zu Tode erschrocken springen die vier auf und schreien wie Groupies bei einem Robbie-Williams-Konzert. Doch erst ein Warnschuss vertreibt das Raubtier ins Meer. Zwei Tage reichen die Vorräte noch. Auf gute Bedingungen können die Männer nicht mehr warten. Es bleiben zwei Möglichkeiten, resümiert Kurt: „Stefan wackelt unschlüssig von Fenster zu Fenster. Im Westen die raue See, im Osten der hungrige Bär, was tun? Ich esse derweil genüsslich meinen Orangenmarmeladenfladen." Gerd und Stefan wählen schließlich den qualvollen Rückmarsch über Land. Mit leichtem Survival-Gepäck justieren sie das GPS auf „Go to Clyde – 30 km", stemmen sich in die Gurte und zerren die leeren Kajaks hinter sich her. Holger und Kurt packen die Zweier-Kajaks randvoll mit dem übrigen Gepäck und stechen in die schwere See. Wider Erwarten sind Ab- und Anlanden kein Problem. „Schade für Stefan und Gerd, für sie ist der Marsch sicherlich kein Kinderspiel. Hätte ich, wäre ich, könnte ich ... Nichts ist vorhersehbar. Das ist das wildeste Unternehmen, das ich bisher gemacht habe."

Zwei Tage später in Clyde River: Stefan und Gerd haben es über die Hochfläche geschafft, Holger und Kurt im Schneckentempo gegen Strömung und Wind gekämpft. Ihre Erstbegehung nennen sie „Odyssee 2000" – ein treffender Name für ein homerisches Abenteuer.

„Eine Lektion in Demut" sei die Expedition zum Polar Bear Spire für ihn gewesen, sagt Stefan Glowacz rückblickend. Sich stundenlang über Land oder auf dem Wasser fortzubewegen, ohne der nächsten Landmarke spürbar näher zu kommen, ist eine prägende Erfahrung, eine Erfahrung fürs Leben. Die Inuit kennen dafür ein Wort: „Taulittuq" nennen sie das Gefühl, zielstrebig unterwegs zu sein, ohne das Ziel zu erreichen. Es ist ein Wort, das vielleicht so gut wie kein anderes das Leben moderner Bergnomaden beschreibt. Die Kunst ist, sich mit Taulittuq anzufreunden, diesen Zustand als schön und wertvoll zu betrachten, und nicht dagegen anzukämpfen. Kurt ist ein Meister darin. Für ihn zählen schon lange nicht mehr die messbaren Erfolge, die Schwierigkeitsgrade, Gipfelhöhen, Höhenmeter. Für ihn zählt das Unterwegssein, das Reisen, das Abenteuer.

Gerd Heidorn, bald 70 Jahre alt, lebt in Kempten im Allgäu. Der Vater dreier Töchter sieht in den Abenteuern, die er mit Kurt erlebt hat, eine kontinuierliche Steigerung. Die Reise nach Grönland sei der Einstieg in eine neue alpinistische Spielform gewesen, Kanada das Ergebnis unbedarfter Spielfreude und Baffin Island, zumindest für ihn, das große Finale, das Endspiel. Die Metaphorik ist bewusst gewählt, denn auch Gerd empfindet Kurt von Anfang bis Ende ihrer Bekanntschaft als „großes Kind". Ein Homo ludens, ein spielender Mensch, der sich im Spiel die Welt aneignet. In einem schmalen, dunkelrot gebundenen Büchlein mit der Aufschrift „Sprüche", in dem er auch Halbweisheiten und Zoten notiert, hält Kurt ein Zitat von Friedrich Schiller aus der 1795 erschienenen Abhandlung „Über die ästhetische Erziehung des Menschen" fest: „Der Mensch spielt nur, wo er in voller Bedeutung des Wortes Mensch ist, und er ist nur da ganz Mensch, wo er spielt."

Natürlich gibt es Momente, in denen Kurt bewusst wird, dass die Leichtigkeit seines Lebens an anderer Stelle ausgeglichen werden muss. „Diese Momente haben ihn runtergezogen wie Senkblei", sagt Stefan. Wenn die Abenteurer von einer ihren Reisen zurückkehren, wartet Stefans Familie in der Ankunftshalle des Flughafens. Holger wird von seiner Freundin Gunda Frühwald abgeholt. Frauen und Kinder freuen sich über die Rückkehr ihrer Männer und Väter. Nur Kurt steht immer allein da. Und hat das Gefühl, er könne auch gleich wieder wegfliegen. Weil es niemanden gibt, der auf ihn wartet.

Bis heute ist Stefan, 55, leidenschaftlicher Kletterer und nach wie vor in den Bergen der Welt unterwegs. Als Mitgründer des Kletterschuhherstellers Red Chili, Vortragsredner, Buchautor, Filmproduzent und gesponserter Athlet hat er es geschafft, seine Berufung zum Beruf zu machen. Bis heute bewundert er an Kurt, dass dieser sich nie verstellt habe. „Kurt war so, wie er war." Und auch wenn er nicht sein engster, so sei Kurt doch ein guter, ein besonderer Freund gewesen. „Zu Kurt habe ich aufgeblickt. So wollte ich sein, so wie er."

Zehn

Zurück zu den Wurzeln

In einer Liebe suchen die meisten ewige Heimat.
Andere, sehr wenige aber das ewige Reisen.

Walter Benjamin
„Einbahnstraße“

Wumms! Die blaue Ikea-Einkaufstasche knallt auf den Fallschutzboden der Forchheimer Kletterhalle „Magnesia". Eigentlich lässt niemand Seil, Klettergurt, Grigri und Schuhe aus dem Eingangsbereich im ersten Stock in die Sicherungszone fallen. Nur Kurt macht das. Und Holger Heuber weiß, dass er jetzt da ist.

Seitdem Kurt in Streitberg wohnt, knapp 20 Kilometer von Holgers Zuhause in Forchheim entfernt, sind die beiden Freunde zwei bis drei Mal pro Woche zusammen unterwegs. Im Winter beim Langlaufen. Im Sommer trainieren sie Eskimotieren auf der Wiesent, rollen auf Inlineskates durch die Fränkische Schweiz, treffen sich zum Sportklettern oder zum Training im „Magnesia" – wo Kurt die Nerven der Hallenbetreiber arg strapaziert. Als er Holger im Toprope durch ein ausladendes Dach sichert, steht Kurt nicht am Einstieg der Route, sondern sitzt zurückgelehnt an der gegenüberliegenden Wand. So muss er den Kopf nicht so weit in den Nacken legen. Oben angekommen, ruft Holger: „Kannst mich ablassen." Und Kurt? Nimmt die nackten Füße nach oben und rutscht auf dem Hosenboden quer durch die Halle, während Holger am Seil zu Boden schwebt. Natürlich weiß Kurt, was er tut. Das Management dreht dennoch durch. Kurt könne das nicht machen, er sei doch so bekannt, jeder schaue auf ihn! Als er das nächste Mal in die Kletterhalle kommt, trägt Kurt ein T-Shirt, auf dem steht: „Ich bin kein Vorbild."

1997 zieht er aus der Villa Marie zu seinem Bruder Horst, der in Streitberg ein Haus gekauft hat. Der Ältere wohnt im Parterre, Kurt bezieht den ersten Stock. Die Brüder haben nicht viel miteinander zu tun, ihr Verhältnis ist aber ganz gut. Klar gibt es ab und an Zoff. Wie sollte es auch anders sein, wenn man sich ein Leben lang kennt und jeder stets sein eigenes Ding gemacht hat. Horst kauft und verkauft Blechspielzeug – nach wie vor sehr erfolgreich –, inzwischen auch Teddybären, Puppenküchen und Emailschilder. Seine Wohnung ist stilsicher eingerichtet, eine Mischung aus Gebrauchs- und Biedermeier-Möbeln. Im Treppenhaus steht eine Motanol-Ölstation aus den 1930er-Jahren, darauf das Holzmodell eines Magirus-Deutz-Feuerwehrautos samt Drehleiter. Alles ist an seinem Platz. Kurt dagegen ist der Chaot, der er immer schon war. In seinen Zimmern sieht es aus wie bei Hempels unterm Sofa. In der Küche stapelt sich der unerledigte Abwasch. Oft ist er monatelang unterwegs. Wenn er zuhause ist, geben sich Besucher aus aller Welt die Klinke in die Hand. Zwar will Kurt nicht mehr so leben wie in Oberschöllenbach, das sagt er selbst. Er kann aber auch nicht

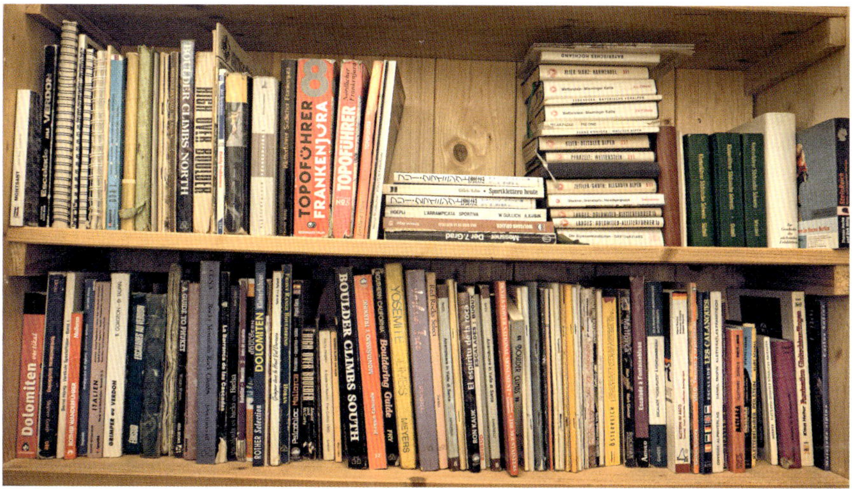

Sieben Jahre lang wohnt Kurt Albert im Streitberger Haus seines Bruders Horst. Aufgeräumt ist lediglich sein Bücherregal.

„nein" sagen, wenn jemand nach einer Übernachtungsmöglichkeit sucht. Horst ist nicht gerade begeistert, immer wieder fremde Menschen im Haus zu haben. Da prallen Welten aufeinander.

Kurt scheint in Streitberg, bei seinem Bruder, dennoch eine neue Heimat gefunden zu haben. Oder zumindest einen Platz, an dem er einfach nur „der Kurt" sein kann. Natürlich bleiben die langen Jahre ständigen Unterwegsseins nicht ohne Folgen. Es verändert sich ja nicht nur derjenige, der reist. Auch das Leben der Daheimgebliebenen geht weiter. Manchmal ist darin dann kein Platz, keine Zeit, keine Aufmerksamkeit mehr da für denjenigen, der immer wieder aufbricht und zurückkehrt und der den Fokus seiner Wahrnehmung auf andere Orte und Welten richtet. Das ist der Lauf der Dinge. Kurt muss sich deshalb mehr als früher selbst um Anschluss bemühen, wenn er so leben will, wie er es kennt aus der Vergangenheit.

Einige graue Strähnen mischen sich inzwischen in Holger Heubers schwarze Locken, unter denen blaue Augen hervorblitzen. Man wundert sich etwas, wie krumm und wacklig der 58-Jährige daherkommt, mit dem Kurt in Afrika, Lateinamerika und in der Arktis unterwegs war – bis er die Geschichte seines Unfalls im September 2002 erzählt. Holger ist Teilnehmer des „Dolomitenmanns", der seit 1988 jährlich in Osttirol stattfindet. Der alpine Staffelwettkampf verbindet die Disziplinen Berglauf, Gleitschirmfliegen, Mountainbiken und Kajaken. Holger geht als Pilot an den Start. Beim Landeanflug auf das Dolomitenstadion in Lienz muss er ein Ausweichmanöver einleiten. In knapp 30 Meter Höhe klappt im Lee einer Baumreihe sein Schirm ein. Holger kann ihn sofort wieder öffnen, doch der Boden ist zu nahe. Wie ein Pendel schwingt er unter dem Schirm durch und knallt auf den Boden. Sieben Wirbel sind gebrochen, das Kreuzbein zertrümmert, Nervenbahnen abgerissen. Für Holger beginnt ein zwei Jahre lang andauernder Kampf zurück ins Leben. Fußgelenke und Zehen müssen versteift werden. Zwischen seiner Wirbelsäule und den Beinen besteht keine knöcherne Verbindung mehr. Bevor er zu gehen beginnt, muss Holger erst ausreichend Muskelspannung aufbauen. Bis heute hat er mit Schmerzen zu kämpfen. Und dennoch klettert Holger wieder, wenngleich dieser Sport „undankbar" für ihn sei. Und natürlich fliegt und paddelt er, „der einzige Bergsteiger mit 100 Prozent Schwerbehinderung. Parken darf ich auch überall." Wahrscheinlich ist Humor die beste Form des Widerstands gegen ein Schicksal, das man niemandem wünscht.

Wenn Kurt in der Fränkischen Schweiz ist, besucht er Holger regelmäßig. „Er war", erinnert sich Holger, „ein bisschen der ‚lonely cowboy'. Wenn sein Kühlschrank leer war oder er keine Lust hatte, allein zuhause zu hocken, schaute er vorbei. Er wusste, dass er immer kommen konnte. Da gab es dann auch kein großes ‚Hallo' oder ‚Wie geht's?' Kurts erste Frage war immer: ‚Ist die Kaffeemaschine an?'". Ist er zuhause, verbringt Kurt den Heiligen Abend mit seinen Eltern und Bruder Horst. Wenn die Feierlichkeiten vorüber sind, fährt er meist zu einem Freund, oft zu Holger. Bei ihm und seiner Freundin Gunda Frühwald ist er auch über Weihnachten willkommen. „Ich weiß, dass manche sagen, ich sei so eine Art Vaterfigur für Kurt gewesen. Aber das ist nicht der richtige Ausdruck", sagt Holger. „Ich habe mich einfach gern um ihn gekümmert."

Das Sportklettern an den Felsen der Fränkischen Schweiz hat für Kurt längst nicht mehr die Bedeutung, die es einst hatte. Wenn er sich dazu entschließt, dann nur mit einer Handvoll Vertrauter. Freunden, die er seit Jahrzehnten kennt und die ihm die Gewissheit vermitteln, dass er weder sich noch anderen etwas beweisen muss. Natürlich ist es für einen Sportler, der jahrzehntelang Maßstäbe gesetzt hat, schwierig, wenn die Leistungsfähigkeit nachlässt. Der Wille, sich selbst zu verausgaben, weicht dem Druck, sich verausgaben zu müssen – weil Erwartungen spürbar sind und man sich keine Blöße geben will. Zum Glück verfügt Kurt über ausreichend Selbstironie, um etwaigen Bemerkungen über sein nachlassendes Können den Wind aus den Segeln zu nehmen. Und um sich selbst zu schützen. „Für mich gibt es nur zwei Alternativen: ein faires Toprope oder ein Free Solo." Regelmäßig ist Kurt in seinem Hausgebiet, der Glatten Wand an der Muschelquelle, oberhalb von Streitberg. Meistens ist er dort mit Susi. Seine ständige Begleiterin beschwert sich nicht, wenn er wieder und wieder und noch einmal seine Paradetour „Tower of Power" (VIII+) klettert. „Susi" ist Kurts Steigklemme, mit der er sich sichert, wenn er allein ist.

Nach wie vor ist Kurt allerdings selten zuhause. Entweder ist er monatelang auf Expedition oder er reist in Europa umher. Mit Holger fährt er zum Paddeln und Klettern nach Griechenland, Slowenien, Italien, Sardinien und Spanien. In der Verdon-Schlucht, die ihn als Kletterer seit Jahrzehnten fasziniert, stellt er sich seiner „Siphonparanoia" und befährt die 24 Kilometer lange Flussstrecke mit dem Kajak. „Ich fühle mich", schreibt Kurt, „als das, was ich bin: Ein Kletterer, der sich in einer scheinbar längst bekannten eine neue Welt erschlossen hat. Was kann es Schöneres geben?" Kurts jahrzehntelange Partnerschaft mit der Firma Salewa hat nach wie vor Bestand. „Bei ihm zuhause lagen jede Menge Rucksäcke und Reisetaschen herum", erzählt Holger. „Aber wenn wir verreisten, lief es meistens so: Kurt stand vor seinem Schrank, Tür auf, Klamotten raus, alles rein in einen Umzugskarton, Kletterzeug oben drauf und los ging's." In den Nächten steht die Pappschachtel vor Holgers Campingbus. Wenn es regnet, weicht der Karton auf, Bekleidung und Ausrüstung werden pitschnass.

Mitten in der Nacht stehen Kurt Albert und Toni Erdenkäufer am Einstieg des „Fürther Risses" (VII+). Ein Scheinwerfer erleuchtet die Talseite des Streitberger Schildes hell genug, um Leisten und Fingerlöcher, Griffe und Tritte sehen zu können. Die Kletterer kommen von der „Stärzelkärwa" 1976 in Gasseldorf. Am Freitagabend ist dort wenig los, und irgendwann fragt Kurt in die Runde, wer mitkommen wolle zum „Schild". Toni – auf den Tag genau fünf Jahre jünger als Kurt – ist sofort dabei. Flugs klettert Kurt zum vierten Bühler-Haken empor und holt Toni im Schlingenstand nach. Die beiden haben eine Gitarre dabei. Und während Toni darauf spielt, singt Kurt Reinhard Meys „Diplomatenjagd" über die Dächer von Streitberg.

Das Interesse der beiden jungen Kletterer an der Musik geht weit hinaus über geselliges Saitengeschrubbe und Liedergegröle. Regelmäßig besuchen sie Konzerte bekannter Gitarristen, Werner Lämmerhirt oder Günter Stössel zum Beispiel, die im Nürnberger „Theater am Kopernikusplatz" oder in der Kleinkunstbühne „Zündholz" auftreten. Kurt und Toni sind fasziniert vom Ragtime, dessen Ursprünge im Mississippi-Blues liegen. Auf der Gitarre wird die Musik mit Fingerpicking gespielt: Der Daumen schlägt die Bässe an, die Melodie hält synkopisch dagegen, indem Zeige-, Mittel- und Ringfinger unbetonte Schläge betonen. Basslinie und Melodie entfalten so ihre eigene Wirkung. Es entsteht ein dichter, komplexer und rhythmischer Sound. 1974 erscheint die Langspielplatte „Ragtime Guitar" des tschechischen Gitarristen Sammy Vomáčka, der seit vier Jahren in Deutschland lebt und seine Stücke mit natürlicher Coolness spielt. Kurt und Toni sind seine größten Fans. Immer wieder hören sie sich die Platte an. Wenn sie eine bestimmte Tonfolge genauer analysieren wollen, legen sie den Tonabnehmer des Plattenspielers fünf Rillen nach rechts. Das machen sie so lange, bis die Scheibe zerkratzt ist.

Im Oberschöllenbacher „Hotel Frankenjura" beginnt Kurt, auch Klavier zu spielen. Er bringt sich das Instrument selbst bei, übt stundenlang Anschlag, Akkorde und Läufe, bis seine Mitbewohner komplett genervt sind. Nur Norbert Bätz nicht: Er spielt ja selbst Geige, und das ausgezeichnet. Ein gutes halbes Jahr lang sperrt Kurt sich jeden Tag für ein paar Stunden im Keller ein, um Johann Sebastian Bachs „Präludium in C-Dur" aus dem ersten Teil des 1722 entstandenen „Wohltemperierten Klaviers" einzustudieren. Es wird sein Paradestück. Und zusammen mit Norbert an der Geige kriegt er auch Charles Gounods „Ave Maria" gut hin, eine 1853 komponierte „Meditation über das erste Präludium" Bachs. Wenn Kurt und Norbert auf der monotonen Autoroute du Soleil in die Klettergebiete Südfrankreichs fahren, hören sie Felix Mendelssohn Bartholdys romantisches „Klavierkonzert Nr. 1" und Niccolò Paganinis Violinkonzerte.

Die Musik fordert, womöglich ähnlich dem Klettern, Kurts analytischen Geist heraus und weckt zugleich sein Bauchgefühl. Für den Mathematiker in ihm sind Musikstücke Aneinanderreihungen von Tönen, die bestimmten Harmonieregeln folgen. Alles logisch und erklärbar. Doch darüber hinaus hat Kurt auch ein Gespür für die emotionale Macht der Musik. Für das Hörbare und zugleich Unerhörte, das Menschen ganz tief im Inneren berühren kann. Ohne dass man verstünde, warum. Seit er in Streitberg bei seinem Bruder Horst wohnt, verbringt Kurt fast so viel Zeit an seinem Klavier wie an den Felsen. Vor allem, erzählt Horst, wenn es ihm nicht gut geht. Dann zieht er sich zurück und spielt.

In den Jahren, in denen die Albert-Brüder unter einem Dach leben, ist Horst dem Jüngeren so nahe wie lange nicht. Natürlich bekommt er mit, dass auch der scheinbar stets gut gelaunte und fröhlich herumalbernde Kurt Zeiten durchlebt, in denen bestimmte oder unbestimmte Dinge auf sein Gemüt drücken. Manchmal hat Horst den Eindruck, Kurt ließe sich hängen. Dann liegt er bis nachmittags im Bett und der Fernseher läuft ununterbrochen. Warum sollte er auch aufstehen? Es gibt zwar viel, was er tun könnte. Aber nichts, was er tun muss. Die Antriebslosigkeit, der Kurt sich in den Nullerjahren manchmal über Tage und Wochen hingibt, ist ein Tribut an ein Leben voller Tatendrang. Und vielleicht auch innerer Widerstand gegen eine Art Melancholieverbot, das gern den Menschen auferlegt wird, die mehr geben als nehmen. Und von denen, bewusst oder unbewusst, immerwährende gute Laune erwartet wird.

Nur seine engsten Freunde wissen, wenn überhaupt, dass Kurt schon seit Jahren unter Migräne leidet. Ein, zwei Mal im Monat überfallen ihn unmenschliche Kopf- und Augenschmerzen, dazu heftige Übelkeit. Kurt versucht, sein Leiden zu überspielen. „Aber man hat es ihm angesehen, wenn er einen Schub hatte. Sein Gesicht lag dann in tiefen Falten", sagt Horst. „Wenn es vorbei war, hat er sich immer gut rasiert. Dann wusste ich, da war wieder was." Von sich aus sagt Kurt kein Wort, wenn es ihm schlecht geht. Direkt auf seine Verfassung angesprochen, antwortet er ausweichend. „Passt schon", ist seine meist verwendete Phrase. Nur in einem unveröffentlichten Expeditionstext gibt Kurt einen kurzen Hinweis darauf, dass auch in seinem Leben nicht immer alles Jubel, Trubel, Heiterkeit ist. Es ist vielleicht das einzige schriftliche Zeugnis davon: „Vor ein paar Jahren, die Zeit spielt keine Rolle, an einem trüben Novembertag: Schwermütig lungere ich nachmittags im Bett herum, die Mundwinkel nach unten verzogen, die Zähne in der Bettdecke verbissen. Meine Gedanken sind weit weg, hängen an vergangenen Zeiten. Abenteuer in China, Plackerei am Trango Tower, sogar die Schneestürme Patagoniens scheinen gar nicht mehr so schlimm gewesen zu sein." Wie trügerisch die Erinnerung doch ist.

Am 6. September 2004 wird Kurt in der Notaufnahme der Neurologischen Abteilung der Nervenklinik Bamberg vorstellig. Vier Tage zuvor hat er schwer gehoben, daraufhin schießt ihm ein stechender Schmerz von der

Wirbelsäule in beide Beine. Kurt kennt das, bereits vor einem Dreivierteljahr hat er einen Hexenschuss gehabt. Jetzt aber ist es schlimmer. Er spürt die Vorderseite seiner Oberschenkel nicht mehr, im linken Bein hat er kaum Kraft. Die Diagnose ist eindeutig: Bandscheibenvorfall zwischen elftem und zwölftem Brustwirbel. Drei Wochen später wird er in der Neurochirurgischen Klinik der Universität Erlangen-Nürnberg operiert. „Der postoperative Verlauf" gestaltet sich laut Arztbericht „problemlos".

Das klingt gut und wäre wohl zutreffend für einen Patienten, dessen körperliche Betätigung ein normales Maß nicht übersteigt. Bei Kurt ist das anders. Auf seinen Kletterreisen und Expeditionen, sagt Stefan Glowacz, „hat er geackert wie ein Viech". Getragen, gezerrt, gezogen, geschleppt, immer mit den schwersten Lasten. Auf seinen Körper nimmt Kurt keine Rücksicht. Zudem ist er kein Leichtgewicht. Das geht im Laufe der Jahre auf Knochen und Gelenke. Und der Körper vergisst nicht. Nach seiner Operation an der Wirbelsäule ist Kurt nie mehr ganz schmerzfrei. Bernd Arnold, der selbst mit den Folgen jahrzehntelanger Selbstkasteiung und seines Unfalls am Great Trango Tower zu kämpfen hat, kennt Kurts Verfassung: „Sein Körper war verbraucht, er hatte ernsthafte gesundheitliche Probleme. Einerseits ist es natürlich ein Privileg, ein Leben mit so großer Wertigkeit wie Kurt führen zu dürfen. Andererseits stieß er auch an Grenzen. Und natürlich machte er sich Gedanken darüber, wie es weitergehen sollte." Zurückgelegt hat Kurt jedenfalls nichts. Er hat weder eine Immobilie noch Kapitalvermögen oder Aktien. Zwar kann er gut von seinen Vortragseinkünften leben, abgesichert ist er nicht. Bei seinem Bruder bezahlt er keine Miete. „Das war in Ordnung", sagt Horst. „Ich war Kurts Rentenversicherung, und das hat er auch gewusst."

Kurt ist kein großer Archivar seines Alltags. Es ist deshalb ganz aufschlussreich, dass er zwischen Zeugnissen, handschriftlichen Manuskripten und Vortragsanfragen drei weitere Dokumente aufbewahrt: einen Artikel über Heilfasten mit dem Titel „Gesund durch Verzicht", die Broschüre „Leben und Kraft – Besiegte Angst!", in der es um Existenz- und Zukunftsängste geht, sowie den Text „Einheit zwischen Geist und Körper", verfasst von Doug Scott. Der britische Expeditionsguru findet darin Parallelen zwischen Bergsteigen und Taoismus und betont, es sei wichtig, „Ordnung und Gleichgewicht in alle Teilbereiche des Lebens zu bringen, damit ‚Chi', der Hauch und Energie des Lebens, den Menschen ungehindert durchdringen kann". Kurt ist kein spiritueller Mensch. Er glaubt nur das, was er sich erklären kann. Seine Lieblingslektüre ist, neben Arnold Schwarzeneggers „Großem Bodybuilding-Buch", das Kompendium „Gekrümmter Raum und verbogene Zeit", in dem der US-amerikanische Physiker Kip S. Thorne „Einsteins Vermächtnis" erklärt. Es geht darin um Schwarze Löcher, Antimaterie, gravitationsbedingte Zeitdilatation und Quantenschaum – aber nicht um „Chi". Es spricht für Kurts geistige Beweglichkeit, dass er sich auch Phänomenen zuwendet, die zumindest rational geschulten Denkern suspekt sind.

In seinem Aufsatz betont Doug Scott auch, wie wichtig eine ausgewogene, am besten vegetarische Ernährung für Bergsteiger sei. Was das angeht, stehen Kurts zaghafte Bereitschaft zur Verhaltensänderung und die Macht der Gewohnheit in krassem Widerspruch zueinander. Kurts Essgebaren ist eine Katastrophe, findet Horst. Während er selbst sich regelmäßig vernünftige Mahlzeiten zubereitet, stopft Kurt in sich hinein, was er kriegen kann, ob gesund oder nicht. Kochen ist nicht sein Ding. Wenn er Hunger hat, schmiert er sich ein Butterbrot – sofern Horst ein Brot gekauft und Butter im Kühlschrank hat. Ab und an reißt er eine Packung Trockennahrung aus seinen Expeditionsvorräten auf. Ansonsten geht er essen, das ist am einfachsten. Auch in anderen Bereichen seines Lebens zeigt sich, dass Aufmerksamkeit nicht zu Kurts größten Tugenden gehört. Die Post liegt oft monatelang ungeöffnet auf dem Schreibtisch, und sei sie noch so wichtig. Sein ureigenes Interesse ist der einzige Maßstab, nach dem er sich richtet, und dieser Maßstab entzieht sich gängigen Kriterien. Kurt, so ließe sich mit Peter Sloterdijk sagen, ist ein „Virtuose der Alltagsuntauglichkeit".

Horst beobachtet seinen Bruder mit gewisser Sorge: „Kurt tat mir leid. Er lebte am Existenzminimum, ohne Absicherung. Die meisten seiner alten Freunde hatten sich inzwischen sesshaft gemacht und Familien gegründet. Einige sind zu Geld gekommen, auch weil sie von Kurt profitierten." Und er war allein. Oder hat sich allein gefühlt, was auf dasselbe rauskommt. Das kann sehr hart sein. Kurt hat sein Leben lang verbindliche Beziehungen gescheut. Seine Freundschaften wie seine Partnerschaften gründen auf der stillschweigenden Übereinkunft, dass er sich nur bis zu einem bestimmten Grad engagiert. Kurt ist keiner, der regelmäßig anruft oder sich nach dem Befinden anderer erkundigt. Nach Expeditionen hören die Gefährten, mit denen er durch dick und dünn gegangen ist, oft wochen- und monatelang nichts von ihm. Und wenn, dann nur, wenn er was braucht. Kurt wollte sich nie festlegen, nicht im Beruf, nicht in Beziehungen. Nun, da er älter wird, muss er den

Weg in ein Leben finden, das sich mit dem der anderen irgendwie in Einklang bringen lässt. Bezahlt er jetzt den Preis für die Freiheit, die ihm so wichtig war und ist?
Die Antwort ist müßig, denn Kurt hat nicht mehr die Zeit, ein anderes Leben und damit vielleicht auch eine neue Seite in ihm zur Entfaltung zu bringen. Pragmatisch wie er ist, nimmt er den Lauf der Dinge, das Älter- und Schwächerwerden, als unabänderlich hin, auch wenn er vor seinem 60. Geburtstag, der 2014 anstünde, schon Jahre zuvor Bammel hat. Dass sein Status als Kultfigur langsam verblasst, bedauerte er, auch wenn er dies nicht offen zugeben würde. „Ich glaube aber", sagt Stefan Glowacz, „dass Kurt dabei war, seinen Frieden mit der Entwicklung zu machen". Auch Holger Heuber ist davon überzeugt, „dass Kurt seinen Weg gefunden hätte. Er hätte die Schwierigkeiten, die auf ihn zugekommen wären, gut gemeistert. Oder er hätte jemanden gefunden, der sich darum gekümmert hätte." Und Jerry Moffatt, sein Freund aus wilden Tagen, ist der Meinung: „Es war gut so, wie es war. Es ist normal und richtig, dass man mit dem Alter ruhiger wird. Dass man irgendwann aufhört, immer im Kreis zu rennen, wie ein Hund, der seinen Schwanz jagt. Kurt hat das Leben geführt, das er führen wollte. Ich kann mir nicht vorstellen, bei allem, was er erlebt hat, dass er eines Tages dagesessen wäre und sich überlegt hätte, was er versäumt haben könnte. Hätte ich heiraten sollen? Hätte ich Karriere machen sollen? Hätte ich ein Haus bauen sollen? Nein, ich weiß, dass Kurt nichts bereut hätte."

Mosaikstein #14

Nachdem Jerry Moffatt seine Kletterkarriere 2002 mehr oder weniger beendet, sieht er Kurt nur noch selten. Verbunden fühlt er sich dem Franken dennoch, weil sich ihre Freundschaft aus gemeinsamen Erlebnissen speist. Als Jerry seinem alten Kumpel einen Besuch in Streitberg abstattet, „räumten wir irgendetwas aus der Garage und blickten zum Streitberger Schild, wo ein paar Leute kletterten. Kurt fand in dem ganzen Gerümpel einen dieser orange-weiß gestreiften Kegel, mit denen Baustellen abgesichert werden. Er drehte ihn um, hielt ihn wie ein Megafon an den Mund und rief mit sonorer Stimme: ‚Hier ist die Polizei. Verlassen Sie sofort den Felsen. Hier ist die Polizei. Klettern ist illegal. Hören Sie sofort auf. Kommen Sie runter …' Das war grandios. Tatsächlich seilten ein paar Leute aus ihren Routen ab."

„Haben Sie nicht manchmal das Gefühl, dass das Leben an Ihnen vorbeizieht, wenn Sie ständig an irgendeinem Ende der Welt unterwegs sind?", fragt der Reporter eines Fernsehsenders, der ein Porträt von Kurt Albert dreht.

Kurt blickt in die Kamera, mit großen Augen und einem ungläubigen, konsternierten Blick, dann antwortet er mit Nachdruck in der Stimme, fast schon echauffiert: „Für mich ist das Leben. Ich kann mir kein intensiveres Leben vorstellen. Die Frage ist sinnlos." Das sieht nicht nur er selbst so. Am 6. September 2008 wird Kurt mit dem „The King Albert Mountain Award" ausgezeichnet. Preiswürdig findet die Jury Kurts zahlreiche Erstbegehungen weltweit sowie den konsequent gelebten Expeditionsstil „by fair means". In der Begründung wird Kurts lebenslanges Wirken auf den Punkt gebracht: „Kurt Albert, by reducing climbing to its essence, became a pioneer of modern climbing. The living legend is also a gifted photographer, speaker and actor in mountain films."

Trotz Rückenschmerzen, arthritischen Fingergelenken und befürchteter Herzschwäche – 2009 lässt Kurt sein „kardiovaskuläres Risiko" im sportmedizinischen Institut des Klinikums Nürnberg abklären, das Ergebnis zeigt eine „altersüberdurchschnittliche Belastbarkeit", seine Freunde halten ihn für ein wenig hypochondrisch –, trotz diverser Zipperlein also geht Kurt fast jedes Jahr auf eine ausgedehnte Kletterreise. Auf seinem Computer speichert er einen Text mit dem Dateinamen „Philosophiestunde", der sich wie eine Analogie auf seine Lebensweise liest: „Ein Philosophieprofessor stand vor seinen Studenten. Er nahm ein leeres Glas und füllte es bis zum Rand mit großen Steinen. Anschließend fragte er seine Studenten, ob das Glas voll sei. Sie bejahten. Der Professor nahm eine Schachtel mit Kieselsteinen, schüttete sie in das Glas und schüttelte es leicht. Die Kieselsteine rollten in die Räume zwischen den größeren Steinen. Dann fragte der Professor seine Studenten erneut, ob das Glas voll sei. Sie stimmten wieder zu. Der Professor nahm eine Schachtel mit Sand und schüttete diesen in das Glas. Der Sand füllte die letzten Zwischenräume im Glas aus. Der Professor sagte zu seinen Studenten: ‚Ich möchte, dass Sie erkennen, dass dieses Glas wie Ihr Leben ist. Die Steine sind die wichtigen Dinge. Dinge, die – fiele alles andere weg – Ihr Leben immer noch erfüllen würden. Die Kieselsteine sind weniger wichtige Dinge: Arbeit, Wohnung, Haus oder Auto. Der Sand symbolisiert die ganz kleinen Dinge im Leben. Wenn sie den Sand zuerst in das Glas füllen, bleibt kein Raum für die Kieselsteine und die großen Steine. So ist es auch in Ihrem

Leben. Wenn Sie all Ihre Energie für die kleinen Dinge aufwenden, haben Sie für die großen keine mehr. Es sind die großen Steine, die wirklich zählen. Der Rest ist nur Sand.' Nach dem Unterricht nahm einer der Studenten das Glas mit den großen Steinen, den Kieseln und dem Sand und schüttete Bier hinein. Das Bier füllte den noch verbliebenen Raum aus. Jetzt war es wirklich voll. Und der Student sagte zum Professor: ‚Aber egal, wie erfüllt das Leben ist: Es ist immer noch Zeit für ein Bier.'"

Im November 2001 brechen Kurt Albert, Stefan Glowacz und Holger Heuber nach Mexiko auf. Ihr Ziel ist die im nördlichsten Bundesstaat Chihuahua gelegene Sierra Madre Occidental, wo steile Pfeiler aus vulkanischem Gestein den Candameña Canyon säumen. Das Ziel ist bewusst gewählt: Nach den kalten Abenteuern in der Antarktis und auf Baffin Island wollen die Kletterer mal in wärmeren Gefilden unterwegs sein. Begleitet werden sie von Gunda Frühwald, Hans-Martin „Pater" Götz, Mariusz Hoffmann und Klaus Fengler. Im Basaseachic Falls-Nationalpark angekommen, stellt sich dem Team die Frage, wie Kletterer und Material an den Fuß des El Gigante kommen sollen. Der Weg vom Hochplateau in den Schluchtgrund ist lang, steil, steinig und Wasser gibt es auch nicht. Von einer ersten Erkundung kommen Kurt, Pater und Mariusz ernüchtert zurück. Die 1000 Meter hohe Nordwestwand, erstbegangen drei Jahre zuvor von der Spanierin Cecilia Bull und dem Mexikaner Carlos García Ayala über die Route „Simuchi" (VIII-/A4), sei ein „senkrechter Dschungel", in dem Palmen und Kakteen wüchsen. Wird also nichts mit Plaisirklettern. Und nun?

Am 12. November 2001 findet im Team eine geheime Abstimmung statt. Sie soll darüber entscheiden, ob der El Gigante angegangen wird oder nicht. Kurt protokolliert in seinem Tagebuch: „Das Ganze ist inszeniert wie im Drehbuch. Abstimmung anonym mit Zetteln – J für ja, N für nein – im Steinschlaghelm. Gezogen wird J, N, N, N … Es steht schon 3:1 gegen den El Gigante, dann folgt ein J und noch ein J … 3:3. Und auch zum Schluss: ein J! Morgen soll es losgehen."

Die weitläufige, zerklüftete Landschaft der Barrancas del Cobre, der Kupfercanyons, ist Heimat der Tarahumaras. Selbst nennen sich die Indios Rarámuri – „die, die laufen". Der norwegische Ethnologe Carl Lumholtz (1851–1922) war der erste Europäer, der sich als „teilnehmender Beobachter" dem Leben der Rarámuri widmete. Er machte drei Expeditionen nach Mexiko: 1892/93, 1894–1897 und 1898, gut ein Jahrhundert vor Kurt und seinen

Gefährten. Lumholtz erkannte, dass Laufen für die Rarámuri zum einen Notwendigkeit war, etwa für die Jagd. Er beobachtete aber auch, dass die Indios zu ihrem eigenen Vergnügen liefen und spielerische Wettkämpfe bestritten. Bei „la carrera del bola" etwa, dem Rarájipuri, treten zwei Mannschaften aus verschiedenen Dörfern gegeneinander an. Jedes Team kickt einen hölzernen Ball vor sich her. Sieger ist, wer als Erstes die zuvor verabredete Distanz zurückgelegt hat. Die Frauen haben ein eigenes Rennformat: „la carrera de la arihueta". Dabei schleudern sie einen geflochtenen Kranz aus Yucca-Blättern mit einem hölzernen Stock von sich weg, um so den Rennverlauf zu bestimmen.

Auch heute noch liegen die Siedlungen der Rarámuri weit auseinander und sie legen große Distanzen zurück, um ihr tägliches Überleben zu sichern. Ihr Laufstil wird als „natural running" bezeichnet: aufrechte Körperhaltung, kurze Schrittlänge, Vorfußlauf und ein fließender, entspannter Rhythmus. In den Fokus der Öffentlichkeit gerieten die Rarámuri, als der amerikanische Autor Christopher McDougall 2009 sein Buch „Born to Run – Ein vergessenes Volk und das Geheimnis der besten und glücklichsten Läufer der Welt" veröffentlichte. Die Mischung aus Abenteuergeschichte, Reportage und Wissenschaftsbericht, gepaart mit einer guten Portion idealistischer Romantik, entfachte ein enormes Interesse an der Lebensweise der Rarámuri. In der Folge wurden die Indios teilweise zu jenen „edlen Wilden" verherrlicht, die schon in der imperialistisch angehauchten Literatur des 17. und 18. Jahrhunderts beschrieben wurden. Und deren Leben heute für Sinn suchende, ernährungsbewusste, ökologisch bewegte und spirituell angehauchte Nordamerikaner und Mitteleuropäer als Gegenentwurf zur Moderne verklärt wird.

Aber wie dem auch sei – Laufen ist nicht gerade das, was Kurt, Stefan und Holger am meisten Spaß macht. Zwei Tage Kletterausrüstung in den Canyon schleppen, darauf haben sie gleich gar keine Lust. Die rettende Idee kommt von Kurt. Er schlägt vor, an 500 Metern Fixseil direkt in den Candameña Canyon abzuseilen. Das ist genauso verrückt, wie es klingt. Aber was soll's! Das frei hängende Seil ist so schwer, dass die Kletterer es mit Steigklemmen hochziehen müssen, um es überhaupt in die Abseilachter einlegen zu können. Als Erster wagt Mariucz die Fahrt in die Schlucht – eine Stunde lang kämpft er gegen das Gewicht des Seils, die Reibung, das ständige Drehen im Wind und die Ausgesetztheit. Anschließend werden acht Haulbags abgelassen, dann folgen Stefan, Holger und Klaus. Inzwischen ist es stockdunkel. Kurt beschließt, die Nacht am Schluchtrand zu verbringen.

Der Plan des Teams sieht vor, dass Pater und Gunda am Morgen des folgenden Tages das Fixseil lösen und in die Schlucht fallen lassen, um anschließend zu Fuß ins Basislager abzusteigen. Bevor Kurt abzuseilen beginnt, schreibt er einen Zettel und deponiert ihn am Stand: „Lieber Pater, es ist 7 Uhr morgens und ich seile jetzt erst runter. Bitte schneide mich nicht ab. Grüße, Kurt." Beim Abseilen geht es quälend langsam voran. Kurt muss das gut 60 Kilo schwere Fixseil Stück für Stück durch das Abseilgerät drücken, da dieses ständig blockiert. Frei pendelnd hängt er in der Luft, Hunderte Meter über dem Boden. Er weiß, dass Pater und Gunda bald oben ankommen werden. Um 8 Uhr erreichen die beiden die Abseilstelle. Für Pater beginnt ein Martyrium. Was soll er tun? Er zieht und zerrt am Seil, aber es rührt sich nichts. Ob Kurt schon unten angekommen ist? Pater wartet, Minute um Minute. Um 8.30 Uhr schneidet er schließlich das Seil durch. Es fällt geräuschlos ins Leere. Pater atmet auf.

Gut eine Woche benötigen die Kletterer anschließend für die Erstbegehung ihrer 22-Seillängen-Route. Das Ergebnis ist zwiespältig – richtig schöne Seillängen wechseln sich ab mit Passagen, in denen zwischen losen Felsblöcken geklettert werden muss, die so groß sind wie Autos. Ein passender Routenname ist schnell gefunden: „La Conjura de los Necios" (IX+), „Die Verschwörung der Narren".

Kurt und Stefan kommen mit beeindruckenden Bildern aus Mexiko zurück. Verantwortlich dafür ist Klaus Fengler, der selbst ein ausgezeichneter Kletterer und Alpinist ist, und der dem Betrachter einen intimen Blick in die Schönheit und die Härten des Expeditionsgeschäfts ermöglicht. Aufgewachsen nördlich des Harz, beginnt Klaus mit seinem Zwillingsbruder Bernd Mitte der 1970er-Jahre zu klettern. Als Seil dient ihnen ein altes Bootstau, ihre Haken dengeln sie selbst, auch die Brustgurte nähen sie. Selbst ein Seilschaftssturz in ihrem Hausgebiet, einem Steinbruch bei Schöningen, kann die Brüder nicht aufhalten – obwohl sich Bernd den Kiefer zertrümmert und eine Kniescheibe bricht. Schon ein paar Monate später sind sie wieder im Harz unterwegs. Inzwischen mit einem Seil, das ihnen die Eltern zu Weihnachten geschenkt haben. Am Treppenstein, einer lang gezogenen Felsformation aus Granit, lernen sie einige andere Kletterer kennen. Darunter ist Götz Wiechmann, der eine Ausgabe des Magazins „Boulder" dabeihat. Auf dem Titel: Kurt Albert in „Sautanz". „Wie kann ein Mensch so schwer klettern?", fragt sich Klaus. Die Antwort darauf gibt er sich in kürzester Zeit selbst.

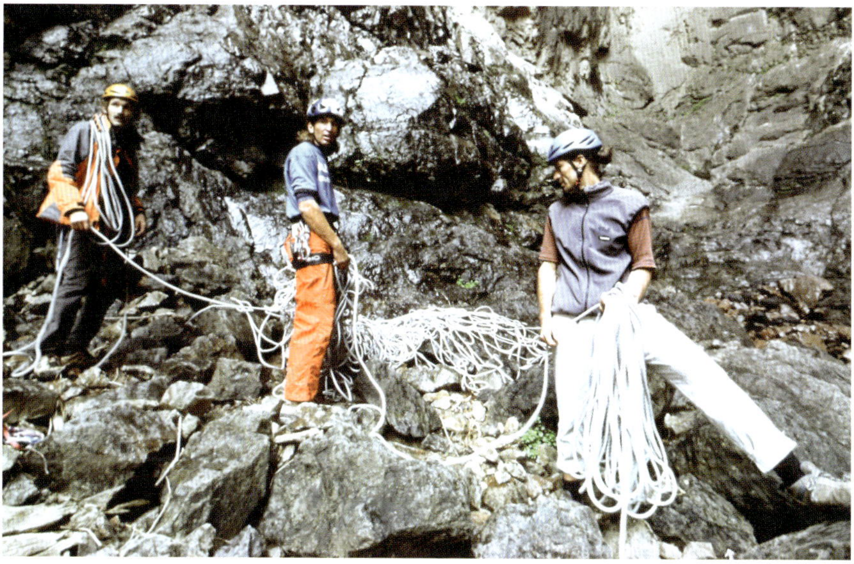

Im Grund des Candameña Canyons entwirren die Kletterer das 500 Meter lange Fixseil, an dem sie abgeseilt haben.

Anders als einige seiner Zeitgenossen entscheidet sich der ruhige, zurückhaltende Norddeutsche trotz seiner Kletterleidenschaft „für einen bürgerlichen Weg". Klaus studiert Maschinenbau, zieht nach Konstanz am Bodensee, heiratet, bekommt zwei Kinder. Zugleich entdeckt er seine Begeisterung für die Fotografie. Zum richtigen Zeitpunkt: Das Klettern entwickelt sich immer mehr zum Breitensport, Firmen und Handel benötigen gute Fotos. Auf Einladung von Stefan Glowacz und dem Österreicher Peter Schäffler reist Klaus im Frühling 2000 nach Sardinien, um die beiden Kletterer in der legendären Route „Hotel Supramonte" in der Gorropu-Schlucht zu fotografieren. 1998 von Rolando Larcher und Roberto Vigiani eingerichtet, warten zehn konstant überhängende Seillängen, die leichteste im neunten, vier im glatten zehnten Schwierigkeitsgrad, auf eine Rotpunkt-Begehung. Nachdem sie die ersten vier schwierigen Seillängen hinter sich, aber angesichts der fortgeschrittenen Zeit keine Chance mehr auf eine durchgehend freie Begehung haben, beschließen Stefan und Peter, einen schnellen Durchstiegsversuch zu machen. Fotograf Klaus bleibt am Standplatz zurück – ohne Seil, mitten in einer exponierten Wand, 200 Meter über dem Grund einer tief eingeschnittenen Schlucht und ziemlich allein. „Gott sei Dank", sagt Klaus, „konnten

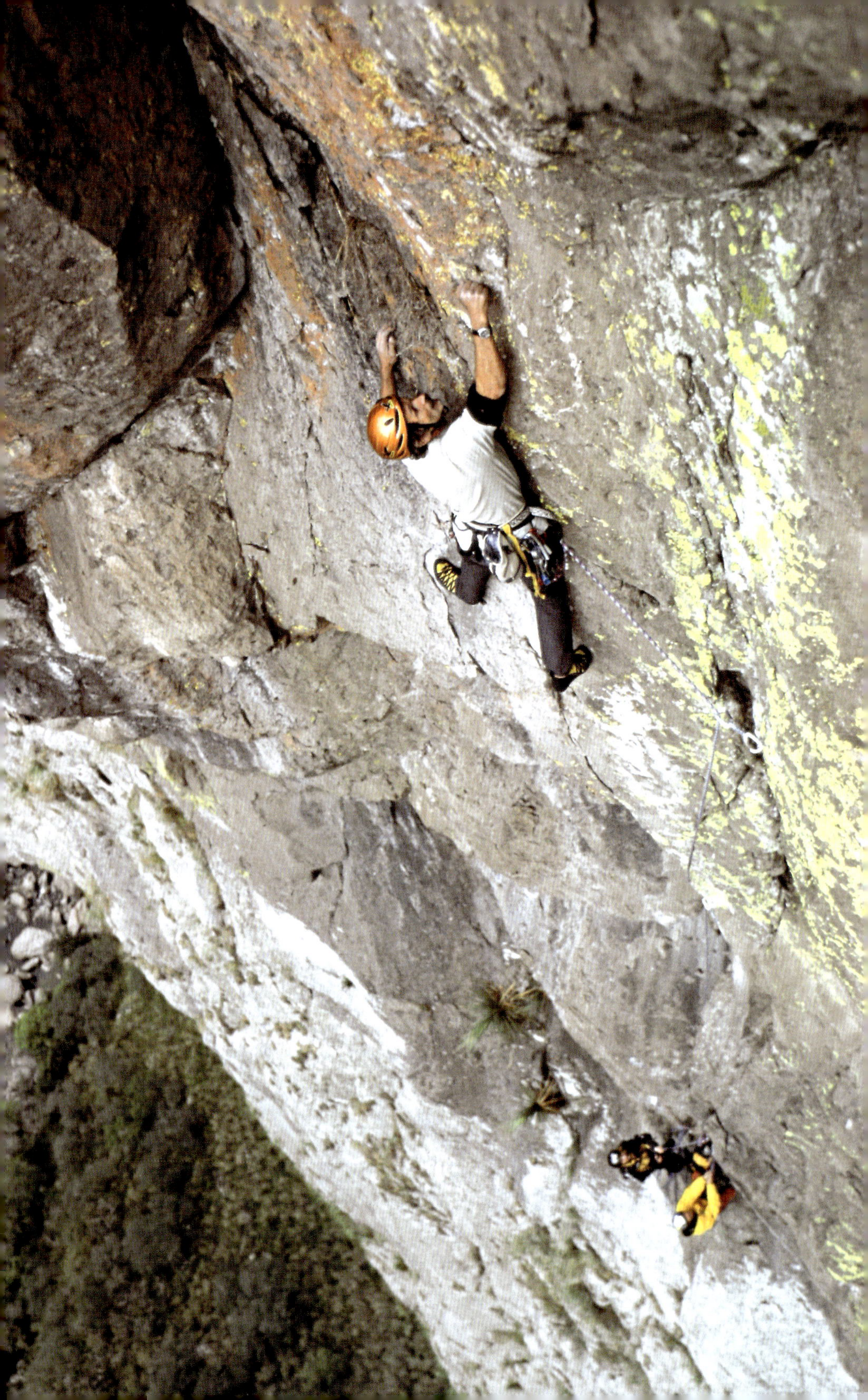

die beiden wieder zu mir zurück abseilen". Seine Feuertaufe hat er bestanden. „Hotel Supramonte" wird noch im selben Jahr von Pietro Dal Prà frei geklettert. Die erste Onsight-Begehung gelingt 2008 dem tschechischen Ausnahmekletterer Adam Ondra.

Nach ihrem mexikanischen Abenteuer wird Klaus Fengler zum regelmäßigen Dokumentaristen von Kurt Alberts Unternehmungen. 2003 begleitet er Kurt, Stefan Glowacz, Jürgen Knappe, den Arzt Tilo Marschke und Filmemacher Jochen Schmoll an den Mount Poi in den kenianischen Ndoto Mountains. An dem „Blätterteigberg", dessen Felsschichten bei der zartesten Berührung abbröckeln, wiederholen die Kletterer die Route „Story about Dancing Dogs" (IX+). 2007 reist Klaus zu den Tafelbergen Venezuelas. Mit Kurt, Stefan, Holger Heuber und dem Venezolaner Ivan Calderón leidet er im „Fegefeuer" (IX), bevor die Gruppe auf dem Acopan Tepui aussteigt. Und auch auf Kurts letzter Expedition in die Gran Sabana wird Klaus dabei sein.

Im Sommer 2004 zieht Kurt bei seinem Bruder Horst in Streitberg aus. Ein paar Kilometer südlich, in Gasseldorf, hat er eine Mietwohnung in einem ruhigen Hinterhof gefunden. Eine ganze Etage, das Treppenhaus, ein Speicher mit genügend Platz für eine selbst gezimmerte Boulderwand. Den Haustürschlüssel versteckt Kurt unter einer Topfpflanze neben der Eingangstüre – wie im „Hotel Frankenjura" in Oberschöllenbach, wie in der Streitberger Villa Marie. Nach wie vor kann es sich jeder, der dies weiß, in Kurts Wohnung häuslich machen. Auch das Chaos ist dasselbe, wie eh und je. Haulbags voller Kletterausrüstung, Seile, Schlafsäcke, topografische Karten, Bücher, CDs und aller möglicher Kram liegen auf dem Boden verstreut, in der Küche stapeln sich benutzte Teller und Tassen. Es gibt aber einen – nicht sichtbaren – Unterschied: Kurt ist froh, endlich mal allein zu wohnen. Es ist an der Zeit.

Ein regelmäßiger Besucher in Gasseldorf ist Jesse Guthrie. Kurt kennt den US-Amerikaner, geboren in Huntsville, Alabama, schon seit Anfang der 1980er-Jahre, als Jesse oft in Oberschöllenbach zu Besuch ist. Inzwischen arbeitet dieser im Außendienst der Bergsportunternehmen Vaude und Edelrid. Auf seinen Vertriebsreisen ist er viel in Deutschland unterwegs, und wann immer es geht, macht er Halt in der Fränkischen Schweiz. „Kurt zu treffen", sagt Jesse, „war wie heimzukommen. Die Besuche bei ihm erinnerten mich immer daran, wo meine Wurzeln liegen. Aus welchen Gründen ich mich irgendwann auf den Weg gemacht hatte. Kurt war die reine Inspiration. Und er hatte die schönste, sanfteste Seele, die ich kannte."

Mit 13 beginnt Jesse, der in Washington DC aufwächst, in den Seneca Rocks in West Virginia zu klettern. Auf der Suche nach Nervenkitzel, getrieben von Neugier und Abenteuerlust, heuert er nach Abschluss der High School bei einem professionellen Rodeoreiter an. Jesse lernt den Umgang mit Pferden, und er beginnt zu reiten. Es dauert nicht lange, dann setzt er sich selbst auf den Rücken eines „Bronco", eines wilden, bockigen Pferdes. Das „bareback bronc riding", ohne Sattel, wird seine Leidenschaft. Es zählt zu den gefährlichsten Sportarten überhaupt, doch Jesse ist begeistert: „Der Adrenalinrausch auf dem Rücken eines nicht zu zügelnden Pferdes war genau das, was ich gesucht hatte." Weil ihm das Reiten allein nicht mehr genügt, setzt Jesse mit „steer wrestling" noch einen drauf: „In vollem Galopp aus der Box zu reiten, so schnell wie möglich vom Rücken des Pferdes an die Flanke eines 600 Kilo schweren Stieres zu springen, ihn bei den Hörnern zu packen und niederzuringen, alles in sechs Sekunden, wow, das war aufregend." Jesse tingelt durch die USA, ist fast jedes Wochenende auf einem Rodeo. Und kommt fast jeden Sonntag mit irgendeiner Verletzung heim. Nach fünf Jahren hat er genug.

In den frühen 1980er-Jahren reist Jesse kreuz und quer durch Europa. Auf dem Campingplatz in La Palud, dem Stützpunkt für Klettereien in der Verdon-Schlucht, lernt er Kurt Albert und Wolfgang Güllich kennen. Jesse trägt nur einen Swami Belt, einen Hüftgurt ohne Beinschlaufen, als Kurt ihn vom Schluchtrand in die überhängende Route „Papi on sight" (7c+) ablässt. Jesse klettert ein paar Meter, dann verlässt ihn die Kraft. Er lässt los, pendelt und hängt vier Meter weg von der Wand. Hilflos, ohne jede Chance, wieder Fels in den Griff zu kriegen, schnürt ihm der Hüftgurt die Luft ab. „Jümars, please! Ich brauche Jümars!", schreit er nach oben. Die Reaktion lässt auf sich warten und zum Glück kann sich Jesse aus einer Bandschlinge einen Tritt bauen, um den Druck auf Nieren und Rippen zu entlasten. Endlich schaukeln an einem zweiten Seil ein paar Steigklemmen herunter. Als Jesse die Schluchtkante erreicht, amüsieren sich Kurt und Wolfgang köstlich. Jesse stimmt ein – wer Rodeopferde reiten kann, kann auch über sich selbst lachen.

Zwei Jahre lang bleibt Jesse in Deutschland, einige Monate wohnt er auch in der Moselstraße 7, Oberschöllenbach. Zwischenzeitlich zieht er wieder in die USA zurück und sein Zuhause in Nederland, Colorado, wird zur ersten Anlaufstelle für reiselustige Frankenjurakletterer. Auch Kurt ist regelmäßig bei ihm zu Gast. In Jesses Garten stellt er eine Bierdose auf und versucht stundenlang, sie mit einem Lasso einzufangen. So lange, bis es ihm irgendwann gelingt. „Bei Kurt gab es nie einen Zweifel, mit wem man unterwegs war. Er lebte nur im Jetzt, über Jahre hinweg. Das Leben als Kletterer, als Climbing Bum, war sein Kontinuum", sagt Jesse, der inzwischen, 68 Jahre alt, mit seiner Frau Anicka und den beiden Kindern in Prag lebt. Und er fügt hinzu, als wolle er die Antwort auf eine sich aufdrängende Frage vorwegnehmen: „Es trat niemand in sein Leben, den er genug geliebt hätte, um es aufzugeben. Da war Kurt ziemlich geradeheraus: ‚So bin ich. Versuche nicht, mich zu ändern. Aber komm mit, wenn du willst.'"

Es gibt in Kurts Biografie Leerstellen, und zwar dort, wo das Leben aus dem Vollen schöpft. Auch seine engsten Freunde wissen nichts über Kurts Liebesleben. „Das Thema ‚Beziehung' war tabu", sagt Holger Heuber. „Jeder hat es mal angesprochen und jeder fiel auf die Nase. Da hat Kurt niemandem etwas erzählt." Vielleicht erfüllt die Clownsmaske, die Kurt sich so oft aufsetzt, gerade hier ihren Zweck – tiefer liegende, feine und verletzbare Seinsschichten zu schützen.

Auf seinem Schreibtisch in Gasseldorf steht ein schwarz gerahmtes Porträtfoto von Ingrid Reitenspieß. Sie hat 1979 die Doppelhaushälfte in der Moselstraße 7, Oberschöllenbach, gemietet, in der sie mit Kurt, Norbert Sandner und Leena Kleibier einzieht. Nach zehn Jahren WG-Leben baut sie 1989 mit ihrem Freund Thomas Düll ein Haus in Weißenohe, einem 1000-Seelen-Dorf am südlichen Rand der Fränkischen Schweiz. Im selben Jahr heiraten sie. Thomas ist Messebauer. Als er am 29. März 1990 um 3 Uhr früh von der CEBIT, einer Messe für Informationstechnik in Hannover, heimkommt, hört er Motorengeräusche in der Garage. Er öffnet das Tor: Ingrid sitzt in ihrem Auto, vom Auspuffrohr führt ein Staubsaugerschlauch durch das Fahrerfenster. Sie stirbt an einer Kohlenmonoxidvergiftung. Der Backofen in der Küche ist frisch mit Reinigungsmittel eingesprüht. Ingrid hat am Vorabend noch einen Braten zubereitet. Sie ist 37.

Dass seine erste Freundin den unwiderruflichen Ausweg aus einem Leben wählt, das voll Verzweiflung und Dunkelheit gewesen zu sein scheint, in dem sie sich, auf der Suche nach Wärme und Geborgenheit, in die Ecke des Unrechts und des Unnormalen gestellt sieht, bringt Kurt völlig aus der Fassung. Seine Freunde haben ihn noch nie so niedergeschlagen und traurig erlebt.

Kurt selbst verschließt sich. Er spricht nicht über seine Trauer, seine Wut, seine Ohnmacht. Vielleicht fühlt er sich mitschuldig? Man weiß es nicht. Man sieht ihm an, dass es ihm schlecht geht. Doch Kurt würde nie über seine Sorgen sprechen. Und wer fragt, ob ihm etwas fehle, erhält ein lapidares „passt schon" zur Antwort. Wie immer.

Wenn Kurt auf Reisen ist, entwirft er in seinen sparsam geführten Tagebüchern Liebesbriefe. Ihr Ton ist eher sachlich-nüchtern denn schwärmerisch, fast verlegen geäußert der Wunsch nach einem Wiedersehen. Die möglichen Empfängerinnen sind unbekannt – ob Kurt die Briefe überhaupt abschickt, bleibt ungewiss. Sein Freund Jerry Moffatt sagt, Kurt sei zwar schüchtern gewesen, aber nicht unsicher. „Und die Frauen liebten ihn." Kurt aber habe sich nie entscheiden können. „Er wollte keinen Stress. Ich glaube, allein der Gedanke daran, jemand verlassen zu müssen und damit weh zu tun, hielt ihn davon ab, Beziehungen einzugehen." Möglichen Konflikten geht Kurt vorsorglich aus dem Weg. „Wenn er wollte", sagt Bernd Arnold, „konnte Kurt sehr wohl Verantwortung übernehmen. Aber eine echte Bindung eingehen?" Unbeantwortet bleibt die Frage im Raum stehen. Kurt, sagt einer seiner Freunde, sei wie ein Kater gewesen. Er kam, um gefüttert und gestreichelt zu werden. Und er ging, wenn ihm der Sinn danach stand. Ob eine Frau schon mit jemandem zusammen ist, und sei es mit einem seiner Freunde, ist keine Frage, mit der Kurt sich lange beschäftigt. Menschen sind frei und man kann sie nicht besitzen. Das ist sein Credo. Es gilt für ihn wie für andere.

Nina Quarg ist 23, als sie bei Norbert Sandner einen Kletterkurs bucht. Über Pfingsten 1987 besucht die Gruppe das Klettergebiet Finale Ligure. Kurt und Nina sitzen während der langen Fahrt von der Fränkischen Schweiz an die italienische Riviera zusammen im Auto. „Wenn er sich für eine Frau interessierte", sagt Nina, „dann merkte man das sehr schnell". Kurt kann Frauen ebenso geistreich wie galant becircen. Ein Mann für feste Beziehungen ist er noch nicht. Zu Nina sagt er, er sei in allen Bereichen seines Lebens ein „Spontangenießer". Im August 1987 fahren Nina und Kurt zu Filmemacher Gerhard Baur ins Allgäu. Dieser will seinen Protagonisten von Kempten aus mitnehmen zu den Drei Zinnen, um die erste Rotpunkt-Begehung des „Schweizer Wegs" zu dokumentieren. Seinen goldbraun lackierten Opel Kadett B hat Kurt wenige Wochen zuvor für 100 Mark gekauft. Vollgetankt. Die Tankfüllung, sagt er, sei mehr wert als das Auto. Prompt reißt während der Fahrt Rich-

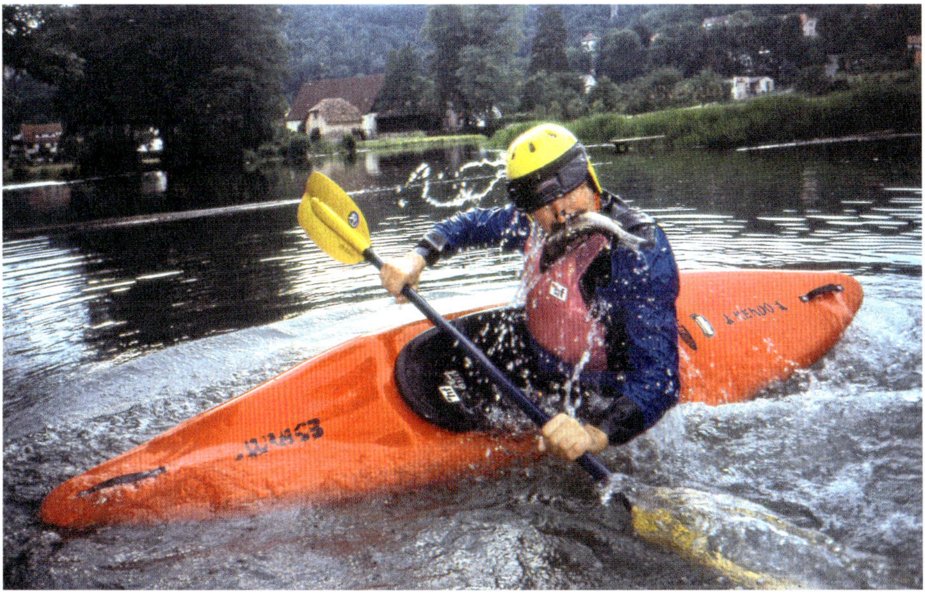

tung Süden das Kupplungsseil. Kurt ersetzt es durch eine Reepschnur, die er aus dem Motor- in den Fußraum fädelt und über den Innenrückspiegel umlenkt. Um zu kuppeln, muss der Fahrer die Reepschnur nach unten ziehen – als bediente Lukas der Lokomotivführer die Dampfpfeife seiner Lok Emma.

Mosaikstein #15

Wie immer beschweren sich die Angler am Ufer der Wiesent, wenn Kurt an ihnen vorbei paddelt. Was das solle? Ob er nicht woanders fahren könne? Und überhaupt, das Kajakfahren gehöre doch verboten. Kurt grinst in sich hinein. Er beugt sich weit nach vorne, streckt seinen rechten Arm, platziert das Paddel auf der linken Seite des Kendos. Dann lehnt er sich zum Wasser – und kentert. Eine halbe Ewigkeit scheint zu vergehen. Immer wieder patscht das Paddel leicht auf die Wasseroberfläche. Von Kurt ist nichts zu sehen. Die Angler beobachten das rote Boot, das vor ihnen im Wasser treibt. Schließich zieht Kurt das Paddel in einem großen Bogen vom Bug zum Heck, richtet den Oberkörper auf, sein blauer Neopren wird sichtbar, der gelbe Helm, der ganze Kurt – mit einer Forelle im Mund. Die Angler staunen Bauklötze. Ob sie ahnen, dass Kurt den tief gefrorenen Fisch unter seiner Schwimmweste versteckt hatte?

Nina klettert bald nicht nur viel und gut, sie ist auch eine exzellente Kajakfahrerin. Im Juli 1998 befährt sie mit Kurt und einer Gruppe der fränkischen Kanuschule Noris den Grand Canyon im US-amerikanischen Bundesstaat Arizona. Seit Jahrmillionen nagt der Colorado River an den Gesteinsschichten des gleichnamigen Plateaus, bis heute pumpt er enorme Wassermengen durch die 1400 Meter tiefe Schlucht. Rotbraun gefärbt vom aufgewirbelten Sand tost der Fluss durch eng stehende Felswände, zwischen denen sein Rauschen zu ohrenbetäubendem Lärm anschwillt. „Das war ein ganz großes Abenteuer", sagt Nina. Kurt hat vor den hohen Wellen, zu denen sich der Colorado River auftürmt, mehr Angst als vor großen Wänden. Aber er ist vorbereitet – nach eigener Schätzung hat er gut 3000 Eskimorollen auf der Wiesent und anderen Bächen gemacht.

23 Jahre lang sind Kurt und Nina immer wieder zusammen unterwegs. Die anfängliche Paarbeziehung wird nach 1998 zu einer engen Freundschaft, die auf großer Vertrautheit beruht. „Kurt interessierte sich sehr für Menschen", sagt Nina. „Und er umgab sich am liebsten mit denen, die er mochte und schätzte." Als Kurt stirbt, ist Nina 46 Jahre alt. Die Hälfte ihres Lebens spielte Kurt darin eine Rolle.

Im Frühling 2002 reist Kurt nach Siurana. Der kleine Ort und die hoch gelegenen Felsen südwestlich von Barcelona zählen zu seinen Lieblingsklettergebieten. Über die Jahre hat er sich perfektes Spanisch beigebracht – Aussprache, Betonung und ein paar argentinische Redewendungen verraten, dass er seine Kenntnisse vor allem in Patagonien erworben hat. Zwischen 1997 und 2000 ist er noch einmal an der Friedrich-Alexander-Universität Erlangen eingeschrieben. Fünf Semester lang, sechs Stunden pro Woche, studiert er Wortschatz und Grammatik. Seine Vorträge in Spanien hält Kurt auf Castellano. Er ist dort bald so bekannt und beliebt, dass er am Wandfuß um Autogramme gebeten wird. Kurt genießt das. Es sei eine Ehre, sagt er.

In Siurana lernt Kurt eine junge Frau kennen, die „den muskulösen, massiven Typ", der sie anspricht, zunächst für einen US-Amerikaner hält. Ariadna Clols, genannt Ari, ist 28 Jahre alt. Sie klettert selbst, macht sich aber nichts aus dem Starkult, der um den ein oder anderen prominenten Bergsteiger betrieben wird. Kurt prahlt sowieso nicht mit seinen Erlebnissen. Als die beiden zusammen am Fels sind, wundert sich Ari, dass andere Kletterer unbedingt Fotos mit Kurt machen wollen. Dass der 20 Jahre Ältere anders ist, ein Leben nach eigenen Spielregeln führt, wird Ari bald bewusst. Im Sommer schickt er ihr einen Brief aus den Dolomiten, zwischen den Blättern steckt ein getrocknetes Edelweiß. Ari verliebt sich und findet Gefallen an den „inneren Landschaften", die Kurt ihr zeigt.

Ein Jahr, nachdem sie sich kennengelernt haben, reist das Paar nach Indien. Eigentlich hat Ari vor, allein unterwegs zu sein, aber Kurt will unbedingt mit. Die Reise wird ein Fiasko. Ari wundert sich, dass der viel umhergekommene Kurt alles andere als weltgewandt ist. Eine gefühlte Ewigkeit steht er am Ticketschalter eines Bahnhofs in der Schlange, ohne Fahrkarten zu erwerben. Die Inder, sagt er, hätten sich immer vorgedrängelt, was hätte er machen sollen? Als Ari in Hampi fiebrig im Bett liegt, fährt Kurt mit dem Fahrrad los, um eine Apotheke zu suchen. Zwei Stunden später kommt er zurück, ohne Medikamente. Er habe sich verfahren, sagt er. Wieder gesundet, geht Ari mit jüngeren Kletterern zum Bouldern. Kurt reagiert beleidigt. Eifersucht ist ein Gefühl, das er bislang nicht kannte. Und er schlussfolgert: „Liebe ist eine mentale Krankheit".

Durchaus könnte es sein, dass diese Feststellung das letzte verbale Rückzugsgefecht eines Mannes ist, der merkt, wie schön, aufregend, inspirierend, behütend eine Liebesbeziehung sein kann. Dem bewusst wird, dass das Bekenntnis zu einem anderen Menschen beflügelt. Und der vielleicht auch Angst davor hat, alleine dazustehen. Ari ist ein ebenso unabhängiger Mensch wie Kurt. Sie hat Geschichte studiert, anschließend Forstwissenschaft, jetzt arbeitet sie als Archäologin. Ihren spanischen Freund verlässt sie nicht. Aber sie schickt ihn weg, wenn Kurt zu Besuch kommt. „Ich bin wie Wasser", sagt Ari. Ständig in Bewegung, nicht zu greifen, sprudelnd vor Energie und zerstörerisch, wenn man es in enge Bahnen zwingt. Nach ihrer Indienreise raufen sich Ari und Kurt wieder zusammen. Ihre Beziehung sprengt den Rahmen des Gewöhnlichen. Ein normales Paar, was immer das sein mag, sind sie jedenfalls nicht. Kurts Wohnung in Gasseldorf ist nach wie vor ein einziges Chaos. Weil Kurt so ist, wie er ist, verwendet er das Spülwasser nach dem Abwasch dazu, die Böden zu wischen. „Als wir uns kennenlernten", erzählt Ari, „wollte ich Kurt ändern. Oder manches an ihm, was ich komisch fand. Nach und nach verstand ich, dass ich ihn ja gerade deshalb liebte. Weil er anders, weil er wild war." Ari lebt heute, inzwischen 46 Jahre alt, im spanischen Tarragona. Den Frankenjura hat sie nach Kurts Tod nicht mehr besucht.

Nina Quarg, 56, ist dort nach wie vor zuhause. Sie weiß von Ari Clols und umgekehrt. Zumindest in diesem kleinen Kreis sind Kurts Geheimnisse offene. Eifersucht habe es nicht gegeben, sagt Nina, „weil die Dinge immer klar waren“. Kurt habe sich in seinen letzten Lebensjahren sehr verändert. Er sei rücksichtsvoller geworden, einfühlsamer. „Ich bin jetzt ein ganz anderer Mensch“, sagt er zu Nina. Zufrieden mit sich, ruhiger, nicht mehr getrieben. Ari ist er noch freundschaftlich verbunden. Nina hat sich vom Vater ihres Kindes getrennt. 2009 wagt sie mit Kurt einen Neustart, „weil ich merkte, dass unsere Beziehung eine neue Qualität gewonnen hatte“.

Zusammen verbringen sie Kurts 56. Geburtstag im Januar 2010 auf der Kanareninsel Teneriffa. Im Frühling reist Kurt nach Laos, um fränkische Kletterer bei der Entwicklung eines Klettergebietes an der Grenze zu Thailand zu unterstützen. Das Halbfinale der Fußball-Weltmeisterschaft in Südafrika am 7. Juli 2010, in dem Deutschland Spanien 0:1 unterliegt, schauen sich Nina und Kurt beim Public Viewing auf der Wöhrder Wiese in Nürnberg an. Mit Ninas achtjährigem Sohn Paul fahren sie in den Sommerferien nach Sardinien. Kurt kann gut mit Kindern: Jeden Abend erzählt er eine Gute-Nacht-Geschichte. Zum Vergnügen Pauls und seiner Freunde baut er einen wackligen Turm aus Gewürzdosen, während er Frühstückseier brät. Und er erzählt den Kindern in allen Details, wie er einmal eine Zwei-Mark-Münze am Boden festklebte und aus einem Versteck heraus die Menschen beobachtete, die das Geldstück aufzuheben versuchten. Kurt ist immer noch wie ein Kind, „aber zugleich ist er auch reifer geworden“, sagt Nina. Vielleicht, weil er nicht mehr Kind unter Erwachsenen ist. Sondern Erwachsener unter Kindern.

Die Frage, wie Kurts Leben weitergegangen wäre, wäre er nicht verunglückt, erlaubt nur eine hypothetische Antwort. In einem der Zimmer, die er im Haus seines Bruders Horst bewohnte, finde ich einen Ordner, auf dessen roten Rücken Kurt „Ziele“ geschrieben hat. Darin aufbewahrt ein Sammelsurium handschriftlicher Notizen, topografischer Karten und ausgerissener Zeitschriftenartikel: über den Thalay Sagar und den Shivling im indischen Garhwal Himalaya, die Todra-Schlucht in Marokko, die Cordillera Quimsa Cruz in Bolivien und so fort. Es sei gar nicht so leicht gewesen, neue Ziele zu finden, erinnert sich Stefan Glowacz, weil Kurt an so vielen Orten der Welt schon war. Dennoch glaubt er dasselbe wie Bernd Arnold, der sagt: „Ein paar schöne Ausflüge hätten wir sicher noch gemacht.“

Kurts 56 und drei Viertel Lebensjahre gleichen einer klassischen, aber unvollendet gebliebenen Heldenreise. Da ist der kleine Junge, der mit neun

Jahren noch so schmächtig ist, dass seine Eltern ihn zur Kur in den Schwarzwald schicken. Ganz gewöhnlich wächst er in der Großstadt auf. Doch bald lockt ihn der Ruf des Abenteuers, und sein erster Lehrmeister, Jesuitenpater Ossi Schmitt, ebnet ihm den Weg in eine Welt voller Wunder. Umringt von seinen Mitstreitern, erlegt der immer stärker werdende Mann ein Ungeheuer nach dem anderen. Er überschreitet Grenzen, erobert ferne Gestade, besteht Prüfungen, bleibt ruhelos und kampfeslustig. Bis sich eine Art Erwachen ankündigt. Eine Zeit des Besinnens, in der sich die Aufmerksamkeit des Helden von der äußeren in die innere Welt verlagert. Kurt beginnt zaghaft, an ein anderes Leben zu denken. Doch die Saga endet abrupt und zu früh, der Held stirbt. Heimzukommen, wann, wie und zu wem auch immer, ist ihm nicht vergönnt.

Eine Tasse dampfenden Kaffees in der Hand, liegt Kurt Albert in seiner blauen Hängematte. Stefan Glowacz und Holger Heuber sitzen neben und etwas unter ihm, auf einem bürgersteigbreiten Felsband. Es ist der einzige waagrechte Platz in einem Meer rötlichen Sandsteins, der „La Proa", den „Bug" des Roraima bildet. 2810 Meter erhebt sich der Tafelberg über der Gran Sabana im Südosten Venezuelas, im Grenzgebiet zu Brasilien und Guyana. Savanne, Palmenhaine und tropischer Wald verschränken sich weit unter den Kletterern zu einem immergrünen Fleckerlteppich. Aus dem sanft gewellten Hochplateau ragen seltsame Berge auf: die Tepuis, 115 insgesamt. „Inseln in der Zeit" nennen Wissenschaftler diese Tafelberge, weil ihre zerklüfteten Gipfel Archive der Evolution sind. „Häuser der Götter", sagen die Pemón-Indianer, die die Gran Sabana seit 600 Jahren besiedeln.

Dichter Nebel brandet von Osten her gegen den Roraima und legt sich über den Regenwald Guyanas. Von dort sind die drei Kletterer gekommen, Anfang März 2010. Mit dem Buschflugzeug von Georgetown an der Atlantikküste nach Kamarang. In Einbäumen auf dem Kako River flussaufwärts, drei Tage paddeln, umtragen, schieben, ziehen, bis der Wasserlauf zu flach wird. Anschließend sieben Tage durch dichten Urwald, geführt und unterstützt von Akawayo-Trägern. Ständig regnet es. Die feuchte Hitze zermürbt die Körper, die unerträglich juckenden Stiche der Jéjén, einer Sandfliege, den Geist. Zuletzt müssen Kurt, Holger und Stefan, Fotograf Klaus Fengler und Kameramann Franz Hinterbrandner 400 Kilogramm Ausrüstung über einen von Farnen, schleimigen Moosen, Lianen und Würgefeigen überwucherten

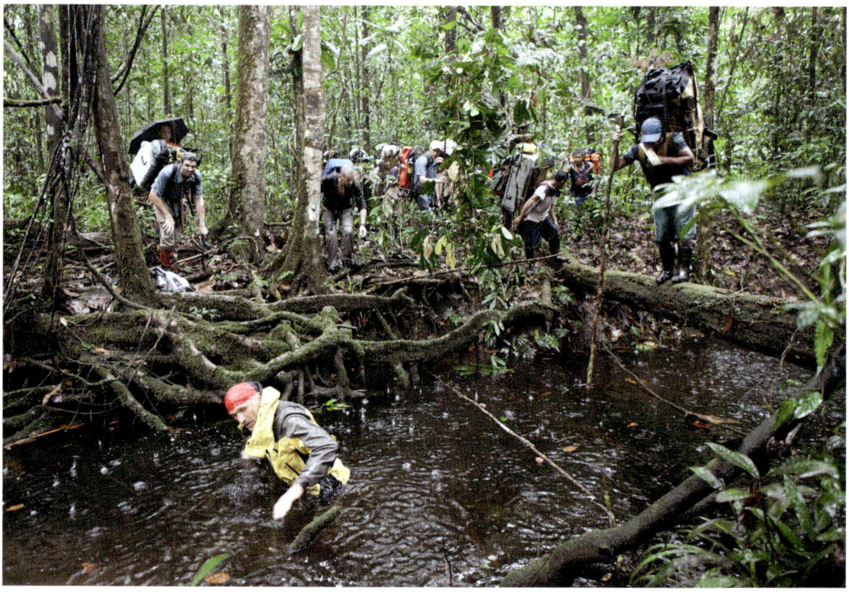

Verloren im Dschungel: Mitten im Urwald von Guyana lässt Kurt Albert seine Kamera in einen Bach fallen. Sie bleibt verschollen.

In Gedanken verloren: Zwei Wochen lang quält sich das Team zum Wandfuß des Roraima. Kurt Albert nimmt sich eine Auszeit.

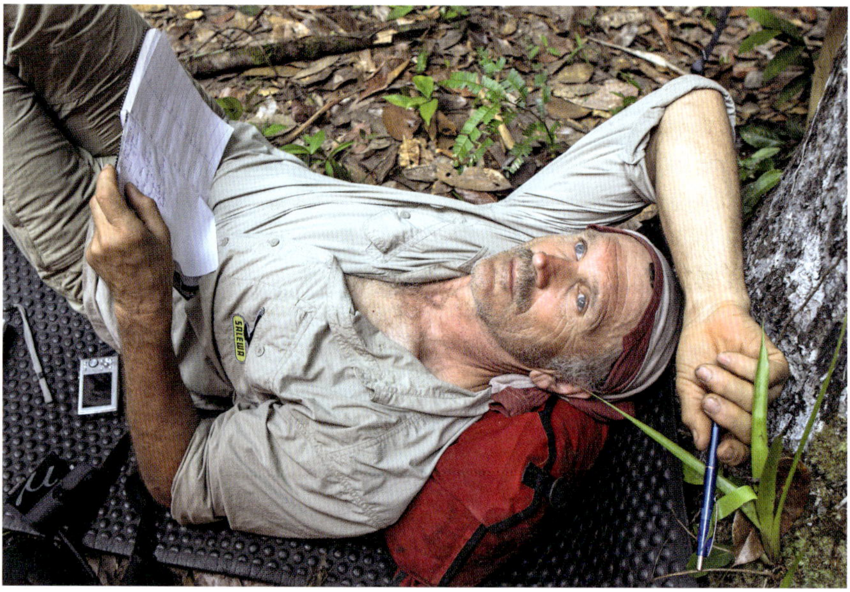

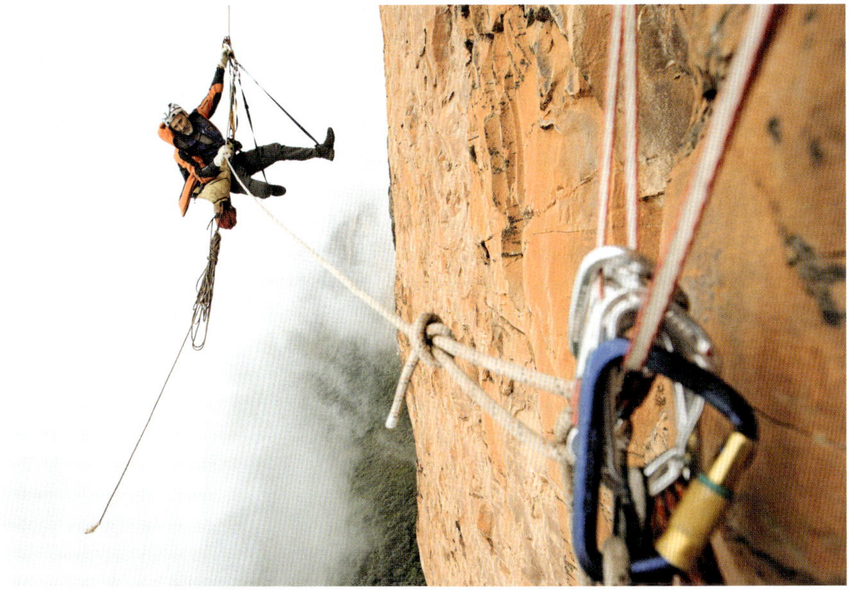

Kurt in seiner Welt. Mit zwei Steigklemmen am Fixseil aufsteigend, wirft er einen prüfenden Blick in die vorhergehende Seillänge.

Kurt an seinem Platz. Zufrieden die Hände gefaltet, genießt er eine Biwaknacht in der Route, die „Behind the Rainbow“ heißen wird.

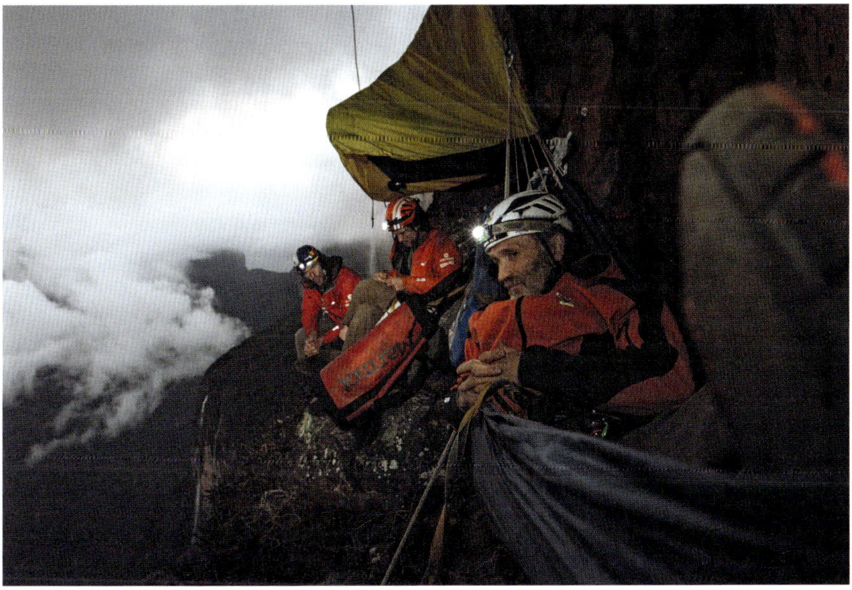

Vorbau tragen. Vier Tage sind sie damit beschäftigt. Und auch in der Wand kommen sie langsamer voran als geplant. Die Routenwahl ist schwierig, da nach Regenfällen unzählige Wasserfälle über die Wand herabstürzen und Gischt den Fels benässt. Die Wand ist weit überhängend und kompakt, die Kletterei anspruchsvoll. Sieben Stunden braucht Kurt, um eine Seillänge zu erschließen. Die Bohrhaken am Standplatz setzt er mit Krämpfen in den Armen.

Nach einigen Tagen in der Wand geht das Essen aus. Die Bohrer sind vom harten, 70 Millionen Jahre alten Sandstein stumpf geworden. Stefan hat sich bei einem Sturz die linke Ferse geprellt. Immer wieder jagen Gewitter heran und zwingen zur Pause. Zwischen den Kletterern und dem Gipfelplateau des Roraima liegen noch gut zehn Seillängen. Das schaffen sie nicht mehr. Ihnen geht die Zeit aus. Und dennoch sind Kurt, Stefan und Holger tiefenentspannt. Sie planen, die gesamte Ausrüstung in der Wand zurückzulassen, im Herbst wiederzukommen und die Route zu vollenden. Die Aussicht auf eine zweite Chance, auf eine weitere Reise, ein neues Abenteuer hebt die Stimmung der Männer. Weil sie ihr Scheitern nicht mehr als Niederlage begreifen, sondern als Neuanfang.

Niemand ahnt, wie denn auch, dass dieser ohne Kurt Albert stattfinden wird. Vor der letzten Biwaknacht hört es auf zu regnen. Nur das Rauschen eines Wasserfalls bricht sich an den Felsen. Bläulich schimmert der Himmel und verschmilzt am Horizont mit dem Grün des Regenwaldes. Die untergehende Sonne betupft ein paar Wolken mit rötlichem Glitter. Kurt schaltet seine Stirnlampe aus, kuschelt sich in Schlafsack und Hängematte und beginnt einen Song von Reinhard Mey zu singen: „Gute Nacht, Freunde / Es wird Zeit für mich zu gehen / Was ich noch zu sagen hätte / Dauert eine Zigarette / Und ein letztes Glas im Stehen."

Epilog

An einem warmen Frühlingstag sitze ich „Bei Laki", Kurts Gasseldorfer Lieblingsgriechen, auf der Terrasse. Zwei mächtige Linden spenden Schatten, jenseits des Zauns plätschert der Leinleiterbach. Kurt, dessen ehemalige Wohnung schräg gegenüber, auf der anderen Seite des Innenhofs liegt, saß oft hier, bei Lammspieß und einem Reckendorfer Dunkelbier. Auch am Tag seines tödlichen Unfalls schaute er frühmorgens herein, auf einen schnellen Kaffee vor der Fahrt Richtung Höhenglücksteig. Ein gutes Jahr lang war ich mit und zu Kurt unterwegs. „Bei Laki" geht diese Reise zu Ende. Ich kannte Kurt zu seinen Lebzeiten. Nun habe ich das Gefühl, ihm nahe und vertraut zu sein. Während des Schreibens glaubte ich manchmal, er säße neben mir, belustigt mitlesend.

Kurts Mutter Anna erlag 2008 einer langen Krankheit. 2009 starb sein Vater Alfred. Die Nähe des Todes spürend, tippte der 87-Jährige einen Brief an seine beiden Söhne in die Schreibmaschine. Darin steht: „Ich war immer stolz auf Euch, auch wenn ich es nicht immer gezeigt habe. Ich habe mich immer gefreut, wenn Ihr Erfolge melden konntet. Ihr seid nicht nur meine Söhne, ich habe Euch auch als meine Freunde betrachtet. (...) Wenn ich nun von Euch gehe, wünsche ich Euch weiterhin alles Gute und genießt Euer Leben, denn es ist oft kürzer als man denkt." Ein Jahr später, am 28. September 2010, stirbt Kurt.

Im November 2010 brechen Stefan Glowacz und Holger Heuber erneut nach Südamerika auf. Lange haben sie mit sich gehadert, gezweifelt, das Für und Wider abgewägt. Bis sie schließlich losziehen, so wie immer, aber anders, ohne Kurt. Von Venezuela aus überschreiten sie das zerklüftete Gipfelplateau des Roraima und seilen über die Abbruchkante von La Proa hinab zu ihrem Biwakplatz. Ihre gesamte Kletterausrüstung ist noch dort. Kurts Hängematte, sein Kletterhammer, Felshaken, Seile und ein Zauberwürfel. Nach und nach finden Stefan und Holger Ruhe. Das Leben in der Wand gibt ihnen Rhythmus und Struktur. Immer wieder sprechen sie mit Kurt: Was hätte er gesagt? Was würde er tun? Wie hätte er entschieden? Wieder das Leben zu führen, das sie mit Kurt geteilt haben, ist für die beiden Kletterer die schönste Form, Abschied zu nehmen. Ihre Erstbegehung nennen sie „Behind the Rainbow". Wer weiß, wo Kurt jetzt ist.

Touren- und Tagebücher, Alben, verblichene Zeitungsartikel, aus dem „American Alpine Journal" gerissene Seiten, Kopien von Routentopos und Anstiegsskizzen, Briefe, Schriftverkehr zu Expeditionen, Packlisten, Visaanträge, Faxe und ausgedruckte Mails, Korrespondenz zu geplanten Vorträgen, Verträge, Textfragmente, Röntgenbilder, Taschenkalender, Adressbüchlein, ein Bündel Visitenkarten, stapelweise Fotoabzüge und Umzugskarton voll unsortierter Dias – das sind die Dinge, die von einem erfüllten Leben bleiben. Kurt aber lebt weiter, auf der ganzen Welt. In seinen Erstbegehungen, in seinen Ideen. Ohne bewusst darauf hinzuarbeiten, ohne Lorbeeren ernten oder sich darauf ausruhen zu wollen, ohne sich mit seinen Taten zu brüsten oder großen Gewinn daraus zu schlagen, hat Kurt sich unsterblich gemacht. Was er tat, war besonders. Der Rotpunkt ist die Verkörperung all dessen. Es ist ein Symbol, das Zeiten und Räume und Menschen verbindet. Bis heute und vielleicht für immer. Das ist das Große.

Ich habe während des Schreibens viel darüber nachgedacht, ob ich Kurt mit dieser Biografie gerecht werde. Es liegt mir fern, Kurt Albert ein Denkmal zu setzen. Dennoch ist mir die Gefahr, ihn zu verklären, durchaus bewusst. Sollte sich dieser Effekt einstellen, geschieht es unbeabsichtigt. Es gibt keinen Grund, Kurt zu idolisieren. Das braucht er nicht, weil er sein Leben ein Leben lang lebte. Einigen Menschen, die in dieser Biografie beschrieben werden und zu Wort kommen, müsste man ein eigenes Buch widmen. In diesem Sinne steht Kurts Leben stellvertretend. Für alle, die mit Lust und Leidenschaft da sind. Die an jedem Tag etwas erleben wollen, das sie nicht vergessen. Denen das Tun wichtiger ist als das Sein, und das Sein wichtiger als der Schein. Die Sinn im Sinnlosen finden und Nebensachen als Hauptsache betrachten. Die sich frei fühlen. Und deshalb frei sind.

Servus, Kurt. Die Zeit mit Dir war schön. In der Fränkischen Schweiz, in Patagonien, sogar am Schreibtisch. Als ich mich „Bei Laki“ verabschiede, sagt dieser, ihm sei erst in den Jahren nach Kurts Tod bewusst geworden, wie bedeutend dieser Mann gewesen ist, der so oft bei ihm saß. Kurt selbst habe ja nie etwas von sich erzählt. Und dann fragt mich der Gastwirt noch, ganz leise, wie im Vertrauen: „Was ist das eigentlich, dieser Rotpunkt?“

Ich sehe Kurt schmunzeln.
Das Leben ist ein Spiel.
Lass uns weiterspielen.

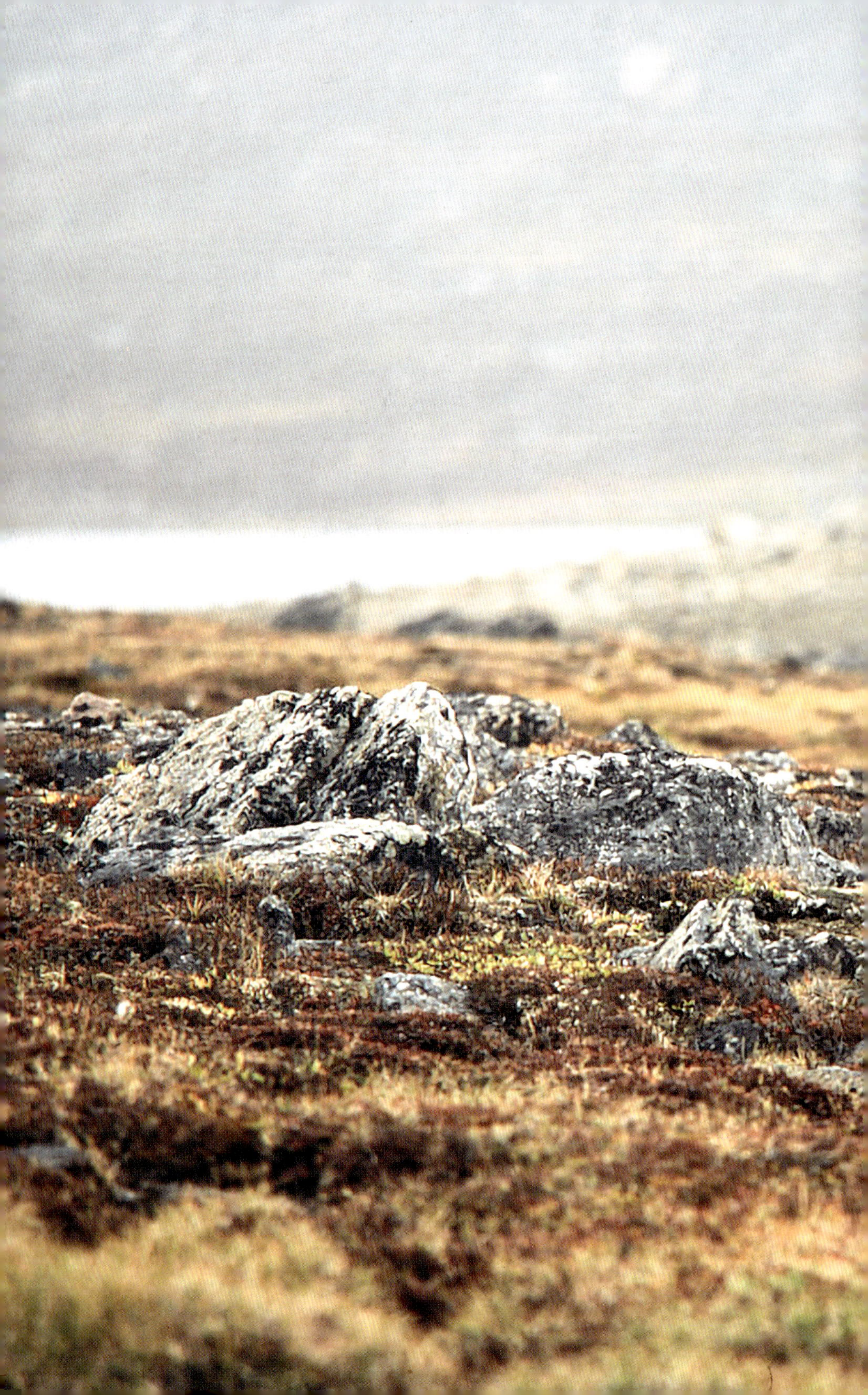

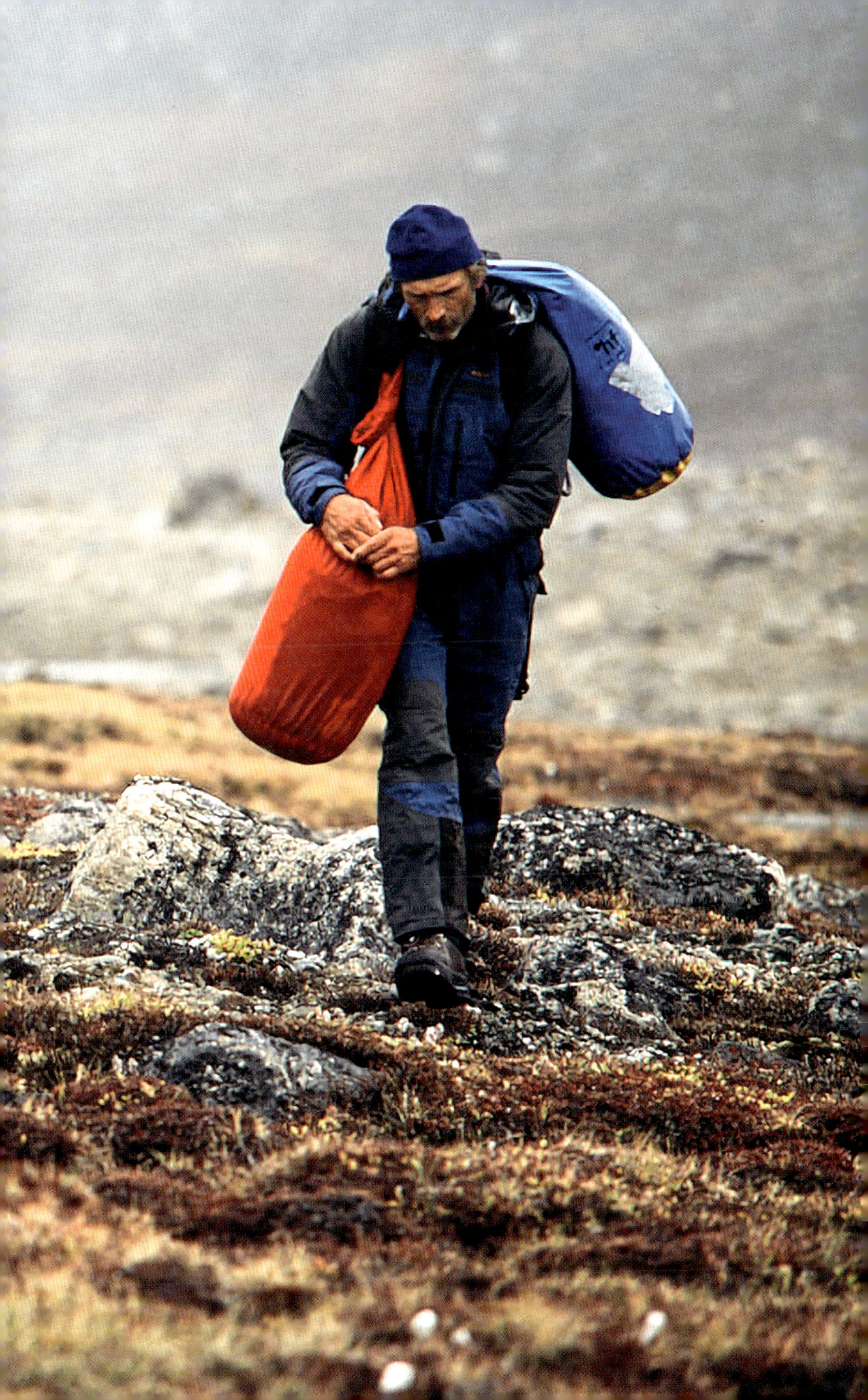

Alpines Profil

1969 Wettersteingebirge, „Südwestkante" (IV+), Oberreintalturm, mit Werner Scharl und Wolfgang Fietz

1970 Berchtesgadener Alpen, „Berchtesgadener Weg" (III), Watzmann-Ostwand, mit Horst Albert, Reinhard Engerer, Franz Neubauer
Dolomiten, Civettagruppe, „Via Carlesso-Sandri" (VI+/A3), Torre Trieste, mit Werner Scharl

1971 Wilder Kaiser, „Direttissima" (VI/A2), Predigtstuhl, mit Werner Popien
Wettersteingebirge, „Südostwand" (VI/A1), Schüsselkarspitze, mit Werner Popien
Mont-Blanc-Massiv, „Walkerpfeiler" (VI/A1), Grandes Jorasses, mit Konrad Schuhmann, Jürgen Günther

1972 Dolomiten-Durchquerung auf Ski, mit Horst Albert, Wolfgang Fietz, Dieter Rebhuhn
Dolomiten, Sellagruppe, „Via Italia" (VI/A3), Piz Ciavazes, mit Werner Scharl
Wilder Kaiser, „Schmuck-Kamin" (VI), Fleischbank, mit Robert Enser
Berchtesgadener Alpen, „Direkte Südkante" (VI/A2), Mühlsturzhorn, mit Werner Murk

1973 Erste Reise ins Elbsandsteingebirge
Wettersteingebirge, „Crukowski" (VI-/A1), Oberer Berggeistturm, mit Werner Popien
Wilder Kaiser, „Lackner-Langer" (VI+), Predigtstuhl, mit Werner Scharl
Dolomiten, Rosengartengruppe, „Direkte Ostwand" (VI-), Rosengartenspitze, mit Werner Scharl

1974 Dolomiten, Sellagruppe, „Micheluzzi" (VI), Piz Ciavazes, mit Reiner Pickl und Gitarre
Wettersteingebirge, „Westkante" (VI/A0), Oberreintaldom, mit Wolfgang Fietz

1975 Mont-Blanc-Massiv, „Nordostpfeiler“, Les Droites, mit Reiner Pickl
Dolomiten, Civettagruppe, „Philipp-Flamm“ (VI+/A2), Civetta-Nordwestwand, mit Reiner Pickl
Dolomiten-Durchquerung auf Ski, mit Horst Albert, Werner Zinsmeister, Gerald Pickl und Bernd Regenauer

1976 Frankenjura, Erstbegehung und erste RP-Begehung „Devil's Crack“ (VII), Röthelfels
Wilder Kaiser, „Schubert-Pohlke“ (VI/A1), Fleischbank, mit Reiner Pickl
Mont-Blanc-Massiv, „American Direct“ (VI), Petit Dru, mit Reiner Pickl

1977 Frankenjura, erste RP-Begehung „Die Gelbe“ (VII+), Matterhornwand
Frankenjura, Erstbegehung und erste RP-Begehung „Exorzist“ (VIII-), Kastlwand
Elbsandsteingebirge, „Wand der Abendröte“ (sächsisch IXb), Nonnengärtner
Dolomiten, Fanesgruppe, „Südwestwand“ (VII/A0), Cima Scotoni, mit Wolfgang Fietz
Yosemite Valley, „Triple Direct“ (VI/A4), El Capitan, mit Peter Bednar
Yosemite Valley, „The Nose“ (VI/A4), El Capitan, mit Norbert Sandner
Yosemite Valley, „Regular Northwest Face“ (VI/A3), Half Dome, mit Norbert Sandner

1978 Wilder Kaiser, „Pumprisse“ (VII-), Fleischbank, mit Norbert Sandner

1979 Frankenjura, Erstbegehung und erste RP-Begehung „Dampfhammer“ (VIII), Weißenstein
Frankenjura, Solobegehung „Devil's Crack“ (VII), Röthelfels
Elbsandsteingebirge, Erstbegehung „Lot“ (sächsisch IXb), Sommerwand

Dolomiten, Fanesgruppe, erste RP-Begehung „Südwestwand" (VIII), Cima Scotoni, mit Ingrid Reitenspieß

1980 Wettersteingebirge, erste RP-Begehung „Bayerischer Traum" (VIII), Schüsselkarspitze, mit Norbert Sandner
Frankenjura, Erstbegehung und erste RP-Begehung „Rubberneck" (VIII+), Richard-Wagner-Fels
Frankenjura, Erstbegehung und erste RK-Begehung „Bückling" (IX-), Bärenschluchtwände

1981 Frankenjura, Erste RK-Begehung „Sautanz" (IX-), Gößweinsteiner Wände
Frankenjura, Erstbegehung und erste RP-Begehung „Luftballondach" (IX), Schüttersmühlerwand
Wettersteingebirge, Erstbegehung „Locker vom Hocker" (VIII), Schüsselkarspitze, mit Wolfgang Güllich

1982 Frankenjura, Erstbegehung und erste RK-Begehung „Magnet" (IX), Richard-Wagner-Fels

1984 Dolomiten, Marmolada, dritte Begehung „Der Weg durch den Fisch" (VII+/A4), Marmolada, mit Wolfgang Güllich und Christof Stiegler

1985 Yosemite Valley, „Separate Reality" (VIII+), Cookie Cliff
Yosemite Valley, „Astroman" (VIII), Washington Column

1986 Frankenjura, Solobegehung „Fight Gravity" (VIII+), Richard-Wagner-Fels
China, mit Ingrid Reitenspieß, Wolfgang Güllich, Heinz Zak

1987 Sextener Dolomiten, erste RP-Begehung „Schweizer Weg" (IX-), Westliche Zinne, mit Immo Engelhard
Sextener Dolomiten, erste RP-Begehung „Hasse-Brandler" (VIII), Große Zinne, mit Gerold Sprachmann

1988 Pakistan, Rotpunkt-Begehung „Jugoslawenroute" (heute „Slowenenroute", VIII+), Nameless Tower, mit Hartmut Münchenbach, Wolfgang Güllich, Bernd Arnold, Martin Leinauer, Wolfgang

Kraus, Martin Schwiersch, Thomas Lipinski, Jörg Wilz, Jörg Schneider

1989 Pakistan, Erstbegehung „Eternal Flame“ (IX-/A2), Nameless Tower, mit Wolfgang Güllich, Milan Sykora, Christof Stiegler

1990/91 Patagonien, Erstbegehung „Riders on the Storm“ (IX/A2), Torre Central, Paine-Gruppe, mit Bernd Arnold, Wolfgang Güllich, Norbert Bätz, Peter Dittrich

1992 Indien, mit Jerry Moffatt, Johnny Dawes

1993 Mali, Erstbegehung „Wonangaba Maby – Du hast es so gewollt“ (IX-/A2), Kaga Pamari, mit Bernd Arnold
Patagonien, Versuch „El Corazon“ (VII/A2), Fitz Roy, mit Bernd Arnold

1993/94 Brasilien, mit Bernd Arnold

1994 Venezuela, Erstbegehung „Stairway to Heaven“ (IX), Roraima, mit Bernd Arnold

1994 Grönland, Erstbegehung „Moby Dick“ (IX+/A1), Ulamertorsuaq, mit Helmut Gargitter, Walter Obergolser, Ben Masterson, Stefan Glowacz, Didi Langen, Hans-Martin Götz

1994/95 Patagonien, Erstbegehung „Royal Flush“ (IX), Fitz Roy, mit Bernd Arnold, Jörg Gerschel, Lutz Richter
Kanada, Erstbegehung „Fitzcarraldo“ (VIII+), Mount Harrison Smith, Cirque of the Unclimbables, mit Stefan Glowacz, Leo Reitzner, Gerd Heidorn
Madagaskar, Erstbegehung „Rain Boto“ (IX-), Andringitragebirge, mit Bernd Arnold, Alexander Knauer, Holger Heuber, Gunda Frühwald

1996 Sextener Dolomiten, Erstbegehung „Gelbe Mauer“ („Perlen vor die Säue“) (IX), Kleine Zinne, mit Stefan Glowacz

1997 Grönland, Erstbegehung „Nordlicht“ (VIII+), Tupilak, mit Stefan Glowacz, Holger Heuber, Hans-Martin Götz, Jürgen Knappe, Thomas Ulrich

1998 Patagonien, Erstbegehung „El Condorito" (IX), Aguja St. Exupéry, mit Bernd Arnold, Egbert Dozekal

1999 Patagonien, Erstbegehung „Vela y Viento" (IX-), Aguja Mermoz, mit Bernd Arnold
Antarktis, Erstbegehung „Hart am Wind" (VIII+), Cape Renard Tower, mit Stefan Glowacz, Holger Heuber, Jürgen Knappe, Hans-Martin Götz, Gerd Heidorn

2000 Kanada, Baffin Island, Erstbegehung „Odyssee 2000" (IX-), Polar Bear Spire, mit Stefan Glowacz, Holger Heuber, Gerd Heidorn

2001 Mexiko, Erstbegehung „La Conjura de los Necios" (IX+), El Gigante, mit Stefan Glowacz, Hans-Martin Götz, Holger Heuber, Gunda Frühwald, Klaus Fengler, Mariusz Hoffmann

2002 Kanada, Erstbegehungsversuch, Fortress, Vampire Peaks, Logan Mountains, mit Holger Heuber, Mariusz Hoffmann, Jens Reinhold

2003 Kenia, Wiederholung „Story about Dancing Dogs" (IX+), Mount Poi, Ndoto Mountains, mit Stefan Glowacz, Jürgen Knappe, Tilo Marschke, Klaus Fengler, Jochen Schmoll

2007 Venezuela, Erstbegehung „Fegefeuer" (IX), Acopan Tepui, mit Stefan Glowacz, Holger Heuber, Ivan Calderón, Tilo Marschke, Klaus Fengler, Jochen Schmoll
Expedition zum Sablja, Ural, Russland, mit Holger Heuber, Urs Odermatt, Sveta Odermatt

2008 Venezuela, Erstbegehung „El Nido del Tirik Tirik" (IX), Upigma Tepui, mit Helmut Gargitter, Ivan Calderón

2009 Venezuela, Erstbegehung „Hotel Guácharo" (VIII+), Roraima, mit Helmut Gargitter, Ivan Calderón, Renato Botte, Michael Thaler

2010 Venezuela, Erstbegehung „Behind the Rainbow" (X), Roraima, mit und vollendet von Stefan Glowacz, Holger Heuber

Schwierigkeitsbewertungen im Vergleich

USA	Britisch (UK)		Französisch	UIAA (Mitteleuropa)	Sächsisch	Fb-Skala
5.2			1	I	I	
5.3			2	II	II	
5.4			3	III	III	2
5.5	4a	VD	4	IV	IV	3
5.6		S	5a	V−	V	
5.7	4b	HS		V	VI	4a
	4c		5b	V+		
5.8		VS		VI−	VIIa	
5.9	5a	HVS	5c	VI	VIIb	4b
5.10a		E1	6a	VI+	VIIc	
5.10b	5b		6a+	VII−	VIIIa	
5.10c		E2	6b	VII	VIIIb	
5.10d	5c		6b+	VII+	VIIIc	4c
5.11a		E3	6c	VII+/VIII−		5a
5.11b			6c+	VIII−	IXa	
5.11c	6a	E4	7a	VIII	IXb	5b
5.11d			7a+	VIII+	IXc	5c
5.12a		E5	7b	VIII+/IX−		6a
5.12b	6b		7b+	IX−	Xa	6b
5.12c		E6	7c	IX	Xb	6c
5.12d	6c		7c+	IX+	Xc	7a
5.13a		E7	8a	IX+/X−		7a+
5.13b						7b
5.13c	7a		8a+	X−	XIa	7b+
						7c
5.13d		E8	8b	X	XIb	7c+
5.14a			8b+	X+	XIc **	8a
5.14b	7b		8c	X+/XI−		8a+
5.14c		E9	8c+	XI−		8b
5.14d	7c		9a	XI		8b+
						8c
5.15a			9a+	XI+		8c+
5.15b			9b	XI+/XII−		
5.15c			9b+	XII−		

nach: https://de.wikipedia.org/wiki/Schwierigkeitsskala_(Klettern)

Bibliografie

Bücher

Albert, Kurt: Fight Gravity – Klettern im Frankenjura. Korb: tmms-Verlag, 2005

Arnold, Bernd: Zwischen Schneckenhaus und Dom. Köngen: Panico Alpinverlag, 1999

Brunnert, Peter: Bernd Arnold – Ein Grenzgang. Köngen: Panico Alpinverlag, 2017

Dauer, Tom (Hrsg.): Reinhard Karl – Ein Leben ohne Wenn und Aber. Zürich: AS Verlag, 2002

Dauer, Tom: Cerro Torre – Mythos Patagonien. Zürich: AS Verlag, 2004

Douglas, Ed: Statement – The Ben Moon Story. Sheffield: Vertebrate Publishing, 2015

Glowacz, Stefan: On the Rocks – Leben an den Fingerspitzen. München: Piper Verlag, 2005

Glowacz, Stefan: Expeditionen – Extremklettern am Ende der Welt. Bielefeld: Delius Klasing Verlag, 2011

Güllich, Wolfgang und Andreas Kubin: Sportklettern heute – Technik, Taktik, Training. München: Bruckmann Verlag, 1986

Hepp, Tilmann: Wolfgang Güllich – Leben in der Senkrechten. Rosenheim: Rosenheimer Verlagshaus, 1993

Hepp, Tilmann und Thomas Ballenberger (Hrsg.): Wolfgang – Klettern heißt frei sein. Stuttgart/Nürnberg: Boulder Verlag, 2006

Hofstadter, Douglas R.: Gödel, Escher, Bach – ein Endloses Geflochtenes Band. Stuttgart: Klett-Cotta-Verlag, 3. Aufl. 2018

Mailänder, Nicholas: Im Zeichen des Edelweiß – Die Geschichte Münchens als Bergsteigerstadt. Zürich: AS Verlag, 2006

Mlodinow, Leonard: Wenn Gott würfelt oder: Wie der Zufall unser Leben bestimmt. Reinbek: Rowohlt Verlag, 2009

Moffatt, Jerry: Revelations. Sheffield: Vertebrate Publishing, 2009

Sloterdijk, Peter: Du musst dein Leben ändern. Frankfurt/Main: Suhrkamp, 2009

Zak, Heinz: High Life – Sportklettern weltweit. München: Bergverlag Rother, 1987

Texte (Auswahl)

Albert, Kurt und Reiner Pickl: „Ein Jahr Rotpunkt im Frankenjura", erschienen in: Alpinismus – Magazin für Bergsteiger, Wanderer und Skifahrer, Ausgabe August 1977, S. 5

Albert, Kurt: „Erlebnis Yosemite", erschienen in: Alpinismus – Magazin für Bergsteiger, Wanderer und Skifahrer, Ausgabe Mai 1978, S. 18–20

Albert, Kurt: „Erlebnis Elbsandstein aus der Sicht des Franken-Kletterers", erschienen in: Hasse, Dietrich und Heinz Lothar Stutte. Felsenheimat Elbsandsteingebirge. Wolfratshausen: Verlag H. L. Stutte, 1979

Albert, Kurt: „Pakistan, 1989 – Eternal Flame", erschienen in: Rotpunkt – Das Klettermagazin 1/1990, S. 16–27

Arnold, Bernd: „Endpunkt und Anfang – Sportklettern an den Trango-Türmen", erschienen in: Berg '90, Alpenvereinsjahrbuch Band 114, S. 159–167

Arnold, Bernd: „Auf der Treppe zum Himmel – Unterwegs in Patagonien, Brasilien und Venezuela", erschienen in: Berg '95, Alpenvereinsjahrbuch Band 119, S. 115–127

Arnold, Bernd: „Rain Boto – Ur-Erleben auf Madagaskar", erschienen in: Berg '97, Alpenvereinsjahrbuch Band 121, S. 67–78

Child, Greg: „Trango Tower", erschienen in: Alpinist Ausgabe 11, Sommer 2005, S. 22–43

Fietz, Wolfgang: „Bouldern – Auf den Spuren John Gills", erschienen in: Alpinismus – Magazin für Bergsteiger, Wanderer und Skifahrer, Ausgabe Mai 1978, S. 14–17

Güllich, Wolfgang: „‚Plötzlich zeigt der Atlas wieder weiße Flecken' – Trango '89: ‚Eternal Flame'", erschienen in: Berg '91, Alpenvereinsjahrbuch Band 115, S. 145–156

Güllich, Wolfgang: „Riders on the Storm", erschienen in: Berg '92, Alpenvereinsjahrbuch Band 116, S. 167–175

Kubin, Andreas: „Free Climbing '78", erschienen in: Alpinismus – Magazin für Bergsteiger, Skifahrer und Kanusportler, Ausgabe Februar 1979, S. 22–23

Landes, Elmar: „Auf Zeitreise mit Kurt Albert", erschienen in: Berg 2004, Alpenvereinsjahrbuch Band 128, S. 114–121

Parnell, Ian: „By fair means – A History of Big-Wall Free Climbing", erschienen in: Alpinist Ausgabe 3, Sommer 2003, S. 20–43

Personenregister

Bildnachweis

Fast alle im Buch abgedruckten Bilder fanden sich in Kurt Alberts Nachlass. Die Abdruckrechte wurden bei den Rechteinhabern nach bestem Wissen und Gewissen eingeholt. Trotz intensiven Bemühens war es aufgrund der Quellenlage jedoch nicht möglich, bei allen Bildern die Rechteinhaber ausfindig zu machen. Hinweise an den Verlag sind jederzeit willkommen.

Autor und Verlag danken allen Institutionen und Personen, die die Bildrecherche zu diesem Buch unterstützt und Bildmaterial zum Abdruck bereitgestellt haben.

Archiv Armin Erdenkäufer: 68
Archiv des DAV, Foto: Reinhard Karl: 83, 87 (unten)
Archiv Hans Diefenbach: 113
Archiv Hermann Huber: 123
Archiv Herbert Voll: 34 (vermutlich fotografiert von Konrad Schuhmann)
Archiv Kurt Albert: 21, 22, 23, 24, 25, 29, 30, 31 (Foto: Manfred Eichhorn), 35, 37, 39, 41, 42, 44, 46, 52, 53 (oben), 59, 60 (Foto: Herbert Voll), 62, 65, 71, 76 (Foto: Martin Schepers), 77, 87 (oben), 88, 92, 94, 105 (Foto: T. Hepp), 107, 116, 127, 130/131, 137, 139, 145, 146, 151, 155, 171, 194, 195, 196, 203, 204, 205 (unten), 207, 208, 210, 217, 223, 225, 228, 232, 235, 236, 238, 239, 240, 244, 252, 273, 275, 303, 309
Archiv Mia Bowden: 100
Archiv Oskar Bühler: 69
Archiv Rolf Nestler: 81
Arnold, Bernd: 144, 149 (unten), 221, 231
Attenberger, Moritz: Autorenportät
Ballenberger, Thomas: 102, 106, 108, 118, 181, 182, 186
Bätz, Norbert: 205 (oben), 209, 215
Dauer, Tom: 55 (unten), 96, 291
Fengler, Klaus: 8, 304, 314, 315
Heidorn, Gerhard: Umschlagvorderseite, 75, 105 (unten), 115, 257, 260, 264, 265, 269, 277, 282, 283, 285, 320/321
Hrovat, Thomas: 91
Pickl, Reiner: 53 (unten), 55 (oben), 73 (oben und unten)
Stiegler, Christof: 149 (oben), 159, 162, 163, 165, 168, 170
Wärthl, Michael: 242
Zak, Heinz: 132, 176 und Umschlagrückseite

Dank

Vielen Menschen gebührt mein herzlicher und aufrichtiger Dank und hätte ich ausreichend Platz, würde diese Liste viel länger werden. Zuvorderst danke ich Kurt Albert für die Tage, die wir zusammen verbrachten.

Außerdem danke ich Horst Albert und Peter Dittrich, die dieses Buchprojekt anstießen, mir als Autor vertrauten und mir den Zugang zu Kurt Alberts Privatarchiv ermöglichten.

Ohne die Menschen, die mir ihre Geschichte und viele Geschichten mit und von Kurt erzählten, wäre dieses Buch nicht zustande gekommen. Ich danke besonders Bernd Arnold (für stetige Inspiration), Norbert Bätz (für seine milde Zurückhaltung), Thomas Ballenberger, Ariadna „Ari" Clols, Thomas Düll, Reiner Engerer, Immo Engelhard, Toni Erdenkäufer (für die Musik in meinen Ohren), Klaus Fengler, Wolfgang „Flipper" Fietz (für eine andere Perspektive), Stefan Glowacz (für regen Gedankenaustausch), Hans-Martin Götz, Jesse Guthrie (für seine Begeisterung), Gerd Heidorn, Holger Heuber, Hermann Huber (für seine jugendliche Weisheit), Alexander Knauer, Jerry Moffatt (für eine Fahrt durch Wales und den Peak District), Reiner Pickl (für gute Gespräche zwischen Schossaritz und Figols de Tremp), Nina Quarg, Norbert Sandner, Christof Stiegler, Milan Sykora (für die Zeit in Patagonien), Heinz Zak, Werner Zinsmeister und Helmuth Unhold.

Kurt Alberts Biografie ist beim Innsbrucker Tyrolia Verlag bestens aufgehoben. Ich danke Anette Köhler, die den Prozess des Schreibens stets geduldig, immer aufmunternd, mit großer Sachkunde und feinem sprachlichen Gespür begleitet hat. Für die grafische Gestaltung des Buches danke ich Gerhard Bucher. Und dafür, dass es in die Öffentlichkeit kommt, danke ich Monika Resler, Bianca Jenewein und Gottfried Kompatscher.

Für einen erquicklichen Tag an den Gößweinsteiner Wänden und seine Kreativität bedanke ich mich bei Hannes Huch.

Ganz besonderer Dank gilt meinen Schwestern und Brüdern im Geiste, mit denen ich in den Bergen unterwegs sein darf. Sie wissen, wer gemeint ist.

Ich danke Sandra, die stets mitschreibt. Und am meisten danke ich Laurin, dem nichts zu wild ist. Skrt. Skrt.

Dieses Buch entstand auf Initiative und in Zusammenarbeit mit Horst Albert und Peter Dittrich. Der Verlag bedankt sich sehr herzlich für ihr Vertrauen und ihre Unterstützung bei diesem Projekt. Ebenso möchten wir uns bei unserem Autor Tom Dauer für seine fundierte, gründliche und leidenschaftliche Arbeit bedanken. Wir hätten uns keinen besseren als ihn wünschen können.

FSC
www.fsc.org
MIX
Papier aus verantwortungsvollen Quellen
FSC® C014138

Dieses Buch wurde mit Farben auf Pflanzenölbasis, Klebestoffen ohne Lösungsmittel und Drucklacken auf Wasserbasis auf FSC®-zertifiziertem Papier produziert. FSC (Forest Stewardship Council®) ist eine internationale Non-Profit-Organisation, die sich für eine ökologische und sozialverantwortliche Nutzung der Wälder unserer Erde einsetzt.

3. Auflage 2021

Umschlagentwurf: Roberto Baldissera, Agentur für Grafik, Innsbruck,
mit einem Titelbild von © Gerhard Heidorn; Autorenfoto in der Umschlagklappe
© Moritz Attenberger; Umschlagrückseite: Kurt Albert Free Solo in „Devils Crack“,
© Heinz Zak
Layout und digitale Gestaltung: Tyrolia-Verlag, Innsbruck
Lithografie: Artilitho, Trento (I)
Druck und Bindung: FINIDR, Tschechien
ISBN 978-3-7022-3874-2 (gebundenes Buch)
ISBN 978-3-7022-3897-1 (E-Book)

E-Mail: buchverlag@tyrolia.at
Internet: www.tyrolia-verlag.at